U0878738

2013
中国水利发展报告

主　编　李国英
副主编　周学文　李　鹰　吴文庆
　　　　杨得瑞　汤鑫华

中国水利水电出版社
www.waterpub.com.cn

图书在版编目（CIP）数据

2013中国水利发展报告 / 李国英主编. -- 北京 : 中国水利水电出版社, 2013.3
ISBN 978-7-5170-0725-8

Ⅰ. ①2… Ⅱ. ①李… Ⅲ. ①水利建设—研究报告—中国—2013 Ⅳ. ①F426.9

中国版本图书馆CIP数据核字(2013)第061121号

书名	**2013中国水利发展报告**
作者	李国英 主编
出版发行	中国水利水电出版社 （北京市海淀区玉渊潭南路1号D座 100038） 网址：www.waterpub.com.cn E-mail：sales@waterpub.com.cn 电话：（010）68367658（发行部）
经售	北京科水图书销售中心（零售） 电话：（010）88383994、63202643、68545874 全国各地新华书店和相关出版物销售网点
排版	中国水利水电出版社微机排版中心
印刷	三河市鑫金马印装有限公司
规格	170mm×240mm 16开本 26.5印张 462千字
版次	2013年3月第1版 2013年3月第1次印刷
印数	0001—2000册
定价	**78.00**元（附光盘1张）

凡购买我社图书，如有缺页、倒页、脱页的，本社发行部负责调换

版权所有·侵权必究

《2013中国水利发展报告》

编　委　会

顾　　问　敬正书

主　　任　李国英

副 主 任　周学文

委　　员　刘建明　李　鹰　陈明忠　吴文庆　高　波
孙继昌　刘　震　王爱国　武国堂　张志彤
田中兴　唐传利　蔡　阳　杨得瑞　汤鑫华
李训喜　汪安南　李　晶　金　海　胡昌支

课题组组长　杨得瑞

副 组 长　李训喜　李　晶　金　海　胡昌支

课题组成员（按姓氏笔画）

马德伟　王乃岳　王丽艳　王建平　王晓娟
方旭洁　孔慕兰　刘小勇　刘　文　刘洪先
刘　蒨　乔根平　李焕雅　汪贻飞　张　岚
张　旺　张建功　张闻笛　陈　献　岳　恒
庞靖鹏　柳长顺　钟玉秀　姜付仁　姜　斌
姜　楠　贺　骥　高　龙　郭利娜　唐忠辉

前　言

2012年是水利改革发展取得突出成效的一年。

中央加快水利改革发展决策部署进一步落实，最严格水资源管理制度、国家农业节水纲要、中央统筹土地出让收益用于农田水利资金、金融支持水利改革发展、完善基层水利服务体系等政策相继出台，全国水利建设投资首次突破4000亿元。

民生水利惠及亿万民众。7000多万农村人口的饮水安全问题得以解决，5400座重点小（1）型病险水库除险加固任务如期完成，2209条重点中小河流重要河段得到治理，1000多个县山洪灾害防治非工程措施投入运行并发挥效益。科学应对长江、黄河等流域大洪水，有效防御密集登陆的台风，全面战胜局部严重干旱灾害，有力保障了人民群众的生命安全。

大规模水利建设取得重大进展。大江大河大湖治理扎实推进，重点骨干水利工程建设全面加快，东北四省区节水增粮行动等农田水利建设加快实施，农村水利基础设施条件进一步改善，水土保持、农村水电等工作持续推进，经济社会持续发展的水利基础不断夯实。

水利管理和改革向纵深发展。水利现代化、水生态文明建设、最严格水资源管理制度试点示范项目循序展开，基层水利服务体系建设实现了新突破，以公共财政为主的多元化水利投入机制逐步形成，全面推进依法管水和科技兴水，水利行业能力建设取得新成效。

党的十八大把水利放在生态文明建设的突出位置，深化了水利工作内涵，拓展了水利发展空间，进一步凸显了水利战略地位，水利事业面临新的机遇和更高的要求。

2013 年是深入贯彻落实十八大精神的开局之年，是实施“十二五”规划承前启后的关键一年，水利改革发展任务繁重而艰巨。

水利部党组已就 2013 年的水利工作提出了“稳政策、增投资、夯基础、促改革、强管理、惠民生”的总体要求，并从十个方面做出了具体部署。

目标已经确立，路径业已清晰，关键在于真抓实干。我们相信，沿着这条路扎扎实实走下去，2013 年的中国水利仍将又是一个丰收年。

《2013 中国水利发展报告》在 2012 年改版的基础上，又增设了部分篇章和专栏，同时，面向全国水利系统广泛征集了“链接”素材，时代感和现实性更强。全书继续通过重大政策、重大发展、重大改革、重大实践以及闪亮火花，对 2012 年中国水利发展状况、特点，特别是水利发展改革中出现的新情况、新形势进行了阐述，并且分析提出 2013 年的走势。

在《2013 中国水利发展报告》的编辑及出版过程中，得到了许多领导的关心，凝聚了许多专家学者的心血，我谨代表编委会表示衷心的感谢。同时希望广大读者提出宝贵意见和建议。

水利部副部长、党组成员 

2013 年 2 月 28 日 于北京

目录

特稿

加快水利发展　建设美丽中国

杨伟民

党的十八大报告把生态文明建设放在突出位置，纳入社会主义现代化建设总体布局，进一步昭示了我们党加强生态文明建设的意识和决心。水资源是生态系统的重要基础，解决当前面临的资源环境问题、加强生态文明建设、建设美丽中国，要求进一步加快水利发展。

一、推进生态文明建设是实现中华民族永续发展的战略抉择

推进生态文明建设，是我们党面对资源约束趋紧、环境污染严重、生态系统退化的严峻形势，站在中国特色社会主义全面发展和中华民族永续发展的高度，作出的重大战略部署。

（一）推进生态文明建设的重要性、必要性、紧迫性

人类社会文明经历了原始文明、农业文明和工业文明。从人与自然的关系看，原始文明是人类完全被动接受自然的阶段；农业文明是人类初步探索、开发自然的阶段；工业文明则是人类社会征服自然、改造自然的阶段。生态文明是工业文明发展到一定阶段的产物，是超越工业文明的新型文明境界，是在对工业文明带来严重生态安全进行深刻反思的基础上逐步形成和正在积极推动的一种文明形态，是人与自然和谐的社会形态。

推进生态文明建设是党关于资源和生态环境问题的新概括、再升华。20世纪80年代初，我国就把环境保护作为基本国策，“九五”计划决定实施可持续发展战略，“十五”计划首次提出主要污染物排放总量减少的目标，党的十六大提出走新型工业化道路，党的十六届三中全会提出树立全面、协调、可持续的发展观以及统筹人与自然和谐发展的思想，党的十六届五中全会提出把节约资源作为基本国策，党的十七大提出建设生态文明、牢固树立生态文明观念，党的十八大提出大力推进生态文明建设，并将其纳入“五位一体”总体布局。

这些年来，我国生态文明建设扎实展开，取得积极成效，生态文明观念

逐步树立，全民资源节约和环保意识增强，节能减排目标顺利完成，资源利用效率提高，环境质量局部改善，生态保护和修复取得成效，应对气候变化取得进展。但是，经济发展面临越来越突出的资源环境制约。究其原因，一方面是因为我国人口众多、资源短缺、环境容量有限、生态脆弱，加之我国发展快，发达国家几百年逐步显露的问题，在我国被压缩到几十年集中显现；另一方面是经济发展方式没有根本改变，生态文明理念没有牢固树立，生态不文明的做法还很普遍。要从源头上、根本上跨过资源环境这道槛，必须在加快转变经济发展方式的同时，大力推进生态文明建设。

（二）推进生态文明建设的总体要求

党的十八大报告明确了大力推进生态文明建设的总体要求：一要树立尊重自然、顺应自然、保护自然的生态文明理念，这是推进生态文明建设的重要思想基础，体现了新的价值取向；二要把生态文明建设放在突出位置，融入经济建设、政治建设、文化建设、社会建设各方面和全过程，这是推进生态文明建设的实质，也是对我国社会主义现代化建设提出的更新更高要求；三要坚持节约资源和保护环境的基本国策，坚持节约优先、保护优先、自然恢复为主的方针，这是推进生态文明建设的基本政策和根本方针；四要着力推进绿色发展、循环发展、低碳发展，这是推进生态文明建设的基本途径和方针，也是转变经济发展方式的重点任务和重要内涵；五要形成节约资源和保护环境的空间格局、产业结构、生产方式、生活方式，这是推进生态文明建设的重要目标；六要从源头上扭转生态环境恶化趋势，为人民创造良好生产生活环境，努力建设美丽中国，实现中华民族永续发展，为全球生态安全作出贡献，这是推进生态文明建设的根本目的。

（三）推进生态文明建设的重点任务

党的十八大报告明确了今后一个时期推进生态文明建设的重点任务：一是优化国土空间开发格局，加快实施主体功能区战略，控制国土开发强度，调整空间结构，促进生产空间集约高效、生活空间宜居适度、生态空间山清水秀；二是全面促进资源节约，推动资源利用方式根本转变，加强全过程节约管理，大幅降低能源、水、土地消耗强度，发展循环经济，提高利用效率和效益；三是加大自然生态系统和环境保护力度，实施重大生态修复工程，增强生态产品生产能力，加大水、空气、土壤等污染防治力度，积极应对全球气候变化；四是加强生态文明制度建设，建立健全生态文明考核评价制度、基本的管理制度、资源有偿使用和生态补偿制度、资源节约和环境保护的市场化机制、资源环境责任追究和赔偿制度等。

二、水在生态文明建设中具有重要的基础性作用

水是生命之源、生产之要、生态之基。水利是现代农业建设不可或缺的首要条件，是经济社会发展不可替代的基础支撑，是生态环境改善不可分割的保障系统，在生态文明建设中起着重要的基础性作用。

（一）在优化国土空间开发格局中必须考虑水资源的承载能力

国土空间是宝贵资源，是人类赖以生存和发展的家园。面对我国耕地减少过多过快、生态系统功能退化、资源开发强度大、环境问题凸显、空间结构不合理、绿色生态空间减少过多等突出问题，必须珍惜每一寸国土，按照人口资源环境相均衡，生产空间、生活空间、生态空间科学布局，经济效益、社会效益、生态效益有机统一的原则，加快实施主体功能区战略，优化国土空间开发格局。要根据水资源的自然禀赋和分布状况，合理确定国土空间开发的主体功能定位、开发规模和强度，实现国土空间主体功能区布局与水资源条件相适应。发挥水资源在生产、生活、生态中的基础性地位，控制水资源开发强度，实现水资源的可持续利用，促进生产空间集约高效、生活空间宜居适度、生态空间山清水秀。尊重自然、科学规划，加快推进水利建设，提高防洪保安能力、供水保障能力，为优化国土空间开发布局提供基础支撑。

（二）节约用水是全面促进资源节约的重要工作内容

节约集约利用资源，推动资源利用方式根本转变，推动绿色发展、循环发展、低碳发展，是转变经济发展方式的重要任务，也是生态文明建设的基本途径。水资源是基础性的自然资源和战略性的经济资源，针对我国水资源严重短缺的问题，要通过加强用水总量管理，推进水循环利用，将节水贯穿生产全过程。建设节水型工业、农业、服务业，要大力推广节水产品器具，转变用水习惯，形成有利于节约水资源的消费模式和生活方式。

（三）水在自然生态系统修复和环境保护中具有重要作用

加大自然生态系统和环境保护力度，着力解决森林破坏、湿地萎缩、河湖干涸、水土流失、地面沉降，沙漠化、石漠化和草原退化，生物多样性锐减，各种灾害频发等生态系统受损问题和污染物排放量超过环境承载能力、环境污染严重问题。水资源是生态与环境的控制性要素，要充分考虑和保障生态用水需求，恢复和发展自然生态系统自我修复能力；要加强用水管理和水功能区监督管理，从严核定水域纳污容量，将水域纳污能力作为水污染物排放总量控制的依据，遏制水环境质量恶化趋势；将水生态系统保护与修复

作为修复自然生态系统的重要任务，大力开展河湖生态修复、水土流失综合治理、石漠化防治等。

（四）要把扩大森林、湖泊、湿地面积作为生态文明建设的重要任务

党的十八大报告明确要求，“扩大森林、湖泊、湿地面积”，而对耕地的要求是“严守耕地保护红线”，并没有提出扩大面积的要求，足见全党充分认识到，森林、湖泊、湿地这三类生态空间在生态文明建设、在自然生态系统修复中的重要地位。十八大提出的扩大森林、湖泊、湿地三类生态空间的任务，具有很强的针对性。我国水资源短缺的问题越来越突出，在今后城镇化快速发展中，面临的挑战将越来越大。解决水资源短缺问题，既要大力节水，更要大力增强水资源的涵养能力，这就要解决好“水盆”问题。我国的缺水和洪水问题，一定意义上是我们自己把“盛水的盆”搞少了、搞小了。全国湖泊、湿地数量和面积大幅度减少，20 世纪 50 年代以来湖泊总面积减少近 2 万 km^2，减少 1/5，长江中下游消亡的湖泊 1000 多个，鄱阳湖由过去的 5100km^2 减少到目前的 2900km^2，洞庭湖由新中国成立之初的 4300km^2 减少到目前的 2600km^2。全国湿地开垦面积 1000 万 hm^2，约 1/3 的湿地有丧失的危险。林地面积尽管在增加，但森林质量大幅度下降，涵养水源的能力明显降低。而森林、湖泊、湿地都是“盛水的盆”。有关部门要深刻认识到十八大提出的这一重大任务的重要性、紧迫性，把扩大森林、湖泊、湿地面积作为落实十八大精神、推进生态文明建设的重要任务抓紧落实。

三、加快水利改革发展，为生态文明建设提供重要支撑

党的十八大要求“加快水利建设”，这是针对长期以来，我国经济社会发展付出的水资源、水环境代价过大的问题提出的重大任务和明确要求。

（一）以水资源承载能力确定主体功能和发展方向

推进生态文明建设，要求充分考虑水资源承载能力，在开发建设中尽可能减少对水生态的人为干扰，提高水资源可持续的保障能力。要在宏观层面上做到以水资源承载能力定主体功能、发展规模和开发强度，以水定需、量水而行、因水制宜，做到水多地多重点开发、水少地少优化开发、水多地少限制开发。这样，才能从源头上、从根本上减轻大规模和跨区域调水、输电、送气的压力，减少二氧化碳排放，减少对自然生态系统的干扰，才是真正的尊重自然、顺应自然、保护自然。

（二）着力强化水资源节约保护

推进生态文明建设，要着力强化水资源节约保护，像严格土地管理一样

严格水资源管理，像抓好节能减排一样抓好节水防污，推动水资源利用方式根本转变，降低经济发展的水资源消耗强度。以节水型社会建设为抓手，把节约用水贯穿于社会经济发展和群众生产生活全过程，大力推进农业节水，加快企业节水改造，加大城市生活节水工作力度，进一步优化用水结构，切实转变用水方式。注重水资源保护顶层设计，编制水资源保护规划。加强水资源保护与水污染防治力度，严格水功能区限制纳污控制管理，从严核定水域纳污容量，改善重点流域水环境质量，进一步强化饮用水水源地保护。

（三）着力推动水生态系统保护与修复

推进生态文明建设，要强化水生态系统保护修复，按照修复河湖生命力的要求，加强流域综合生态治理，形成山青、水净、河畅、湖美、岸绿，特别是有生命的水生态。要确定并维持河流合理流量和湖泊、水库以及地下水合理水位，保障生态用水基本需求，定期开展河湖健康评估。加强对重点生态保护区、江河源头区、湖泊、湿地的保护，推进生态脆弱河湖和区域水生态修复。严格控制地下水开采，划定限采区和禁采区范围并加强监控，加强地下水超采区和海水入侵区治理，尽快实现采补平衡。深入推进水土保持，积极开展生态清洁小流域整治。

（四）着力加快水利基础设施建设

推进生态文明建设，要求大力开展水利基础设施建设，形成现代水网和防洪抗旱体系。要不断完善现代水利工程体系，按照生态文明的理念和原则继续推进大江大河大湖治理，切实筑起城乡防洪安全屏障。加快城乡重点水源工程、河湖水系连通工程建设，加快形成布局合理、生态良好的江河湖库水网体系，提高水资源调控水平和供水保障能力。在城市供排水、防洪排涝、雨水污水回用等工程建设中，要充分利用自然力，尽可能减少工程性措施。在水利建设的前期工作、建设实施、运行调度等各个环节，都要高度重视生态保护，着力维护河湖健康。

（五）着力推进水利管理制度创新

推进生态文明建设，要大力加强水利改革与管理制度创新，全面构建有利于生态文明建设的水利体制机制。要切实把尊重自然、顺应自然、保护自然的生态文明理念，节约优先、保护优先、自然恢复为主的方针等十八大提出的新理念、新方针贯彻到水利体制机制改革中，构建起生态文明的水资源管理体制、水资源管理制度、水资源管理责任考核机制、水资源和水生态环境破坏的问责制度等。建立体现水生态文明要求的经济调节机制，着力深化水价和水资源费制度改革、完善水权交易制度、建立健全水生态补偿机制。健全预防为主、预防与调处相结合的水事纠纷调处机制，建立水环境损害诉讼赔偿制度。创新水资源社会管理，大力推进水管理的科学民主决策和监督机制，完善公众参与机制。

（编者注：本文作者为中共中央财经领导小组办公室副主任）

综合篇

深入学习领会党的十八大精神
奋力推进中国特色水利现代化伟大事业

陈　雷

水是生命之源、生产之要、生态之基。党的十八大报告多处涉及水利工作，并把水利放在生态文明建设的突出位置，作出重要部署，提出更高要求。在宏观总体布局方面，提出要按照人口资源环境相均衡、经济社会生态效益相统一的原则，控制开发强度，调整空间结构，促进生产空间集约高效、生活空间宜居适度、生态空间山清水秀，给自然留下更多修复空间，给农业留下更多良田，给子孙后代留下天蓝、地绿、水净的美好家园。在水资源保护管理方面，明确提出全面促进资源节约，大幅降低能源、水、土地消耗强度，提高利用效率和效益，加强水源地保护和用水总量管理，推进水循环利用，建设节水型社会。在水生态文明建设方面，强调要加大自然生态系统和环境保护力度，推进荒漠化、石漠化、水土流失综合治理，扩大森林、湖泊、湿地面积。在水利基础设施建设方面，强调要加快水利建设，增强城乡防洪抗旱排涝能力，强化水、大气、土壤等污染防治。加强防灾减灾体系建设。在水利改革创新方面，强调要完善最严格的水资源管理制度，深化资源性产品价格和税费改革，建立资源有偿使用制度和生态补偿制度，积极开展排污权、水权交易试点。这一系列重要论述和重大部署，进一步完善了我国新时期治水方略，深化了水利工作内涵，拓展了水利发展空间，充分体现了我们党对水利工作的高度重视。我们要认真贯彻落实党的十八大精神，按照中央治水兴水决策部署，全面把握经济社会发展新要求和人民群众新期待，积极践行可持续发展治水思路，牢固树立民生水利发展理念，不断把中国特色水利现代化伟大事业推向前进。

第一，以科学发展观为指导，丰富完善新时期治水方略，着力推进传统水利向现代水利、可持续发展水利转变。党的十八大报告指出，面向未来，必须把科学发展观贯彻到我国现代化建设全过程、体现到党的建设各方面。近年来，我们把科学发展观的要求与治水兴水实践紧密结合起来，积极践行可持续发展治水思路，牢固树立民生水利发展理念，着力解决人民群众要求迫切的水利问题，推动各项工作取得显著成效，水利事业焕发勃勃生机。实践表明，可持续发展水利是符合国情水情、利国惠民的兴水之路，是解决我国复杂水问题、推进水利科学发展的必然选择。在新的历史起点上，我们要坚持以科学发展观统领水利工作全局，按照“四个更加自觉”的要求，进一步丰富和完善可持续发展治水思路和民生水利内涵，更加注重保障和改善民生，更加注重水生态文明建设，更加注重科学治水依法管水，更加注重体制机制改革创新，更加注重全面协调可持续发展，加快实现从控制洪水向洪水管理转变，从供水管理向需水管理转变，从水资源开发利用为主向开发保护并重转变，从局部水生态治理向全面建设水生态文明转变，在更深层次、更广范围、更高水平上推动民生水利新发展，努力走出一条中国特色水利现代化道路，为经济建设打下更为坚实的水利基础，为人民群众带来更为丰厚的水利实惠，为子孙后代留下更为秀美的河流山川。

第二，以保障和改善民生为根本，大力发展民生水利，着力推进水利基本公共服务均等化。党的十八大报告指出，要多谋民生之利，多解民生之忧，解决好人民最关心最直接最现实的利益问题，努力让人民过上更好生活。保障和改善民生是我们党立党为公、执政为民的本质要求。近年来，部党组以民生水利理念为引领，在解决直接关系民生的水利问题上下了很大功夫，取得了突出成效，受到了广大人民群众的充分肯定。但要看到，目前还有不少涉及民生的水利问题尚未得到完全解决。随着经济社会发展和城乡生活水平提高，人民群众物质文化需求日益增长，对水利提出了更多新期盼和新要求。我们要把人民群众对美好生活的向往作为水利工作者的奋斗目标，把保障和改善民生作为水利工作的出发点和落脚点，把群众直接受益的基础设施作为水利建设的优先领域，把群众满意作为评判水利工作的最高标准，着力推动水利基本公共服务均等化，进一步扩大民生水利受益范围、受益程度和受益层次，有力保障人民群众在防洪、供水、灌溉等生存生产方面的基本需求，有效满足人民群众对水环境、水生态、水文化等改善生活方面的更高期待，切实维护人民群众涉水合法权益。要加快完成重点小型水库除险加固、重点中小河流近期治理、山洪灾害防治县级非工程措施建设，支持小（2）型水库除险加固，扩大中小河流和大江大河支流治理范围，启动山洪灾害调查评价和重点山洪沟治理，消除威胁人民群众生命财产安全的防洪隐患。要加快农村饮水安全工程建设，全面解决农村人口饮水安全问题，积极发展集中供水工程，鼓励延伸城镇供水管网，提高农村自来水普及率，努力实现城乡供水一体化。要大力实施集防洪排涝、改善生态环境等功效于一体的中小河流治理重点县综合整治工程，加强农村水环境治理，打造山青、水净、河畅、岸绿的农村水环境。要大力开展城市水生态建设，完善城市河湖水网工程体系，加强水生态修复与水污染防治，逐步实现城市水生态系统的良性循环。要抓好农村水能资源开发与管理，加快水电新农村电气化县、小水电代燃料工程建设，全面实施农村水电增效扩容改造，开展农村水电配套电网改造，进一步解决无电和缺电人口的用电问题。要全面落实水库移民后期扶持政策，积极改善蓄滞洪区和滩区群众生产生活条件。

第三，以"四化同步发展"为目标，完善现代水利工程体系，着力提高防洪抗旱排涝能力和城乡供水保障能力。党的十八大报告提出，坚持走中国特色新型工业化、信息化、城镇化、农业现代化道路，推动信息化和工业化深度融合、工业化和城镇化良性互动、城镇化和农业现代化相互协调，促进工业化、信息化、城镇化、农业现代化同步发展。水资源是"四化同步发展"的基本条件，水利是"四化同步发展"的基础支撑。我们要紧紧围绕"四化同步发展"，继续推进大江大河大湖治理，抓紧建设一批防洪控制性枢纽工程，全面加强薄弱环节建设，构筑覆盖广泛、功能完备、工程措施与非工程措施相结合的防洪排涝减灾体系，筑牢城乡防洪安全屏障。我们要紧紧围绕"四化同步发展"，加快建设城乡重点水源工程、跨流域跨区域调水工程、河湖水系连通工程，着力构建我国"四横三纵、南北调配、东西互济、区域互补"的水资源宏观配置格局，加快形成引排顺畅、蓄泄得当、丰枯调剂、多源互补、调控自如的江河湖库水网体系，不断增强城乡供水保障能力。我们要紧紧围绕"四化同步发展"，加快利用信息技术对水利行业进行改造提升，推动信息化与水利规划、勘测、设计、建设、管理、预报、监测等各个环节的深度融合，以水利信息化带动水利现代化。

第四，以保障国家粮食安全为核心，大兴农田水利建设，着力夯实农业稳定发展基础。党的十八大报告强调，要加快发展现代农业，增强农业综合生产能力，确保国家粮食安全和重要农产品有效供给。纵观我国历史，粮食安全始终是关系全局的重大战略问题，始终是治国安邦的头等大事。粮食生产受水影响最大，水利对粮食增产效应最为突出。目前，全国仍有近一半耕地缺少基本灌排条件，现有灌区普遍存在标准低、配套差、老化失修、效益衰减等问题，旱涝保收高标准农田比例低。在全国粮食产量实现"九连增"、各种支撑力量已经绷得很紧、各种制约因素日益凸显的情况下，必须把强化农田水利作为发展现代农业、提高农业综合生产能力的首要条件和战略举措，大兴农田水利建设，从根本上夯实国家粮食安全基础。要加快实施大中型灌区续建配套、大中型灌排泵站更新改造和新增千亿斤粮食生产能力建设规划，在水土资源条件具备的地区新建一批灌区，搞好灌区田间工程配套，加强重点涝区治理，加快解决农田灌溉“最后一公里”问题，扩大旱涝保收高标准农田面积。要抓好小型农田水利重点县建设，尽快覆盖农牧业大县。要因地制宜兴建“五小水利”工程，加强抗旱水源工程建设，加大塘堰清淤力度，加快建设雨水集蓄利用工程，大力发展集雨窖灌节水农业，不断改善山丘区农业生产条件。要把发展节水灌溉作为一项根本性措施来抓，全面实施东北四省区节水增粮行动，积极推进西北、华北规模化高效节水灌溉前期工作，集中力量建成一批规模化高效节水灌溉示范片区，不断提高农业用水效率和效益。

第五，以落实最严格水资源管理制度为抓手，加大水土资源保护力度，着力加强水生态文明建设。党的十八大报告指出，要把生态文明建设融入经济建设、政治建设、文化建设、社会建设各方面和全过程，努力建设美丽中国，实现中华民族永续发展。水是生态环境的主要控制性因素，水生态文明是生态文明的重要组成和基础保障。长期以来，我国经济社会发展付出的水资源、水环境代价过大，导致一些地方出现水体污染、水质恶化，河道断流、湖泊萎缩，地面沉降、海水入侵，水土流失、生态退化等问题。必须按照生态文明建设战略部署，以落实最严格的水资源管理制度为抓手和切入点，抓紧确立“三条红线”，严格实行“四项制度”，从源头上扭转水环境恶化趋势，全面推进水生态文明建设。要严格实行用水总量控制，进一步落实水资源论证、取水许可监督、水资源有偿使用等管理措施，抓紧制定主要江河流域水量分配和调度方案，维持河流生态流量和湖泊、水库、地下水合理水位，保障生态用水基本需求。要严格用水效率控制，抓好用水定额管理和用水计划管理，制定强制性节水标准，实施重点用水监控，全面建设节水型社会。要从严核定水域纳污容量，全面落实全国重要江河湖泊水功能区划，加强入河湖排污口监督管理，建立水功能区水质达标评价体系，实施入河湖排污总量动态监控。要综合运用调水引流、截污治污、河湖清淤、生物控制等措施，加强对重点生态区和水源地的保护，推进生态脆弱河湖和地区的水生态修复，逐步实现以水定需、量水而行、因水制宜、人水和谐的文明发展。要深入推进水土保持生态建设，加大重点区域水土流失治理力度，加快坡耕地综合整治步伐，积极开展生态清洁型小流域建设，大力实施革命老区水土保持生态建设项目，有效保护水土资源。

第六，以法治和科技为支撑，强化行业能力建设，着力提高水利社会管理和公共服务水平。党的十八大报告指出，法治是治国理政的基本方式；科技创新是提高社会生产力和综合国力的战略支撑。依法治水和科技兴水，是实现水利改革发展目标、完成水利战略任务的重要保证，是增强水利公共服务能力、提高水利社会管理水平的关键举措。要加快完善防汛抗旱、农村水利、农村水电、水资源管理、水利社会管理等领域的法律制度，建立健全适合我国国情和水情的科学完备、结构合理、相互衔接的水法规体系，权责明确、行为规范、监督有效的水行政执法体系，预防为主、预防与调处相结合的水事纠纷预防和调处机制，做到有法必依、执法必严、违法必究。要尽快完善全国、流域、区域水利规划体系，强化水利规划对涉水活动的管理、指导和约束作用，加强对规划实施的监督和评估。要贯彻落实创新驱动发展战略，健全水利科技创新体系，加强水利基础研究和技术研发，力争在水利重点领域、关键环节和核心技术上实现新突破。要加大技术引进和技术推广力度，健全水利技术标准和计量、质量认证体系，进一步提高水利科技含量和技术装备水平。要进一步健全水利建设管理与质量安全监督机制，确保水利工程质量。要加快构建覆盖水利财务管理全过程、水利财务工作全领域和各类水利财政性资金的水利财务管理信息系统，全面加强水利资金管理，确保资金使用安全。

第七，以深化改革为动力，创新体制机制，着力增强水利科学发展后劲。党的十八大报告指出，改革开放是坚持和发展中国特色社会主义的必由之路。坚持解放思想、改革创新，是保障水利科学发展的强大动力，也是推进水利现代化建设的必然要求。近年来，水利改革迈出了重大步伐、取得了明显成效，但水利发展中仍存在诸多不适应、不符合科学发展要求的体制机制弊端。我们要按照党的十八大要求，在全力抓好大规模水利建设的同时，以更大的决心、勇气和智慧，加快水利重点领域、关键环节的改革攻坚，为水利科学发展、可持续发展注入新的活力。当前和今后一个时期，要着力深化水利投融资体制改革，力争在建立健全政府主导、金融支持、社会广泛参与的水利投入稳定增长机制上取得新突破；着力深化水利预算执行管理体制改革，力争在建立健全水利预算项目储备、预算执行考核、预算执行动态监控机制上取得新突破；着力深化水资源管理体制改革，力争在建立责权清晰、分工明确、运转协调的水资源管理机制上取得新突破；着力深化水利工程建设和管理体制改革，力争在建立健全市场信用体系、质量监管体系、工程安全运行保障体系上取得新突破；着力深化基层水利改革，力争在建立健全职能明确、布局合理、队伍精干、服务到位的基层水利服务体系上取得新突破；着力深化水价改革和水权制度建设，力争在建立健全反映市场供求和资源稀缺程度、体现生态价值和代际补偿的水资源有偿使用制度和水生态补偿制度上取得新突破。通过我们的不懈努力，全面构建充满活力、富有效率、更加开放、有利于科学发展的水利体制机制，不断完善适合我国国情水情的水利发展模式，使中国特色水利现代化道路越走越宽广。

第八，以党的建设为保障，保持和发展党的先进性和纯洁性，着力打造高素质水利干部队伍。党的十八大报告指出，形势的发展、事业的开拓、人民的期待，都要求我们以改革创新精神全面推进党的建设新的伟大工程，全面提高党的建设科学化水平。当前，水利工作正处于抢抓机遇跨越发展、负重前行改革攻坚的关键时期，责任特别重大，任务尤为艰巨。面对前所未有的重大考验，我们必须把加强党的建设放在首位、贯穿于水利改革发展全过程，深入贯彻落实党的十八大关于全面推进党的建设新的伟大工程的战略部署，从思想上、政治上、组织上为水利又好又快发展提供坚强保证。水利系统各级党组织和广大党员要牢牢把握加强党的执政能力建设、先进性和纯洁性建设这条主线，紧紧围绕水利中心任务，找准党建工作的切入点和结合点，自觉用中国特色社会主义理论武装头脑、凝聚精神，用科学发展观指导行动、推动工作，充分发挥各级党组织的战斗堡垒作用和广大党员的先锋模范作用。要深化干部人事制度改革，完善竞争性选拔干部方式，健全干部考核评价机制，强化干部管理监督，加强和改进干部培训，着力建设一支政治坚定、能力过硬、作风优良、奋发有为的水利干部队伍。要加快实施水利人才战略，突出抓好高层次、高技能和基层水利人才培养，不断完善人才评价、选拔任用和激励保障机制，全面提高水利人才队伍的政治素质、创新能力、服务意识和管理水平。要切实加强作风建设，始终保持党同人民群众的血肉联系，按照中央部署，深入开展以为民务实清廉为主要内容的党的群众路线教育实践活动，着力解决人民群众反映强烈的水利突出问题，多干让人民群众满意的好事实事。要坚持标本兼治、综合治理、惩防并举、注重预防方针，进一步推进水利系统惩治和预防腐败体系建设，筑牢各级领导干部廉洁从政的思想道德基础和拒腐防变的思想道德防线。要大力推进社会主义核心价值体系建设，广泛开展精神文明创建工作，深入推进水文化繁荣发展，为加快水利改革发展提供强大思想保障、精神动力和优良文化氛围。

[编者注：本文节选自水利部陈雷部长在水利部党组中心组（扩大）学习班上的动员讲话，题目为编者所加]

全面贯彻落实党的十八大精神 努力谱写民生水利发展新篇章

陈　雷

一、全面落实中央决策部署，水利工作取得新成效

2012年是党的十八大胜利召开、党和国家事业发展取得显著成就的一年，也是水利改革发展乘势而上、治水兴水取得显著成效的一年。在党中央、国务院的正确领导下，在各地各有关部门的大力支持下，各级水利部门认真贯彻落实中央决策部署，水利呈现又好又快发展的良好势头，为实现全国粮食产量“九连增”、经济持续健康发展和社会和谐稳定提供了有力的水利支撑。

第一，中央兴水惠民政策举措进一步落实。国务院出台了《关于实行最严格水资源管理制度的意见》，国务院办公厅印发了《国家农业节水纲要(2012—2020年)》，水利部联合有关部门出台了中央统筹土地出让收益计提资金、水利改革发展金融服务、基层水利服务体系等配套政策，各地结合实际制定出台了一系列政策措施。加快水利改革、实行最严格水资源管理制度和推进水利现代化等试点进入全面实施阶段。全国水利建设投资首次突破4000亿元，其中中央水利建设投资1623亿元、地方水利建设投资2680亿元，同比分别增长42.2%和16%。

第二，防汛抗旱防台风夺取全面胜利。2012年，我国洪涝台风灾害频发重发，长江和黄河上游干流分别出现5次和4次洪峰，三峡水库迎来建库以来最大洪水，6个强台风或台风在一个月内集中登陆，西南部分地区发生较为严重的春旱。国家防总、水利部科学应对，有关各方共同努力，紧急转移群众1001万人，解救被洪水围困群众87万人，洪涝灾害死亡人数较常年减少五成，完成抗旱浇地2.59亿亩次，解决了1303万人因旱临时饮水困难，最大程度保障了群众生命财产安全和饮水安全。

第三，防洪薄弱环节建设取得重大进展。如期全面完成5400座重点小(1)型病险水库除险加固任务，基本完成2209条重点中小河流重要河段治理，消除了影响防洪安全的突出隐患。小(2)型病险水库除险加固扎实推

进。山洪灾害防治非工程措施建设项目加快实施，1000 多个县基本完成建设任务并投入运行。防汛抗旱防台风减灾能力大幅提高。

第四，农村水利基础设施条件持续改善。解决了7000多万农村人口饮水安全问题，超额完成年度目标任务。完成45处大型灌区和55处大型灌排泵站规划投资任务，实施第四批400个小型农田水利重点县建设，以北方地区为重点大力发展高效节水灌溉，全面实施东北四省区节水增粮行动。新增节水灌溉工程面积2000万亩。

第五，重点水利项目建设全面加快。大江大河大湖治理扎实推进，河北省双峰寺水库、安徽省青弋江分洪道等重点水利工程开工建设，安徽省白莲崖、广东省乐昌峡、云南省青山嘴等工程投入运行。水电新农村电气化、小水电代燃料、农村水电增效扩容改造试点效益显著，新增农村水电装机300万kW。水土保持加快推进，治理水土流失面积5.3万km^2，完成坡改梯400万亩。石羊河流域综合治理取得明显成效，敦煌水资源合理利用与生态保护规划加快实施。

第六，最严格水资源管理制度逐步落实。完成“三条红线”省级控制指标分解确认，跨省江河流域水量分配扎实推进，水资源论证和取水许可管理不断强化。节水型社会建设深入开展，30个国家级试点通过验收。编制《全国重要江河湖泊纳污能力核定和分阶段限制排污总量意见》，开展地下水超采区评价，推进水源地达标建设，启动全国水生态文明城市创建活动，妥善处置突发水污染事件。组织开展江河湖库水量统一调度。

第七，水利体制机制改革迈出新的步伐。水资源管理体制进一步完善，城乡水务一体化改革稳步推进，以公共财政为主的多元化水利投入机制逐步形成，水利部预算项目储备、预算执行考核、预算执行动态监控三项机制全面建立，水利审计力度不断加大、免疫系统覆盖面进一步拓宽、免疫作用更加凸显，水利工程建设管理和运行管理体制改革继续深化，农业水价综合改革深入开展。基层水利服务体系建设加快推进，各地新建、恢复乡镇（流域）水利站4465个，中央财政支持1752支抗旱服务队建设。滇桂黔石漠化片区区域发展与扶贫攻坚启动实施，水利扶贫、水利援疆援藏援青、水利移民以及对口帮扶工作取得明显成效。

第八，依法治水管水能力不断增强。七大流域综合规划修编全面完成，一批水利综合规划和专项规划发布实施。全国人大常委会先后听取国务院关于农田水利和农村饮水安全工作情况报告，并开展专题询问。水利重点领域立法工作加快推进，专项执法检查活动深入开展，全国水事秩序持续向好。

水利工程项目稽察、质量监管、安全监督工作力度加大，全年未发生重特大质量和生产安全事故。全面完成第六轮行政审批项目清理，积极开展水利政务公开，圆满完成人大建议和政协提案办理工作。信访矛盾纠纷排查化解工作扎实有效。

第九，水利科技创新与国际合作扎实推进。第一次全国水利普查填表上报、数据处理、审核汇总等工作如期完成，取得重要成果。水文站网建设进一步强化，国家水资源监控能力建设项目启动实施，国家防汛抗旱指挥系统二期工程进展顺利，全国水土保持监测网络和信息系统二期工程全面建成。水利科技创新体系建设加快推进并取得丰硕成果，引进推广先进水利技术160多项。水利国际交流与合作不断深化，国际河流管理工作全面加强。

第十，党的建设和干部队伍建设成果丰硕。广泛开展喜迎党的十八大活动，深入学习贯彻党的十八大精神。扎实推进基层组织建设年活动，深入开展创先争优活动。扩大干部选拔任用民主，加大干部交流锻炼力度，全面推进基层水利干部职工培训。严格落实党风廉政建设责任制，加强对中央加快水利改革发展决策部署落实情况的监督检查，深入开展水利工程建设领域突出问题专项治理，加强全国水利普查经费使用管理、重点水利工程建设项目执法监察以及民生水利项目监督检查，全面推行水利重点领域廉政风险防控管理。水利新闻宣传工作成效显著，水文化和行业精神文明建设蓬勃发展。

在充分肯定水利工作成绩的同时，我们也要清醒地看到问题与不足，主要是：中央兴水惠民政策落实力度需要进一步加大，民生水利建设步伐需要进一步加快，水利薄弱环节需要进一步夯实，水利重点领域改革攻坚需要进一步深化，河湖水域岸线管理需要进一步强化，基层水利服务体系和能力建设需要进一步加强。对这些困难和问题，我们必须高度重视，切实采取措施，尽快加以解决。

二、深刻领会党的十八大精神，准确把握水利改革发展新要求

党的十八大描绘了全面建成小康社会、加快推进社会主义现代化的宏伟蓝图，为党和国家事业进一步发展指明了方向。十八大报告把水利放在生态文明建设的突出位置，提出了新的更高要求，强调要给子孙后代留下天蓝、地绿、水净的美好家园，建设美丽中国，进一步凸显了水利战略地位，深化了水利工作内涵，拓展了水利发展空间，充分体现了我们党对水利工作的高度重视。我们要认真学习、深刻领会、准确把握、全面落实党的十八大精神，不断把中国特色水利现代化事业推向前进。

第一，深入贯彻落实科学发展观，必须不断丰富完善治水思路。科学发展观是指导党和国家全部工作的强大思想武器。我国地域辽阔，各地自然禀赋和发展条件不同，面临的水利问题也不相同。**必须切实按照科学发展观的要求，**正确处理经济社会发展和水资源条件的关系，全面考虑水的资源功能、环境功能、生态功能，对水资源进行合理开发、优化配置、全面节约、有效保护和科学管理。**必须切实按照科学发展观的要求，**坚持防洪抗旱除涝并重、开源节流保护并举、建设管理改革齐抓、速度质量效益统一，科学规划水利发展布局和建设规模，着力增强水旱灾害应对与综合防御能力、水资源合理调配与高效利用能力、水生态环境保护与修复能力、科学治水与依法管水能力。**必须切实按照科学发展观要求，**加快传统水利向现代水利、可持续发展水利转变，实现从控制洪水向洪水管理转变，从供水管理向需水管理转变，从水资源开发利用为主向开发保护并重转变，从局部水生态治理向全面建设水生态文明转变，走出一条中国特色水利现代化道路。

第二，实现全面建成小康社会目标，必须着力解决涉及民生的水利问题。党的十八大充实完善了全面建成小康社会目标，提出了“两个翻一番”的新目标，强调要解决好人民最关心最直接最现实的利益问题。水利与民生息息相关，在新的历史条件下，我们要更加自觉、更加坚定地把民生水利放在心上、付诸实践，着力解决好人民群众的水患、水忧、水难、水盼问题。**在政策制定和工作部署上，**把政府主导与群众主体有机结合起来，把尽力而为与量力而行有机结合起来，把长远目标与阶段性任务有机结合起来，从群众要求最迫切的问题做起，一步一个脚印，扎扎实实地做好工作，让群众得到更多的实惠。**在项目安排和资金投向上，**更多地向防汛抗旱、饮水用电、改善生产条件等群众最基本的需求领域倾斜，向贫困地区、革命老区、民族地区、边疆地区、中西部地区倾斜，逐步缩小区域和城乡之间的水利发展差距，让水利更好地支撑全面建成小康社会。**在工作考核和政绩考评上，**把群众受益度作为评判水利工作的重要内容，把群众满意度作为评判水利工作的最高标准，着力构建保障民生、服务民生、改善民生、惠及民生的水利发展格局。

第三，促进“四化同步发展”，必须着力夯实水利基础支撑和保障。促进工业化、信息化、城镇化、农业现代化同步发展，是党的十八大作出的重大战略部署。实现“四化同步发展”，水资源是基本条件，水利是基础支撑。**从工业化发展看，**水利肩负着更为重要的使命。一方面，要加快水利基础设施建设，为新型工业化提供更为坚实的水利保障；另一方面，要加快转变用水方式，充分发挥水利在新型工业化过程中的先导和推动作用。**从信息化发**

展看，信息技术开辟了生产力发展的新空间，改造传统水利，迫切需要推动信息技术在水利规划、勘测、设计、建设、管理、预报、监测等各个环节的广泛应用，以水利信息化带动水利现代化。**从城镇化发展看，**我国城镇化规模空前，对城市的供水保障、防洪排涝、资源环境带来巨大压力，迫切需要统筹城乡水利发展，加快城市水利建设，积极培育水务市场，着力提高城市水利的支撑保障能力。**从农业现代化发展看，**以农田水利为重点的农业基础设施是现代农业的重要物质条件，必须加快农田水利建设步伐，不断提高土地产出率、资源利用率和劳动生产率，不断增强农业综合生产能力、防灾减灾能力和可持续发展能力。

第四，推进生态文明建设，必须加快落实最严格水资源管理制度。党的十八大首次把生态文明建设纳入中国特色社会主义建设总体布局。水资源是生态环境的主要控制性因素，水生态文明是生态文明的核心组成部分。必须按照党的十八大战略部署，把完善和实施最严格的水资源管理制度作为重要抓手，全面推进水生态文明建设。**在用水总量控制上，**要以水定需、量水而行、因水制宜，既要满足经济社会发展合理需求又要满足维护河湖生态健康基本需要，既要满足当代人对水的需求又要给子孙后代留下足够的生存和发展空间。**在用水效率控制上，**要建立健全用水定额指标体系，实施计划用水管理，加快制定高耗水工业和服务业用水定额国家标准，深入实施工业、农业、服务业节水技术改造，全面推进节水型社会建设。**在入河排污控制上，**要从严核定水域纳污容量，强化水功能区监管和饮用水水源保护，推进绿色发展、循环发展、低碳发展。**在水资源管理监督考核上，**要健全取用水计量和监控体系，建立目标考核、干部问责和监督检查机制，充分发挥“三条红线”的约束作用。

第五，适应改革开放新形势，必须不断创新水利发展体制机制。随着水利综合功能逐步拓展，水利覆盖范围不断扩大，涉水利益主体日益多元，水利改革攻坚难度加大。我们要进一步加大力度，着力深化水利重点领域改革。**在改革方向上，**要立足水利的公益性、基础性、战略性特征，顺应加快完善社会主义市场经济体制要求，充分发挥中央和地方两个积极性，正确处理政府、市场、社会的关系，着力构建政府主导、社会协同、公众参与的水利发展体制机制。**在攻坚重点上，**要把事关水利发展全局的水资源管理体制、水利投融资体制、水利工程建设和管理体制、水价形成机制改革以及基层水利服务体系、水权制度、水生态补偿机制创新等作为突破口和着力点，全力改革攻坚，务求取得实效。**在方案设计上，**要充分考虑不同群体的涉水利益关系，充分考虑区域之间的发展差异，充分考虑社会公众的承受能力，广泛征求各方面意见，科学设计改革方案，使广大人民共享水利改革发展成果。**在实施路径上**，要坚持自上而下与自下而上相结合，注重分类指导，总结推广基层改革经验，搞好试点示范，积极稳妥地推进各项水利改革。

三、认真贯彻中央治水兴水方略，着力推动民生水利新发展

当前和今后一个时期，我们要按照党的十八大战略部署，坚持中央水利工作方针和治水兴水方略，把发展民生水利作为密切党同人民群众血肉联系的重要纽带，把人民群众过上更加美好生活作为水利工作的奋斗目标，把保障和改善民生作为水利工作的出发点和落脚点，着力抓好以下重点工作。

第一，强化防洪薄弱环节，着力保障人民群众生命财产安全。随着工业化、城镇化加快发展以及全球气候变化影响加剧，我国防洪减灾工作面临新的挑战，必须进一步巩固和完善防洪保安体系，从整体上提高抗御洪涝灾害的能力和水平。要加大重点中小河流治理力度，确保到 2015 年完成 5000 多条中小河流的重要河段治理任务，扩大中小河流治理范围，扎实推进中小河流治理重点县综合整治和水系连通试点。要加快推进重点小（2）型病险水库除险加固，加大对其余小（2）型病险水库除险加固支持力度，力争 2015 年年底前全面完成病险水库和规划内大中型病险水闸除险加固任务。要全面完成山洪灾害防治县级及以下非工程措施建设任务，建立健全专群结合的监测预警体系，力争“十二五”期间基本解决山洪灾害防治的突出问题。

第二，大兴农田水利建设，着力提高农业综合生产能力。虽然我国粮食产量实现了历史罕见的“九连增”，但主要农产品供求仍然处于“总量基本平衡、结构性紧缺”的状况。虽然农业生产条件有了改善，但农业总体上薄弱和靠天吃饭的局面没有根本改变。夯实农业基础，保障农产品供给，必须大兴农田水利。要加快大中型灌区续建配套改造和灌排泵站更新改造步伐，加强重点涝区治理，大力实施灌区田间配套工程建设和末级渠系改造，进一步完善农田灌排设施体系，加快解决农田灌溉“最后一公里”问题。要在水土资源条件具备的地区，结合重点水利枢纽建设，因地制宜新建一批灌区，努力扩大有效灌溉面积，确保“十二五”期间新增农田有效灌溉面积 4000 万亩。要扩大小型农田水利重点县建设覆盖范围，大力提升县域小型农田水利建设和管护水平。要把节水灌溉作为发展现代农业的根本性措施，抓好《国家农业节水纲要（2012—2020 年）》贯彻实施，加快推进东北四省区节水增粮行动，积极发展西北、华北等重点地区的规模化高效节水灌溉。要全

面实施全国抗旱规划，加快重点水源工程和应急备用水源建设，兴修“五小水利”工程，解决部分地区工程性缺水问题。要大力加强牧区水利建设，有效保护和改善草原生态。

第三，推进江河湖库水系连通，着力构筑水安全保障体系。河湖水系是水资源的载体，是生态环境的重要组成部分。近年来，经济社会发展对保障防洪安全、供水安全、粮食安全、生态安全的要求日益提高，进一步完善和优化江河湖库水系连通显得更加重要和迫切。要以全国水资源综合规划、流域综合规划、防洪规划、水资源保护规划等规划为基础，以自然河湖水系、大中型调蓄工程和连通工程为依托，重点推进规划确定的河湖水系连通骨干工程建设，支持区域河湖水系连通，加快推进中小河流水系连通，构建布局合理、生态良好，引排得当、循环通畅，蓄泄兼筹、丰枯调剂，多源互补、调控自如的江河湖库水系连通体系，增强区域水资源和水环境承载能力，提高抗御水旱灾害能力。

第四，加强水土资源节约保护，着力建设生态安全屏障。加强水土资源节约保护，是破解资源环境约束、加快转变经济发展方式、增强可持续发展能力的战略选择。要像严格土地管理一样严格水资源管理，像抓好节能减排一样抓好节水防污，强化“三条红线”控制，进一步落实水资源论证、取水许可监督、水功能区管理、入河排污口监管、水资源有偿使用、水资源管理责任考核等各项制度。要全面实施地下水取用水总量控制，严格地下水取水许可监督管理，加大地下水保护和超采治理力度，逐步实现采补平衡。要加强长江上中游、黄河中上游、西南石漠化地区、东北黑土区等重点区域以及山洪灾害易发多发区水土流失防治，全面开展坡耕地综合整治，积极推动生态清洁小流域建设。要加快推进重点地区和河流水生态修复，下大力气抓好农村水环境综合治理和水利风景区建设，积极发展农村水电，打造山青、水净、河畅、湖美、岸绿的水环境。

第五，拓展城市水利工作，着力增强城市可持续发展能力。近年来，我国一些城镇水资源供需矛盾加剧、水生态系统退化、洪涝灾害频发等问题日益凸显，已成为制约经济社会持续健康发展的突出瓶颈。要加快城镇水源工程建设，提高城镇供水保证率，因地制宜建设城市应急备用水源，建立健全城市供水安全保障体系，缓解城市人口密集、经济活动集中带来的供水压力。要加强城市洪水风险管理，防止城市向洪水高风险区盲目扩张，防止城市建设挤占河湖水域，提高洪水调蓄能力。要加大城市防洪工程、排水管网和排涝泵站建设以及排水管道清淤疏通力度，建立健全监测预警体系、组织动员体系、应急救援体系，不断提高城市防洪排涝能力。要通过实施雨污分流、清淤保洁、岸线整治和景观营造，大力开展城市水生态环境治理。要积极开展水生态文明城市创建活动，辐射带动区域水生态环境的改善和提升。

第六，加强水利社会管理，着力提高水利公共服务能力。当前和今后一个时期，是水利大建设、大发展的高峰时期，也是涉水利益关系复杂、水事矛盾增多的凸显时期，必须大力推进水利管理创新，切实提高水利社会管理和公共服务水平。要加快完善水法规体系、水行政执法体系和水利规划体系，建立健全水事纠纷预防调处、水利突发事件应急处置、水土保持监督、涉水权益保障、重大水利项目社会稳定风险评估等机制，加强对水库移民、蓄滞洪区和滩区群众的社会管理，强化河湖水域岸线管理，维护良好水事秩序，促进社会和谐稳定。要把加快完善工程良性运行机制放在更加突出的位置，对重点水利工程，要健全标准化运行规程，提高信息化装备水平，推进规范化日常监管，实施科学化工程调度，充分发挥工程的综合效益；对量大面广的各类小型水利工程，要明确责任主体，完善管护机制，落实管理人员和管护经费，全面提高管理水平，确保工程建得成、管得好、长期发挥效益。

第七，健全水利服务体系，着力提高基层水利队伍素质。当前，我国农村经济社会结构正在发生深刻变化，青壮年农民大量进城务工，农户兼业化、村庄空心化、人口老龄化趋势明显，农村水利组织难、投入难、管理难等问题更加凸显，特别是基层水利服务体系不健全的问题日益突出。要以乡镇水利站为主导、农民用水合作组织为基础、专业化服务队伍为支撑，建立健全职能明确、布局合理、队伍精干、服务到位的基层水利服务体系，增强基层水利服务能力。要按照水利部、中央编办、财政部《关于进一步健全完善基层水利服务体系的指导意见》，全面加快乡镇（流域）水利站建设，着力提高管理水平。要大力发展农民用水合作组织，积极推进防汛抢险、抗旱服务、水文水资源监测、水利科技推广、灌溉实验等专业化服务组织建设。要大规模开展岗位培训和实用人才培养，提高基层水利职工的综合素质、专业技能、管理能力、服务水平。

第八，完善水利政策体系，着力发挥兴水惠民政策效力。2011 年中央 1 号文件和中央水利工作会议制定出台了一揽子支持水利的重要政策，要对照落实方案，认真梳理检查，搞好“回头看”。已经出台的配套政策，要加大贯彻落实力度，及时解决执行中存在的突出问题。尚未出台的配套政策，要加大协调力度，尽快制定出台。当前，要针对经济增速放缓和财政收入增幅下降的宏观形势，抓紧研究制定保持水利投资稳定增长的政策措施，巩固已有来源，开辟新的渠道，防止水利建设出现大的波折。要针对农村形势的新变化，抓紧研究制定加强农田水利建设和管理的政策措施，保持农田水利的持续健康发展。要针对水利建设征地补助标准偏低、耕地占用税额偏高等突出问题，完善相关政策，保障大规模水利建设的顺利进行。要针对水价形成机制不合理、水生态补偿机制不健全等突出问题，抓紧建立和完善反映市场供求和资源稀缺程度、体现生态价值和代际补偿的水资源有偿使用制度和水生态补偿制度。

四、扎实做好2013年各项水利工作，努力开创水利改革发展新局面

2013年是深入贯彻落实党的十八大精神的开局之年，是实施“十二五”规划承前启后的关键一年，是为全面建成小康社会奠定坚实基础的重要一年。中央经济工作会议强调，要紧紧围绕主题主线，以提高经济增长质量和效益为中心，稳中求进，开拓创新，扎实开局，实现经济持续健康发展和社会和谐稳定。中央农村工作会议明确了“保供增收惠民生、改革创新添活力”的工作目标，强调要用好用足支持水利改革发展的各项政策，加快建设与农业生产紧密相关的各项水利工程。

做好明年的水利工作，要按照中央的总体部署，突出把握好“稳政策、增投资、夯基础、促改革、强管理、惠民生”的总体要求。**稳政策**，就是要保持兴水惠民政策的连续性、稳定性，继续挖掘政策潜力，完善配套政策，狠抓政策落实。**增投资**，就是要积极争取中央和地方财政性资金投入，广辟金融和社会资金渠道，保持水利投资的稳定增长。**夯基础**，就是要继续强化水利薄弱环节建设，大兴农田水利，开工建设一批骨干枢纽工程，加快扭转水利建设滞后的局面，进一步增强水利基础保障能力。**促改革**，就是要紧紧抓住全面深化改革开放的机遇，在水利重点领域和关键环节改革上实现新突破，不断为水利发展激发新的活力，注入新的动力。**强管理**，就是要加强水资源管理、水利工程建设和运行管理、水利建设资金管理、河湖水域岸线管理，下大气力解决管理相对滞后的问题，大力推进依法治水管水。**惠民生**，就是要在继续推进现有项目建设的同时，大力拓展民生水利范畴，增加民生水利项目的覆盖面，进一步扩大民生水利受益范围、受益程度和受益层次。

第一，全面掀起学习贯彻党的十八大精神热潮。水利系统各级党组织要把学习、贯彻、落实党的十八大精神作为首要政治任务，组织党员干部认真学习研读党的十八大文件，学习习近平总书记一系列重要讲话精神，准确把

握党的十八大精神实质，不断把学习贯彻活动引向深入。要把学习贯彻党的十八大精神与学习贯彻中央经济工作会议和中央农村工作会议精神紧密结合起来，与加快水利改革发展紧密结合起来，进一步理清发展思路，明确发展目标，完善发展举措，切实把党的十八大精神落到实处。

第二，全力做好防汛抗旱减灾工作。全面落实防汛抗旱行政首长负责制，加强水文气象预报和监测预警，抓紧修订完善应急预案和调度方案，提早充实防汛抗旱救灾物资，尽快修复各类水毁水利设施，着力强化应急队伍建设，立足于防大汛、抗大旱、防强台，充分做好各项准备工作。突出抓好重要堤防、水库、水电站和在建工程安全度汛，着力防范中小河流洪涝灾害和山洪灾害，认真做好沿海台风防御、城市防洪排涝和北方河流防凌汛工作。加快抗旱水源工程建设，加强抗旱水源管理和统一调配，确保城乡供水安全。

第三，加快推进重点水利项目建设。明年再解决6000多万农村人口的饮水安全问题，确保年底完成15891座重点小（2）型病险水库除险加固目标任务，积极推进其余25000多座小（2）型水库除险加固，全面完成2058个县山洪灾害防治非工程措施建设任务，开展山洪灾害调查评价，启动实施重点山洪沟治理，全面实施大中型病险水闸除险加固。抓紧实施2013—2015年全国重点中小河流治理方案，扩大中小河流治理重点县综合整治和水系连通试点范围。继续实施大江大河大湖及主要支流治理，加快长江、淮河和海河重要蓄滞洪区建设。抓紧建设重点区域水资源配置工程，加快大藤峡、古贤、出山店及西南水源工程等项目前期工作。加大援疆援藏援青及水利扶贫工作力度，切实做好水库移民管理工作。

第四，大力加强农田水利基本建设。把冬春农田水利建设作为当前水利工作的重点，广泛动员全社会掀起农田水利建设新高潮，为春耕春播和明年的农业丰收提供有力支撑。突出抓好东北四省区节水增粮行动，全面启动西北、华北等重点地区高效节水灌溉规模化工程建设，加快实施大中型灌区续建配套、大中型灌排泵站更新改造和新增千亿斤粮食生产能力建设规划，确保明年完成50处大型灌区、190处重点中型灌区和50处大型灌排泵站规划投资任务，新增高效节水灌溉工程面积2000万亩以上。继续扩大小型农田水利重点县覆盖范围，争取适当提高建设标准，延长建设年限，整村整乡规模化加以推进。

第五，着力落实水资源管理“三条红线”。明年上半年要完成各地“三条红线”指标分解工作，基本建立覆盖省市县的指标体系。抓紧完成第一批25条江河水量分配方案审查、协调和报批，启动第二批重要江河水量分配工作。认真落实即将出台的《最严格水资源管理制度考核办法》，率先在试点地区进行考核。加快实施国家水资源监控能力建设项目，抓紧制定水资源监测、用水计量与统计等管理办法，加强水生态监测分析评价。组织制定高耗水行业特别是服务业节水标准，完成第三批全国节水型社会建设试点验收和第四批试点中期评估。加强水功能区和入河湖排污口监督管理，组织开展全国重要饮用水水源地达标示范建设，抓好水生态文明城市创建试点。

第六，深入开展水土保持生态建设。加大重点区域水土流失治理力度，加快坡耕地综合治理，启动实施革命老区水土保持生态建设，年内完成5万km^2水土流失综合治理面积、450万亩坡改梯建设任务。强化水土流失监控和生产建设项目水土保持监督，加强重要生态保护区、水源涵养区、江河源头区生态自然修复和预防保护，推进生态清洁小流域建设和牧区节水灌溉饲草料地建设。加强农村水能资源管理和农村水电安全监管，加快水电新农村电气化县、小水电代燃料工程建设和农村水电增效扩容改造，年内新增农村水电装机200万kW。

第七，继续深化重点领域水利改革。完善流域管理与区域管理相结合的水资源管理制度，继续推进城乡水务一体化管理。建立完善水利投入稳定增长机制，着力开拓新建小型水源工程投资渠道。探索农田水利建设管理新模式，加快落实财政对灌排工程运行管理费用补助政策。加强水利资产管理，完成新一轮产权登记工作。全面推进农业水价综合改革，扩大试点范围和规模，在全国建设一批集中连片的农业水价综合改革示范区；稳步推进工业、服务业和城市居民生活用水价格改革。积极开展水权交易试点，力争将涉水生态补偿纳入国家生态补偿范围，出台水土保持补偿费征收使用管理办法。着力抓好水利改革发展试点工作。

第八，进一步加大水法治建设力度。抓紧做好洪水影响评价管理、南水北调供用水管理、河道管理等条例的审查修改工作，推动重点领域水法规立法进程。完成全国水中长期供求规划，编制全国水资源保护规划，开展全国水利发展“十二五”规划中期评估，启动“十三五”水利规划编制工作。加强水利综合执法，做好水事矛盾纠纷预防调处工作。公布水利行政许可审批事项名录，加强行政许可行为管理，推进水利政务公开。出台加强河湖管理指导意见，坚决打击侵占水域、违法设障、非法采砂、擅自取水等行为。深化水利工程建设领域突出问题专项治理，完善水利建设市场监管，各地必须招标的水利工程自2013年7月1日起要全部进入公共资源交易市场招标投标，开展水利工程建设领域守信激励和失信惩戒制度建设试点。强化水利工程建设质量监控、项目稽察和安全监督，健全监管体制，完善监管网络，充实监管力量，实现监管工作全覆盖，对查出的问题按照“四不放过”要求抓好整改落实。全面加强水利资金监管和水利基本建设财务管理，严格落实预算管理“三项机制”，强化绩效考核评价，加大审计监督力度，进一步发挥水利审计免疫系统的重要作用，确保水利资金使用安全高效。

第九，切实加强水利行业能力建设。加快推进基层水利服务体系建设，确保2013年年底前全面完成乡镇（流域）水利站建设任务。鼓励并积极推进农民用水合作组织以及防汛机动抢险队、抗旱服务队等专业化服务组织建设。扎实做好水利普查成果审查、验收、发布，力争第一季度全面完成水利普查任务。加快国家级创新基地建设，加强重点实验室、工程中心的能力建设与绩效评估。全面开展洪水风险图编制工作，着力推进中小河流水文监测系统、水功能区水文水资源监测站网、国家防汛抗旱指挥系统二期工程、水利财务管理信息系统等水利信息化重点工程建设，开展新一代信息技术应用示范和推广。深入推进多边双边水利务实合作，积极发挥中国水利在国际涉水事务中的重要作用。

第十，全面提高党的建设科学化水平。牢牢把握加强党的执政能力建设、先进性和纯洁性建设的主线，深入开展以为民务实清廉为主要内容的党的群众路线教育实践活动，扎实推进学习型、服务型、创新型党组织建设。加强干部考核、监督、交流和培训，抓好高层次、高技能水利人才引进、培养和选拔，强化基层水利人才队伍建设。健全水利廉政风险防控机制，制订水利惩治和预防腐败体系建设2013—2017年工作规划实施办法，加强反腐倡廉教育和廉政文化建设，开展政风行风评议活动，加强党的纪律建设和作风建设监督检查，抓好党员领导干部廉洁自律工作，严肃查处违纪违法案件。积极践行社会主义核心价值体系，深入开展精神文明创建活动，启动水利文明单位考核认定工作。加大水利宣传力度，加强国情水情教育，推进水文化繁荣发展，推动和谐机关建设取得新进展。

最近，中央政治局制定了关于改进工作作风、密切联系群众的八项规定，体现了党要管党、从严治党的根本要求，顺应了人民群众的热切期待，为全党树立了榜样。当前，水利正处于改革发展的黄金期，也处于负重前行的攻坚期，人民群众的期望值很高，社会各界的关注度很大，必须始终保持奋发有为的精神状态和求真务实的工作作风，把精力集中到干事创业上，把心思用到为民造福上，把功夫下到抓好工作上。水利部党组已经制定了贯彻落实“八项规定”的实施办法，目前正在征求意见。各级水利部门也要按照中央要求，结合实际制定具体办法。水利部门各级领导干部要以身作则、率先垂范，要求别人做到的自己首先做到，要求别人不做的自己首先不做，讲实话、干实事，敢作为、勇担当，言必信、行必果，切实在转变作风方面取得明显成效。

（编者注：本文选自水利部陈雷部长2012年12月28日在全国水利厅局长会议上的讲话）

政策法规篇

2012年贯彻落实中央加快水利改革发展决策部署情况综述

水利部办公厅　水利部发展研究中心

2012年，各部门、各地认真贯彻落实中央加快水利改革发展决策部署，推动水利发展呈现出政策加快落实、发展全面提速、改革深入推进的良好态势，水利改革发展取得重大进展。

一、政策措施加快落实

（一）水利投入稳定增长机制初步建立

一是财政支持政策进一步完善。财政部、水利部印发了从土地出让收益中计提农田水利建设资金和中央统筹部分资金的政策文件，提出了从土地出让收益中提取10%用于农田水利建设的具体办法，同时规定计提资金的20%由中央统筹分配，缓解土地出让收益与农田水利建设资金需求不匹配的矛盾。贵州、西藏、黑龙江等省（自治区）从土地出让收益中计提农田水利建设资金比例超过10%，云南、安徽等5个省提出按土地出让总收入的2%～5%保底计提。财政部、国家发展和改革委员会、水利部联合印发了《水利建设基金筹集和使用管理办法》。一些省（自治区、直辖市）将堤防维护费、部分新增建设用地土地有偿使用费等纳入基金管理，地方水利建设资金来源和渠道进一步拓宽。

二是金融支持力度进一步加大。人民银行、国家发展和改革委员会、财政部、水利部等联合印发《关于进一步做好水利改革发展金融服务的意见》，提出了支持水利建设的一揽子金融政策措施。经国务院同意，中国农业发展银行出台《水利建设中长期政策性贷款业务管理办法》，对水利建设政策性贷款用途、项目条件、期限结构、还款来源、审批流程、风险控制等作了明确规定。北京、辽宁、河南、新疆等8个省（自治区、直辖市）落实了水利建设财政贴息政策。水利部与国家开发银行、中国农业银行签订了战略合作协议，重庆、湖南、广西、广东等22个省（自治区、直辖市）与政策银行、商业银行签订信贷合作协议，银行授信额度显著提高。

三是社会融资举措进一步丰富。国家发展和改革委员会核准了6家水利企业发行债券，融资主要投向农田水利、节水灌溉、水利枢纽以及流域治理等方面。全国有24个省（自治区、直辖市）建立了省级水利投融资平台。水利部印发了鼓励和引导民间资本参与农田水利、水土保持工程建设实施细则，福建、广东、浙江、云南等多个省积极推进社会资本参与水利建设；中央和地方政府加大一事一议财政奖补力度，调动农民投工投劳用于农田水利建设的积极性。多家水利企业成功上市，一批水利类上市公司实现再融资。

（二）最严格水资源管理制度加快实施

国务院印发《关于实行最严格水资源管理制度的意见》，批复实施《全国重要江河湖泊水功能区划》。国务院办公厅发布了《国家农业节水纲要》、印发《实行最严格水资源管理制度考核办法》。水利部印发《全国重要江河湖泊纳污能力核定和分阶段限制排污总量意见》。启动中央、流域、省级三级水资源监控平台以及取用水、水功能区、省界断面等三类监测点水资源监控能力建设。国家发展和改革委员会、农业部、工业和信息化部、环境保护部等制定或出台了水污染防治、节水等方面的政策。各地扎实开展相关控制指标细化分解、水资源管理责任与考核工作。山东、河北等省初步建立起覆盖省、市、县的控制指标体系，山西、新疆等省（自治区）已完成水资源管理控制指标分解技术工作，北京、广东等17个省（直辖市）将最严格水资源管理制度情况纳入干部年度目标考核体系。

（三）优惠政策措施进一步出新

国土资源部、水利部联合印发《关于农村饮水安全工程建设用地管理有关问题的通知》，明确农村饮水安全工程建设用地可打捆申报，简化了用地审批程序，保障农村饮水安全工程用地。财政部、国家税务总局联合印发《关于支持农村饮水安全工程建设运营税收政策的通知》，明确对农村饮水安全工程建设、运营给予增值税、契税、印花税、房产税和城镇土地使用税免征或减征等税收优惠。吉林、安徽等省将农村饮水安全工程建设项目用地列入年度计划优先安排，辽宁、重庆等省（直辖市）对农村饮水安全工程实施免征、减征企业所得税等优惠政策，天津、河北等省明确农村饮水安全工程供水用电执行农业排灌用电价格的政策。

二、水利发展全面提速

（一）水利建设投资显著增长

2012年全国水利建设投资首次突破4000亿元。中央水利建设资金达

1623亿元，较2011年增长42.2%，再创历史新高。中央水利建设投资进一步向民生水利、中西部地区倾斜，其中民生水利建设投资比重达67.9%，中西部地区投资占84.1%。地方水利建设投资达2680亿元，比去年增加16%。全年新增贷款投放1079亿元，增长49%，累计贷款余额3870亿元。重庆、广西、广东等22个省（自治区、直辖市）分别与政策银行、商业银行等签订信贷合作协议，共获得633.68亿的银行授信额度。北京、辽宁等8个省（直辖市）落实了财政贴息政策，共贴息37.1亿元。

（二）主要目标任务实现良好

完成2209条重点中小河流重要河段治理和5400座重点小（1）型病险水库除险加固见表1，山洪灾害防治非工程措施建设项目加快实施。全年解决农村饮水安全人口近7000万人，新增节水灌溉工程面积2000万亩见表2。治理水土流失面积5.3万km^2。全国总用水量为5322亿m^3见表3，万元国内生产总值和万元工业增加值用水量相比2011年各地平均降幅达9.3%和10.0%，河北、山东等12省农田灌溉水有效利用系数提高到0.53以上见表4。农村水电增效扩容改造试点项目全面完成，全年新增农村水电装机约300万kW。

表1　　2012年病险水库除险加固完成情况

序号	地区	病险水库除险加固计划（座）	病险水库除险加固完成（座）	序号	地区	病险水库除险加固计划（座）	病险水库除险加固完成（座）
1	北京	13	1	17	湖北	839	731
2	天津	0	0	18	湖南	2182	—
3	河北	147	84	19	广东	—	—
4	山西	88	88	20	广西	800	685
5	内蒙古	41	41	21	海南	90	76
6	辽宁	70	88	22	重庆	561	121
7	吉林	154	154	23	四川	640	671
8	黑龙江	237	272	24	贵州	275	275
9	上海	0	0	25	云南	967	646
10	江苏	199	199	26	西藏	8	3
11	浙江	200	202	27	陕西	132	100
12	安徽	674	674	28	甘肃	46	46
13	福建	100	100	29	青海	25	28
14	江西	2330	—	30	宁夏	50	50
15	山东	151	152	31	新疆	27	29
16	河南	381	381	—	—	—	—

注　根据各地上报数据整理，“—”表明缺少数据。

表 2　　2011 年和 2012 年新增农田有效灌溉面积

序号	地区	新增农田有效灌溉面积（万亩）		序号	地区	新增农田有效灌溉面积（万亩）	
		2011 年	2012 年			2011 年	2012 年
1	北京	2.6	3	17	湖北	—	100
2	天津	—	—	18	湖南	20.8	36.5
3	河北	88	56.8	19	广东	7.3	12
4	山西	69	65	20	广西	73.7	122.5
5	内蒙古	147	127	21	海南	13.4	12.6
6	辽宁	130	222	22	重庆	22.4	23.2
7	吉林	98.2	109	23	四川	102	132
8	黑龙江	1115	932	24	贵州	21.1	25.4
9	上海	0	0	25	云南	87	80
10	江苏	71.4	91.2	26	西藏	—	—
11	浙江	30.3	—	27	陕西	42	50
12	安徽	41.8	60	28	甘肃	20.1	11
13	福建	6.3	6	29	青海	—	—
14	江西	9	10	30	宁夏	104.5	80
15	山东	45	50	31	新疆	54	63
16	河南	104.2	—	—	—	—	—

注　根据各地上报数据整理，“—”表明缺少数据。

表 3　　2011 年和 2012 年用水量相关指标

序号	地区	年用水总量（亿 m^3）		万元地区生产总值用水量（m^3/万元）		万元工业增加值用水量（m^3/万元）	
		2011 年	2012 年	2011 年	2012 年	2011 年	2012 年
1	北京	35.9	37	22.5	22.1	16.5	16.4
2	天津	23.1	22.8	21	20	9.3	9
3	河北	196	197	113	106	30	28
4	山西	—	—	68	60	25	23
5	内蒙古	184.7	185	129	127	33	32
6	辽宁	144.6	145.9	70	66	23.9	22.5
7	吉林	131.2	133.9	125	108	59	50
8	黑龙江	352.4	371	282	266	95	81
9	上海	97.5	89	51	44	77	63

续表

序号	地区	年用水总量（亿 m³）		万元地区生产总值用水量（m³/万元）		万元工业增加值用水量（m³/万元）	
		2011 年	2012 年	2011 年	2012 年	2011 年	2012 年
10	江苏	556	552	114	108	22	21
11	浙江	222.2	223	69	67	44.4	42
12	安徽	294.6	295.7	194	181	123	114.5
13	福建	208.8	208.9	123	120	107	100
14	江西	262.9	270	227	204	108	100
15	山东	224	220	51.6	50	14	13.5
16	河南	229	234	64	55	39	36
17	湖北	296.7	300	149	141	139	136
18	湖南	326.5	330	137	154	118	109
19	广东	464.2	466	88	84	52.4	48
20	广西	302.7	304	259	243	115	108
21	海南	44.5	44.8	192	177	88	80
22	重庆	86.8	87	87	85	92	90
23	四川	—	—	111	—	67	—
24	贵州	95.1	101	167	155	204	185
25	云南	146.9	150	165	160	77	75
26	西藏	31	31	543.7	485.8	—	—
27	陕西	87.8	—	70	—	14.3	—
28	甘肃	122.9	123.3	245	230	79	75
29	青海	36.6	38	258	237	135	130
30	宁夏	36.1	36	175	170	56	53
31	新疆	—	—	792	—	47	—

注 根据各地上报数据整理，“—”表明缺少数据。

表 4　　2011 年和 2012 年灌溉水有效利用系数、饮水安全保障水平

序号	地区	灌溉水有效利用系数		饮水安全保障水平（%）	
		2011 年	2012 年	2011 年	2012 年
1	北京	0.69	0.70	100	100
2	天津	0.65	0.66	89	90
3	河北	0.65	0.65	100	100
4	山西	0.51	0.52	91	95
5	内蒙古	0.48	0.49	—	—

续表

序号	地区	灌溉水有效利用系数		饮水安全保障水平（%）	
		2011 年	2012 年	2011 年	2012 年
6	辽宁	0.56	0.57	100	100
7	吉林	0.54	0.54	—	—
8	黑龙江	0.56	—	66	72
9	上海	—	—	100	100
10	江苏	0.57	0.57	98.1	98.2
11	浙江	0.56	0.57	91	97
12	安徽	0.49	0.50	67.3	74.3
13	福建	0.51	0.52	58.6	69.7
14	江西	0.46	0.48	72	81
15	山东	0.61	0.62	65.2	72.8
16	河南	0.58	—	—	—
17	湖北	0.48	0.49	87.1	90
18	湖南	0.47	0.47	64.7	75.4
19	广东	0.45	0.46	71	73
20	广西	0.42	0.43	70.8	77.5
21	海南	0.55	0.55	100	100
22	重庆	—	0.47	60.6	66.4
23	四川	0.42	0.43	77.4	83
24	贵州	0.42	0.43	—	—
25	云南	0.41	0.41	68	73
26	西藏	0.40	0.40	—	—
27	陕西	0.54	0.54	66	76
28	甘肃	0.51	0.52	65	74
29	青海	0.41	0.42	72	79
30	宁夏	0.44	0.45	74	80
31	新疆	0.49	—	76	86

注 根据各地上报数据整理，“—”表明缺少数据。

（三）重点工程建设加快推进

加快推进黄河下游标准化堤防、长江洞庭湖鄱阳湖治理、进一步治理淮河、太湖水环境综合治理等工程建设，实施了 102 条大江大河主要支流、独流入海河流和内陆河流治理。贵州省黔中、西藏自治区旁多、四川省亭子口、甘肃省引洮、青海省引大济湟等在建项目建设步伐加快，江西省峡江、湖南省涔天河扩建、河北省双峰寺、云南省牛栏江滇池补水、吉林省中部城市引松供水等重点项目开工建设。加大西南五省区中型水库建设力度，安排106座中型水库建设，新开工72座。“十二五”水利重点工程建设布局逐步形成。

三、水利改革深入推进

（一）水资源管理体制改革扎实推进

全国78%的县级以上行政区实行城乡涉水事务一体化管理，四川省、甘肃省、宁夏回族自治区、黑龙江省全面完成市（县）级水务一体化改革。水利部印发了七大流域机构水资源保护局“三定”方案，明确其为具有行政职能的事业单位，进一步加强了流域水资源保护工作。19个省（自治区、直辖市）建立了不同形式的水资源保护、水污染防治协作机制。

（二）水利工程管理体制改革不断深入

财政部、水利部联合印发《中央财政补助中西部地区、贫困地区公益性水利工程维修养护经费使用管理暂行办法》，中央财政两年共安排补助资金20亿元。2012年共落实国有水利工程管理单位公益性管理人员基本支出和公益性工程维修养护经费169.5亿元，占应落实经费的87%，辽宁、浙江等10个省（自治区、直辖市）人员经费落实率达到100%，北京市、山西省、江苏省、辽宁省维修养护经费落实率达到90%以上见表5。

表5　　2012年水利工程管理体制改革情况　　%

序号	地区	人员经费落实率	维养经费落实率	人员分流落实率	社会保障参保率
1	北京	100	100	—	100
2	天津	84	78.5	—	—
3	河北	88.77	84.77	100	96.5
4	山西	97	90	85	91
5	内蒙古	—	—	—	—
6	辽宁	100	97	100	100
7	吉林	80	55	94	53
8	黑龙江	90	81	76	80
9	上海	—	—	—	—
10	江苏	97	85	100	100
11	浙江	100	95	92	100

续表

序号	地区	人员经费落实率	维养经费落实率	人员分流落实率	社会保障参保率
12	安徽	95	85	74	72
13	福建	93	74	70	91
14	江西	94	73	97	70
15	山东	92	52	99	100
16	河南	100	89	100	100
17	湖北	100	88	55	77
18	湖南	94.6	79.1	80.4	97.2
19	广东	100	75	91	100
20	广西	100	70	94	90
21	海南	91	63	100	100
22	重庆	100	76.5	92	100
23	四川	45	57	100	85
24	贵州	93	57	100	83
25	云南	99	80.8	60	90
26	西藏	34.41	75	—	—
27	陕西	96.2	89.6	90.1	100
28	甘肃	81	58	100	85
29	青海	100	69	100	96.2
30	宁夏	100	50	0	100
31	新疆	99.5	80	8.5	86.1

注 根据各地上报数据整理，“—”表明缺少数据。

（三）合理的水价机制加快形成

农业水价综合改革示范工作取得明显成效，已在20个省（自治区、直辖市）累计建成集中连片示范区近300万亩，示范区因地制宜推行国有水利工程水价加末级渠系水价的终端水价制度改革，河北省、甘肃省、山东省等部分示范区还实现了定额内用水优惠水价、超定额累进加价。9个省（自治区、直辖市）提供农业灌排工程运行管理费用财政补助，总规模达95306.54万元。全国36个大中城市中已有18个城市实行了居民生活用水阶梯式水价，30个城市实行了非居民用水超定额累进加价制度。

（四）基层水利服务体系初步建成

水利部、中央机构编制委员会办公室、财政部联合印发《关于进一步健全完善基层水利服务体系的指导意见》，要求各地科学设置基层水利服务机构，进一步理顺管理体制，改善人员管理方式和工作条件，建立经费保障机制。已有14个省（自治区、直辖市）出台了相关政策文件，两年来全国新增、恢复乡镇（流域）水利站6217个，组建县级抗旱服务队2144支，发展农民用水合作组织2万多个，2013年年底可实现乡镇水利站全覆盖，基层水利服务体系进一步健全见表6。

表6　2012年基层水利服务体系建设情况　单位：个

序号	地区	乡镇水利站总数	农民用水户协会总数	序号	地区	乡镇水利站总数	农民用水户协会总数
1	北京	114	125	17	湖北	970	—
2	天津	156	266	18	湖南	2177	2299
3	河北	758	1339	19	广东	1425	2826
4	山西	1268	1156	20	广西	1077	6805
5	内蒙古	—	—	21	海南	181	293
6	辽宁	737	263	22	重庆	809	1650
7	吉林	708	876	23	四川	2957	5944
8	黑龙江	856	337	24	贵州	1309	2000
9	上海	99	—	25	云南	1296	13871
10	江苏	1127	803	26	西藏	—	—
11	浙江	942	221	27	陕西	1158	525
12	安徽	1100	198	28	甘肃	1254	4892
13	福建	161	3386	29	青海	116	191
14	江西	1532	5385	30	宁夏	124	952
15	山东	1728	4296	31	新疆	858	3840
16	河南	1939	4253	—	—	—	—

注　根据各地上报数据整理，“—”表明缺少数据。

（五）水利改革发展试点顺利实施

部署开展推进水利现代化、加快水利改革和加快实施最严格水资源管理制度三类试点。4个加快水利改革试点方案、10个水利现代化试点地区的规划已全部由水利部和试点地区省级人民政府联合批复实施，12个加快实施最严格水资源管理制度试点地区的试点方案全部通过水利部审查，力求通过抓重点、解难点，集中突破、以点带面，示范带动和整体推进全国水利改革发展。

四、存在的主要问题

总体看，水利改革发展势头良好，成效明显，但也存在一些难点和挑战。一是部分配套政策措施有待推进落实。水资源费标准调整、水利建设用地税额减免等少数政策还需加快出台；一些地方尚未配套落实水利建设基金筹集、建设项目占用水利设施和水域补偿、统筹土地出让收益计提资金、财政贴息等政策。二是水利建设投入与实际需求相比仍显不足。大江大河主要支流治理、骨干枢纽水源工程投资缺口较大。地方配套资金到位率低、区域投入不平衡问题较为突出，特别是中西部地区市县一级财力薄弱，落实水利建设地方配套资金压力较大。受国家土地出让收入减少影响，从土地出让收益中计提的农田水利建设资金大幅降低。三是最严格水资源管理制度细化落实不够。多数地方市、县级“三条红线”指标分解工作仍有待推进；一些地方未将最严格水资源管理制度完成情况纳入干部年度目标考核体系，水资源管理责任与考核制度有待进一步落实。四是水利项目前期工作受政策影响推进难度加大。重大水利工程建设受移民征地、环境保护、社会稳定风险等方面的制约日益凸显，对大规模水利建设带来一定影响。

五、对策建议

一是加强沟通协调，继续完善水利政策法规体系。土地出让收益、基层水利服务体系建设等已出台的政策要切实抓好地方配套措施的落实工作，确保政策落地。对尚未出台的政策，继续加强与相关部门的沟通，协调共进，形成合力，抓紧制定出台。以水利投入稳定增长机制为重点，督促各地尽快实化细化相关政策措施，特别是督促还没出台水利建设基金筹集和使用管理实施细则的省份加大工作力度，尽快出台相关办法。推动农田水利、洪水影响评价管理等领域的立法，加快健全水法规体系。

二是抓住关键环节，加快落实最严格水资源管理制度。在完成水资源管理控制省级指标确认的基础上，推动各地进一步将指标分解落到市县，尽快建立覆盖省、市、县的控制指标体系，抓紧确立“三条红线”，严格实行用水总量控制，严格用水效率控制，从严核定水域纳污容量，从源头上扭转水环境恶化趋势，全面推进水生态文明建设。督促地方尽快出台配套考核办法，抓紧建立健全水资源管理责任与考核制度。

三是统筹各项工作，着力推动民生水利新发展。牢牢抓住水利建设的机遇期，围绕“四化同步发展”，着力加强以农田水利为重点的民生水利建设，抓紧建设一批防洪控制性枢纽工程、城乡水资源配置工程和江河湖库水系连通工程，进一步提高水利保障能力。加快项目前期工作，针对重大水利工程建设中存在的征地移民、生态环境等制约因素，创新思路，优化方案，最大程度地减少占地移民以及生态环境的影响，保障工程顺利实施。

四是续力改革攻坚，不断为水利发展注入新活力。加强对地方水资源管理体制改革的指导，推进城乡水务一体化改革，力争取得新突破。继续深化水利工程建设和管理体制改革，推动水利工程建设招标投标进入公共资源交易市场，落实好水利工程特别是中小工程管护主体、责任和经费。着力深化基层水利改革，建立健全基层水利服务体系。全面推进农业水价综合改革，扩大试点范围和规模，稳步推进工业、服务业和城市居民生活用水价格改革。积极开展水权交易试点，力争将涉水生态补偿纳入国家生态补偿范围。

五是加强宣传引导，着力营造兴水惠民浓厚氛围。以进一步落实中央决策部署为主线，充分利用中央主流媒体和水利网站、水利报刊、水利简报等平台和载体，精心组织策划一批重点宣传活动，组织新闻工作者深入基层和水利一线，推出一批生动鲜活的报道，持续深入做好2011年中央1号文件和中央水利工作会议精神的宣传工作，努力营造全社会关心、支持水利改革发展的浓厚氛围。

张　范　姜　楠　王贵作　执笔

刘建明　李训喜　审核

专栏一

2012 年中央重大水利政策法规出台情况

水利部办公厅　水利部发展研究中心

部门	文件名称	签发	文号
国务院	《关于实行最严格水资源管理制度的意见》	国务院	（国发〔2012〕3 号）
国务院	《关于进一步加强人工影响天气工作的意见》	国务院办公厅	（国办发〔2012〕44 号）
国务院	《关于加快发展海水淡化产业的意见》	国务院办公厅	（国办发〔2012〕13 号）
中央各部委	《关于大力推广高效节水灌溉技术推进农业节水工作的指导意见》	国家发展和改革委员会、财政部、水利部、农业部	（发改农经〔2012〕1592 号）
中央各部委	《关于加强水库移民后期扶持政策实施监督检查工作的通知》	全国水库移民后期扶持政策部际联席会议	（发改办农经〔2012〕1131 号）
中央各部委	《小水电代燃料项目管理办法》	国家发展和改革委员会、水利部	（发改投资〔2012〕799 号）
中央各部委	《水电新农村电气化建设项目管理办法》	国家发展和改革委员会、水利部	（发改投资〔2012〕799 号）
中央各部委	《关于大力推广节水灌溉技术推进农业节水工作的指导意见》	国家发展和改革委员会、财政部、水利部、农业部	（发改农经〔2012〕1592 号）
中央各部委	《鼓励和引导民间资本参与农田水利建设实施细则》	水利部	（水规计〔2012〕282 号）
中央各部委	《鼓励和引导民间资本参与水土保持工程建设实施细则》	水利部	（水规计〔2012〕283 号）

续表

部门	文件名称	签发	文号
中央各部委	《中央财政补助中西部地区、贫困地区公益性水利工程维修养护经费使用管理暂行办法实施细则》	水利部	（水财务〔2012〕102号）
	《关于东北四省区节水增粮行动项目建设管理体制的指导意见》	水利部	（办建管〔2012〕412号）
	《国家水资源监控能力建设项目管理办法》	水利部、财政部	（水资源〔2012〕412号）
	《关于进一步健全完善基层水利服务体系的指导意见》	水利部、中央机构编制委员会办公室、财政部	（水农〔2012〕254号）
	《做好小型水库移民解困工作的通知》	水利部、国家发展和改革委员会、财政部	（办移民函〔2012〕141号）
	《关于推进节水农业发展的意见》	农业部	（农农发〔2012〕1号）
	《地膜覆盖技术指导意见》	农业部	（农办农〔2012〕70号）
	《中小河流治理重点县综合整治项目和资金管理暂行办法》	财政部、水利部	（财建〔2012〕671号）
	《关于中央财政统筹部分从土地出让收益中计提农田水利建设资金有关问题的通知》	财政部、水利部	（财综〔2012〕43号）
	《新增建设用地土地有偿使用费资金使用管理办法》	财政部、国土资源部	（财建〔2012〕151号）
	《基本建设贷款中央财政贴息资金管理办法》	财政部	（财建〔2012〕95号）
	《关于支持农村饮水安全工程建设运营税收政策的通知》	财政部、国家税务总局	（财税〔2012〕30号）
	《关于农村饮水安全工程建设用地管理有关问题的通知》	国土资源部、水利部	（国土资发〔2012〕10号）

续表

部门	文件名称	签发	文号
中央各部委	《关于做好水电建设前期工作有关要求的通知》	国家能源局	（国能新能〔2012〕77号）
	《中国农业发展银行水利建设中长期政策性贷款业务管理办法》	中国农业发展银行	（农发银发〔2012〕169号）
	《关于进一步做好水利改革发展金融服务的意见》	中国人民银行、国家发展和改革委员会、财政部、水利部、中国银行监督管理委员会、中国证券监督管理委员会、中国保险监督管理委员会	（银发〔2012〕51号）

链接

扶持政策助力 项目落地开花

上海市水务局

为确保水利工程项目落地和顺利实施，按照有利于项目推进、有利于调动区（县）积极性、有利于提高资金使用效益的原则，上海市发展和改革委员会、财政局、水务局等相关部门2012年以来先后出台了水利固定资产投资项目列入市重大工程、骨干河道整治腾地专项补贴、郊区小口径供水管网改造等扶持政策，从项目审批、土地指标、前期动拆迁等相关环节加快水利建设项目的推进力度。

针对目前河道整治工程中前期征地动迁费用较大、配套不足制约工程进展的困难，2012年上海市财政局、水务局下发了《上海市“十二五”期间河道整治项目腾地专项补贴意见》（沪财农〔2012〕17号），在河道整治工程费用给予50%~95%市级补贴的基础上，2012年增加了前期腾地市级资金补贴，对列入市河道整治专项的市、区（县）管河道整治工程征地、动拆迁等前期费用给予腾地补贴（外环线以内地域按5000元/m^2标准、外环线以外地域按32万元/亩标准），预计“十二五”市级财政腾地补贴将达41亿元，大大减轻区（县）政府征地动拆迁压力，进一步加快推进上海市“十二五”期间河道整治建设。

为保障农村饮水安全，提高供水水质，在2010年出台郊区大口径供水管网建设补贴政策的基础上，又新增了郊区小口径供水管网改建补贴政策，预计“十二五”市级财政对小口径供水管网改建补贴约6亿元。

同时，为进一步推进水利设施管理长效化、常态化，在中小河道养护管理补贴政策的基础上，2012年上海市财政局、水务局又出台了《关于加强郊区镇村级中小河道轮疏工作的实施意见》和《关于进一步加强农田排涝设施养护管理工作的实施意见》，加大了市级资金补贴力度（市补比例达到30%），并明确要求各区县相应增加长效管理

链接

经费。从2012年起，新增中小河道轮疏经费5.1亿元，新增小型农田水利设施维护管理经费6000万元。同时，河道维护管理费市级补贴从每年1.5亿元增加到1.9亿元。

《国务院关于实行最严格水资源管理制度的意见》贯彻落实情况

水利部水资源司

2012年初，国务院发布《关于实行最严格水资源管理制度的意见》（以下简称《意见》）。陈雷部长批示要举全部之力、全行业之力，推动最严格水资源管理制度全面落实。在中央决策部署的指引下，在部党组的正确领导下，水资源司强化顶层设计、细化工作措施，贯彻落实《意见》取得重要进展。

一是注重统筹规划，不断完善最严格水资源管理制度顶层设计。《意见》是指导我国今后一个时期水资源管理工作的纲领性文件，水资源司以《意见》为依据，编制发布了落实最严格水资源管理制度实施方案，进一步细化明确26项重点任务，78项子任务，189项具体工作事项以及责任分工和执行时限，确立了今后一个时期落实最严格水资源管理制度基本工作框架。编制的《最严格水资源管理制度考核暂行办法》，明确了考核对象、内容和程序，积极沟通，完成与有关部委的沟通协调工作，已上报国务院，落实水资源管理责任制迈出关键一步。同时，积极跟踪、指导各地，因地制宜落实最严格水资源管理制度，山东、甘肃、河北、辽宁、天津、江苏等15个省（直辖市）政府专门出台了本省（直辖市）实行最严格水资源管理制度的意见或办法，广东等地已率先开始探索开展水资源管理考核工作。

二是认真组织筹备，成功召开全国水资源工作会议。为全面动员、部署落实《意见》，水利部水资源司精心组织、周密安排，于2012年5月7—8日，成功召开全国水资源工作会议。回良玉副总理做出重要批示，强调要像重视国家粮食安全一样重视水资源安全，像严格土地管理一样严格水资源管理，像抓好节能减排一样抓好节水工作，努力走出一条中国特色水资源管理道路。陈雷部长做重要讲话，对今后一个时期加快落实最严格水资源管理制度进行了全面动员和部署。胡四一副部长对下一阶段工作做了具体安排。钱正英、汪恕诚、杨振怀三位水利部老领导莅临会议指导。人民日报、新华社、中央电视台等新闻媒体对会议情况进行了深度报道，引起了社会各界的广泛关注。这次会议规格高、规模大、内容实、部署细，达到了理清思路，明确任务，统一思想，鼓足干劲的目的。

三是积极沟通协调，全面完成省级行政区水资源管理控制指标分解确认工作。水资源司组织有关单位科学论证，以国务院批复的《全国水资源综合规划》为主要依据，将水资源管理控制指标通过流域，在省级行政区进行分解。陈雷部长多次听取工作汇报，做出重要指示；矫勇副部长、胡四一副部长多次主持专题办公会，了解进展，研究对策，并亲赴协调难度大的省区进行协调；汪洪总工程师、周学文总规划师多次听取汇报，提出针对性措施。各流域机构主要负责人亲自过问，抽调业务骨干参与，积极沟通、充分协商，为指标协调提供了重要保障。各省级水行政主管部门服从大局，全力配合，顺利完成所有省区确认工作。同时，部分省区已完成市县级指标分解确认工作，为严格水资源管理责任考核奠定了坚实基础。

四是精心组织实施，全面启动国家水资源监控能力建设项目。水利部水资源司组织编制《国家水资源监控能力建设项目实施方案（2012—2014年）》，经部长办公会审定后，与财政部联合印发。提出用3年时间，建成包括中央、流域、省级40个信息平台，规模以上取用水户、重要水功能区、主要跨省河流省界断面等1.4万个国控监测点的国家水资源管理系统。同时，联合财政部印发项目管理办法，明确项目建设管理体制，组建国家、各流域和各省区项目办，落实项目资金渠道，下达中央年度建设资金4.01亿元。组织召开项目建设管理工作会议，全面部署项目建设管理工作，强化项目建设全过程管理。组织流域机构对省界断面进行复核确认，将省界监测站优先纳入水文基础设施建设“十二五”规划实施。完成各流域和省（自治区、直辖市）水资源监控能力建设内容复核和实施方案审查，江苏、辽宁、上海等省（直辖市）省级监控能力建设取得阶段性成果。

五是典型示范引路，深入推进最严格水资源管理制度试点工作。选择1个流域、7个省（直辖市）、2个市和2个县，共12个地区作为水利部加快实施最严格水资源管理制度试点，先行先试、典型引路。水资源司加强技术指导，完成12个试点方案审查，并由水利部和省级人民政府联合批复。试点地区高度重视、全面动员，湖北省、上海市专门召开试点启动会，省委、省政府（市委、市政府）主要领导到会动员部署；各试点因地制宜、上下联动，大力推进实现“四个率先”。山东省发布了《用水总量控制管理办法》，建立了问责制度；福建泉州市实行水资源“红黄蓝”分区管理，示范效果良好；先期启动的深圳市试点，已完成中期评估，各项建设内容均取得预期成效，试点示范引导显现积极作用。

六是坚持多措并举，扎实做好水资源节约与保护。发布了《全国节水型社会建设"十二五"规划》。积极推进节水型社会100个国家级试点和200个省级试点建设。会同国家标准化管理委员会发布火力发电等九项取水定额国家标准，淋浴器等三项生活节水器具水效强制性国家标准。联合国家质量监督检验检疫总局开展主要节水产品质量提升活动，联合教育部、工信部开展节水型学校、节水型企业创建工作，不断丰富节水型社会建设载体和内容。启动《全国水资源保护规划》编制工作，组织核定水功能区纳污能力，并编制分阶段限排控制方案。组织编制《全国重要饮用水水源地安全保障达标建设实施方案》，推动开展175个重要饮用水源地达标建设。积极推进14个水生态系统保护与修复试点建设，完成无锡、丽水等五个试点验收工作，完成查干湖试点的中期评估，试点建设取得了良好的生态、社会和经济效益。此外，还启动了全国水生态文明城市建设试点；有效应对了广西龙江镉污染等多起突发水污染事件。

七是强化调度监管，稳步推进水资源配置与管理。基本完成首批25条重要跨省江河流域水量分配技术方案。优化调度方案，突出生态调度理念，不断提高黄河、黑河、塔里木河水资源统一调度水平，黄河连续13年实现不断流；黑河连续12年送水到东居延海，东居延海连续8年不干涸；塔里木河干流成功实施第13次生态输水。组织编制《南水北调东中线水量调度方案》，全力做好南水北调工程通水准备；组织河北4库向北京第三次应急调水4.96亿m^3，并启动第四次应急调水，有效缓解首都水资源供需紧张矛盾。积极推动东北四省区"节水增粮"项目水资源论证，选择58个行业发展规划、城市总体规划、工业聚集区规划等开展规划水资源论证。进一步完善了取水许可台账。开展了中央分成水资源费项目专项检查，严把水资源费征收使用管理关口。

八是广泛宣传培训，积极营造良好社会氛围。为全面宣传贯彻《意见》，协调国务院新闻办公室举办《意见》新闻发布会，在主要媒体刊发《意见》解读文章。组织召开《全国重要江河湖泊水功能区划》新闻通气会。配合全国人大环资委举办"中华环保世纪行——落实最严格水资源管理制度"宣传采访活动。在水利系统组织举办了13场《意见》宣讲活动，在水利干部培训班上作了20余场《意见》解读报告，宣贯培训人数达到万余名。组织编写《意见》辅导读本和宣传手册，摄制节水宣传片和公益广告，印制节水公益广告在公交车等公共场所投放。通过一系列宣传活动，最严格水资源管理制度的社会影响逐步扩大，全社会节水理念更加深入人心，形成落实最严格水资源管理制度强大合力。

落实最严格水资源管理制度各项工作虽然取得了重要进展，但仍面临严峻挑战，这些挑战主要来自经济社会快速发展与资源环境严格约束的不平衡导致的中央与地方的博弈，水资源管理与社会用水行为的博弈。要统筹协调好资源环境与经济社会发展的关系，统筹协调好各利益相关方的关系，把最严格水资源管理的各项制度落到实处，必须加快推进法制化进程，将节水、水资源论证、水资源保护、地下水管理等各项具体措施纳入法治轨道；必须不断提升科学化水平，加强重大问题研究，强化水资源监控能力建设，完善技术标准体系，为掌握科学、公平和公正的基础数据信息提供技术支撑；必须全面提高社会化程度，完善部门联动和全社会广泛参与机制，形成强大合力和良好社会氛围；必须进一步理顺管理体制，积极推动涉水事务一体化管理，增强制度和措施的执行力；必须加强管理机构、人才队伍和能力建设，努力促进管理行为规范化，不断提高管理水平和效率。

党的十八大把生态文明建设摆在中国特色社会主义事业“五位一体”总布局的高度，要求把生态文明建设融入经济建设、政治建设、文化建设、社会建设各方面和全过程，将完善最严格的水资源管理制度作为生态文明制度建设的重要内容，强调加强水源地保护和用水总量管理，建设节水型社会。这是我们党贯彻落实科学发展观的新部署，是党中央继 2011 年 1 号文件和中央水利工作会议之后，对实行最严格水资源管理制度提出的新要求。在下一步工作中，一定要认真学习、深刻领会，全面贯彻、狠抓落实，以贯彻落实党的十八大精神为核心，坚持以生态文明建设为引领，全面推进实行最严格水资源管理制度。

一是以加快建立全覆盖的水资源管理控制指标体系为重点，出台《考核办法》，落实水资源管理行政首长负责制。二是以推进国家水资源监控能力建设项目为重点，建立健全水资源管理考核技术支撑体系。三是以深入推进落实最严格水资源管理制度试点、水生态文明建设试点为重点，充分发挥示范引领作用。四是以推进节约用水、地下水管理、水资源论证等水资源管理立法为重点，加速推进水资源管理法制化进程。五是以编制《水资源保护规划》为重点，强化水功能区管理和水源地达标建设，全面推进水生态文明建设。六是以加强计划用水管理为重点，深入推进节水型社会建设。

张续军　执笔
陈明忠　审核

专栏二

国家水资源监控能力建设项目进展

水利部水文局

2011 年中央 1 号文件从保障国家安全的战略高度出发，提出实行最严格的水资源管理制度。2012 年国务院 3 号文件对实行最严格水资源管理制度进行了全面部署，对加强水资源监控能力提出了明确的要求。为此，水利部决定把国家水资源监控能力建设项目作为落实中央和国务院文件精神的重要抓手。水利部党组高度重视项目建设工作，陈雷部长多次听取汇报、作出指示，明确要求项目“三年基本建成，五年基本完善”。胡四一副部长多次召开专题会议研究部署项目工作，每月到部项目办检查指导工作。2012 年 7 月胡四一副部长到项目办检查指导工作后，总体评价是：“全面展开、稳步推进、工作扎实、积极进展、进度序时”。

国家水资源监控能力建设项目办公室是根据水利部水人事〔2012〕42 号文件要求，依托水利部水文局（水利信息中心）组建。主要负责国家水资源监控能力项目建设与管理工作；对项目技术工作和中央级、流域级和省级等三级系统间集成负总责；负责项目的质量控制、进度管理、监督检查；负责中央项目的合同管理、财务管理、档案管理等工作；负责仪器设备、平台软件的集中选型和价格谈判，组织通用软件的开发；组织开展技术咨询、方案论证、阶段检查、成果验收以及人员技术培训等工作。

项目办成立以来，主要开展以下几个方面的工作。

（一）管理工作

一是编制完成《国家水资源监控能力建设项目管理办法》，已由财政部、水利部联合印发，水利部下发实施细则。

二是加强组织建设，在水利部《关于加强国家水资源监控能力建设工作的通知》（水资源〔2012〕170 号）下发后，各流域、各地落实文件精神，成立项目建设管理机构，启动项目的建设管理工作。

三是加强项目统一管理。开展水利部本级和流域机构项目统一监理工作；组织开展项目主要软硬件产品、实验室设备统一选型议价工作，以统一技术架构、节约建设成本、充分发挥资金效益；2012 年 10 月，召开了项目建设管理工作会议，统一思想、交流经验，部署下一步工作；2012 年下半年开始，项目办组织赴各地开展调研、指导及督促、检查工作。

（二）技术工作

一是编制完成《国家水资源监控能力建设项目实施方案（2012—2014年）》，已由财政部、水利部联合印发。

二是组织编制项目建设技术标准。为确保中央、流域、省三级平台间的互联互通、信息共享和业务协同，本项目将制定项目标准25部。

三是组织开展三级信息平台统一设计、统一集成及通用软件开发工作。

（三）内部管理

一是人员到位、分工明确。部项目办领导全部到位并明确了分工，三个处按职责进行了划分、负责人到位。项目办现有26人，其中专职22人，专职人员全部集中办公。

二是内部管理基本规范。组织制定部项目办《工作制度》等9个内部管理办法。项目办信息化办公系统基本构建完成。

三是交流平台基本建立。“国家水资源监控能力建设”门户网站投入运行，编发工作简报。

专栏三

2012 年水资源专项执法检查

水利部政策法规司

2012 年 4—12 月，按照水利部《关于开展深化水资源专项执法检查活动的通知》要求，以“深入推进整改行动、着力查处水资源许可管理方面的违法行为、建立健全执法数据库、建立健全水资源执法的长效机制”为重点，组织开展深化水资源专项执法检查活动。

水资源专项执法检查活动是落实最严格水资源管理制度的重要举措。采取流域牵头，流域与区域相结合的工作机制。各流域机构和各地区高度重视，周密部署，加强宣传，有序推进，强化沟通，形成合力，齐抓共管。深入排查取排水企业，集中整治违法违规行为，积极履行法定行政管理职责，大力推进依法行政，对发现的违法违规行为当场予以纠正，不能立即纠正的，提出整改意见和处理措施，对拒绝整改的违法行为和严重水事违法案件依法严厉查处。树立了水政监察队伍严格规范、公正文明执法的良好形象，全社会水法治意识不断增强，节约保护水资源的自觉性有效提高，取得良好成效。

一是有效打击水事违法行为，水法规权威更加彰显。通过开展深化水资源专项执法检查活动，严厉查处违法取用水、破坏水资源、拒缴水资源费等水事违法行为，一大批水事违法案件得以及时发现、迅速纠正、严厉查处，彰显水法规的权威，震慑并遏制了水资源违法案件高发频发势头，维护了良好的水事秩序。

二是有效规范许可管理事项，水资源管理制度更加严格。通过开展深化水资源专项执法检查活动，管理权限得到进一步明确，有效规范了取水许可、水资源论证、入河排污口审核、水资源费征收等许可管理事项。

三是有效强化执法联动，社会管理能力更为加强。通过开展深化水资源专项执法检查活动，流域地方加强沟通和协调，形成良好的执法联动机制，水利执法合力不断强化。

四是有效掌握基本情况，水资源执法基础工作更加完备。通过开展深化水资源专项执法检查活动，各单位深入各取用水企业全面检查、详细登记，掌握底数，摸清情况，把脉问题，初步建立起完善的水资源执法管理数据库，执法基础工作迈上新台阶。

五是有效锻炼执法队伍，执法效能显著提高。通过开展深化水资源专项执法检查活动，执法队伍现场控制、取证办案、宣传沟通等业务能力得到进一步提升，强化了水政监察队伍的战斗力和凝聚力，有效提高了执法效能。

六是有效普及水法规，依法管水治水氛围更加浓厚。通过开展深化水资源专项执法检查活动，各地广泛开展水法规宣传教育活动，注重执法检查与水法规宣传服务相结合，为水行政执法的有效开展营造了良好的法治氛围。

据统计，此次专项执法检查共出动水政执法人员 45819 人次，出动车船 16043 台次，发放宣传材料 150 万余份，检查重点企业（项目）56162 个，立案查处 4977 件涉及取水许可、节约用水、水资源保护、水资源费征缴等方面的水事违法案件，安装计量设施 4324 个，追缴拖欠水资源费 9091.5 万元，强制封闭地下水取水井 1204 口。

专栏四

水利部开展专项水事纠纷排查化解活动 为十八大胜利召开营造良好的社会环境

水利部政策法规司

2012年是党的十八大召开之年，也是全面贯彻落实2011年中央1号文件精神，实施“十二五”规划，加快水利改革发展的重要一年。为巩固团结治水的良好局面，营造和谐稳定的社会环境，水利部组织开展了水事矛盾纠纷排查化解活动。4月12日，水利部印发《关于开展水事矛盾纠纷排查化解活动的通知》，决定4—9月集中开展全国水事矛盾纠纷集中排查化解活动。通知提出深入开展水事矛盾纠纷排查工作、有效化解水事矛盾纠纷、严格防范水事矛盾纠纷引发的群体性事件、建立健全水事纠纷调处工作机制等工作任务，并对有效开展水事矛盾纠纷排查化解活动提出了具体要求。

各流域机构和各省、自治区、直辖市水利（水务）厅（局）高度重视水事矛盾纠纷排查化解活动，结合实际制定了工作方案，对排查重点、具体要求、组织形式、工作步骤进行了具体安排。按照属地管理、分级负责原则，各流域各地区对水事矛盾纠纷隐患积极开展排查，努力化解水事矛盾。各地化解了一大批水事纠纷，流域机构也重点组织调处了20起省际水事矛盾纠纷。各地还积极探索排查化解制度化、常态化的工作机制，一些地区建立了联席会议、调解委员会等协商制度，提高了水事纠纷预防调处成效。高度重视北京周边地区水事纠纷的排查化解工作，建立了应急信息共享和快速处置机制，增强了工作的预见性和针对性，确保了北京周边地区的社会稳定。经过实施水事矛盾纠纷排查化解活动，进一步保障了重点水事纠纷敏感区域水事秩序的基本稳定，全国边界水事秩序总体良好，为党的十八大胜利召开营造了良好的社会环境，得到陈雷部长的高度评价。

《中华人民共和国水法》修订实施10周年回顾与展望

水利部政策法规司

自2002年《中华人民共和国水法》（以下简称《水法》）修订实施以来，在各级人大、政府以及水利部门和相关部门的共同努力下，《水法》确定的各项法律制度得到有效贯彻落实，为规范全社会水事活动、促进依法治水发挥了重要作用，为保障我国经济社会持续快速健康发展做出了重要贡献。《水法》修订实施的10年，是落实依法治国基本方略、大力推进水利依法行政的10年，是贯彻落实科学发展观、不断丰富完善可持续发展治水思路的10年，是加快水利改革发展、大幅提升水利保障能力的10年，是全面落实水法规、开创水利法治工作新局面的10年。

一、《水法》修订实施取得的成效

（一）依法治水管水意识明显增强，水法治环境明显改善

《水法》的贯彻实施推动了治水思路的不断丰富完善，加快了从传统水利向现代水利、可持续发展水利的转变，从控制洪水向洪水管理的转变，从供水管理向需水管理的转变，从水资源开发利用为主向开发保护并重的转变。水利部门大幅提高了依法治水管水的意识和能力，提升了水利依法行政水平。通过坚持不懈的水法制宣传教育，弘扬了社会主义法治精神，增强了全社会水忧患意识和水法制观念。

（二）坚持依法立法、科学立法、民主立法，加快《水法》配套法规建设，取得了突出成绩

水利部修订了《水法规体系总体规划》，提出水法配套法规建设重点，加快相关立法工作。《中华人民共和国水土保持法》和《中华人民共和国防汛条例》修订出台，《取水许可和水资源费征收管理条例》、《大中型水利水电工程建设征地补偿和移民安置条例》、《黄河水量调度条例》、《中华人民共和国水文条例》、《中华人民共和国抗旱条例》和《太湖流域管理条例》等行政法规颁布实施。水利部制定了《水量分配暂行办法》、《取水许可管理办

法》等30余件部门规章。各地紧密结合地方实际，出台了一大批内容新、质量高、有特色的地方性法规、政府规章和规范性文件。目前，包括4件法律、18件行政法规、55件部门规章以及近700件地方性法规和政府规章等在内的符合我国国情水情的水法规体系基本建立，各项水事活动基本做到有法可依。从制度层面看，我国已经基本建立起了对水利工作起基础性、支撑性作用的法律制度体系，为依法治水奠定了坚实的制度基础。

（三）不断理顺水资源管理体制，水资源统一管理逐步强化，流域管理和区域管理相结合的体制逐步完善

地下水管理和城市规划区水资源管理的职能划归水利部门，在全国范围内基本实现了水资源统一管理。全国77.6%的县级以上行政区已经实行水务管理一体化。积极理清流域管理机构与地方水利部门职责权限，在水资源规划、配置、调度、节约保护、取水许可和河湖管理等方面各司其职，密切配合，努力构建高效、协调、顺畅的流域管理和区域管理相结合的水资源管理体制。采取加强信息交流、协商协调、联合行动等方式，因地制宜，不断探索和创新流域管理和区域管理相结合的机制和制度，取得了良好的效果。

（四）大力开展规划编制工作，发挥规划的指导约束作用，水利规划体系进一步完善，水利发展布局和管理基础全面加强

“十一五”期间，中央安排编制完成了80余项水利规划，七大流域的防洪规划等24项重要规划得到国务院批复。特别需要指出的是，2010年国务院批复《全国水资源综合规划》，为我国今后一个时期水资源开发利用、有效配置和节约保护提供了重要基础和依据。2011年国务院批复《全国重要江河湖泊水功能区划》，这是我国第一个全国性的水功能区划，对促进水资源合理开发和有效保护，落实最严格水资源管理制度，实现水资源可持续利用，具有非常重要的意义。

（五）各级政府连年加大投入，水利基础设施建设迈上新台阶，水利基础支撑和保障能力大幅提高

十年来全国水利建设的总投资已达到1.32万亿元。大江大河干流防洪减灾体系基本建成，水资源配置格局逐步完善，农田灌排体系初步建立。水利基础设施建设的不断推进，为战胜严重水旱灾害，保障粮食连续增产，促进农业农村稳定发展，保障城乡生产生活，推动经济社会发展，做出了重要的贡献。

（六）《水法》规定的各项水资源管理制度得到实施，并取得显著成效

水资源优化配置和统一调度深入推进。全国主要跨省江河流域水量分配方案的制定工作全面启动，一大批水资源配置工程建设加快实施，全国年供水能力超过7000亿m^3，供水保障能力明显提高。取水许可和水资源有偿使用制度得到全面贯彻。初步实现对城乡人民生活和国民经济各部门用水需求的统筹兼顾，统一协调，有效缓解我国部分地区缺水矛盾。严格建设项目水资源论证，从源头上遏制盲目兴建高耗水、高污染项目，促进产业结构优化升级。大力开展节水型社会建设，大幅度提高用水效率和效益，经济社会发展用水快速增长的趋势得到有效遏制。以水功能区划、核定水域纳污能力、加强水功能区水质监测和监督管理为核心，初步形成我国水资源保护体系，水资源保护工作不断取得新突破。地下水保护和管理进一步加强。

（七）强化水域、水工程的保护，保障了防洪安全、工程安全和生态安全

河道管理范围内建设项目管理进一步得到加强，完善审批、监督检查、验收等制度，涉河建设项目管理更加规范。严格规范和管理河道采砂活动，维护河势稳定和防洪安全。开展退耕还湖、河湖生态治理与修复，维护河湖健康。加强工程管理与保护，实施占用水域、水工程补偿制度，保障工程安全、发挥工程效益。

（八）大力加强水行政执法、水事纠纷预防调处和行政复议等工作，水利社会管理水平明显提高

各级水利部门以建立权责明确、行为规范、监督有效、保障有力的水行政执法体制为目标，大力加强执法队伍建设和执法能力建设。全国已经建立起流域、省、市、县四级水行政执法网络，成立了水政监察队伍3800多支，水政监察人员达到6.9万人，其中专职执法人员3.5万人，执法人员的素质、能力、水平显著提升。全面推进水利综合执法，着力解决多头执法、交叉执法问题，树立水利部门良好形象。目前全国有2/3的省区开展了水利综合执法工作。积极探索部门协作、流域区域协作、上下联动、重大案件挂牌督办等执法机制，不断加大执法力度，严厉打击水事违法行为，年均查处各类水事违法案件5万余起。稳步推进水利行政审批制度改革，2002年以来，水利行政审批项目削减55%。建立健全预防为主、预防与调处相结合的水事纠纷预防调处机制和制度，有效预防化解水事矛盾纠纷。全国年均预防化解水事纠纷8000余起，维护了社会稳定。坚持依法公正办理行政复议案件，维护群众合法权益，促进水利部门依法行政，提高政府公信力。

《水法》实施的成效表明，《水法》的修订实施，是科学发展要求在水资源领域的法律实现，是从传统水利到现代水利、可持续发展水利转变的法律确认，是水利工作与时俱进的一种法律标志，是依法治水管水的法律支撑，为从法律上保障新时期党和国家水利方针政策以及可持续发展治水思路的贯彻落实奠定了基石。

二、《水法》修订实施存在的问题

尽管《水法》修订实施取得了显著成效，但仍存在一些突出问题：依法治水管水意识有待进一步提高，水法治环境有待进一步改善；配套制度有待进一步完善；一些制度规定有待进一步贯彻落实；水资源管理体制有待进一步理顺；水行政执法能力和力度有待进一步提高和加强。

上述问题的存在，究其原因如下。一是一些部门和领导对依法行政的重大意义认识不足，未将其作为全局性工作放在重要位置，“重建轻管”现象依然存在。二是一些领导和干部的法治观念不强，法律素质不高，还不善于运用法治思维和法治方式解决水利改革发展中出现的新情况、新问题。三是立法、执法体制及其工作机制还不尽合理，多头执法、以罚代管现象还比较普遍。四是与2020年建立起比较完善的中国特色社会主义行政管理体制的目标要求相比，目前的政府机构设置和职能配置还带有明显的过渡性。五是与依法治水管水相适应的良好的社会氛围尚未形成。

三、深入贯彻实施《水法》面临的形势和挑战

（一）加强法治政府建设、落实依法治国基本方略进入新阶段

2010年国务院发布《关于加强法治政府建设的意见》，对加强法治政府建设作出了全面部署。2011年中国向世界庄严宣告，中国特色社会主义法律体系已经形成。党的十八大报告将全面推进依法治国确立为推进政治体制改革的重要任务，强调指出要更加注重发挥法治在国家治理和社会管理中的重要作用，把“依法治国基本方略全面落实，法治政府基本建成”作为实现2020年全面建成小康社会目标的新要求，并对加快建设社会主义法治国家作出了重要部署。水利法治建设是法治政府建设的重要组成部分。深入贯彻实施《水法》，要紧密结合全面推进依法治国的整体部署和法治政府建设的新要求，采取有力措施，将水利依法行政推向深入，不断提高水利工作法治化水平。

（二）资源节约型、环境友好型社会建设进入新阶段

面对日趋强化的资源环境的约束，中央提出要加快建设资源节约型、环境友好型社会，提高生态文明的水平，并将此作为加快转变发展方式的重要

着力点。党十八大报告把生态文明建设放在更加突出的位置，作为“五位一体”建设中国特色社会主义总体布局中的重要要素，突出强调节约资源和保护环境的基本国策，强调要“加强生态文明制度建设”，“加强环境监管”。水资源保护是生态文明建设的重要组成部分和基础保障，是建设资源节约型、环境友好型社会的重点领域。2011 年中央 1 号文件以及中央水利工作会议明确提出，要把严格水资源管理作为加快转变经济发展方式的战略举措，要把建设节水型社会作为建设资源节约型环境友好型社会的重要内容。深入贯彻实施《水法》，要紧紧围绕生态文明建设的目标要求，完善工作思路，突出工作重点，不断推动水利法治建设取得新成果。

（三）加快水利改革发展、实行最严格水资源管理制度进入新阶段

2011 年中央 1 号文件对加快水利改革发展作出了全面部署。党的十八大报告把水利放在生态文明建设的突出位置，提出了更高要求。2012 年，国务院发布了《关于实行最严格水资源管理制度的意见》，对实行最严格水资源管理制度作出具体部署，提出明确要求，从本质上来讲，都是《水法》规定的相关制度的深化、细化、强化和目标化，都可以在《水法》中找到相应的条款和依据。深入贯彻实施《水法》，要紧密结合中央决策部署的学习贯彻，在配套法规建设、水行政执法、水利依法行政过程中切实加以落实。

四、深入贯彻实施《水法》的工作思路和主要任务

工作思路：当前和今后一个时期，要全面贯彻落实党的十八大精神，将科学发展观作为水利法治工作的根本准则，把制度建设摆在突出位置。加强顶层设计，突出重点任务，采取有力措施，大力推进水利法治化进程，为实现水利科学发展、和谐发展、跨越发展提供更为坚实的法治支撑和法治保障。

主要任务：一是要统筹水法规体系建设的总体布局，更好地发挥其在水利改革发展中的引领和推动作用。二是要推进科学立法，健全立法机制，提高立法质量，努力使立法进程、立法质量与水利改革发展进程、改革发展要求相协调、相适应。三是要加强重点领域和大力推进生态文明建设方面的制度建设，把关系到水利改革发展的突出问题、瓶颈问题和迫切需要解决的问题作为重点，进一步丰富完善水法规体系。四是要全面执行《水法》规定的各项制度，将《水法》的贯彻实施与贯彻落实中央水利决策部署紧密结合起来，全面落实最严格的水资源管理制度，推动经济社会发展与水资源水环境承载能力相协调。五是要严格水行政执法，保障水法规的正确

有效实施。全面推进水利综合执法，切实提高执法效能。六是要深入推进水利依法行政，进一步提高水利部门领导干部运用法治思维和法治方式深化、推动水利改革发展的能力，提高水利部门运用法律手段调整和规范水事活动的水平。

陈　琴　执笔

李　鹰　审核

专栏五

水利部向国务院报送《中华人民共和国河道管理条例》修订草案

水利部政策法规司

《中华人民共和国河道管理条例》（以下简称《条例》）自1988年颁布实施以来已有20多年，对于加强河道管理、保障防洪安全、发挥江河湖泊综合效益发挥了重要作用。随着经济社会的快速发展和水利形势的发展变化，逐渐暴露出一些不适应河道管理实际需要的突出问题。为进一步强化河湖管理、维护河湖健康，有必要按照中央水利方针政策和依法行政的要求，进行修改和完善。水利部自2006年起启动修订工作，经反复研究、咨询论证和修改，形成条例修订草案送审稿，已于2012年10月上报国务院。

《条例》修订的基本思路：一是贯彻落实科学发展观、2011年中央1号文件和中央水利工作会议精神，强化河湖管理和保护，维护河湖健康，促进人水和谐，保障经济社会可持续发展；二是坚持科学规划、综合治理、保护优先、合理利用、依法管理的原则，认真总结20多年来河湖管理经验和地方立法经验，将实践证明行之有效的措施法治化，上升为国家法律制度；三是正确处理好《条例》修订与有关法律法规的关系，补充完善细化上位法的规定，与正在制定的《河道采砂管理条例》等做好必要的衔接，并为地方立法留有一定空间；四是充分体现依法行政、建设法治政府的原则和要求，强化社会管理和政府职能转变；五是着力增强立法的针对性、可操作性和协调性，解决河道管理中存在的实际问题。

《条例》修订的重点：一是进一步完善了《条例》的适用范围；二是进一步理顺了河道管理体制，明确了河道管理职责和管理权限；三是进一步强化了河道整治、河口整治、河道采砂、水域岸线保护等有关规划的地位、作用和效力；四是进一步加强了河道治理和河道工程管理；五是进一步突出了河道保护，规定了一整套河道保护措施；六是进一步加强对河道开发利用活动的管理和控制，增强了可操作性；七是建立健全了监督检查制度，完善了保障措施；八是强化了法律责任。

链接

法制护航流域管理

水利部太湖流域管理局

2011年11月1日，《太湖流域管理条例》（以下简称《太湖条例》）正式颁布施行。一年多来，在太湖局及流域各地齐心协力的推进下，水利依法行政水平进一步提高，水利事业发展的法治基础愈发坚实。

《太湖条例》出台后，太湖局联合两省一市水行政、环保、法制等部门举办培训班；制定并印发太湖局学习宣传贯彻实施计划和实施方案，组织召开流域水利政策法规和执法部门座谈会；充分利用各种媒体进行深入报道，并结合“世界水日”“中国水周”活动，将2012年3月确定为《太湖条例》宣传月；加强配套制度框架研究，推动配套规范性文件出台。此外，太湖局还依据《太湖条例》，开展了重点河湖取水总结和取水计划建议报送工作；进一步做好了流域水资源配置工作；加大了涉河涉湖项目行政许可审批管理力度。

在《太湖条例》的引领下，一年多来太湖流域不断拓宽执法内容，挖掘执法深度。针对部分违法项目主体不清、涉及多方利益等事实，太湖局党组高度重视，局领导分别带队赴现场检查指导，研究处理方案。太湖局水政监察总队第一时间组织支队深入执法现场，及时开展工作，先后立案查处了一批典型的有影响的水事违法案件。同时，及时启动流域与区域《太湖条例》专项执法联合巡查活动，并将巡查检查、现场督察和跟踪办案相结合，实现了查处一个、警示一批、教育一片的目标。以《太湖条例》为重点，深化水资源专项执法检查。2012年分批对近40个建设项目开展现场监督检查，组织开展了4次流域重要区域入河排污口监督监测工作，对部分范围内的86处入河排污口进行调查，并对其中发现排放污水的入河排污口进行了170个样次的采样、监测分析及评价。此外，地方水行政主管部门也强化了条例

链接

的运用和执行，开展了大量富有成效的工作。在流域与区域的共同努力下，随意侵占水域、破坏堤防安全等违法行为明显减少，依法报批的项目逐年增多，有力地维护了流域河湖良好水事秩序。

《水法规体系总体规划》实施回顾与修订

水利部政策法规司

2012年，为进一步加强水法规体系建设，完善水利改革发展顶层设计，依法保障水利科学发展，政策法规司根据形势发展需要，组织对2006年颁布实施的《水法规体系总体规划》进行了修订，水利部于2013年1月将修订后的《水法规体系总体规划》印发执行。现对原《水法规体系总体规划》的实施情况和修订情况介绍如下。

一、《水法规体系总体规划》的实施成效

（一）《水法规体系总体规划》的制定背景和主要内容

1988年1月21日，第六届全国人大常委会第二十四次会议审议通过了《中华人民共和国水法》，这是新中国第一部全面规范水事活动的基本法，标志着我国水利事业进入了依法治水的新时期。为全面贯彻实施《中华人民共和国水法》，水利部于1988年制定了《水法规体系总体规划》。为适应形势发展的需要，水利部分别于1994年和2006年对《水法规体系总体规划》进行修订，完善了水法规体系建设的基本思路和重点内容。2006年修订的《水法规体系总体规划》提出：深入贯彻中央水利工作方针和可持续发展水利的工作思路，统筹经济社会与水利发展、统筹各项水利事业发展，到2010年初步建立适合我国国情的比较完备的水法规体系，使各项涉水事务有法可依，基本满足水利社会管理、公共服务和可持续发展的需要，到2020年建立内容完整、配套协调、层级完善的水法规体系，水法规质量显著提高，满足全面推进水利依法行政和可持续发展水利的需要。同时，明确了水法规体系建设的三项主要任务，即适应节水型社会建设、人与自然和谐相处的要求，推进水资源配置、管理、节约与保护，水土保持等方面的法规建设；适应建设法治政府、加强水利社会管理与公共服务的要求，推进水域与水工程管理、防洪与抗旱、农田水利、水文、水能等方面的法规建设；适应体制改革的要求，推进水资源管理体制、水利工程建设管理体制、水利投资与资产管理体制改革等方面的法规建设。按照调整内容不同，将水法规划分为水资源管理、防洪与抗旱管理等9类，明确了“十一五”期间争取完成论证或者争取出台的

立法项目，包括法律4件、行政法规21件、部门规章48件，以及作为立法储备的项目或者方向。

（二）《水法规体系总体规划》（2006）实施取得的主要成就

《水法规体系总体规划》（2006）实施以来，我国水法规体系建设紧紧围绕水利中心工作，坚持加快立法进度与提高立法质量相结合，以水利改革发展立法需求最为迫切的领域为重点，取得了重大成就，一大批重要水法规相继出台，适合我国国情和水情的水法规体系基本建立，各项涉水事务管理基本做到有法可依，为推动水利改革发展奠定了坚实的制度基础。修订出台了《中华人民共和国水土保持法》、《中华人民共和国水污染防治法》，颁布实施了《中华人民共和国水文条例》、《中华人民共和国抗旱条例》、《太湖流域管理条例》等行政法规以及《取水许可管理办法》、《水量分配暂行办法》等10多件部门规章。开展了规章和规范性文件专项清理，修改、废止、宣布失效一批规章和规范性文件。《洪水影响评价管理条例》、《南水北调供用水管理条例》、《河道管理条例》（修订）、《节约用水条例》、《农田水利条例》等重点立法项目取得重要进展。各地出台了一大批内容新、质量高、有特色的地方性法规和地方政府规章，在节约用水、河道采砂、农村水能资源开发、农村供水等国家尚未出台专门法规的领域先行先试，积累了宝贵经验。从总体上看，《水法规体系总体规划》（2006）安排的重点立法项目已经完成或者取得积极进展。目前，我国已颁布实施以水管理为主要内容的法律4件，行政法规18件，部门规章55件，地方性法规和地方政府规章近700件，内容涵盖了水利工作的各个方面。

（三）水法规体系建设的重要作用

水法规体系建设是水利改革发展顶层设计的重要支撑。水法规体系建设的不断推进，使中央治水方针政策和可持续发展治水思路法定化，上升为国家法律制度，成为全社会一体遵行的行为规则；确立和完善了流域管理与行政区域管理相结合的水资源管理体制，进一步理顺了部门职责，促进了职权法定；建立健全了一系列水管理的法律制度，为严格水资源管理、促进河湖水域保护、加强水利基础设施建设与管理、做好防洪抗旱工作、推进水土流失综合治理提供了坚实的制度基础。《水法规体系总体规划》（2006）颁布实施以来，新时期治水思路不断丰富完善，水利立法工作取得重要进展，水资源管理各项制度逐步落实，水利社会管理水平不断提高，水利基础设施建设成效显著，全社会水法治观念明显增强，为依法治水和实现水利跨越发展提供了有力法治保障。

二、《水法规体系总体规划》修订的必要性

近年来，我国经济社会迅速发展，法治建设加快推进，各项改革不断深化，水利呈现跨越发展势头，对水法规体系建设不断提出新的更高要求。党的十八大突出强调了法治建设的重要性，关于法治的论述贯穿于改革发展全过程，覆盖了经济、政治、文化、社会、生态文明建设全领域，包含了立法、执法、司法、守法等法治建设的各方面。因此，有必要按照贯彻落实党的十八大精神、完善中国特色社会主义法律体系、加强法治政府建设、保障水利改革发展的要求，对《水法规体系总体规划》（2006）进行修订，进一步完善水利改革发展顶层设计，使水法规体系建设符合新形势和新任务的要求，更好地引领、推动、规范和保障水利改革与发展。

（一）完善中国特色社会主义法律体系，加强法治政府建设，全面推进依法行政的必然要求

党的十八大对加快建设社会主义法治国家、完善中国特色社会主义法律体系提出了明确要求。经过坚持不懈的努力，到2010年底，中国特色社会主义法律体系已经形成，今后的立法任务依然艰巨而繁重。国家加快推进依法行政和法治政府建设，对加强法律制度建设、推进依法行政和法治政府建设作出了一系列决策部署。水法规体系建设作为中国特色社会主义法律体系的重要组成部分和依法行政的基本依据，应当进一步统筹兼顾，突出重点，完善程序，加快进度，提高质量，加快填补立法空白，着力优化体系结构，在推进水利依法行政中更好地发挥基础性和保障性作用。

（二）贯彻中央决策部署，强化水利改革发展顶层设计，实现水利发展宏伟目标的必然要求

党的十八大对大力推进生态文明建设作出全面部署，突出强调加强生态文明制度建设。《中共中央国务院关于加快水利改革发展的决定》（2011年中央1号文件）、中央水利工作会议、《国务院关于实行最严格水资源管理制度的意见》（2012国务院3号文件）和国务院批准的《水利发展规划（2011—2015年）》都对构建适应我国国情和水情的法规体系、抓紧完善有关法律法规提出明确要求。为贯彻中央决策部署，保障大规模水利建设顺利进行，破解水利重点领域改革难题，必须加强顶层设计。水法规体系与水利规划体系、水利政策体系共同构成水利改革发展顶层设计的重要支撑，应当立足我国基本国情水情和水利工作实际，系统谋划和有序推进水利改革发展，确保顶层设计既能体现国家意志又能体现人民群众意愿，促进水利可持续发展。

（三）加强和创新社会管理，构建社会主义和谐社会的必然要求

党的十八大对提高领导干部运用法治思维和法治方式深化改革、推动发展、化解矛盾、维护稳定能力提出明确要求。加强和创新社会管理，是党中央正确把握国内外形势新变化新特点，从党和国家事业全局出发确定的一项重大战略任务。随着水资源条件深刻变化、涉水利益格局深刻调整、水利发展方式深刻转变，水利社会管理的难度和挑战在不断加大。加强水利社会管理，必须不断完善水资源管理、河道管理等水利社会管理方面的法规制度，把水利工作和涉水活动纳入法治化轨道，切实保障人民群众的合法水事权益，努力维护安定有序的社会环境。

（四）从根本上解决规划实施中存在问题的必然要求

《水法规体系总体规划》（2006）的实施在取得重大成就的同时，也逐渐显露出一些问题和不足，如水法规体系建设的目标任务和重点内容不能完全满足形势发展的需要，法规体系结构不够完善，有些立法项目已经超出了规划的范围，法规之间、法律制度之间的协调性、衔接性需要进一步增强等等。为推进科学立法、民主立法，切实提高水利立法质量，满足水利改革发展需要，有必要针对上述问题提出改进措施。

三、《水法规体系总体规划》修订的主要内容

（一）提出水法规体系建设的总体思路

在概括总体思路时重点考虑三方面内容，即指导思想、贯彻落实新形势和新任务的各项要求、改进立法工作方法的措施。基于此，将总体思路表述为：以党的十八大精神和科学发展观为指导，按照完善中国特色社会主义法律体系、推进法治政府建设、贯彻落实中央水利方针政策和决策部署、强化水利改革发展顶层设计、加强和创新水利社会管理的要求，坚持以人为本、立法为民，坚持科学立法、民主立法，遵循经济和社会发展规律，立足基本国情和水情，根据条件成熟、突出重点、统筹兼顾的原则，把握立法规律和立法时机，进一步健全完善水法规体系，为推进水利改革发展新跨越提供坚实制度基础和有力法治保障。

（二）明确水法规体系建设的目标

综合考虑2011年中央1号文件、2012年国务院3号文件的目标要求和时间要求，为配合上述目标的贯彻落实，分两个阶段提出水法规体系建设的目标：一是到2020年，形成适合我国国情和水情、内容完整、配套协调的较为

完善的水法规体系，使各项涉水事务有法可依，基本满足水利社会管理、公共服务和可持续发展的需要；二是展望2030年，水法规体系趋于完备和科学，更加适应和满足水利科学发展的需要。

（三）确定水法规体系建设的主要任务

综合考虑新形势、新任务的各项要求，当前和今后一个时期，水法规体系建设应着重做好五个方面的工作：一是适应深入落实最严格水资源管理制度的要求，完善水资源配置、节约、保护和管理的法律法规。重点做好节约用水、地下水管理、水资源论证、水功能区管理、水能资源管理、用水总量控制、跨流域调水、取水权转让等方面的制度建设；二是适应大力推进民生水利的要求，完善防汛抗旱、农田水利、农村水电、水土保持的法律法规。重点做好洪水影响评价、农田水利、农村水电、饮用水安全保障、蓄滞洪区管理、水利工程移民安置等方面的制度建设；三是适应加强和创新水利社会管理的要求，完善河湖管理、水工程管理的法律法规。重点做好河道管理、河道采砂管理、湖泊管理、水库管理、水工程管理等方面的制度建设；四是适应强化流域管理的要求，完善流域规划、水量调度、水资源保护的法律法规。重点做好长江、黄河流域的综合立法和珠江水量调度、长江流域水资源管理与保护、南四湖管理、河口管理等方面的制度建设。五是适应深化水利改革的要求，研究论证水务管理、水利工程产权制度改革、水生态补偿等方面的法律法规。

（四）调整水法规体系的分类

考虑到立法领域、立法重点的发展变化，根据水法规体系建设的最新进展和未来需求，对《水法规体系总体规划》（2006）原有的9个类别进行了修改完善，一是增加综合、农村水利水电管理、水文管理3个类别；二是考虑到水利投资与资产管理目前主要采用国家政策和规范性文件形式予以规范，删去了这一类别；三是对其他有关类别名称进行适当调整，把水域与水工程管理、水工程建设管理分别修改为河道管理、水利工程建设与管理。最终形成综合、水资源管理、河道管理、水利工程建设与管理、防洪与抗旱管理、农村水利水电管理、水文管理、水土保持管理、流域管理、水行政立法与执法管理和其他等11个类别，进一步完善水法规的体系结构。

（五）合理安排水利立法项目

与水法规体系建设的目标相适应，根据贯彻落实中央决策部署、国务院立法工作要求和各方面立法需求，综合考虑立法的必要性、可行性、紧迫性和成熟程度，将水利立法项目安排分为两个部分，第一部分是拟开展调查研究、咨询论证、组织起草的立法项目，重点立法项目包括《长江法》、《黄河法》等法律，《洪水影响评价管理条例》、《南水北调供用水管理条例》、《河道管理条例》（修订）、《节约用水条例》、《地下水管理条例》、《农田水利条例》、《农村水电条例》、《河道采砂管理条例》等行政法规和《建设项目节水设施管理办法》、《用水总量控制管理办法》、《长江河口管理办法》等部门规章；第二部分是为满足水利改革发展需要拟开展立法研究的主要方向，如水生态补偿、非常规水源开发利用、占用水域和水利设施补偿、江河源头保护、流域综合管理等等。同时，注意充分利用立法资源，整合立法项目，避免立法中的部门化、碎片化问题。

（六）强化规划实施的保障措施

规划修订后，重在落实。一是加强组织领导。将水法规体系建设作为水利改革发展的重要支撑和法治保障。二是严格制定计划。科学合理地制定年度立法工作计划，强化约束指导作用。三是落实目标责任。建立工作责任制度、定期通报制度和年度报告制度，把各项目标任务分解落实。四是加大投入力度。拓宽投入渠道，建立投入机制，保障水利立法工作经费。五是加强立法协调。积极联系沟通，切实解决立法过程中遇到的障碍和困难。六是提高立法质量。坚持依法立法、科学立法、民主立法，遵循经济社会发展规律，增强针对性和可操作性。七是注重跟踪评估。建立完善水法规贯彻实施跟踪评估制度和定期清理制度，及时做好修改和废止工作。八是做好基础工作。加强立法需求、立法效益、立法项目分析论证和立法储备，支撑立法工作滚动推进。

付永杰　执笔
陈　琴　审核

《中华人民共和国水土保持法》配套文件建设进展

水利部水土保持司

建立健全系统完备、科学规范、运行有效的配套制度体系，是贯彻实施好《中华人民共和国水土保持法》（以下简称《水土保持法》）的重要基础和保障。2012 年，水利部水土保持司按照中央关于加快水利改革发展的战略部署，以贯彻实施《水土保持法》为核心，不断加快配套文件建设进程，为推动水土保持工作发展提供了制度保障。

一、配套文件建设进展情况

（一）加强顶层设计，合理确定配套文件建设目标任务

《水土保持法》配套文件建设工作政策性强，涉及面广，任务量重，是一项复杂的系统工程和长期的艰巨任务，必须做好顶层设计，立足全局和整体进行系统谋划和全面推进。《水土保持法》颁布实施后，水土保持司及时成立了配套文件起草和修订工作组，在对法律条款进行全面梳理和深入研究的基础上，通盘考虑、全面规划，制定了《水土保持法》配套文件建设实施方案，明确了任务目标，细化了责任分工，落实了进度安排，总体计划在3～5 年时间内完成生产建设项目水土保持方案管理办法、水土保持设施验收管埋上作、水土保持监测资质管理办法、水土保持重点建设工程管理办法等 18 项配套文件的制定和修订工作。

（二）突出工作重点，分类加快推进配套文件建设进程

根据配套文件建设实施方案确定的目标任务和进度安排，在 2011 年工作基础上，2012 年重点开展了生产建设项目水土保持方案管理办法、水土保持设施验收管理办法、水土保持补偿费管理办法、水土保持违法行为举报受理和处理办法、省级政府水土保持目标责任考核暂行办法等文件的制定和修订工作，先后征求了相关部委、部内司局、各省级水行政主管部门及社会公众的意见，开展各类调研、座谈、研讨等 20 余次，稳步推进配套文件建设进程。

截至2012年底，《生产建设项目水土保持监测资质管理办法》、《水土保持违法行为举报受理和处理办法》、《鼓励和引导民间资本参与水土保持工程建设实施细则》、《水土保持工程建设管理办法》等4个文件已经出台；《生产建设项目水土保持方案管理办法》和《水土保持设施验收管理办法》已通过中国政府法制信息网向社会公开征求意见，并形成办法草案，待部务会议审议通过后实施；《水土保持补偿费征收使用管理办法》2011年已报送财政部，经多次沟通协调和修改完善，已完成征求意见稿，正在征求各省（自治区、直辖市）财政、水行政主管部门及有关行业部门的意见，国家发展和改革委员会就标准部分已基本形成征求意见稿；《省级政府水土保持目标责任考核办法》完成各部委相关部门的咨询会；其他文件已基本完成初稿。

（三）强化督促指导，积极推动省级实施办法修订工作

省级水土保持实施办法是水土保持法律法规体系的重要组成部分。水土保持司高度重视省级实施办法修订工作，积极推动省级实施办法修订进程，《水土保持法》颁布实施后，研究提出了各地修订省级实施办法需把握的原则和关注的重点问题，并印发各地。2012年3月，召开了水土保持法省级实施办法修订座谈会，专题研究部署省级实施办法修订工作。积极参加各省（自治区、直辖市）举办的实施办法修订工作座谈会，为各地修订工作出谋划策，多次对四川、西藏、河北、新疆等省级实施办法（条例）提出修改、咨询意见。通过印发简报、转发文件等形式，促进了各省（自治区、直辖市）之间的相互学习、借鉴和交流，有效推动省级实施办法修订的质量和进度。

截至2012年12月，江西、甘肃、四川、重庆、贵州等5个省（直辖市）实施办法（条例）已经省（直辖市）人大常委会表决通过，浙江等10个省（自治区）将实施办法列入人大立法计划，内蒙古等5个省（自治区）列入政府立法计划，力争2014年底全部完成。

二、重点配套文件的主要内容

（一）《生产建设项目水土保持方案管理办法（草案）》

修订后的《水土保持法》，明确了生产建设项目水土保持方案审批是水行政主管部门的一项独立行政许可事项，确立了水土保持方案在生产建设项目审批立项和开工建设的前置地位，进一步强化了水土保持方案的法律地位。根据新法的相关规定，在充分吸收《开发建设项目水土保持方案编制和审批管理规定》（1995年水利部第5号令发布，2005年水利部第24号令修改）

主要内容的基础上，《生产建设项目水土保持方案管理办法（草案）》进一步明确了水土保持方案的适用范围、主要内容和法律效力。一是明确了水土保持方案的适用范围，规定山区、丘陵区、风沙区以及水土保持规划确定的容易发生水土流失的其他区域开办可能造成水土流失的生产建设项目均应当编制水土保持方案，并明确可能造成水土流失的生产建设项目为生产建设过程中需要挖填土石方、扰动地貌、损坏植被的生产建设项目。二是确立了水土保持方案的效力，规定应编而未编水保方案或者水保方案未经批准的，生产建设项目不得开工建设，不得实施可能造成水土流失的通水、通电、通路和平整场地等前期工程。三是提高了方案报告书和报告表的划分标准，为提高行政机关工作效率、减轻行政管理相对人的负担，将水土保持方案报告书和报告表的“双 1”界定标准调整为“双 5”，即征占地面积在 $5hm^2$ 以上或者挖填土石方总量在 5 万 m^3 以上的生产建设项目编制水土保持方案报告书，其他编制报告表。四是完善了方案分级管理制度，将方案审批层级与生产建设项目的审批、核准、备案层级挂钩。五是细化了项目地点、规模发生重大变化，水土保持方案重新报批的四种情形和水土保持措施发生重大变更批准的 4 种情形。六是加强了建设生产类项目后续管理，明确了建设生产类项目生产期水土保持管理的要求。同时还根据新法要求，结合近年来生产建设项目水土保持方案管理经验和存在的问题，对方案内容、编制机构、方案深度、审批条件、信息公开、罚则等进行了全面的细化和完善。

（二）《生产建设项目水土保持设施验收管理办法（草案）》

修订后的《水土保持法》进一步强化了水土保持“三同时”制度，规定生产建设项目竣工验收，应当验收水土保持设施；水土保持设施未经验收或者验收不合格，生产建设项目不得投产使用。根据新法的相关规定，在充分吸收《开发建设项目水土保持设施验收管理办法》（2002 年水利部令第 16 号发布，2005 年水利部令第 24 号修改）主要内容的基础上，生产建设项目水土保持设施验收管理办法（草案）进一步明确了水土保持设施验收的范围、程序、条件和内容等。一是明确了验收范围，根据验收工作实际，将依法应当编制水土保持方案报告书和报告表的生产建设项目均纳入验收范围。二是强化了技术评估，明确依法应当编制水土保持方案报告书的生产建设项目均应开展技术评估。三是制定了简易程序，对只需编制水土保持方案报告表的生产建设项目，可直接提交总结报告并由水行政主管部门直接验收。四是明确了验收时限，规定县级以上人民政府水行政主管部门应当自受理申请之日起 20 个工作日内作出是否验收合格的决定，并在作出验收合格决定后 10 个工作日内印发验收鉴定书。

（三）《水土保持补偿费征收使用管理办法（征求意见稿）》

修订后的《水土保持法》全面总结多年来各地探索实践水土保持补偿制度的成功经验，从法律层面建立了水土保持补偿费制度，明确规定因生产建设活动而损坏水土保持设施、地貌植被不能恢复水土保持功能的，应当缴纳水土保持补偿费，充分体现了“谁开发、谁治理、谁补偿”的原则。实行水土保持补偿费制度，有效运用经济手段，将促使生产建设者约束行为方式，最大程度地保护水土保持设施、地貌植被，减轻水土流失及其危害。《水土保持补偿费征收使用管理办法（征求意见稿）》主要从以下几个方面进行了细化和规定。一是明确了征收范围和对象，规定凡开办依法应当编制水土保持方案的生产建设项目以及其他从事生产建设活动的单位和个人，均应当缴纳水土保持补偿费。二是建立了分级征收体制。明确补偿费由县级以上地方水行政主管部门按照水土保持方案审批权限负责征收。其中，由水利部审批水土保持方案的，补偿费由生产建设项目所在地省级水行政主管部门代为征收。同时明确水利部审批水土保持方案的生产建设项目应缴纳的水土保持补偿费，按照1∶9的比例分别上缴中央和地方国库。三是细化了计征方式，对一般性生产建设项目和生产建设活动，按照征占用土地面积计征。开采矿产资源的，在建设期间，按照矿区范围面积计征；在开采期间，按照矿产资源开采量计征。四是明确了使用范围，规定水土保持补偿费使用范围包括水土流失预防保护、综合治理和生态修复，水土保持监测和科技推广，对生产建设单位和个人开展水土流失防治工作的补助和奖励，实行专款专用。

（四）《水土保持违法行为举报受理和处理办法（试行）》

为进一步细化法律的可操作性，规范水土保持违法行为举报受理和处理工作，保障单位和个人举报破坏水土资源、造成水土流失行为的权利，水利部办公厅印发了《水土保持违法行为举报受理和处理办法（试行）》，明确了举报受理的原则、内容和程序，列举了法律涉及的12类常见的水土保持违法行为，规定了举报处理的方式和时限要求，建立了举报反馈机制。同时，还对水行政主管部门举报受理人员的回避、保密要求，举报人的奖励及相关罚则做了具体规定。

三、下一步的工作安排

党的十八大提出要大力推进生态文明建设，把生态文明建设纳入“五位一体”的总体布局，放在突出地位，并强调加强生态文明制度建设。水土保持是生态文明建设的重要组成部分，建立健全水土保持法律法规体系、加快配套文件建设进程是贯彻好《水土保持法》、推动水土保持科学发展、有效防治水土流失的重要保障。下一步，水土保持司将根据水土保持工作面临的新形势和新要求，加快配套文件制定工作，确保将《水土保持法》的重要规定制度化，形成以《水土保持法》为核心、上下衔接、协调配套的水土保持法律法规体系。

一是加快配套文件建设进程。按照配套文件建设实施方案确定的目标任务和实施安排，区分轻重缓急，分类加快推进。针对配套文件起草中的关键问题，深入开展调查研究，畅通公众参与渠道，确保配套文件具有针对性、前瞻性和可操作性。加强与发展改革、财政等相关部门和部内有关司局的沟通协调，建立完善协调协商机制，积极争取各方面的支持，形成工作合力。力争到2015年，水利部确立的重要配套文件建设全面完成，主要的规范性文件全部出台，水土保持法配套法规体系基本建立健全。2013年重点推进《水土保持补偿费征收使用管理办法》、《省级政府水土保持目标责任考核办法》、《生产建设项目水土保持方案编制资质管理办法》等文件的制定和修订工作。

二是推动省级实施办法修订工作。指导各地把省级实施办法修订摆上重要议事日程，加强领导协调和政策指导，确保省级实施办法修订工作质量。力争到2015年，各省级水土保持法实施办法全部完成修订并出台；重点能力建设县水土保持法配套文件全面出台并实施。2013年继续召开省级实施办法座谈会，推动10个左右省级实施办法出台。

三是抓好相关配套制度的落实。将贯彻落实配套制度和贯彻落实《水土保持法》相结合，加大对已出台文件和制度的宣贯力度，促进各项法律制度的贯彻落实。2013年以宣传贯彻生产建设项目水土保持方案管理办法、验收管理办法为核心，进一步强化生产建设项目水土保持监督管理，加强对农林开发、取土挖砂等生产建设活动的监管和指导，落实县级水行政主管部门水土保持属地监管职责，全面提高水土保持依法行政水平，为推动水土保持事业健康、科学发展提供有力的法律保障。

尤　伟　执笔
刘　震　审核

发展战略及规划计划篇

2012 年规划计划工作综述

水利部规划计划司

2012 年，水利规划计划部门认真学习领会党的十八大精神，全面贯彻落实中央水利决策部署，围绕水利中心工作，开拓进取，狠抓落实，各项工作取得了明显进展和良好成效。

一、水利建设投入再上新台阶

2012 年，全国水利投资总规模达到 4303 亿元，再创历史新高。中央水利建设投资规模 1623 亿元，较 2011 年增长 42.2%，再次实现大幅增长，其中预算内固定资产投资 891 亿元，财政专项资金 704 亿元，分别较 2011 年增长 36.2% 和 53.6%。中央水利投资继续向民生水利和中西部地区倾斜，分别占总投资的 68.3% 和 83.6%。地方水利建设投资 2680 亿元，较 2011 年增长 16%。地方水利建设基金和从土地出让收益中计提农田水利建设资金的政策逐步落实，分别为 549 亿元和 297 亿元。七部委联合出台了《关于进一步做好水利改革发展金融服务的意见》，水利部印发了鼓励和引导民间资本参与农田水利、水土保持工程建设实施细则。水利建设项目市场融资能力进一步增强，银行贷款和社会投资达到 662 亿元。

二、重点水利规划编制取得新进展

2012 年，中央层面审批重点水利规划 30 项，是近年来批复较多的一年。其中，国务院批复了“十二五”水利发展规划、长江流域综合规划、辽河流域综合规划、全国农村饮水安全工程规划等 5 项规划；水利部会同有关部门或省级人民政府批复了《北运河干流综合治理规划》、《四川省渠江流域防洪规划》等重点流域和区域水利规划；水利部印发《全国水利扶贫规划》等一批专项规划。全国“十二五”大中型水库建设规划、坡耕地水土流失综合治理规划等编制完成；全国水中长期供求规划、灌溉发展总体规划等重点规划加快推进。此外，河湖水系连通战略研究、长江干支流控制性水库群综合调度研究等多项重大专题研究取得丰硕成果。

三、项目前期工作步伐加快

水利部印发水利工程前期工作成果质量评价、设计变更、安全评价、社会稳定风险评估等4项管理办法，完善了前期工作管理制度。为加快重点项目前期工作，建立了月报制度，动态跟踪300余项重点项目前期工作进展情况，并及时与国家发展和改革委员会等有关部门沟通，做好各个环节的衔接，提高审查审批效率。各地积极创新前期工作管理模式，一些省区采取区域小型水利项目前期工作由资质较高设计单位总承包、对口技术帮扶等措施推进前期工作。通过完善机制、加强协调，重点水利项目前期工作步伐加快。2012年水利部向国家发展和改革委员会报送重点水利项目56项，总投资达3218亿元，较2011年增加115%；国家发展和改革委员会共批复重点水利项目37项，总投资1504亿元，为推进大规模水利建设奠定了前期工作基础。

四、民生水利建设任务如期完成

2012年，安排中央投资280亿元，用于解决7700万农村居民和950万农村学校师生的饮水安全问题，超额完成国务院确定的年度建设目标任务。安排中央投资233亿元，全面完成专项规划内5400座重点小（1）型病险水库除险加固任务，实施了7280座重点小（2）型病险水库及一批大中型病险水库、水闸除险加固。安排中央投资210亿元，基本完成近期规划内2209条中小河流重要河段的治理任务；启动了25个中小河流治理重点县综合整治和水系连通试点。安排中央投资119亿元，加快推进大型灌区续建配套与节水改造和大型灌溉排水泵站更新改造，目前已有150处大型灌区骨干工程和55处大型泵站规划中央投资安排完毕。安排中央投资203亿元，用于小型农田水利建设，实施1250个小型农田水利重点县建设，基本覆盖粮食主产县和农业大县，并向牧区大县延伸。大力发展节水灌溉，启动东北四省区节水增粮行动，开展了规模化节水灌溉增效示范项目建设。继续实施水电新农村电气化县、小水电代燃料和农村水电增效扩容改造项目。

五、重点骨干水利工程加快推进

2012年，安排中央投资191亿元，加快黄河下游标准化堤防、长江洞庭湖鄱阳湖治理、进一步治理淮河、太湖水环境综合治理等工程建设，实施了85条大江大河主要支流、独流入海河流和内陆河流治理。安排中央投资179亿元，用于44项枢纽水源和引调水工程建设，贵州黔中、西藏旁多、四川亭子口、甘肃引洮等在建工程加快建设，开工建设江西峡江、湖南涔天河扩建、吉林中部城市引松供水等重点项目，“十二五”水利重点工程建设布局正在逐步形成。同时，不断加大西南五省（自治区、直辖市）中型水库建设力度，安排92座中型水库建设，其中新开工45座。进一步加大水土流失防治区重点治理，全面完成塔里木河、石羊河流域近期治理任务，启动实施敦煌水资源合理利用与生态保护综合规划，取得了明显的治理成效。

六、水利改革发展试点全面展开

按照水利部加快水利改革发展试点工作的总体部署，组织4个加快水利改革试点地区和10个推进水利现代化试点地区分别编制完成了水利改革方案和水利现代化规划，水利部会同试点地区省级人民政府予以批复，明确了五项重点改革和水利现代化试点的目标要求、重点任务、进度安排和保障措施等。为协调推进各项试点任务落实，分类提出了进一步加强试点工作意见，组织开展了加快水利改革督导检查，建立了水利改革发展试点专报制度。各试点地区按照批复的试点方案和规划，迅速行动、精心组织、狠抓落实，湖南、重庆、浙江、甘肃4省（直辖市）人民政府将改革试点方案印发有关部门和市县实施；江苏省、北京市、大连市等10个推进水利现代化试点地区分别制定了规划实施方案，进一步细化了试点任务分工和进度安排，稳步推进规划实施。

七、水利统计工作得到加强

水利普查工作取得重要成果，目前8大类、318项指标、9900多万个普查对象的基础数据汇总和审核工作全面完成，已进入成果发布准备阶段。正式启用全国水利建设投资统计直报系统，提高了统计工作效率。建立了农村饮水安全、病险水库除险加固、中小河流治理旬报制度，加密统计频次，及时掌握重点水利项目建设进展。发布水利统计主要指标分类及编码行业标准，进一步规范了水利统计工作。2012年水利建设投资统计获得国家统计局全国固定资产投资统计数据质量评比特等奖。

八、投资计划执行力进一步提高

2012年，投资计划执行任务重、要求高。国家发展和改革委员会提出，力争到年底实现中央投资计划新开工项目开工完毕、中央预算内投资资金支付完毕的工作目标。财政部要求，提高预算支付的及时性、均衡性、有效性和安全性。各地高度重视投资计划执行，特别是对切块下达投资的面上项目，超前做好前期准备工作，及时分解下达计划，加快推动项目建设。水利部积极协调有关部委，尽早下达投资计划，针对前期工作、计划下达、项目实施、投资完成等重点环节存在的问题，组织开展多次大规模检查督导，并出台了中央水利投资计划执行考核办法，重点对投资计划下达、完成情况和管理水平等进行考核。经过努力，在投资规模大幅增加的情况下，全年中央和地方投资计划完成率分别较 2011 年提高 8.9 和 7.9 个百分点。

杜国志　石海峰　夏连强　张祥伟　张世伟　执笔

周学文　审核

专栏六

2012年推进水利现代化试点进展

水利部规划计划司

按照水利部推进水利现代化试点工作总体安排，2012年，湖北省汉江流域，江苏省、北京市，以及宁波市、大连市、青岛市、无锡市、苏州市、绍兴市、中山市等10个地区重点开展了水利现代化规划编制工作，对本地区水利现代化建设进行了顶层设计。水利部会同有关省级人民政府完成了10个试点地区水利现代化规划的联合批复，推进水利现代化建设进入了实践探索的新阶段。

一是提出了水利现代化的目标和方向。各试点地区以2010年为现状水平年，2015年、2020年为规划水平年，结合各地实际提出了力争通过5～8年努力，在全国率先基本实现现代化的总体目标。

二是明确了水利现代化建设的重点内容。各试点地区把2011年中央1号文件提出的基本建成防汛抗旱减灾体系、水资源合理配置和高效利用体系、水资源保护和河湖健康保障体系、有利于水利科学发展的制度体系等四大体系作为基本内容，结合各地实际明确了今后一个时期水利现代化建设的重点任务，提出了具体的行动计划。

三是建立了水利现代化指标评价体系。全部试点地区都明确提出了各具特色的水利现代化评价指标体系，在现状评价的基础上提出了未来水利现代化实现程度的目标考核值，体现了很强的可评价性，并且提出了中期考核和专项考评的工作要求，水利部将定期进行考核。

四是落实了水利现代化建设的保障措施。试点工作突出强调了政府的主导作用，规划全部由水利部与省级政府部门联合批复，在实施方案和保障措施中，都明确了政府相关部门的任务和职责，有些试点地区还把试点工作纳入政府考核内容，强调水利现代化不仅仅是水利部门的现代化，需要在政府主导下，各部门协同配合、形成合力，共同推进水利现代化建设。

五是描绘了实现水利现代化的美好愿景。试点地区的水利现代化规划，系统描绘了水利现代化的美好愿景。如江苏省提出建立“六大体系”、实施“八大工程”、强化“四线管理”、推进“四项改革”；无锡市提出现代化要达到水资源可持续利用、经济社会可持续发展和水生态环境良性循环的“三佳”局面，并提出了以水利物联网为特色的现代水利构想；苏州市提出“保障水安全、保护水资源、改善水环境、彰显水文化”四位一体的苏州水利现代化新格局；大连市提出塑造“水润全城、富足美丽、人水和谐、浪漫宜居”水务现代化形象；宁波市提出建设“智慧水利”，实现“波宁河畅安澜惠明州、库联湖通碧水润甬城”的水利现代化远景；青岛市提出“沽澳安澜、多源惠青、河湾秀美、文明岛城”的水利现代化目标；绍兴市着力提升水利工程的文化内涵和文化品位，塑造历史悠久而恬静的现代水利城市；北京市、湖北省汉江流域、广东省中山市等也提出了各具特色的现代水利蓝图。

链接

试点先行　以点带面
江苏省水利现代化试点建设亮点纷呈

江苏省水利厅

2012年，江苏省根据部省合作推进水利现代化建设备忘录精神，全面部署推进水利现代化试点建设，加快培育和打造不同地区、不同领域水利现代化的现实模样和先进典型，水利现代化建设试点工作开创了良好局面。

2012年5月，《江苏水利现代化规划（2011—2020）》（以下简称《规划》）获水利部和江苏省人民政府联合批复。《规划》提出：到2015年，初步建成现代化的水利综合保障体系，到2020年，全省基本实现水利现代化，全面呈现“江淮安澜，河湖健康，碧水畅流，和谐水乡”的美好愿景。《规划》围绕总体目标，突出“民生水利、安全水利、资源水利、环境水利”四大重点任务，提出建成防洪减灾等六大体系的建设任务，并构建了6个大类共22个指标的水利现代化指标体系。《规划》明确了六大体系建设的重点是实施区域百河治理等八项工程、加强河湖“蓝线”管理等四线管理、推进水资源管理等四项改革、夯实法制、投入、人才与科技保障。

扎实推进水利现代化建设。一是建立工作推进机制。省、市、县三级普遍建立以党政领导牵头、各有关部门参加的水利现代化工作领导小组，召开专题部署会议，提出时间表。二是提出明确要求。发布水利现代化建设标准和考核评价机制，建立年度考核目标。三是建立规划体系。江苏省和苏州市、无锡市规划已经省部联合审批，省级试点地区规划全部通过审核。四是确立省级试点市、县。结合不同地域和区域水利发展情况，分别在苏南、苏中和苏北地区选择3个省辖市和13个县（市、区）作为水利现代化建设试点地区，并与试点市县政府签订责任书，有针对性确定试点内容。五是实行省厅领导挂钩联系制度。成立由厅领导任组长的检查组，对试点市县进行定期检查，落

链接

实试点实施情况。

水利现代化试点示范成效显著。全省涌现出南京生态清洁型小流域治理、苏州基层水利服务体系、无锡“智慧水利”管理智能化技术应用、徐州水务一体化管理、南通“三位一体”农村河网管理模式、镇江水利融资平台运行管理、盐城生态水库建设等一批先进典型，为全省水利现代化建设提供了示范经验和现实模样。

《水利发展规划（2011—2015年）》解读

国家发展和改革委员会农村经济司
水利部规划计划司
住房和城乡建设部城市建设司

一、“十一五”水利发展成就巨大

“十一五”时期，在党中央、国务院的高度重视和全社会的共同努力下，顺利完成了五年规划确定的水利发展主要目标任务，实现了一系列重大跨越，是新中国成立以来历次五年规划中水利投资规模最大、规划目标实现最好、人民群众直接受益最多的时期。5年共完成水利建设投资7000多亿元，比“十五”翻了近一番，其中中央投入2934亿元，干成了一些多年想干而未能干的大事。新建和加固堤防17080km，长江下游河势控制、黄河堤防建设稳步推进，治淮19项骨干工程、长江三峡、嫩江尼尔基、广西百色、湖南皂市、黄河西霞院等一批重点水利枢纽建成投入运行，四川亭子口、江西峡江、广东乐昌峡、内蒙古海勃湾等水利枢纽工程开工建设，洞庭湖、鄱阳湖综合治理顺利实施，开展了1000余条中小河流重点河段治理和103个县的山洪灾害防治试点建设。根据水资源承载能力和经济社会发展需求，规划兴建了一批蓄、引、提水工程，新增年供水能力285亿m^3。南水北调东、中线一期工程按计划推进，京石段建成发挥效益。辽宁省大伙房输水工程正式通水，甘肃引洮、贵州黔中水利枢纽、广西桂中治旱乐滩引水、西藏旁多、吉林哈达山等一批重点水源工程开工建设，西南中型水库建设加快推进，基本完成了陕甘宁盐环定扬黄续建任务。在加强骨干水利工程建设的同时，更加关注农村民生，加大了对农村饮水安全、病险水库除险加固、大型灌区和灌排泵站更新改造、水土保持、河湖生态修复等水利建设的支持力度，累计解决了2.1亿农村人口的饮水安全问题，全面完成专项规划内6240座大中型及重点小型、东部1116座重点小型病险水库除险加固任务，启动实施了新一轮小型病险水库除险加固。经过5年的建设，水利基础进一步夯实，防灾减灾体系进一步完善，水资源利用效率进一步提高，有力地保障和促进了国民经济和社会发展，也为今后的发展打下了坚实基础。

水电建设规模在“十一五”期间也达到了空前的水平，5年新增装机容量接近1910年中国第一座水电站兴建以来前95年的总和，水电总装机容量突破2亿kW，发挥了发电、防洪、供水等综合效益。

与此同时，相比于新的形势发展要求和需求，目前我国的水资源安全保障能力还存在较大差距，水利发展仍然存在着一些薄弱环节，洪涝灾害、干旱缺水、水污染严重以及农田水利建设滞后等问题突出，水利设施薄弱仍然是国家基础设施的明显短板，制约水利发展的体制机制性障碍依然较多。同时，当前和今后一个时期，水利发展也面临诸多有利条件和难得的机遇。主要是，党中央、国务院高度重视水利工作，特别是2011年中央1号文件出台和中央水利工作会议召开为加快水利改革发展提供了新的强大动力和保障；经过长期努力，水利发展已具有良好基础，全社会对水的认识不断深化，国家也有能力进一步加大投入。

二、更加注重改革创新和科学发展

“十二五”时期，是全面建设小康社会的关键时期，是深化改革开放、加快转变经济发展方式的攻坚时期，是可以大有作为的重要战略机遇期。新的形势对水利改革发展提出了新的更高的要求，迫切需要深化水利改革，加快水利发展，充分发挥水资源要素配置的先导作用和水利基础设施的保障作用。

《水利发展规划（2011—2015年）》（以下简称《规划》）主要有三个方面的特点：一是深入贯彻落实2011年中央1号文件和中央水利工作会议，以及《国务院关于实行最严格水资源管理制度的意见》（国发〔2012〕3号）等有关精神和要求，把中央文件和国家“十二五”规划纲要的有关内容细化、具体化，突出加强农田水利、中小河流治理、山洪地质灾害防御等薄弱环节建设，大力提高城乡供水保障能力，加快构建水生态安全保障体系；二是坚持建设和改革管理并重，强调搞好顶层设计、统筹规划布局，在全面加强水利薄弱环节建设的同时，加快落实最严格的水资源管理制度，创新水利科学发展的体制机制，推动“十二五”水利科学发展、协调发展；三是从全局出发，兼顾需要与可能，搞好综合平衡，合理筛选确定“十二五”重大水利项目和总投资规模，引导社会各方面在加大水利投入、加快工程建设的同时，切实注重转变发展方式、加快水利改革。

三、进一步明确“十二五”水利发展改革总体思路、目标和布局

“十二五”时期，要全面贯彻落实党中央、国务院关于水利改革发展的

一系列重大战略部署，以科学发展为主题，以加快转变经济发展方式为主线，把水利作为国家基础设施建设的优先领域，把农田水利作为农村基础设施建设的重点任务，把严格水资源管理作为加快经济发展方式转变的战略举措，注重科学治水、依法治水，突出加强薄弱环节建设，大力发展民生水利，不断深化水利改革，加快建设节水型社会，尽快从根本上扭转水利建设明显滞后的局面，为促进经济长期平稳较快发展和全面建设小康社会提供坚实的水利保障。基本原则：一是坚持以人为本，保障改善民生；二是坚持统筹兼顾，促进协调发展；三是坚持节约保护，转变发展方式；四是坚持人水和谐，维护河湖健康；五是坚持政府主导，社会大办水利；六是坚持改革创新，增强发展活力。

主要目标是：通过实施《规划》，到2015年，基本建成大江大河综合防洪减灾体系，基本完成重点中小河流重要河段治理，全面完成水库除险加固任务，基本建立山洪地质灾害重点防治区监测预报预警体系；全面解决约3亿农村居民饮水安全问题，水利工程新增年供水能力400亿 m^3；全国用水总量力争控制在6350亿 m^3 以内，单位工业增加值用水量比2010年下降30%以上，农田灌溉水有效利用系数提高到0.53以上，重要江河湖泊水功能区水质达标率提高到60%以上，集中式饮用水水源地水质达标率进一步提高，城市污水处理率达到85%；新增水土流失综合治理面积25万 km^2，初步改善生态环境脆弱地区及重点河湖的生态环境用水状况；建立和完善国家水权制度，基本完成主要江河水量分配方案，流域综合管理体制改革、水利投融资改革等取得明显进展，基本健全水利工程良性运行与管护机制，初步建成有利于水利科学发展的制度体系。上述各项指标中，解决农村饮水安全人口和单位工业增加值用水量降低为约束性指标，要进一步细化分解到有关地区，明确工作责任和进度，主要通过政府运用公共资源全力完成。

在总体布局上，要按照国家实施区域发展总体战略和主体功能区战略部署，针对流域和区域实际，对华北、东北、华中、西南、西北和东南沿海地区分别确定不同的水利改革发展重点和措施，突出加强薄弱环节建设，提高水利支撑与保障能力，逐步形成与经济社会发展相适应的水利发展格局。

四、继续全面加强水利基础设施建设

重点包括四个方面。一是突出加强农田水利建设。加强大中型灌区续建配套节水改造、大型灌排泵站更新改造和小型农田水利建设，结合全国新增千亿斤粮食生产能力规划实施，外延发展与内涵挖潜相结合，5年新增农田有效灌溉面积4000万亩。进一步强化农业节水，因地制宜大力推广渠道防渗、管道输水、微灌、喷灌等节水灌溉技术，推动农业节水增效技术的综合集成和规模化、产业化发展，优先推进水资源短缺地区、生态脆弱地区和粮食主产区农业高效节水工程建设，争取5年内新增高效节水灌溉面积5000万亩。积极发展旱作农业，稳步发展牧区水利。二是着力加强防洪薄弱环节建设。继续推进大江大河大湖治理，加快控制性枢纽工程和使用频繁、防洪作用突出的蓄滞洪区建设，加强海堤建设和跨界河流整治。加快中小河流治理和病险水库除险加固，对流域面积200km^{2}以上有防洪任务的重点中小河流治理加大治理力度，优先治理洪涝灾害易发、保护区人口密集、保护对象重要的河流及河段，强化山洪地质灾害防御和防洪非工程措施。巩固水库除险加固成果，加快推进大中型病险水库除险加固，全面完成小型病险水库除险加固任务。统筹安排大中型病险水闸除险加固工程建设。三是大力提高城乡供水保障能力。加强水资源配置和重点水源工程建设，尽快解决部分地区的工程性、资源性缺水问题，增强城镇供水保障能力。加快推进南水北调东、中线一期工程及配套工程建设，继续推进西南等工程性缺水地区重点水源工程建设。进一步加快建设进度，因地制宜采取集中供水、分散供水和城镇供水管网向农村延伸等方式，全面解决2.98亿农村人口（含国有农林场）和11.4万所农村学校的饮水安全问题。加大城镇现有水源地挖潜改造、新水源和相关供水设施建设，因地制宜优化水源结构，确保供水安全。加快城镇供水设施和管网改造，全面推广城市生活节水器具，推进城镇污水再生利用。加大工业节水力度，大力提高水循环利用率。加强海水等非常规水源利用。四是加快构建水生态安全保障体系。加强饮用水水源地保护，实施地下水超采区综合治理。优化和完善水文监测站网，加强省界等重要控制断面、水功能区和地下水的水质水量监测能力以及取水、排水、入河湖排污口计量监控设施建设。继续加大长江上中游、黄河中上游等重点区域及山洪地质灾害易发区水土保持生态建设与修复力度，加快推进坡耕地水土流失综合治理。加强敦煌、海河、太湖等重点地区与河湖的水生态修复治理。在保护生态和农民利益的前提下，有序发展小水电，新增小水电装机容量1000万kW。加快长江中下游等区域水利血防工程建设。

五、着力推进水利改革和管理

重点包括三个方面。一是创新水利科学发展的体制机制。推进水资源管理体制改革，强化水资源统筹规划和统一调度。深化水利投融资体制改革，在加快建立政府水利投资稳定增长机制、发挥政府投资主渠道作用的同时，进一步放开水利工程建设领域，建立收费补偿机制，采取业主招标、承包租赁、投资补助、特许经营等方式，吸引民间资本参与水利工程建设和管理。对有合理回报和一定投资回收能力的项目，要推行项目法人招标；对非经营性政府投资项目，要加快推行代建制。鼓励和引导外资参与《外商投资产业指导目录》中鼓励类、允许类水利项目建设与管理，提高水利利用外资的规模和质量。加快水利工程管理体制改革，完善基层水利服务体系，健全良性运行机制。积极推进水价改革。建立水生态补偿机制。妥善安置工程建设被征地居民。二是加强依法治水管水。始终坚持把节水型社会建设作为解决我国水资源问题的根本性、战略性措施，实行最严格的水资源管理制度，强化责任和考核。加强河湖管理，依法查处非法围垦水面和侵占河湖岸线、非法采砂等行为。抓紧制定完善洪水防御方案与洪水调度方案，建立特大干旱灾害应对机制。尽快构建适合我国国情水情的水法规体系，强化水利规划对涉水活动的管理和约束作用。三是推进水利科技创新。健全完善水利科技创新体系，积极推广转化和应用一批高效、节水、降耗和环保的水利新技术、新工艺、新装备、新材料，全面提高水利科技含量和装备水平。以信息共享、互联互通为重点，大力推进水利信息化建设。推进实施水利人才战略，加强创新型人才培养。以科技合作为先导，进一步加强水利国际合作与交流。

六、完善《规划》实施机制

按照《规划》确定的指导思想、基本原则，为保障《规划》顺利实施和如期完成各项目标任务，提出了加强组织领导、落实目标责任、加大建设投入、强化建设管理、加强跟踪评估等五个方面的主要措施。各省（自治区、直辖市）人民政府要将《规划》内容纳入地方经济社会发展规划，把加快水利改革发展纳入政府任期目标责任考核，实行防汛抗旱、饮水安全保障、水资源管理、水库安全管理行政首长负责制。各有关部门要根据职能分工，加强对《规划》实施的指导、支持和协调，共同落实《规划》任务。国家发展和改革委员会、水利部、住房和城乡建设部要会同有关部门对《规划》实施情况进行检查和监测评估。

要认真做好规划建设项目前期工作，按照程序报批。严格执行基本建设的各项规定，加强工程建设的监督检查，确保工程质量和效益。积极探索完善适合中小型水利工程特点的项目建设管理办法。进一步合理界定中央与地方、政府与市场的水利建设事权和支出责任，发挥政府在水利建设中的主导作用，建立水利投入稳定增长机制，大幅增加水利建设投资，保障各项重点水利工程建设投资需求及前期工作经费。加快建立与规划任务相匹配的中央政府水利投资规模形成机制，地方各级政府的水利投资也要随经济社会发展逐步增加。加强资金使用管理，切实管好用好建设资金。依法加强环境影响评价和水资源论证等工作，优化工程建设和调度运行方案，统筹兼顾经济社会发展和河湖健康以及水生生物保护的基本生态环境用水需求，促进人水和谐，提升水景观水平和增强生态服务功能。

冯云飞　乔建华　王　欢　执笔
高俊才　周学文　张　悦　审核

振兴东北地区等老工业基地10周年水利工作回顾与总结

水利部规划计划司

水利发展是支撑我国东北地区等老工业基地振兴战略、统筹区域发展战略全局的重要基础。10年来，水利部按照国务院的统一部署，结合东北地区等老工业基地水利工作实际，积极落实相关政策，大力推进水利规划和项目前期工作，突出加强农田水利等薄弱环节建设，持续加大水利投入力度，全面加快水利基础设施建设，着力加强水利管理，不断深化水利改革，努力发挥水利对振兴东北地区等老工业基地的保障和推动作用。

一、10年来开展的重点工作

（一）加强规划编制，夯实发展基础

2003年以来，根据东北地区水资源特点以及水利发展目标，先后组织开展了一大批重要水利规划。一是在全国水利发展规划中突出东北地区水利发展的重要地位。在制定水利发展“十五”、“十一五”、“十二五”规划时，把东北地区水利发展与改革摆在突出位置，在规划制定和项目安排上，重点向东北地区倾斜。二是进一步完善流域重大规划。松花江、辽河流域防洪规划、松辽流域蓄滞洪区建设与管理规划已经国务院批复实施，松辽流域水资源综合规划成果纳入全国水资源综合规划，并经国务院批复；辽河流域综合规划（修编）已经国务院批复，松花江流域综合规划（修编）正在抓紧会签。松辽流域水中长期供求规划、水资源保护规划、水土保持规划等一批重大规划有序推进。三是在专项工程建设规划中统筹考虑东北地区水利布局。在枢纽水源、水资源配置、江河治理、灌区改造、水土保持等专项建设规划中，统筹考虑东北地区水利建设的布局，为这10年乃至今后一段时期东北地区经济社会发展提供了坚实的基础。四是指导东北地区各省区编制本区域各项水利规划。指导各省（自治区）编制本区域水利发展“十一五”、“十二五”等综合规划，以及粮食生产能力建设规划等专项规划。

（二）推进项目前期工作，增加项目储备

积极商有关部门加快推进东北地区重点项目前期工作。2003年以来，国

家发展改革委批复吉林老龙口水利枢纽、大伙房输水二期等 12 项涉及东北地区的重点水利工程前期文件，批复总投资规模 218 亿元。同时，水利部已将尼尔基水利枢纽下游灌区、绥中猴山水库等 12 项涉及东北地区的重点水利工程前期文件报送国家发展改革委待批，总投资规模 162 亿元。项目前期工作积极推进，为加快水利建设做好了项目储备。

（三）加大投入力度，加快建设步伐

2003 年以来，年度安排东北地区的中央水利建设投资持续快速增长，从 2003 年的 26 亿元增长至 2012 年的 164 亿元，增长近 5 倍；累计安排中央投资达 583 亿元，年均投资强度 58. 3 亿元；占全国中央水利建设投资的比重也由 2003 年的 8. 1% 提高到 2012 年的 10. 1%。水利建设投资不断加大，有力地促进了东北地区水利工程建设。

（四）深化水利管理改革，创新发展机制

实施最严格的水资源管理制度，严格用水总量控制和定额管理，落实水工程建设规划同意书制度和水资源论证制度，完善水权转换等配套制度，促进水资源合理利用和有效保护。加大对东北地区节水型社会建设试点地区的资金、政策等方面的扶持力度，吉林省长春市、辽源市，黑龙江省哈尔滨市，辽宁省辽阳市等节水型社会试点城市先后通过评估验收。继续深化水管体制改革，推行水管单位管养分离。初步建成了东北地区水文数据库，建立了数据采集与处理、预报制作与发布等为一体的流域（河流）水文预报系统。加大东北地区水利重点领域安全生产监督和重点项目稽察力度，规范东北地区水利项目建设管理和资金使用。

二、10 年来水利基础设施建设成就

（一）防洪薄弱环节建设加快实施

2003 年以来，实施了东北地区 1381 座病险水库、224 座病险水闸除险加固，消除了安全隐患，恢复防洪灌溉等工程效益，保障了下游群众生命财产安全。2009 年启动中小河流治理以来，累计治理东北地区重点中小河流 211 条，治理河长 3461km，提高了保护人口集中的城镇、乡村密集区域以及有集中连片农田的河流河段的防洪排涝能力；辽河、松花江、嫩江、黑龙江干流等大江大河治理和洮儿河、东辽河、西辽河等江河主要支流治理持续推进。自 2010 年起，经过 3 年努力，初步建成覆盖东北地区 201 个县的山洪灾害监测预警系统和群测群防体系，在 2012 年汛期发挥了显著的防洪减灾效益，有

效减少了山洪灾害造成的人员伤亡。

（二）农村水利建设成效突出

2003 年以来，加快农村饮水安全工程建设，累计解决东北地区 3578.34 万农村人口和 114.50 万农村学校师生的饮水安全问题。推进大型灌区续建配套与节水改造、新建灌区建设，大力推广管道输水、喷灌、微灌等高效节水灌溉技术。加大东北地区小型农田水利公益设施投入力度，建设了一批小型农田水利重点县，开展农村河塘清淤治理，启动东北四省区节水增粮行动，加强灌区末级渠系建设和田间工程，解决灌区“最后一公里”问题。东北地区有效灌溉面积增长 6500 多万亩，其中，节水灌溉工程面积增长近 100 万亩。

（三）重大水利项目建设积极推进

2003 年以来，中央投资重点安排了辽宁青山水库工程、吉林哈达山水利枢纽（一期）等东北地区枢纽水源工程和吉林引嫩入白供水工程、内蒙古引绰济辽等引调水工程建设，显著提高了东北地区水资源调蓄能力。松花江和嫩江的重要江河干流堤防、胖头泡蓄滞洪区围堤、城市防洪堤等堤防工程建设，有效提高了东北地区防洪能力，在抵御洪涝灾害中发挥了重要作用。

（四）生态治理效果明显

加强水土流失治理，先后对 156 个县（市、农场）开展了水土流失重点治理，共治理水土流失面积 7850km^2。东北黑土区水土流失治理项目区治理面积达 80% 以上，植被面积增加了 835km^2，50% 以上的耕地上升为一等地，增加梯田面积 94.5 万亩，每年可增产粮食 1 万 t 以上。大力发展农村水电，累计新增装机容量 35 万 kW，装机容量较 2003 年增长 46%，发电量增长 70%，有效改善了农村居民用电条件；东北地区已投产代燃料装机 2.6 万 kW，解决了 10.6 万农民生活燃料问题，可保护森林面积 36 万亩。

三、下一步水利发展与改革重点任务

下一步，水利部将按照中央深入推进东北地区等老工业基地振兴战略工作的统一部署，深入贯彻落实党的十八大、中央关于加快水利改革发展的决定和中央水利工作会议精神，认真践行可持续治水思路，结合东北地区等老工业基地的具体情况和水利特点，积极推进东北地区等老工业基地水利发展与改革工作，着力解决涉及东北地区等老工业基地的民生水利问题，为东北地区等老工业基地经济社会又好又快发展提供坚实的水利支撑。

（一）进一步加强规划和前期工作

尽快完成松花江流域综合规划修编报批工作，加快推进松辽流域水中长期供求规划、水土保持规划、水资源保护规划编制工作，积极促进绰尔河、诺敏河、拉林河、浑江等重要支流流域综合规划编报工作。积极推动松花江、辽河干流等大江大河及主要支流治理、大中型水库、引调水工程以及新建大型灌区等重点水利工程前期工作，尽早开工建设黑龙江花园水库、辽宁猴山水库、内蒙古文得根水利枢纽。

（二）进一步加大水利投资力度

积极与国家有关部门沟通协调，争取进一步加大东北地区中央水利建设资金投入力度。督促地方加大各级财政投入力度，落实好从土地出让收益中提取 10% 用于农田水利建设的政策，中央和省级统筹向东北地区粮食主产区倾斜。按照“谁投资、谁经营、谁受益”的原则，创新水利投融资方式，拓宽资金来源渠道，扩大水利项目财政贴息规模、范围和提高贴息率，构建长期稳定增长的投入机制。

（三）进一步加快水利基础设施建设

一是农村饮水安全工程建设。2015 年底前解决东北地区规划内剩余农村人口饮水安全问题，到 2020 年，全面提高供水保障程度和自来水普及率，使农村基本实现“村村通自来水”。二是农田水利建设。推进东北地区大中型灌区续建配套与节水改造、节水灌溉和牧区水利、大型灌排泵站更新改造、新建灌区、中央财政小农水等农田水利项目建设，继续实施东北四省区节水增粮行动。三是防洪薄弱环节建设。加快病险水库、水闸除险加固建设步伐，按时保质保量完成除险加固任务。继续开展重点地区中小河流治理，积极推进农村河道综合整治。加强松花江、嫩江、辽河等大江大河治理，加快主要支流、独流入海河流、内陆河流治理。非工程措施与工程措施相结合结合，实施山洪灾害防治工程，加强监测与预报预警能力建设，做好山洪灾害防治试点工作。四是重大水利工程建设。加快青山水库等骨干水源工程建设，加快推进引嫩入白等跨流域、跨区域调水工程建设，尽早启动实施吉林省中部城市引松供水工程等重点水资源配置工程。五是生态保护工程建设。积极推进东北地区京津风沙源治理、东北黑土地水土保持综合治理，探索丘陵山区坡改梯田水土保持治理措施。加大资金和政策扶持力度，进一步引导和带动东北地区农村水能资源开发。

（四）进一步深化水利管理与改革

一是进一步落实最严格水资源管理制度，推进节水型社会建设。组织做好大凌河等河流年度水量调度计划的编制实施工作，积极推进松花江水资源统一调度，严格地下水取用水总量控制和水位控制管理，加强水功能区监督管理，落实水环境保护责任制。加快实施东北地区在节水型社会建设“十二五”规划中的相关任务，以计划用水管理为重点，全面推进节水型社会建设。二是督促东北地区巩固水管体制改革成果。足额落实两项经费，稳定经费渠道，进一步深化内部改革，落实社保政策，推进管养分离；指导东北地区进一步深化小型水利工程管理体制改革，明确工程所有权和使用权，落实工程管护主体、管护责任和管护经费。三是继续推进农业水价综合改革。拟在内蒙古、辽宁、吉林、黑龙江四省区各安排2~3个县，深入开展农业水价综合改革示范。完善供水计量设施，逐步推行农业用水定额管理，实行定额内用水优惠水价、超定额累进加价的水价制度。同时，将农业水价综合改革纳入年度小农水重点县实施方案。四是深入开展水利安全监管和稽察工作。严格落实安全生产责任制和水利建设项目“三同时”制度，加大对东北地区重点水利工程建设项目的稽察力度，确保水利工程质量和安全。

张世伟　韩　涛　王　晗　执笔

王　磊　审核

七大流域综合规划修编综述

水利部规划计划司

流域综合规划是开发、利用、节约、保护水资源和防治水害的总体部署，是政府规范流域水事活动、实施流域综合管理与水资源管理的重要依据。新中国成立以来，党中央、国务院对科学制定好流域综合规划高度重视，分别于20世纪50年代、80年代组织集中开展流域综合规划编制工作，有效指导了流域的治理和开发。以综合规划为基础，全国主要江河流域得到较为全面系统的治理和开发，有力地支撑和保障了经济社会发展。进入21世纪，为了更好地指导新形势下流域治理开发和保护工作，根据《中华人民共和国水法》，国务院于2007年全面部署新一轮流域综合规划修编工作，目前七大流域综合规划修编工作已全面完成。

一、本轮七大流域综合规划修编面临的形势

上一轮流域综合规划编制和实施以来的近20年，我国经济社会发生了深刻变化，流域水资源状况和工程设施条件发生了重大变化，流域治理、开发、保护与管理面临许多新情况、新挑战，主要体现在以下四个方面。

第一，经济社会发展格局发生重大变化。上一轮流域综合规划编制时，我国改革开放正处于起步阶段，水利基础设施薄弱，规划主要着眼于加快流域治理和开发。进入21世纪，我国经济社会快速发展，人口总量、经济规模、经济结构都发生巨大变化，城市化、工业化、农业现代化深入推进，但长期积累的结构性矛盾和粗放型经济增长方式尚未根本改变，资源环境等瓶颈制约日益突出。为贯彻落实科学发展观，加快转变经济发展方式，推进形成人口、经济和资源环境相协调的国土空间开发格局，国务院批复了全国主体功能区规划，相继出台了一系列区域发展规划和战略，对流域治理开发与保护提出了新的要求。

第二，流域水情工情发生显著变化。经过多年来大规模水利建设，七大流域主要控制性工程相继建成，江河湖泊的形态发生较大改变，水资源开发利用程度大幅提高，目前全国用水总量比20世纪80年代增加了约1500亿m^3。同时，由于大规模的经济建设和社会发展，流域下垫面发生了较大变化，加

之气候变化的影响，流域水资源情势发生明显变化，水资源时空分布不均的特点更为突出，洪水、干旱等极端天气事件频繁发生，对经济社会发展构成严重威胁。

第三，流域生态环境保护形势十分严峻。近年来，一些地区由于水资源不合理开发，造成了一系列水生态环境问题。部分流域水资源开发利用超过或接近水资源承载能力，海河流域水资源开发利用率超过 100%，黄、淮、辽流域水资源开发利用率都超过了 50%；北方地区地下水超采十分严重，海河平原地下水超采区面积占其平原面积的 90% 以上；流域入河污染物不断增加，水体水质持续恶化，海河、辽河、淮河、太湖流域水污染严重。

第四，流域综合管理显得更为紧迫。随着流域经济社会快速发展，一些地区水资源过度开发利用，造成河湖功能受到破坏；一些河流水电资源无序过度开发，加之不合理调度，造成河道断流，严重影响生态功能；部分河段采砂管理、河湖岸线利用还处于无序状态，需要进一步加强流域综合管理，实行最严格的水资源管理制度，强化规划刚性约束，规范各项涉水行为，实现科学治水、依法管水。

针对上述流域治理开发面临的新情况、新挑战，新一轮流域综合规划修编在全国及流域水资源综合规划、流域防洪规划以及一系列专业、专项规划和专题研究的基础上，深入分析流域水资源开发利用现状及存在的主要问题，对各流域 2020 年和 2030 年水资源开发、利用、节约、保护和水旱灾害防治工作做出了总体部署。

二、七大流域综合规划修编主要过程及协调情况

为积极应对流域治理开发面临的新情况、新挑战，2007 年 1 月，国务院召开全国流域综合规划修编工作会议，对开展流域综合规划修编工作进行了全面部署，提出力争用 3 年左右时间，完成七大流域综合规划修编工作，用 5 年左右时间基本完成其他重要流域综合规划修编工作。按照国务院的统一部署，在全国层面，由水利部牵头，会同国家发展和改革委员会、国土资源部、环境保护部、住房和城乡建设部、交通运输部、农业部、国家林业局、中国气象局、国家能源局、国家海洋局等 10 个部门，建立了流域综合规划修编部际联席会议制度，成立了规划修编工作领导小组和技术咨询专家组，抓紧组织开展流域综合规划修编工作。在流域层面，各流域机构会同流域内有关省（自治区、直辖市）有关部门成立了相应组织协调机构，全面开展了七大江河流域综合规划修编工作。

规划修编过程中，各流域机构组织规划编制单位，开展了大量的现状评价、总体规划、专业规划、专题研究，经过3年左右时间，全面完成了七大流域综合规划修编工作。本次综合规划修编系统分析了全球气候变化和流域下垫面条件改变对流域洪水、干旱、水资源、生态环境以及河流情势的影响，深入分析流域水资源开发利用现状，明确流域治理、开发与保护的主要目标和任务，按照保护流域生态环境、促进流域经济社会可持续发展的要求，合理确定水资源开发利用、水生态环境保护、水能开发、河流岸线利用等方面的控制性指标，制定了流域防洪、水资源利用和保护、节水、灌溉、水能开发、河流生态、水土保持、航运等规划方案，对各流域到2020年和2030年的水资源开发、利用、节约、保护和水旱灾害防治工作做出了总体部署，科学评价规划实施对环境的影响，研究提出保障河流功能有效发挥、加强流域管理的政策措施。

2010年，水利部组织完成了七大流域综合规划规划修编的技术审查。随后，分送国家10个部门和有关省（自治区、直辖市）人民政府征求意见。2011年，国家发展和改革委员会委托中咨公司对流域综合规划修编成果进行了评估。2011年9月，环境保护部与水利部共同组织对流域综合规划修编环境影响评价进行专家论证。根据专家审查意见、部门和地方反馈意见、评估论证意见，规划编制单位对修编成果作了认真修改。2011年中央1号文件出台和中央水利工作会议召开后，各流域机构根据中央精神对规划成果进一步修改完善。2012年，水利部先后三次主持召开流域综合规划修编部际联席会议，审议通过了七大流域综合规划修编成果。之后，水利部将七大流域综合规划上报国务院审批的文件，分送国家发展和改革委员会、国土资源部、环境保护部、住房和城乡建设部、交通运输部、农业部、国家林业局、中国气象局、国家能源局、国家海洋局等部门会签，报国务院审批，其中长江、辽河流域综合规划已得到国务院批复。

三、七大流域综合规划成果的主要特点

本次七大江河流域综合规划以科学发展观为统领，以建设资源节约型和环境友好型社会、促进人与自然和谐相处、维护河流健康为主线，着眼于提高流域综合防洪减灾能力、水资源配置能力、水生态环境保护能力、水资源综合利用能力、水资源综合管理能力，提出了未来20年我国主要江河流域治理开发和保护的蓝图。规划成果突出了以下五个特点：

第一，突出四大支撑保障体系。2011年中央1号文件提出，到2020年，

要基本建成防洪抗旱减灾体系、水资源合理配置和高效利用体系、水资源保护和河湖健康保障体系、有利于水利科学发展的制度体系等四大体系。七大流域综合规划根据各自特点，因地制宜，开展了大量的分析论证工作，提出了流域治理的方略、目标和重点，分别研究制定了2020年、2030年流域防洪减灾体系、水资源合理配置和高效利用体系、水资源保护和河湖健康保障体系、流域综合管理体系建设的目标和任务。

第二，突出规划的约束性。新一轮流域综合规划着力于解决人类对河流不断增长的需求与河流可持续利用这一主要矛盾，突出了规划的约束性，全面强化涉水事务管理。一是在深入分析流域面临突出问题的基础上，系统制定了流域一系列控制性指标和“红线”。包括控制断面水资源开发利用率、用水总量、地下水可开采量、用水效率指标、水功能区水质达标率、控制断面最小下泄流量及水质标准等多项指标。二是为规范河流开发利用，全面划定了各类河流河段的功能区划，明确了不同河流河段治理、开发和保护的功能定位及其目标任务。各流域在已有的防洪区划、水功能区划的基础上，划定了岸线利用分区，将河段岸线利用分为保护区、保留区、控制利用区和开发利用区四类。长江流域还对干流上游河段水能资源开发和采砂等进行了分区，进一步完善了河流治理开发与保护分区体系。

第三，突出维护河流永续利用。新一轮流域综合规划突出了维护河流永续利用，通过规划实施扭转河流过度开发和生态环境恶化的状况，加强河流保护、管理与合理利用，维护河湖健康。一是加强流域枢纽工程的综合调度，提出了流域枢纽工程优化调度的原则和措施。二是加强水土保持，加大水土流失综合防治和生态建设力度，有效遏制水土流失，严重地区实现基本治理。三是保障基本生态用水，各流域分别确定了水生态环境保护控制性指标，包括控制断面生态基流、湖泊最低控制水位等，通过实施生态调度，实现水生态环境保护控制性目标，保障河湖生态环境需水要求。

第四，突出实行最严格的水资源管理制度。2011年中央1号文件和《国务院关于实行最严格水资源管理制度的意见》提出，要把严格水资源管理作为加快转变经济发展方式的战略举措。在流域综合规划修编中，一是确定流域用水总量控制红线。在全面加强节约和保护的基础上，协调各部门和上下游、左右岸的用水需求，合理安排供水、灌溉骨干水源工程和跨流域调水工程建设，明确了流域用水总量控制性指标。二是确定流域用水效率控制红线。各流域加强节水型社会建设，提高水资源利用效率和效益。三是确定流域水功能区限制纳污控制红线。各流域以水功能区划为基础，通过对流域现状水质、污染源调查和分析，分别制定了入河排污总量控制方案，明确了流域COD、氨氮入河控制指标。

第五，突出规划方案的协调性。流域综合规划修编是一项综合性、系统性很强的宏大工程，技术难度大，协调任务重。本次规划修编，充分集合各地方和部门力量，突出了规划方案的协调性。在规划编制、成果审查和征求意见阶段，充分发挥协商机制，充分听取专家、地方和部门意见，目前形成的流域综合规划修编成果是综合各方意见、充分协调的成果。

吴　强　高敏凤　石海峰　周智伟　唐　力　执笔

周学文　审核

2012 年水利扶贫规划编制工作进展

水利部水库移民开发局

为贯彻落实《中国农村扶贫开发纲要（2011—2020 年）》和 2011 年中央扶贫开发工作会议精神，加快贫困地区水利改革与发展步伐，按照水利部扶贫领导小组的统一部署，2012 年，移民局（扶贫办）会同部规计司、水规总院共同组织编制完成了《全国水利扶贫规划（2011—2020 年）》和《全国水利定点扶贫专项规划（2011—2020 年）》。两个规划是今后一个时期水利扶贫工作的重要指导性文件，也是各级水行政主管部门开展水利扶贫工作的行动指南，对提高水利服务与保障能力，改善贫困地区生产生活条件和生态环境，促进贫困地区经济社会又好又快发展和群众脱贫致富具有重要意义。

一、规划编制背景

2011 年 5 月，中央发布了《中国农村扶贫开发纲要（2011—2020 年）》，明确提出将六盘山区、秦巴山区、武陵山区、乌蒙山区、滇桂黔石漠化区、滇西边境山区、大兴安岭南麓山区、燕山—太行山区、吕梁山区、大别山区、罗霄山区等 11 个集中连片特殊困难地区和已明确实施特殊政策的西藏、四省藏区、新疆南疆三地州作为新阶段扶贫攻坚的主战场，要求加大投入和支持力度，加强对跨省片区规划的指导和协调。11 月，胡锦涛总书记在中央扶贫开发工作会议上强调，集中连片特困地区是新阶段我国扶贫开发工作的重点，必须举全国之力，打一场攻坚战。温家宝总理和回良玉副总理也都提出了明确要求。

水利部党组高度重视扶贫开发工作，新十年扶贫开发纲要发布后，部扶贫领导小组多次召开会议，就如何做好新阶段水利扶贫工作进行研究和部署。2011 年 9 月 13 日，矫勇副部长主持召开部扶贫领导小组会议，会议决定编制全国水利扶贫规划。2011 年 10 月 19 日，矫勇副部长再次主持召开部扶贫领导小组会议，会议讨论并原则通过了《全国水利扶贫规划工作大纲（2011—2020 年）》。经修改完善后，形成了《全国水利扶贫规划工作大纲（征求意见稿）》，并于 2011 年 12 月 15 日，以水利部办公厅函的形式征求有关流域机构及省（自治区、直辖市）水行政主管部门的意见。2011 年 12 月

27日，水利部印发《关于开展〈全国水利扶贫规划（2011—2020年）〉编制工作的通知》（水规计〔2011〕679号），向涉及的6个流域机构、20个省（自治区、直辖市）水利（水务）厅（局），部署全国水利扶贫规划编制工作。

在水利部扶贫领导小组的统一领导下和各方共同努力下，河北、山西、内蒙古、吉林、黑龙江、安徽、江西、河南、湖北、湖南、广西、海南、重庆、四川、贵州、云南、陕西、甘肃、青海、宁夏等20个省（自治区、直辖市）水利（水务）厅（局）完成了本省（自治区、直辖市）水利扶贫规划报告，长江、黄河、淮河、海河、珠江、松辽等6个流域机构对相关省的水利扶贫规划报告进行了初审并分别完成11个集中连片特困地区水利扶贫规划报告。2012年9月，水规总院汇总编制完成《全国水利扶贫规划（2011—2020年）》（征求意见稿），在充分征求部有关司局的意见后，于2012年10月完成了《全国水利扶贫规划（2011—2020年）》（送审稿）。2012年11月16日，水利部印发《水利部关于印发全国水利扶贫规划的通知》（水规计〔2012〕484号），规划正式实行。

为贯彻落实新阶段中央关于定点扶贫工作的总体要求和部署，2012年7月9日陈雷部长在重庆市主持召开水利部定点扶贫工作会议，明确提出要编制水利定点扶贫专项规划。2012年7月18日，水利部扶贫办会同规计司、水规总院在北京召开水利定点扶贫专项规划编制工作会议，向重庆市水利局、湖北省水利厅、广西壮族自治区水利厅、贵州省水利厅、云南省水利厅等5个水利厅（局），以及重庆市城口、云阳、巫溪、开县、武隆、丰都，湖北省房县，广西壮族自治区田林、凌云，贵州省望谟、册亨，云南省广南、富宁等13个县部署水利部定点扶贫专项规划编制工作。经过各方共同努力，2012年12月19日，水利部扶贫领导小组召开专题会议，审议并原则通过了水规总院汇总编制的《全国水利定点扶贫专项规划（2011—2020年）》。

二、全国水利扶贫规划的主要内容

规划针对新时期水利扶贫开发的新形势和新要求，结合2011年中央1号文件、中央水利工作会议精神的贯彻落实，将11个特困地区作为水利扶贫的重点，在深入分析贫困地区水资源特点、水利基础设施现状及存在问题的基础上，围绕全国扶贫开发工作的总体目标，提出了水利扶贫工作的总体思路、目标任务、总体布局和重点。并根据贫困地区的实际需求，在与有关省级行政区协调和与相关规划衔接的基础上，着重从农村饮水安全、防洪抗旱减灾、农田水利、水资源开发利用和保护、农村水电、水土保持和生态建设等重点领域，提出了水利扶贫工作的重点项目、实施安排以及水利改革与管理等内容。

（一）存在的主要问题

由于受自然条件、区域经济社会发展水平、资金投入等条件限制，规划区水利保障能力明显不高，难以满足经济社会可持续发展对水利的要求。存在的问题主要有：一是水利基础设施薄弱。目前仍有9679万农村人口饮水安全问题尚未解决，耕地灌溉率约为32%，低于全国平均水平10%以上，农村人均有效灌溉面积0.75亩，远低于全国平均1.31亩的水平。二是抵御自然灾害能力薄弱。75%以上的县（区）为山洪灾害易发县，90%以上的县（区）为易旱县，其中有417个县为较为严重的易旱县。山洪灾害易发县约占全国山洪灾害易发县总数的1/4，山洪灾害防御预警预报能力薄弱。三是工程性缺水问题突出。规划区整体水资源开发利用程度不高，11个特困地区现状供水量占水资源总量的比例约为11%，远低于全国平均水平。四是供水保障程度和用水效率低。规划区人均供水量312m^3，仅为全国供水水平的68%。农业用水占总用水量的73.8%，高出全国13%；万元GDP用水量279m^3，为全国平均值的1.86倍；万元工业增加值用水量129m^3，为全国平均值的1.4倍。五是生态环境脆弱。规划区水土流失面积约140万km^2，相当其国土面积的70%。六是水利管理水平低和水利信息化程度不高。

（二）指导思想和总体目标

（1）指导思想。深入贯彻落实科学发展观，根据中央水利工作会议和扶贫开发工作会议精神，以及2011年中央1号文件和《扶贫纲要》的要求，把11个特困地区作为水利扶贫工作的重点区域，把加快贫困地区水利改革发展、提高水利服务与保障能力作为主要目标，把改善贫困地区的民生状况作为主要任务，着力加强贫困地区水利薄弱环节建设，着力破除贫困地区制约水利发展的体制机制性障碍，着力提升贫困地区的水利能力，切实提高人民群众生活水平，改善生产条件，保护生态环境，为贫困地区脱贫致富提供水利支撑和保障。

（2）总体目标。通过10年的努力，力争从根本上扭转规划区水利发展严重滞后的局面。到2020年，规划区水利基础设施公共服务能力达到或接近全国平均水平，不合理的水土资源开发利用方式得到根本扭转，水利发展与运行的良性机制初步建立，水利人才队伍管理能力明显增强，为贫困地区脱贫致富、实现全面建设小康社会目标提供水利支撑与保障。

（三）主要建设任务

规划提出了农村饮水安全工程建设、水资源开发利用工程建设、防洪抗旱减灾工程建设、农田水利建设、农村水电建设、水土保持和生态建设等 7 项水利扶贫总体建设任务，还提出了 11 个集中连片特困地区与 142 个非集中连片国家扶贫开发工作重点县的主要建设任务。

（1）水利扶贫总体建设任务。一是农村饮水安全工程建设。到 2015 年，解决规划区现有 9679 万农村人口饮水不安全问题；到 2020 年，农村集中式供水人口比例由现状的 46% 提高到 80% 以上，促进城乡供水一体化。二是水资源开发利用工程建设。到 2015 年，规划建设大型水库 27 座、中型水库 296 座、小型水库 1046 座；到 2020 年，力争规划建设大型水库 50 座、中型水库 491 座、小型水库 2194 座，大中型引提水工程 117 处。三是防洪抗旱减灾工程建设。到 2015 年，基本完成病险水库除险加固和规划内大中型病险水闸除险加固任务。到 2020 年，力争完成 139 条重要江河支流重点河段的治理、完成 2665 条中小河流重点河段治理，完成规划内 30 余处蓄滞洪区安全建设，力争规划治理 1484 余条山洪沟。四是农田水利工程建设。到 2020 年基本完成大型和重点中型灌区续建配套与节水改造任务，新增灌溉面积 2322 万亩，通过新建灌区增加农田有效灌溉面积 1070 万亩，力争发展农业高效节水灌溉工程面积 4029 万亩。五是水资源保护工程建设。力争到 2020 年水功能区水质达标率达到 90%。六是农村水电工程建设。力争到 2020 年，解决 159 万户小水电代燃料问题，增加水电装机 769 万 kW，基本解决有水无电地区人口用电问题。七是水土保持和生态建设。到 2020 年，治理水土流失面积 16 万 km^2，完成坡耕地综合整治面积 4378 万亩。

（2）11 个集中连片特困地区的主要建设任务。一是在包括滇桂黔石漠化区、滇西边境山区、乌蒙山区、武陵山区以水源工程建设为主，加快“五小水利”工程建设，解决农村饮水安全问题，缓解工程性缺水对贫困地区经济社会发展的重要制约；加强中小河流治理，切实提高贫困地区防洪标准和防洪能力；加强长江、珠江及西南诸河流域石漠化治理、坡耕地改造力度，加强水土流失治理；结合灌区续建配套节水改造及水源工程建设，逐步改善农业生产条件；加强农村水电建设，解决缺电、无电地区的生产生活用电问题，加大山洪泥石流监测预警预报，保障人民群众生命财产安全。二是在包括燕山—太行山区、吕梁山区、大兴安岭南麓山区、六盘山区，强化节约用水和保护生态与环境的基础上，做好当地水、过境水的水资源优化调配，解决农村饮水安全问题，保障城镇化发展、能源基地建设、粮食生产供水安全。特别是东北地区要加快推进东北四省区节水增粮行动的实施，加快小农水重点县建设，改善农牧业生产条件，促进农、牧民增收；加强水土流失治理、湿地保护，改善和修复生态环境。三是在包括大别山区、罗霄山区、秦巴山区以控制性工程建设为重点，提高江河控制程度，加强重要江河支流、中小河流治理和蓄滞洪区建设，解决防洪突出薄弱环节；围绕城镇化发展，合理配置水资源，保障城市、重点农业区的供水；加强山区水土流失综合治理，修复治理生态与环境。

(3) 非集中连片国家扶贫开发工作重点县的主要建设任务。规划范围内142个国家扶贫开发重点县主要分布在内蒙古、河北、山西、河南、黑龙江、安徽、吉林、海南等省区，地势相对平坦，耕地资源较11个特困地区好，除海南省外，其他地区都属水资源短缺地区。未来这些地区水利基础设施建设应以解决农村饮水安全问题为重点，以水资源高效利用和合理配置为核心，大力发展高效节水灌溉；加强河湖水系连通，完善供水保障体系建设，提高城乡供水保障程度；加强农田灌排设施建设，改善农村生产条件，促进农民增收。

三、全国水利定点扶贫专项规划的主要内容

规划根据各定点扶贫县对水利改革发展的迫切需求，结合2011年中央1号文件、中央水利工作会议精神的贯彻落实，在深入分析13个县水资源特点、水利基础设施现状及存在问题的基础上，围绕全国扶贫开发工作的总体目标，提出了水利定点扶贫工作的总体思路、目标任务、总体布局、建设重点和主要帮扶措施。并根据13个县的实际需求，经与有关省级、县级行政区协调和与相关规划衔接，着重从农村饮水安全、防洪抗旱减灾、农田水利、水资源开发利用和保护、农村水电、水土保持和生态建设等重点领域，提出了水利定点扶贫工作的重点项目、实施安排以及水利改革与管理等内容。

（一）规划范围

规划涉及水利部定点扶贫13个县，分别为重庆市城口县、云阳县、巫溪县、开县、武隆县、丰都县，湖北省房县，广西壮族自治区田林县和凌云县，贵州省望谟县和册亨县，云南省广南县和富宁县。

（二）总体思路

规划坚持民生优先、因地制宜、注重实效的原则，以扭转定点扶贫区水利建设严重滞后局面为目标，以实施“五水加科教”为主要内容，以项目扶持、对口帮扶和干部挂职为重要渠道，重视发挥地方政府主体作用，充分调

动群众参与积极性，加大投入，加速建设，加强管理，加快改革，努力实现定点扶贫区水利跨越发展，全面提高水利对当地经济社会又好又快发展的基础支撑和保障能力，促进生态文明建设。

（三）指导思想和总体目标

（1）指导思想。以科学发展观为指导，以中央扶贫开发工作会议和水利部定点扶贫工作会议精神为方针，认真贯彻落实中央关于新阶段扶贫开发工作的战略部署，认真贯彻落实2011年中央1号文件和全国水利工作会议精神，坚持民生优先、因地制宜、注重实效的原则，以扭转定点扶贫区水利建设严重滞后局面为目标，以实施“五水加科教”为主要内容，以项目扶持、对口帮扶和干部挂职为重要渠道，重视发挥地方政府主体作用，充分调动群众参与积极性，加大投入，加速建设，加强管理，加快改革，努力实现定点扶贫区水利跨越发展，全面提高水利对当地经济社会又好又快发展的基础支撑和保障能力。

（2）总体目标。通过10年的努力，到2020年，扭转定点扶贫县水利发展严重滞后的局面，水利基础设施水平基本达到所在省区平均水平，不合理的水土资源开发利用方式得到根本扭转，水利发展与管理运行的良性机制初步建立，水利人才队伍管理能力明显增强，为贫困地区脱贫致富、与全国共同全面实现小康提供水利支撑与保障。

（四）总体布局

根据13个定点扶贫县的资源环境条件、水利建设现状和发展需求，结合以往水利定点扶贫工作开展情况，拟分重庆6县和湖北房县、滇桂黔6个县，进行定点扶贫建设总体布局。

（1）重庆6县和湖北房县。重庆6县和湖北房县是水利部上一轮定点扶贫县，除城口县和房县以外均属于三峡库区。这7个县山高水低，水资源开发利用难度大，降雨分布不均，环境承载压力较大，水污染防治和水土保持生态建设任务繁重，洪水灾害问题突出。下一步建设重点是在已有扶贫成果基础上，进一步巩固提高，全面解决居民饮水安全问题，提高城乡一体化供水进程；合理布局水利工程建设，提高城市、重点农业区的供水保证程度，改善灌溉条件，提高耕地灌溉率；加强重要江河支流、中小河流治理，解决防洪突出薄弱环节；加强山区水土流失综合治理，修复治理生态与环境。

（2）滇桂黔6个县。滇桂黔6个县位于石漠化地区，山高坡陡、平地极少，土地分散、土层很薄，地表植被遭受破坏，石漠化与水土流失严重，贮水能力低，岩层漏水性强，水土资源条件十分贫瘠，发展的基础条件较差。

这6个县是水利部新增的定点扶贫县，规划重点是以水源工程建设为主，解决农村饮水安全问题，缓解工程性缺水对经济社会发展的制约；加强石漠化治理、坡耕地改造力度，加强水土流失治理，涵养水土，保护资源；结合灌区续建配套节水改造及水源工程建设，逐步改善农业生产条件；加强农村水电建设，解决缺电、无电地区的生产生活用电问题；加大山洪泥石流监测预警预报，保障人民群众生命财产安全。

（五）主要建设任务

在各县水利扶贫规划的基础上，结合各县水利发展存在的主要问题、地区脱贫致富的迫切要求及其经济社会发展对水利的需求，提出了水利定点扶贫的主要建设任务。规划中“十二五”期间的项目主要以专项规划内的项目为主，对支持改善13个县的民生水利项目略有突破；“十三五”期间的项目结合相关中长期规划、按照略高于“十二五”平均规模进行控制，并确保中央和省级财政对扶贫地区水利投入增长幅度高于所在省平均水平20%～30%。

（1）农村饮水安全工程建设。解决规划内245.1万农村人口饮水不安全问题，加快推进农村集中供水，力争使农村集中式供水人口比例由现状的44%提高到80%左右，促进城乡供水一体化。

（2）农田水利工程建设。基本完成小江、渝北东、三峡中部、盘江等大型灌区和41处中型灌区续建配套与节水改造任务。到2020年发展农业高效节水工程灌溉面积26.7万亩。新增一批中小型灌区，切实提高旱涝保收农田面积比例，保障基本口粮田，增加农民收入。

（3）水资源开发利用工程建设。到2020年，规划建设22座中型水库、小型水库122座；规划建设巫溪县上磺、镇泉，武隆县仙女，房县引羊入马，田林县乐里河等12处引提水工程和5处连通工程。

（4）防洪减灾工程建设。到2015年，基本完成流域面积3000km^2以上的任河、磨刀溪、小江、大宁河、乌江等5条重要江河支流相应河段的治理，完成408座病险水库除险加固、8座病险水闸的除险加固任务。到2020年，继续加强重要江河支流治理，完成92条共907km的中小河流治理，开展135条山洪沟治理。

（5）农村水电工程建设。加强水电新农村电气化县建设，对原有的农村水电站及其配套电网进行改造升级，增加水电站发电能力，积极发展小水电代燃料工程建设，力争到2020年增加水电装机总量为58.5万kW，基本解决有水无电地区人口用电问题。

（6）水土保持和生态建设。规划到2020年，每个定点扶贫县完成治理水土流失面积250km^2，坡耕地综合整治3.6万亩。通过水土流失综合治理、坡耕地综合整治措施，使定点扶贫县，特别是位于滇桂黔石漠化片区的6个县水土流失与石漠化得到有效治理，区域生态环境和群众生存环境明显改善。

刘冬顺　李　曦　虞　泽　执笔

唐传利　审核

防汛抗旱减灾篇

2012 年防汛抗旱减灾工作综述

国家防汛抗旱总指挥部办公室

2012 年，我国西部、北部降雨明显偏多，一些地区出现了十分罕见的暴雨洪水，长江上游、黄河上中游、海河北系等发生了多年不遇的大洪水，东南沿海遭受台风袭击，西南等地发生了较为严重的冬春连旱，黄淮和长江中下游部分地区发生了夏伏旱。在党中央、国务院的坚强领导下，国家防总、各流域防总和地方各级防指超前部署、科学应对，广大军民顽强拼搏、奋勇抢险，最大程度减轻了洪涝和干旱灾害损失，夺取了 2012 年防汛抗旱工作的全面胜利。

一、2012 年汛情、旱情和灾情

一是西部北部降雨偏多、局部降雨强。全国降雨量与多年平均基本持平略偏多，西北、华北、东北地区偏多 1～3 成，甘肃、内蒙古、青海部分地区偏多 5 成至 1 倍，6—7 月西北、华北降水列 1951 年以来同期之最。北京、甘肃岷县、湖北房县等地出现了罕见的强降雨，超过历史实测最高记录。二是江河洪水频发并发、洪峰量级大。长江出现 5 次洪峰，上游发生 1981 年以来最大洪水，黄河出现 4 次洪峰，上中游发生 1989 年以来最大洪水，海河流域北运河水系发生超历史实测纪录大洪水，大清河水系拒马河发生 1963 年以来最大洪水。全国共有 420 多条河流发生超过警戒水位洪水，其中 70 多条河流发生超过保证水位洪水，40 多条河流发生超过历史记录的特大洪水。三是台风生成登陆集中、影响范围广。2012 年西北太平洋和南海海面共生成热带气旋 24 个，其中有 7 个登陆我国（含台湾省），与常年基本持平。7 月下旬至 8 月中旬的 30 天内有 6 个热带气旋登陆，平历史登陆最高密集记录。8 月份登陆台风的强度均达到或超过 12 级，为历史最强，登陆影响范围涉及 20 多个省（自治区、直辖市）。四是洪涝灾害分布较广、局部灾情重。2012 全国 31 个省（自治区、直辖市）和新疆生产建设兵团均不同程度遭受洪涝灾害，受灾人口 1.2 亿，因灾死亡 673 人、失踪 159 人，农作物受灾 1.7 亿亩，洪涝灾害直接经济损失 2675 亿元，与常年相比，受灾面积、受灾人口偏少 1 成左右，死亡人数偏少 5 成。5 月上旬甘肃岷县、漳县等地特大山洪泥石流灾害造成72人死亡或失踪，7月21日华北地区特大暴雨洪水和山洪泥石流灾害造成北京79人死亡、河北52人死亡或失踪。五是因旱饮水困难突出、农业旱情轻。2012年全国作物受旱面积3.1亿亩，农作物受灾1.5亿亩，造成粮食损失1161万t、经济作物损失144亿元，因旱直接经济损失533亿元，有1637万人、848万头大牲畜因旱临时饮水困难，干旱灾害损失各项主要指标较多年均值偏少四至八成。内蒙古、湖北、云南等省区的部分地区因旱饮水困难突出，部分山区群众饮水困难时间长达半年以上。

二、2012年防汛抗旱工作成效显著

党中央、国务院高度重视防汛抗旱工作，胡锦涛主席、温家宝总理和回良玉副总理等中央领导十分关注汛情、旱情和灾情，在防汛抗旱的关键时刻分别作出重要指示，多次召开专题会议有针对性地安排部署，并亲赴灾区检查指导。国家防总副总指挥、水利部部长陈雷先后20多次主持召开防汛抗旱防台风会商和异地视频会议，部署防汛抗洪和抗旱减灾工作，在防汛抗旱关键时期率工作组赶赴一线检查指导。国家防总秘书长、水利部副部长刘宁主汛期每天主持会商，研判汛情旱情形势，落实各项防御措施。各省（自治区、直辖市）党委、政府和防汛抗旱指挥部按照党中央、国务院和国家防总的工作部署，加强组织领导，落实责任，采取有力措施，及时高效地组织开展防汛抗旱各项工作，确保了重要堤防无一决口，大中型水库无一垮坝，减淹耕地6620万亩，避免粮食损失1686万t，减少受灾人口2432万人，减灾效益892亿元，完成抗旱浇地面积2.59亿亩，挽回粮食损失3146万t、挽回经济作物损失265亿元，解决了1303万农村群众和805万头大牲畜的因旱饮水困难，取得了2012年防汛抗旱工作的全面胜利。

一是提前部署、及早安排。国家防总先后召开全体会议、全国水库安全度汛工作会议以及10次防汛防台风异地视频会商会议，全面安排部署防汛抗旱工作。举办了国家防总第六期行政首长培训班，会同监察部通报了全国重要防洪工程和重点抗旱地区的防汛抗旱行政责任人，组织9个检查组开展了国家防总汛前检查，印发了《国家防汛抗旱督察办法（试行）》。

二是加密会商、及时响应。国家防总、水利部密切监视汛情、旱情、险情和灾情变化，主汛期每天至少召开1次会商会，及时研判防汛抗旱形势。全年启动了国家防总防汛防台风应急响应15次，其中Ⅱ级响应3次；发出通知90多个，有针对性地部署强降雨、台风防御及抗旱工作；派出140多个督察组、工作组和专家组赴水旱灾区一线，协助指导地方开展防汛抗旱工作；

会同财政部及时安排资金94.45亿元，紧急调拨价值2351万元的防汛抢险物资，支持地方防汛抗洪和抢险救灾工作。

三是果断决策、科学调度。各级防汛抗旱指挥部门科学调度防洪工程，发挥了巨大的防洪减灾作用。在防御长江洪水过程中，国家防总、长江防总调度三峡、丹江口等骨干水库拦洪错峰，其中三峡水库先后拦蓄洪水约200多亿m^3，将建库以来最大入库流量71200m^3/s削减为45000m^3/s左右，降低下游荆江河段水位1～2m，大大减轻了长江中下游的防洪压力。在防御黄河洪水过程中，国家防总、黄河防总调度上游龙羊峡、刘家峡水库，削减洪峰47%，有效减少宁蒙河段流量；通过中游小浪底等水库调蓄，削减洪峰31%，有效控制下游花园口站流量，避免了下游滩区漫滩，有效减少了水库和河道淤积，确保了防洪安全。海河流域拒马河、北运河发生洪水期间，海河防总会同北京、河北、天津三省市防指强化永定河三家店闸、北运河北关闸、土门楼闸等重要枢纽的调度，同时加强薄弱堤段的防守，确保了堤防安全，避免了天津大黄铺洼滞洪区分洪运用。

四是强化预警、及时转移。国家防总、流域防总和各省防指及时发布预警信息，紧急组织转移台风影响区、山洪灾害易发区、受洪涝灾害威胁区和发生严重险情的水库下游地区群众1001万人次，最大程度地减少了人员伤亡。在防御山洪灾害过程中，各地利用刚刚建成的监测预警系统和群测群防体系，发布预警信息620多万条，提前转移群众260多万人。在防御台风期间，全国累计转移海上生产作业人员、养殖人员和居住在危房工棚、地质灾害隐患点等危险区域人员467.08万人、组织29.84万艘船只回港避风，有效减少了人员伤亡。

五是多措并举，抗旱减灾。国家防总加强旱情监测，多次召开会商会分析研判旱情形势，安排部署抗旱工作，先后派出19个工作组深入重旱区协助指导。组织实施了2011—2012年度引黄济津、引黄入冀应急调水及珠江枯水期水量调度，满足了天津、河北等地城市供水和农业、生态用水需求，保障了澳门、珠海等地供水安全。同时，大力推进抗旱基础工作，组织有关流域防总开展了黄河、松花江和嘉陵江水量应急调度预案的编制工作，编制完成了《全国抗旱规划实施方案》，大力推进了县级抗旱服务组织设备购置和水文干旱特征指标的研究工作。

六是积极宣传、主动引导。国家防总召开了全国防汛抗旱宣传与信息报送会议，部署全年宣传工作，印发了《关于加强防汛抗旱宣传工作的指导意见》。共向中央主流媒体提供汛情（旱情）通报稿120多篇，其中央视新闻联播播发19次；主动接受中央媒体采访30多人次，先后在《瞭望周刊》、《紫光阁》等刊物刊登专稿，在新闻联播、焦点访谈、经济半小时、新闻调查等栏目播出专访，在《人民日报》、《光明日报》等报纸刊发专栏，全面反映防汛抗旱工作。加强与央视合作，成为第3个建立信息直播机制的中央部门，先后21次在新闻直播间播报全国防汛抗旱热点信息。

三、全力做好2013年防汛抗旱工作

2013年，是全面贯彻落实党的十八大战略部署的第一年，也是新一届政府开局之年，做好2013年的防汛抗旱工作，对于保障我国经济持续平稳较快发展、维护社会稳定至关重要。我们将全面落实党中央、国务院关于防汛抗旱工作的重大部署和重要指示精神，按照水利部党组要求，进一步加大工作力度，创新工作方式，不断完善有关政策和制度，不断强化各项防汛抗旱措施，不断夺取防汛抗旱工作的新胜利。

一是做好洪涝干旱灾害防御工作。及时组织召开国家防总全体会议和水库安全度汛会议等专项工作会议，提早安排部署防汛抗旱工作。抓好汛前检查，组织好行政首长培训，及时向社会公布防汛抗旱责任人，修订完善防汛抗旱预案，落实防汛抗旱抢险队伍和物资储备。以防范江河洪水、山洪灾害、台风和城市内涝等工作为重点，落实责任，加强会商研判，及时启动应急响应，科学调度骨干水利工程，强化险情抢护，及时转移受威胁地区群众，及时落实人饮解困各项措施，确保人民群众生命安全和饮水安全。

二是做好山洪灾害防治项目建设。督促各地抓紧完成全国山洪灾害防治县级非工程措施项目的建设收尾工作，做好省、市级预警平台建设，强化信息共享，落实运行管理经费。启动山洪地质灾害防治规划的实施工作，组织开展山洪灾害危险区风险调查评价、山洪灾害监测预警系统的补充完善和重点山洪沟治理等工作。

三是做好全国抗旱规划的组织实施。加强与有关部门的沟通协调，加快推进《全国抗旱规划》的组织实施，加强乡镇抗旱应急备用水源工程、旱情监测预警系统和抗旱管理服务体系建设，提高综合抗旱能力。

四是做好防汛抗旱抢险队伍建设。依托解放军和武警的抗洪抢险部队和地方机动抢险队伍建设防汛抢险专业力量，抓紧编制防汛抗旱应急队伍建设方案，加强抗旱服务组织的建设管理。逐步整合防汛机动抢险队和抗旱服务队，形成以县级为基础、省级为重点、国家级为龙头的多层次的防汛抗旱抢险队伍。

五是做好方案预案标准等修订编制工作。重点修订长江、黄河等大江大河防御洪水方案和漳卫南运河洪水调度方案，制定黄河、松花江、嘉陵江等江河水量应急调度预案。组织开展《洪水风险图编制导则》、《城市防汛应急预案编制导则》等规范和标准的制定。

六是做好防汛抗旱基础工作。继续推进防汛抗旱督察制度建设，配合国务院法制办做好《洪水影响评价管理条例》出台相关工作，全面开展全国洪水风险图编制工作，加强中小型水库信息报送，抓紧组织实施国家防汛抗旱指挥系统二期工程建设，推进水文干旱特征指标的研究确定，制订墒情监测设备质量标准和办法，完善旱情监测网络和预警系统。

刘金梅　王　为　执笔

张志彤　审核

专栏七

2012 年全国雨水情概况

水利部水文局

2012 年，我国气候复杂多变，降雨总体偏多，江河洪水多发重发，台风登陆频繁密集，长江、黄河分别出现五次和四次编号洪峰，海河北系发生多年不遇的大洪水。长江、黄河来水略偏多，淮河来水明显偏少，年末大型水库蓄水偏好。

全国雨水情主要有以下特点：

一是西部北部降雨明显偏多，局地暴雨历史罕见。2012 年，我国西部、北部降水明显偏多，西北、华北、东北地区降雨量较常年偏多 10% ~30%，内蒙古、青海部分地区偏多 50% ~100%，6—7 月西北、华北降水列 1951 年以来同期首位。其中 7 月下旬，海河流域出现罕见强降雨过程，北京市日平均降雨量高达 170mm，为新中国成立以来最大，房山区河北镇日雨量 460mm，重现期接近 500 年一遇。此外，黄淮、江淮、西南等地降雨较常年偏少 10% ~20%，其中 1—4 月，西南和长江中下游部分地区较常年偏少 20% ~50%；6 月，江淮、黄淮部分地区比常年偏少 70% ~90%。

二是洪水多发频发并发重发，大江大河尤为突出。2012 年，我国长江上游、黄河上中游、海河北系发生了多年不遇的大洪水，全国 420 多条河流发生超过警戒水位的洪水，70 多条河流发生超过保证水位洪水，40 多条河流发生超历史实测洪水。其中长江干流出现 5 次洪峰，上游发生 1981 年以来最大洪水。黄河干流出现 4 次洪峰，上中游发生 1989 年以来最大洪水，上游干流青海唐乃亥站流量超过 2000m^3/s 的天数达 55 天。海河流域北运河水系发生超历史实测洪水，大清河水系拒马河发生 1963 年以来最大洪水，滦河水系发生 1995 年以来最大洪水。淮河流域沂沭泗水系沂河发生 1993 年以来最大洪水，沭河发生 1991 年以来最大洪水。

三是热带气旋结对生成密集登陆，强台风长驱直入。2012 年西北太平洋和南海共生成热带气旋 25 个，其中双台风 6 对，热带气旋生成个数较常年偏少 2 个，其中有 7 个登陆我国沿海（含台湾），与常年基本持平。7 月下旬至 8 月中旬的 30 天内有 6 个热带气旋登陆，平历史登陆最高密集记录。第 9 号强热带风暴“苏拉”和第10号台风“达维”在24小时内生成、登陆，为有记录以来首次。8月份登陆台风的强度均达到或超过12级，为历史最强，第10号台风“达维”是1949年以来登陆我国长江口以北地区的最强台风。台风影响范围涉及20多个省（自治区、直辖市），造成近150条河流发生超过警戒水位洪水，16条河流发生超历史实测特大洪水。

四是长江黄河来水较常年略偏多，大型水库年末蓄水偏好。据2012年全国大江大河来水量统计，长江上游和下游偏多近1成，中游基本持平；黄河上游偏多20%，中下游基本持平；其他江河偏少20%～70%。据全国422座大型水库蓄水情况统计，2013年1月1日蓄水总量为2120.0亿m^3，比上月初少蓄32.6亿m^3，减少2%；比去年同期多蓄164.3亿m^3，偏多8%；比多年同期平均多蓄496.3亿m^3，偏多31%。

链接

全力迎战“7·21”特大暴雨山洪泥石流灾害

北京市人民政府防汛抗旱指挥部办公室

2012年7月21日，北京市发生了特大暴雨和严重的山洪泥石流灾害，全市团结奋战，确保了首都安全稳定。

7月21日9时至22日4时，北京市遭遇有完整气象记录以来最大暴雨，引发了严重的山洪泥石流灾害。全市平均降雨170mm，降雨量超过100mm的区域占全市总面积的86%。暴雨中心位于房山区河北镇，最大日降雨量为541mm，达500年一遇。受特大暴雨影响，北京市多条河流发生超标准洪水。房山区拒马河洪峰流量2570m^3/s，大石河洪峰流量1110m^3/s，均为1963年以来最大洪水。北运河拦河闸洪峰流量1200m^3/s，分洪闸洪峰流量450m^3/s，为新中国成立以来实测最大洪水。

北京市因灾直接经济损失161亿元。北京市辖区内发现遇难遗体79具。全市受灾人口92.8万人，紧急转移8.16万人，房屋受损13万间，机动车被淹4万余辆。全市道路出现不同积水588处，其中城区道路积水67处；房山等重灾区基础设施严重损毁，部分地区交通、供电、通讯发生中断。

7月20日，北京市人民政府防汛抗旱指挥部不仅通过电视台、电台、网站等多种方式提前发出紧急通知，提醒市民做好强降雨防范，而且先行派出4个专项督察组，对山区泥石流、中小河道、在建工程等重点部位进行专项检查；提前降低城市河湖、北运河等防洪排水河道水位，精心做好灾前准备。

21日11时，北京市发布汛情蓝色预警；15时50分，升级为汛情黄色预警；19时，再次升级为汛情橙色预警，其中房山区启动一级响应，其他单位启动二级应急响应。北京市通过多种方式及时向社会播报汛情、灾情及抗灾工作动态。

灾情发生后，北京市委、市政府立即成立了救灾领导小组，市领导

链接

深入重灾区一线指挥抗灾。全市有16万余人参加抗灾救灾，其中解放军和武警部队6万多人次。电力部门紧急修复变配电站650余座。排水集团、自来水集团等单位出动抢险车辆510台套，累计抽排水100多万m^3。7000多名交警全部上岗上路做好交通疏导。电信部门紧急恢复通信基站3200余个。受灾地区在最短时间内恢复“通电、通水、通路、通信”。另外高速度、高质量建成临时安置房和过渡周转房6876间，建筑面积13.1万m^2，妥善安置灾民1.3万人；及时解决385个受灾村的应急供水，确保受灾群众“有房住、有水喝”。

链接

珠江防总精细调度应对汹涌咸潮

水利部珠江水利委员会

2011 年 12 月 15 日，珠江三角洲咸潮肆虐，咸界越过珠海境内到达中山北部地区，珠澳供水系统水库有效蓄水量仅有 3300 万 m^3，春节期间供水安全难以保证。

12 月 15 日，西江流域天生桥一级和龙滩两座大型骨干水库有效蓄水量26.71 亿 m^3，较 2 月电力调度运行下线所需水量还差 12.56 亿 m^3，对维持电网安全来讲，水量储备严重不足。

12 月 15 日，西江的长洲水利枢纽滞留 900 多艘船只，西江梧州水文站流量仅有 900 多 m^3/s，远远达不到 $1400m^3/s$ 航运最低要求。

摆在珠江水利委员会面前的是流域有记录以来最为严峻的枯情，如何利用上游仅有的宝贵水资源，来保障下游珠海、澳门供水安全，实现航运通畅，维护电网安全?

珠江水利委员会在总结历次调度实践经验的基础上，充分考虑电网运行和骨干水库蓄水状况，结合当时潮汐活动规律，决定于 2011 年 12 月 17—28 日实施一次集中补水调度。通过调度龙滩、岩滩、长洲、飞来峡等水利枢纽水电站和水利枢纽，加大上游来水，控制 2011 年 12 月 21—27 日西江梧州水文站日均流量不低于 $1800m^3/s$，控制 2011 年 12 月 22—28 日北江石角水文站日均流量不低于 $400m^3/s$。保证长洲水利枢纽通航，以疏导西江航道滞航船只，同时使珠江三角洲压咸流量达到 $2200m^3/s$ 以上。

通过此次集中补水调度，2011 年 12 月 24 日至 2012 年 1 月 3 日，珠澳供水系统主力泵站共抽取淡水 1552 万 m^3，同时通过优化调度中珠联围联石湾等水闸群置换了 2000 多万 m^3 的污、差水体，为珠澳供水安全储备了宝贵的水资源，大大缓解了澳门珠海元旦和春节期间供水压力。此外，集中补水期间，长洲水利枢纽共有 2674 艘船只过闸，

链接

不仅疏通长洲水利枢纽滞航的船只，而且有效疏通了上、下游各码头滞航船只。

2003年以来，受上游来水偏枯、用水量增加、河道下切等因素共同影响，珠江三角洲咸潮活动强烈，珠江口末端的澳门特别行政区和珠海市的受咸潮影响尤为强烈。为解决困扰珠江三角洲人民群众饮水安全的咸潮问题，在党中央、国务院领导高度重视和国家防总、水利部统一部署下，珠江防总、珠江水利委员会于2005年、2006年春节前夕实施了珠江压咸补淡应急调水，并在此后连续6年成功实施珠江枯水期水量调度。经过多年的努力，珠江枯水期水量调度已由初始的应急调水压咸发展到兼顾经营生产的多赢并举，调度方案也由单一的水库补水发展到多元化的水库联调，形成了“前蓄后补”、“避涨压落”、“动态控制”等先进的调度理念，不但实现了保障供水安全的首要目标，还统筹了供水、生态、发电、航运、工程建设等多种效益。

据统计，自2006年实施长期的枯水期水量调度以来，仅珠海市就直接从西江河道抽取淡水5.7亿m^3/s，对澳供水含氯度始终保持在150mg/L以下；珠江三角洲主要河道和内河涌水质由调水前的Ⅵ～Ⅴ类提升为Ⅱ～Ⅲ类。同时，在近几年连续遭遇流域干旱的情况下，保证了西江干流基本通航水深，提高了通航效益。

2012 年长江洪水科学调度及其减灾效益

长江防汛抗旱总指挥部办公室

2012 年，长江流域极端灾害天气频繁发生，上中游干流先后出现了 5 次洪峰，干流及主要支流部分河段发生超警戒或超保证洪水。在国家防总和水利部的直接领导下，长江防总及早动员部署，精心组织会商，强化监测预报，实施科学调度，成功应对了三峡水库成库以来最大入库洪峰流量。

一、2012 年长江干流主要洪水过程

2012 年汛期，长江流域洪水多发，干流先后出现 5 次编号洪峰，主要洪水过程如下：

1 号洪峰形成过程。2012 年 6 月 29 日至 7 月 4 日，长江上游干流及偏北地区发生持续强降雨过程，过程降雨中心位于嘉陵江的渠江、三峡万县—宜昌区间。岷沱江、嘉陵江来水发生遭遇形成 1 号洪峰，寸滩站洪峰流量 51700m^3/s（7 月 6 日 11 时），三峡水库入库洪峰流量为 56000m^3/s（7 日 2 时）。

2 号洪峰形成过程。7 月 6—11 日，长江上游发生持续强降雨过程，过程降雨中心位于嘉陵江地区。上游干流在底水较高的情况下遭遇嘉陵江来水形成 2 号洪峰，寸滩站洪峰流量 45700m^3/s（10 日 15 时 15 分），三峡水库入库洪峰 55500m^3/s（12 日 20 时）。

3 号洪峰形成过程。7 月 12—19 日，长江上游、中下游干流附近及两湖水系发生强降雨过程，过程降雨中心位于岷江、乌江、洞庭湖水系、鄂东北、陆水及鄱阳湖水系南部，尤其是洞庭湖水系的沅江，连续 4 日面雨量超过 20mm，且过程累计面雨量达 143mm。受强降雨影响，两湖来水快速增加，洞庭湖水系部分站点出现超警（或超保）水位。沅水五强溪水库自 16 日起入库流量快速增加，18 日 15 时最大入库流量 27800m^3/s，水库于 17 日大幅增加下泄流量，最大出库流量 20200m^3/s（19 日 1 时）。受其影响，下游桃源站洪峰水位 44.66m（19 日 12 时），超警戒水位（42.50m）2.16m，最大流量 19900m^3/s（19 日 7 时）；资水桃江站 18 日 2 时 30 分出现洪峰水位 39.63m，超警戒水位（39.20m）0.43m，相应流量 4390m^3/s。洞庭四水最大合成流量

29000m³/s 左右（19 日），湖区南咀、小河咀站出现超警水位，最大超警幅度1m左右。在洞庭湖水系及长江上游来水影响下形成长江3号洪峰，7月24日3时30分莲花塘站出现洪峰水位33.03m，超警戒水位（32.50m）0.53m。

4号洪峰形成过程。7月20—22日，长江上游发生强降雨过程，过程降雨中心位于岷沱江、嘉陵江上游及屏山至寸滩区间。7月23—25日，受第8号台风“韦森特”影响，乌江发生降雨过程。受强降雨影响，7月下旬4号洪峰在长江上游形成，金沙江向家坝站、岷江高场站、沱江富顺站洪峰流量分别为：16900m³/s（24日11时）、26100m³/s（23日0时）、7600m³/s（23日8时），嘉陵江北碚站洪峰流量17100m³/s（23日10时21分）。金沙江、岷沱江洪水在向下游演进的过程中，降雨移动方向与洪水演进方向一致，导致金沙江、岷沱江来水遭遇后又与屏寸区间横江、南广河、赤水超警洪水发生严重遭遇，干流宜宾至寸滩河段全线超保证水位，其中朱沱站23日23时洪峰水位217.04m，相应流量56500m³/s，超过历史最高水位216.31m（1966年9月2日）0.73m；朱沱以上来水又与嘉陵江来水发生遭遇，寸滩站流量快速上涨，24日8时洪峰流量67300m³/s，为1981年以来最大洪水，24日9时洪峰水位186.79m，超保证水位（183.50m）3.29m，相应流量66900m³/s。三峡水库出现成库以来最大入库洪峰流量71200m³/s（24日20时）。7月26日11时寸滩站退出警戒水位。乌江武隆站上中旬流量维持在2000m³/s左右波动，中下旬流量波动上涨，25日11时出现月最大流量6160m³/s后消退。

5号洪峰形成过程。8月30日至9月3日，长江上游发生强降雨过程，过程降雨中心位于嘉陵江中下游地区。受上游干支流来水共同影响，寸滩站9月3日13时45分出现洪峰流量49500m³/s，三峡水库9月3日迎来2012年第5号洪峰，3日20时入库洪峰流量51500m³/s。

二、2012年长江洪水调度

2012年汛期，长江防总办公室共组织80次防汛会商会，分别对三峡、瀑布沟等水库共下发40道调度令，在三峡水库和上游水库群联合调度方面取得明显成效。

（一）三峡水库防洪调度

2012年汛期，三峡水库先后进行了5次防洪运用，三峡坝前最高蓄洪水位163.11m，累计拦蓄洪水200.5亿m³。其中，三峡最大入库洪峰为71200m³/s，出现在7月24日20时。

主汛期6—9月，长江上游先后出现4次洪峰过程，长江中游出现1次洪峰过程。长江上游4次洪峰过程的最大入库洪峰流量分别为56000m³/s（7月7日）、55500m³/s（7月12日）、71200m³/s（7月24日），51500m³/s（9月3日）。在确保防洪安全的前提下，实施中小洪水调度，三峡水库最高库水位分别为152.67m、158.88m、163.11m、160.10m，最大下泄流量为45000m³/s。4次洪水调度水库共拦蓄洪量200.5亿m³。长江防总共发布14道调度令。三峡水库应对5次洪峰过程具体情况见表1，汛期三峡水库库水位及入出库流量过程对比见图1。

表1　　2012年三峡水库汛期防洪调度情况

项　目		1号洪峰	2号洪峰	3号洪峰（城陵矶莲花塘站）	4号洪峰	5号洪峰
起涨	水位（m）	145.37	152.13	31.19	155.81	150.22
	时间（月-日）	07－01	07－09	07－16	07－23	09－01
	入库流量（m³/s）	33000	43000	41200	50000	27000
	出库流量（m³/s）	28000	42000		43000	19339
	蓄水量（亿m³）	173.33	209.36		233.4	198.09
洪峰水位	水位（m）	152.67	158.88	33.03	163.11	160.12
	时间（月-日）	07－08	07－16	07－24	07－27	09－06
	相应入库流量（m³/s）	38000	28800	52000	43000	26500
	相应出库流量（m³/s）	42000	27400		43000	25530
	蓄水量（亿m³）	212.59	254.14		285.16	262.85
洪峰流量	入库洪峰流量（m³/s）	56000	55500		71200	51500
	时间（月-日）	07－07	07－12		07－24	09－03
	相应水位（m）	150.79	154.93		158.04	155.43
	相应出库流量（m³/s）	40000	42000		45000	27000
	蓄水量（亿m³）	201.29	227.54		248.35	230.83
水位涨幅（m）		7.3	6.75	1.84	7.3	9.9
拦蓄洪量（亿m³）		39.26	44.78		51.76	64.76
削减洪峰（m³/s）		14000	13500		26200	24500
削减率（%）		25	24		37	48

防洪调度主要分以下几个阶段：

第1阶段（7月1—7日），主要是应对长江1号洪峰过程。目标是长江中下游干流主要控制站不超警戒水位。7月1—7日长江防总办向三峡公司发

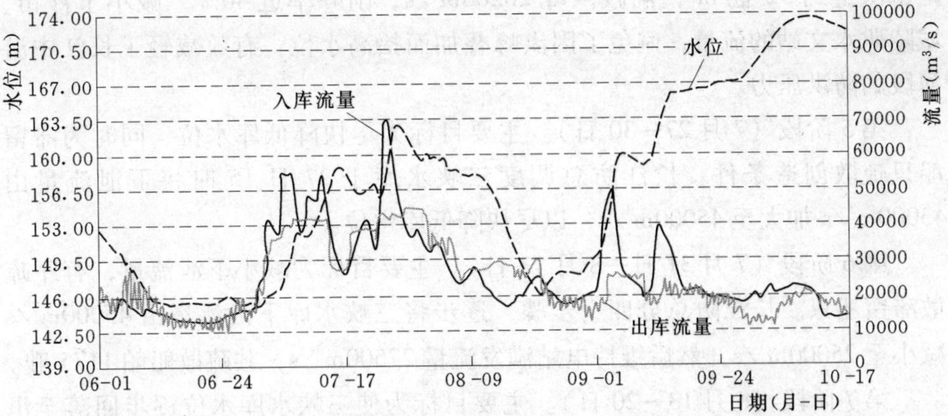

图1 2012年汛期三峡水库库水位及流量过程对比

布了4道调度令，出库流量从21000m³/s逐步增加到31000m³/s、34000m³/s、38000m³/s、40000m³/s、42000m³/s。7月7日2时出现入库洪峰流量56000m³/s，最大出库流量42000m³/s，削减洪峰14000m³/s，削峰率25%，水库最高调洪水位152.67m，拦蓄洪量约39亿m³。

第2阶段（7月7—14日）为应对长江2号洪峰，主要目标仍是力争中下游干流不超警戒水位。7月7日14时三峡水库出库流量增至42000m³/s，主要是为迎接第2号洪峰过程腾出库容。7月12日20时出现入库洪峰流量55500m³/s，最大出库流量维持在42000m³/s左右，削峰作用与1号洪峰基本相当，拦蓄洪水约45亿m³，中下游干流水位没有超过警戒水位。

第3阶段（7月14—16日）。主要目标是为尽早、尽快疏散滞留在三峡江段的船舶。长江防总抓住未来一周长江上游没有强降雨过程的有利时机，及时控制三峡水库下泄流量，到7月16日20时共疏散了待闸船只400多艘。在短时疏散船只后，为尽快降低库水位，长江防总调度三峡水库从16日20时将下泄流量增加至30000m³/s，之后按日均30000m³/s下泄。

第4阶段（7月17—27日）。主要目标是兼顾上下游，一方面尽快降低三峡水库水位，为迎接长江4号洪峰过程腾出库容；另一方面考虑长江3号洪峰在长江中游形成，下泄流量不宜增加太快，避免洪峰叠加给长江中游河段增加较大防洪压力。为此，长江防总办公室先后向长江三峡集团公司发布3道调度令，将三峡水库下泄流量从30000m³/s，逐步加大到43000m³/s。7月24日20时三峡水库入库洪峰流量达71200m³/s，27日11时最高库水位163.11m（超过20年一遇的洪水的调洪高水位）。此次洪水过程中三峡水库拦蓄洪量约 52 亿 m^3，削减洪峰 28200m^3/s，削峰率近 40%，减小了沙市、城陵矶水文站的流量，避免了因洪峰叠加而抬高水位，有效减轻了长江中游河段的防洪压力。

第 5 阶段（7 月 27—30 日）。主要目标为尽快降低库水位、同时为滞留船只疏散创造条件。长江防总调度三峡水库于 27 日 15 时将下泄流量由 43000m^3/s 加大至 45000m^3/s，以尽快降低库水位。

第 6 阶段（7 月 31 日—8 月 13 日）。主要目标为减小下泄流量，有序疏散滞留船只。长江防总分四个步骤，逐步将三峡水库下泄流量由 45000m^3/s 减小至 25000m^3/s，然后维持电站满发流量 27500m^3/s，共疏散船舶 1175 艘。

第 7 阶段（8 月 13—20 日）。主要目标为使三峡水库水位逐步回落至汛限水位。三峡水库水位于 8 月 21 日 8 时回落至 146.32m，在允许的汛期运行水位变幅内运行。

（二）三峡水库生态和泥沙减淤调度试验

在 2011 年首次实施生态调度试验的基础上，2012 年 6 月长江防总办公室再次实施了生态调度试验，监测成果证明生态调度对四大家鱼自然繁殖产生了促进作用。同时，我们还结合生态调度首次进行了三峡水库库尾泥沙减淤调度试验。试验期间，三峡水库水位从 161.92m 逐渐消落至 154.05m，消落幅度 7.87m，日均消落 0.46m。经监测分析，三峡水库库尾整体呈沿程冲刷，重庆主城区段冲刷量为 241 万 m^3，此次减淤调度取得成功，为今后进一步开展减淤调度积累了宝贵经验。

（三）长江干支流水库群联合调度

2012 年汛期，长江防总办公室按照国家防总批复的《2012 年度长江上游水库群联合调度方案》，积极开展以三峡水库为核心的长江上游水库群联合调度工作，成功实施了二滩和金安桥两水库为向家坝水电站拦洪错峰调度，协调了上游水库群汛末蓄水调度，二滩、金安桥、瀑布沟等主要水库汛末蓄水顺利实现预期目标，向家坝水库完成初期蓄水任务，三峡水库连续第 3 年成功蓄至 175.00m。

三、减灾效益分析

2012 年，在国家防总的直接领导下，长江防总成功实施了上游水库群联合调度和三峡水库优化调度，取得了明显的防洪、航运、发电等综合效益，实现了多赢。

（一）防洪减灾效益

2012年汛期，三峡水库通过科学调度，及时拦洪、适时泄洪，尽可能地发挥削峰、错峰作用，成功应对了长江上游4次洪峰过程及长江中游1次洪峰过程，有效缓解了中下游地区的防洪压力，有效降低沙市、城陵矶水位约1.5～2m，实现了沙市水位不超警、与中游河段洪水错峰等多项调度目标，取得了明显的防洪减灾效益。据初步分析，2012年三峡水库的防洪效益640多亿元。

（二）航运效益

通过科学调度，抓住有利时机及时采取控泄措施，有效疏散三峡库区和三峡至葛洲坝间待闸船只2000余艘，有效缓解重庆机场航空煤油短缺之急，保证长江航道畅通和航运安全。

（三）发电效益

经估算，2012年三峡水库在发挥巨大防洪减灾作用的同时，因调度增发电量近100亿kW·h，实现多赢。

陈　敏　陈桂亚　廖鸿志　执笔

吴道喜　审核

2012 年黄河洪水科学调度及其减灾效益

黄河防汛抗旱总指挥部办公室

2012 年汛期，黄河干流先后出现 4 次洪峰。洪水场次之多、范围之广、洪量之大、时间之长，为近 30 年罕见。上游水库水位居高不下，河道大流量、高水位持续时间长，滩区受淹严重，偎水堤防长，工程出险多；中下游河道中水流量长时间运行，河道工程频繁出险。面对严峻的防汛形势，在国家防总、水利部的正确领导下，黄河防总超前部署，精心组织，统筹兼顾，科学调度，流域省区紧急行动，合力抗洪，确保了黄河堤防安全，最大限度减轻了灾害损失，实现了防洪减淤、蓄水兴利等多赢目标，夺取了黄河防汛抗洪的全面胜利。

一、汛情概况

2012 年汛期（7—10 月），黄河流域来水总量 310 亿 m^3，较多年均值偏多 11%，较 2001—2010 年均值偏多 42%。干流各区间来水与多年平均值相比，空间上呈上游多、下游少分布，龙门以上地区降水量较多年均值偏多，龙门以下地区除三门峡—小浪底区间外均偏少。时间分布上，7—8 月来水量偏多，9—10 月来水量偏少。

（一）黄河上游

7—9 月，黄河上游兰州以上流域面平均降雨量 277mm，较多年均值偏多 11.8%。其中 7 月面平均降雨量 120.8mm，较多年均值偏多 25% 以上（唐乃亥以上及湟水流域偏多 50% ~100%、刘家峡至兰州区间及洮河部分地区偏多 25% ~50%），8 月较多年均值偏多 18%。龙羊峡水库入库唐乃亥站降雨主要集中在 7—8 月，累积降雨量为 232mm，较多年均值偏多 34.9%。受降雨影响，龙羊峡水库入库唐乃亥站流量持续增大，自 7 月 1 日 1480m^3/s 起涨，并很快超过 2000m^3/s，从 9 日起一直维持在 2500m^3/s 以上，7 月 25 日 2 时最大洪峰流量达 3440m^3/s，为 1989 年以来最大洪水。

7 月 29 日夜间至 30 日凌晨，黄河上游刘家峡、民和至兰州区间局部地区降中至大雨，个别站降暴雨，其中湟水下游隆治沟古鄯站时段降雨量 75mm。兰州至托克托区间银川、石嘴山地区降中至大雨，局部暴雨，银川出现60年来最强降水。受刘家峡至兰州区间局地强降雨影响，7月30日11时兰州站出现3860m^3/s的洪峰，形成黄河干流2012年第3号洪峰，为1986年以来最大洪水。

此次上游洪水过程涨落异常缓慢，洪水持续时间长，径流量大。唐乃亥站7月径流量69.15亿m^3，较多年同期平均偏多96.4%；7—8月径流量130.3亿m^3，为该站1956年设站以来同期最大值（历史同期最大值为1983年117亿m^3），较多年均值偏多106%；7—9月径流量157.2亿m^3，较多年均值偏多63.2%。黄河干流第3号洪峰刘家峡—兰州无控区间加水流量约为1630m^3/s，经还原计算，兰州洪峰流量可达5500m^3/s，为近10年一遇。唐乃亥站流量大于2000m^3/s持续历时达54d，兰州站流量大于2000m^3/s持续历时达47d，大于3000m^3/s持续历时达9d。2012年汛期黄河上游干流各主要水文站流量过程见图1。

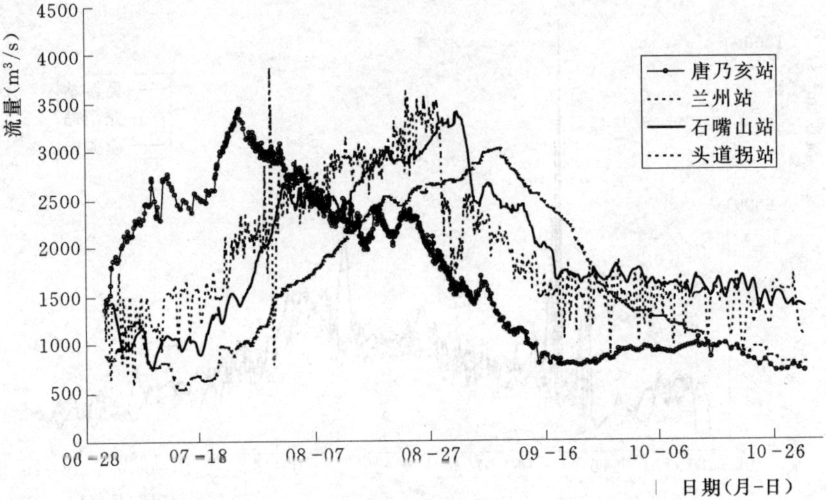

图1　2012年汛期黄河上游干流各主要水文站流量过程

（二）黄河中下游

7月26日16时—27日14时，山陕区间部分地区降中到大雨，局部暴雨到大暴雨，佳芦河申家湾站12小时降雨量217.8mm。27日13时黄河干流吴堡站出现10600m^3/s的洪峰，为1989年以来最大洪水。28日7时洪峰到达龙门站，相应流量7620m^3/s，形成黄河干流2012年第1号洪峰，为1996年以来最大洪水。

7月27日20时—28日8时，黄河山陕区间北部再次出现较强降水过程，无定河黑木头川殿市站最大 6 小时降雨量达 114.2mm。28 日 8 时吴堡站流量达 7580m^3/s，29 日 0 时龙门站流量达 5740m^3/s，形成黄河干流 2012 年第 2 号洪峰。

8 月 30 日—9 月 1 日，渭河流域发生一次持续三天的降雨过程。受降雨影响，临潼站 9 月 2 日 19 时 36 分洪峰流量 2630m^3/s。渭河洪水与黄河干流较大基流来水汇合，潼关站 9 月 3 日 21 时 18 分洪峰流量 5450m^3/s，形成 2012 年黄河干流第 4 号洪峰。

黄河干流第 1 号和第 2 号洪峰间隔时间短，洪水成因和特点都十分相似：降雨区域集中、强度大，暴雨区多集中在干流两侧，汇流快；府谷—吴堡区间无控区加水多，洪水暴涨陡落、峰高量小；吴堡—龙门河段洪峰传播时间较历史洪水平均传播时间 13～15h 长 3～5h。2012 年汛期黄河中下游干流各主要水文站流量过程见图 2 和图 3。

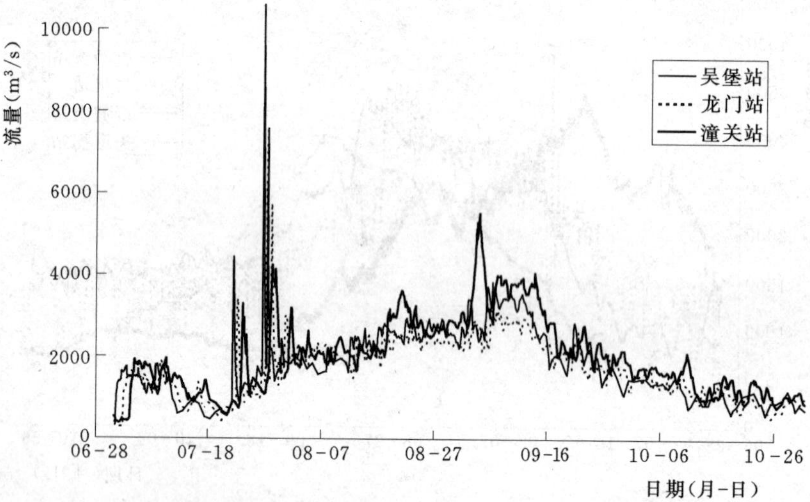

图 2　2012 年汛期黄河中游干流各主要水文站流量过程

二、洪水处理思路

面对汛情黄河防总统筹黄河上、中、下游防洪安全，缜密分析洪水特性、河道过洪能力、防洪工程及滩区人员安全等情况，遵循“蓄泄兼筹、统筹兼顾、科学调度、有效防控、趋利避害、实现多赢”的指导思想，明确了“上控、中防、下调”的洪水处理思路，全力应对流域多年未遇洪水。

“上控”就是针对当前黄河上游河道过洪能力不足的现状，综合考虑龙

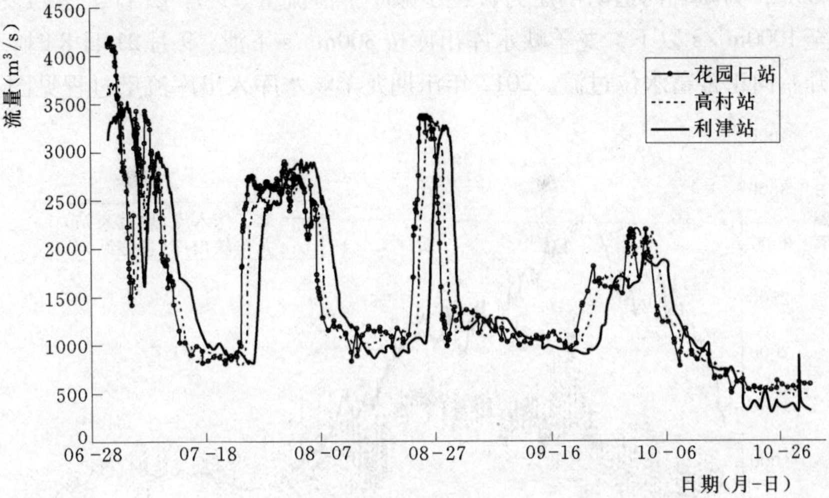

图3 2012年汛期黄河下游干流各主要水文站流量过程

羊峡、刘家峡水库后期防洪需要，统筹兼顾水库工程和水库下游河道防洪安全，合理运用两库防洪库容，龙羊峡、刘家峡水库联合调度，调控水库泄洪过程，减轻下游防洪压力，控制汛情平稳发展，在确保防洪安全的前提下，努力实现洪水资源化。“中防”就是采取主动防御措施，积极应对中游洪水，加强河道工程巡查防守，提前转移小北干流滩区群众，确保人员安全。“下调”就是利用三门峡、小浪底、西霞院3座水库联合调度，调控进入黄河下游水沙过程，实现水库河道减淤、滩区不漫滩的目标。

三、防洪调度过程

按照上述洪水处理思路，黄河防总滚动分析，科学调度黄河干流主要水库，实现确保人民群众生命安全，确保防洪工程安全的目标。

（一）黄河上游

6月28日，龙羊峡水库入库唐乃亥站流量上涨至1000m³/s以上，进入7月，上涨幅度明显加快。在龙羊峡水库水位达到汛限水位2588.00m之前，龙羊峡水库蓄洪运用，控制下泄流量650~850m³/s，为上游各省区更充分地迎战洪水，争取防汛主动赢得了时间。随着入库流量的上涨，综合考虑水库上游来水以及下游河道过洪能力不足的现状，龙羊峡水库充分利用汛限水位2588.00m至设计汛限水位2594.00m之间的库容，按出库流量1200~1800m³/s拦洪削峰运用，减缓水库水位上涨速度。8月24日2时，水库达到设计汛限水位

2594.00m，为减轻河道防洪压力，逐步减小下泄流量。9 月 13 日，唐乃亥站流量降至 1000m³/s 以下，龙羊峡水库出库按 800m³/s 下泄，9 月 21 日 8 时，水库水位开始向正常蓄水位过渡。2012 年汛期龙羊峡水库入出库流量过程见图 4。

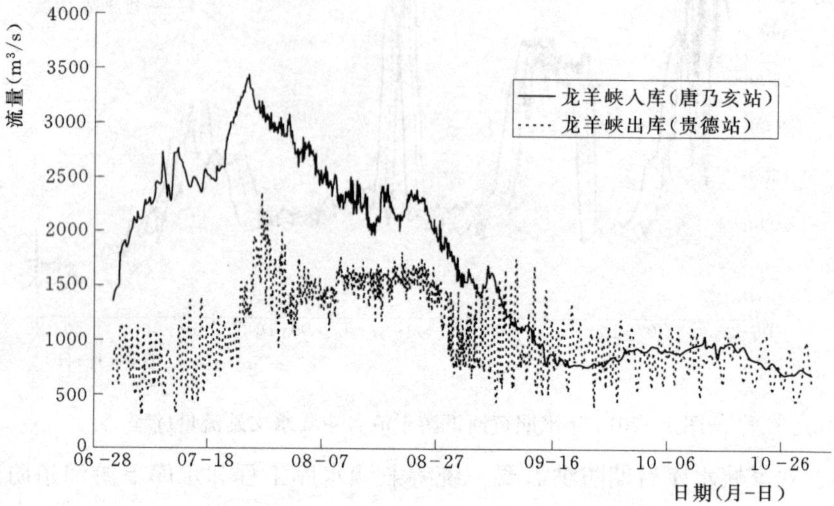

图 4　2012 年汛期龙羊峡水库入出库流量过程

7 月 1 日，刘家峡水库水位 1724.40m，综合考虑龙羊峡水库运用情况、水库上下游区间来水和水库下游河道现状，7 月 4 日起，刘家峡水库出库流量按控制兰州站日均流量 1200～2500m³/s 缓慢递增。7 月 30 日 10 时，水库水位达到汛限水位 1727.00m 之后，为减缓水位上涨速度，水库出库流量按照控制兰州站 2500～3000m³/s 运用。期间，兰州站出现黄河干流第 3 号洪峰，刘家峡水库短暂压减出库流量至 500m³/s 左右以错峰运用。8 月 22 日 8 时，刘家峡水库水位达本年度汛期最高运用水位 1729.19m。随着龙羊峡水库下泄流量的减小，为了尽快降低库水位，为后期预留防洪库容，自 8 月 24 日 8 时起，刘家峡水库出库流量增加至按控制兰州站 3200～3400m³/s 运用。8 月 28 日 18 时，刘家峡水库水位降至 1727.00m 以下，为进一步减轻下游河道防洪压力，根据水库下游区间来水实时调整下泄流量，水库出库流量从 2500m³/s 逐步压减至 1500m³/s。9 月 22 日，头道拐站流量回落至 2000m³/s 以下，标志着黄河上游汛情终于得到缓解。2012 年汛期刘家峡水库入出库流量过程见图 5。

（二）黄河中下游

根据预报结果，今年黄河干流第 1 号、第 2 号编号洪水已经超过小北干流主河槽行洪能力，由于缺少调蓄工程，洪水直接威胁小北干流滩区群众安

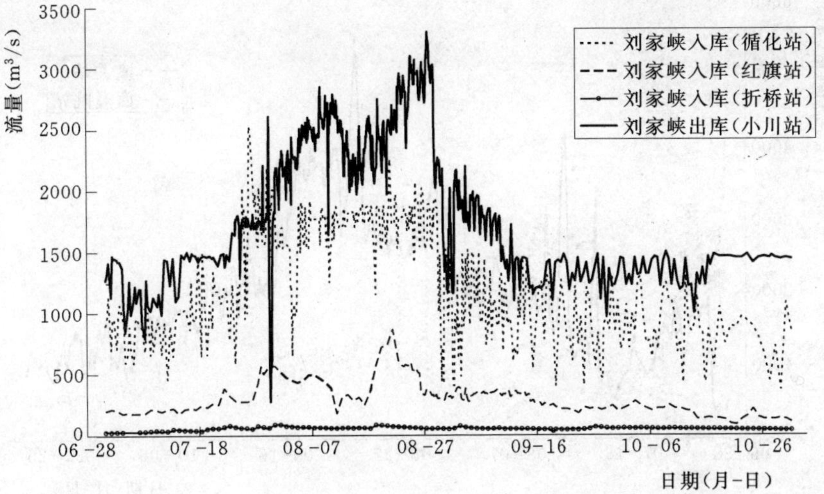

图5　2012年汛期刘家峡水库入出库流量过程

全。为此黄河防总果断决策，采取主动防御措施启动迁安救护预案，提前全面转移小北干流滩区受洪水威胁区域群众，并采取临时警戒措施防止人员私自返滩，加强河道工程巡查防守，确保人员安全。

在中游洪水演进至潼关以下河段后，利用三门峡、小浪底、西霞院3座水库联合调控，一方面，根据汛情发展及水库蓄水情况，通过拦洪削峰，调控进入下游洪水流量在河道安全过流范围。另一方面，结合洪水过程，实施了三次下泄流量2600~3500m^3/s之间的水沙调控运用，调控进入黄河下游水沙过程，实现水库河道减淤、滩区不漫滩的目标。

在中下游洪水调度后期，根据天气形势、来水预估分析及水库蓄水情况，8月27日起，小浪底、西霞院水库转入蓄水运用，9月3日，潼关站形成今年黄河干流第4号洪峰，小浪底水库拦洪削峰运用，将洪水基本拦蓄在库内。9月7日，小浪底水库水位达到后汛期汛限水位248.00m，黄河防总滚动分析流域汛情和来水情势，打破常规，实施风险调度，小浪底水库水位提前向正常蓄水位过渡，到10月31日，小浪底水库水位达到268.14m，为11月12日小浪底水库水位达到历史最高运用水位270.00m奠定了基础。三门峡、小浪底、西霞院3座水库联合调控入出库流量见图6。

四、防洪减灾效益

(一) 防洪减灾

在应对本年度黄河干流洪水过程中，通过水库的拦洪、削峰、错峰运用，

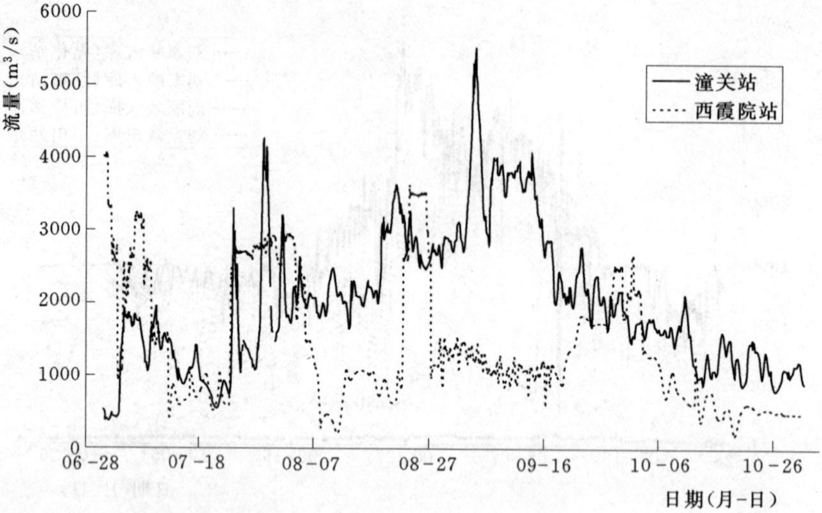

图6　2012年汛期水库联合调控入出库流量过程

有效地减小了水库下游河段洪峰量级，调整洪水流量过程，确保洪水在河道安全范围。黄河上游通过龙羊峡、刘家峡水库联合调度，将上游兰州站最大洪峰流量由自然洪水的5500m³/s减小到3860m³/s，控制青海、甘肃、宁夏、内蒙古各河段洪水洪峰流量在河道安全范围内下泄，确保了防洪工程安全。黄河中下游通过三门峡、小浪底、西霞院水库联合调度，将黄河下游花园口站最大洪峰流量由自然洪水的5000m³/s，控制在3000m³/s左右，有效保证了河道和滩区安全。

经初步测算，2012年度黄河防洪减灾经济效益超过100亿元。其中，黄河上游青海省1.33亿元，甘肃省7.7亿元，宁夏回族自治区5155万元，内蒙古自治区31.4亿元；黄河下游河南省、山东省合计60.3亿元。

（二）水库河道减淤

在确保防洪安全的前提下，黄河防总抓住龙羊峡、刘家峡水库泄洪的有利时机，实施水沙调控，塑造有利于宁蒙河道冲刷的洪水过程，实现了宁蒙河段主河槽全线冲刷。据实测资料分析，石嘴山断面冲刷1.17m，三湖河口断面冲刷1.25m，头道拐断面冲刷0.19m。

面对中游接踵而至的3场高含沙洪水，黄河防总坚持洪水、泥沙管理并重，通过三门峡、小浪底、西霞院3座水库联合调度，不失时机地实施了3次水沙调控，取得了汛期水库河道减淤的新成效。7—9月三门峡水库排沙3.3亿t，小浪底水库排沙1.38亿t，排沙比41.9%，黄河下游花园口以下河道主槽冲刷2247万t，既确保了水库及下游防洪安全，又实现了水库、河道减淤。

（三）洪水资源利用

在确保防洪安全和水库河道减淤的前提下，坚持蓄泄兼筹，充分利用龙羊峡、小浪底水库防洪库容，有计划拦洪蓄洪，最大限度储备水资源。截至10月31日，干流龙羊峡、刘家峡、万家寨、三门峡、小浪底五大水库共蓄水350亿m^3。龙羊峡水库接近历史最高水位，较汛前多蓄水55亿m^3；小浪底水库水位创历史新高，较汛前多蓄水75亿m^3。

针对汛期来水较多的实际情况，在防洪调度过程中，统筹考虑干流水库（水电站）发电泄流能力，适时调整水库泄流过程，为水库发电创造有利条件，支援流域经济社会发展。6—9月，龙羊峡、刘家峡、万家寨、三门峡、小浪底五大水库（水电站）电站累计发电量121亿kW·h，达到同期多年平均发电量的2倍，各水库（水电站）发电量均为同期历史最高。

张乐天　魏　军　执笔

毕东升　审核

全国重点地区中小河流治理进展情况

水利部规划计划司

2009年，中小河流治理实施以来，特别是2011年中央1号文件和中央水利工作会议后，中央和地方各级政府加大中小河流治理投入，采取有效措施，加快中小河流治理，并取得了重要进展。

一、科学规划，明确各阶段中小河流治理目标

按照2008、2009年中央1号文件提出的加强中小河流治理的要求，2009年水利部、财政部联合编制印发了《全国重点地区中小河流近期治理建设规划》（以下简称《近期规划》），以流域面积200～3000km^{2}的重点中小河流为治理对象，以保障人民群众生命财产安全为根本，统筹协调上下游、干支流、区域和流域关系，优先治理洪涝灾害易发、保护人口密集、保护对象重点中小河流重要河段。

为贯彻落实2011年中央1号文件和中央水利工作会议精神，按照国务院印发的《关于切实加强中小河流治理和山洪地质灾害防治的若干意见》（国发〔2010〕31号）要求，国家发展和改革委员会会同水利部等有关部门联合编制了《全国中小河流治理和病险水库除险加固、山洪地质灾害防御和综合治理总体规划》（以下简称《总体规划》），并经国务院审议通过。《总体规划》明确2012年年底基本完成2209条重点中小河流重要河段治理，2015年年底基本完成5174条重点中小河流重要河段治理任务。根据《总体规划》提出的分阶段治理目标任务，水利部、财政部组织编制印发了《全国重点地区中小河流治理近期建设规划实施方案》和《全国重点中小河流治理实施方案（2011—2015年）》，细化了各阶段具体建设任务。

二、多措并举，基本完成近期治理任务

《近期规划》启动实施以来，水利部、财政部将中小河流治理作为工作重点，采取有力措施，科学有序推进。地方各级政府高度重视，各级水利、财政等相关部门密切配合，加快中小河流治理步伐。一是加强组织领导。水利部专门成立以部领导为组长的中小河流治理工作领导小组，细化落实各相

关司局和直属单位、各流域机构工作责任，共同加强对中小河流治理工作的组织领导。财政部、水利部与各省（自治区、直辖市）人民政府签订了重点中小河流治理责任书，有关省份也与市、县签订了责任书，层层落实工作责任。二是加大投入力度。水利部积极加强与财政部的沟通协调，不断加大中小河流治理投入力度。截至2012年，累计下达中小河流治理中央财政专项资金400亿元，《近期规划》所需中央资金已全部下达，并已提前安排了部分后续治理任务。各地采取有力措施，多渠道筹措建设资金，累计落实中小河流治理地方建设资金190亿元，《近期规划》所需地方资金基本全部到位。三是加强前期工作。根据中小河流治理工作的进度要求，水利部对各省（自治区、直辖市）前期工作提出明确的完成时限，及时跟踪初步设计审批情况。水利部、财政部联合印发了《中小河流治理工程初步设计指导意见》，指导各地科学合理确定治理方案，提高初步设计质量；为保障中小河流治理前期工作经费，出台了“从中央和省级每年安排中小河流治理财政专项资金中，拿出一定资金用于规划内项目前期工作”的政策。各地通过严格审查审批、加强技术指导、实行目标考核、创新工作机制等方式，加快前期工作进度，提高前期工作质量。截至2012年9月，《近期规划》项目初步设计基本全部完成审批。四是完善管理制度。财政部、水利部出台了全国重点中小河流治理项目和资金管理办法，规范了中小河流治理项目前期工作、资金使用、建设管理、项目验收、监督考核等关键环节。同时，为确保中央资金使用效益，联合印发了中小河流治理财政专项资金绩效评价暂行办法，建立了中小河流治理的绩效评价体系，施行奖优惩劣。许多省份结合本地实际情况，制定了中小河流治理项目管理实施细则，细化和健全中小河流管理制度，一些省份还针对资金投入、项目组织、建设管理等关键环节建立了考核制度，为中小河流治理的顺利实施提供了保障。五是加强建设管理。各地按照管理办法要求，积极落实项目法人责任制、招标投标制、建设监理制、合同管理制，采取组建专业的项目法人，加强项目组织实施；强化招标监管，规范招投标工作；建立项目法人负责、监理单位控制、施工企业保证、政府部门监督的质量管理体系，保证工程质量；细化施工方案、倒排建设工期、明确节点目标，加快建设进度。部分省份积极创新建管模式，采取项目打捆招标的方式，吸引业绩好、建设能力强的施工单位承担项目建设；通过集中管理模式，整合工程建管力量，提高建设管理能力，保证治理项目的顺利实施。六是加大指导和督查检查力度。为提高基层中小河流治理管理和技术能力，水利部组织开展了大规模培训，累计培训基层技术和管理人员1000多人次。积极加大监督检查力度，共开展了5次大规模专项检查和重点稽察，并会同财政部开展中小河流治理试点项目绩效评价，现场抽查项目400余处，对检查和稽察中发现的问题采取通报、发函、约谈等形式进行督导，并对问题整改情况进行及时跟踪。同时，水利部将中小河流治理纳入投资计划完成情况旬报统计范围，及时跟踪项目建设进展。各省（自治区、直辖市）水利部门加强监督检查，部分省份还开展了重点项目专项稽察，一些省份将中小河流治理进展情况及时在媒体公示，接受社会监督。七是落实管护责任。许多地区因地制宜建立健全管护机制，落实建后管护责任、管理人员和管护经费，探索中小河流治理工程长效管护模式，浙江省明确乡镇政府为中小河流治理工程建后管理责任主体，将工作责任落实到乡镇水利员；江苏省对中小河流管理实行河长制，将管理维护责任落实到人；一些地区在推进小型水利工程管理体制改革中，将中小河流建后管护纳入基层水利服务体系建设。

通过扎实有效的措施，实现了国务院明确的2012年底基本完成中小河流治理近期治理任务。截至2012年12月31日，《近期规划》内2209条重点中小河流涉及的3269个治理项目已全部开工建设，治理河长2.45万km，除寒冷地区少数项目外，绝大多数项目完成建设。已治理的河段防洪能力得到提高，为1.2亿人和1.2亿亩农田提供了防洪安全保障，使8400万亩农田排涝受益。一些地方在加强中小河流治理的同时，统筹安排小流域治理、农村河道整治、优美乡镇建设等项目，治水、兴水、亲水相结合，改善了用水条件和水生态环境，受到了广大人民群众的欢迎。

三、拓展范围，启动实施农村河道综合整治

我国农村河道分布广，与人民群众日常生产生活密切相关。针对目前许多河道萎缩淤塞严重、水系流动不畅、水环境恶化等突出问题，按照2010年和2011年中央1号文件提出的加强农村河道综合整治的要求，水利部、财政部在大量调研基础上，2012年5月正式启动了以农村河道为重点的中小河流治理重点县综合整治及水系连通试点规划编制工作，选择一批县域经济和水系相对发达、人口较密集、整治需求迫切、建设管护能力强的重点县（市），以“河畅水清、岸绿景美、功能健全、人水和谐”为目标，开展“百县千乡万村”河道综合整治，通过河道疏浚、岸坡整治、水系沟通、生态修复等措施，集中投入、整乡推进，治理一片、见效一片，着力恢复河道功能，提高行洪排涝能力，改善农村水环境和用水条件，促进社会主义新农村建设。

2012年底，中小河流治理重点县综合整治及水系连通试点规划编制工作

基本完成，同时，水利部商财政部已安排中央财政专项资金 10 亿元，先期在 25 个重点县启动实施了综合整治试点。

四、下一步工作

2013 年，水利部、财政部将按照中央的总体部署，进一步加快推进中小河流治理工作。

（一）全面启动 2013—2015 年重点中小河流重要河段治理工作

进一步加强中小河流治理组织领导，加大投入力度，强化责任落实。进一步加快前期工作，加强前期组织协调，落实好前期工作经费，继续做好技术指导与培训，严格前期工作审查审批，保证前期工作进度和质量，2013 年底前，2013—2015 年中小河流治理项目初步设计审批完成 80% 以上，确保项目及时开工建设。加强中小河流治理建设管理，进一步加强监督检查力度，强化项目建设的进度跟踪检查，督促各地落实好建后管护责任。继续开展绩效评价工作，根据评价结果，落实奖惩。抓好宣传引导，及时总结报道各地中小河流治理经验做法和成效，推广先进治理理念，形成中小河流治理良好社会氛围。

（二）加快推进中小河流治理重点县综合整治及水系连通试点工作

尽快印发《中小河流治理重点县综合整治及水系连通试点规划》，加大试点投入力度，进一步扩大中小河流治理重点县综合整治和水系连通试点范围。

张祥伟　朱传保　李　明　张　煦　丁　凯　武哲如　执笔
汪安南　审核

链接

从“洪水走廊”到“生态长廊”

山东省水利厅

近年来，山东省紧紧抓住国家加大水利投入的大好机遇，把加强水利建设作为拉动经济增长，实现社会经济可持续发展的重要举措，超前谋划，精心组织，在全省掀起了以中小河流治理为重点的水利建设高潮。

2008年以来，山东持续加大河道治理力度，启动实施了2008—2012年规划的68条大型骨干河道和重点河道综合整治工程。国务院出台《关于切实加强中小河流治理和山洪地质灾害防治的若干意见》以后，山东省又分别有86条中小河流114个项目和157条中小河流225个项目，纳入到2009—2012年和2013—2015年全国重点地区中小河流近期治理建设规划，规划总投资约80.8亿元。

截至2012年12月6日，山东列入2009—2012年国家规划的中小河流治理项目已全面完成建设任务，并全部通过验收。共完成投资29.3亿元，综合治理河道1590km，修筑堤防1964km，新建、加固建筑物1407座。与此同时，国家提前下达投资的列入2013—2015年国家规划的33个项目也已全部开工实施。

目前，山东省中小河流治理成效显著。一是防洪除涝能力大幅提升。山东地处黄、淮、海三大流域，70%以上降水集中在汛期，洪涝、干旱灾害频繁发生。大多河道经过多年运行，淤积严重，堤防残缺不全，河道行洪除涝能力低，是防洪除涝最突出的薄弱环节，大多河道防洪标准不足10年一遇，排涝标准不足3年一遇。通过治理后中小河流防洪标准大幅提升，防洪标准全部达到20年一遇以上，城区河道防洪能力提高到50年一遇标准，平原地区河道除涝能力达到5年一遇以上标准。2010年海河流域山东地区经历了1964以来最大的洪水，多条河道连续17天超警戒水位，均未出现较大险情，无一河道溃堤、无一人因洪涝灾害死亡。二是山东现代水网建设步伐加快。把中小河流治

链接

理作为现代水网建设的重要组成部分，大力推进河湖水系连通工程。率先实施了“百河千库”水系连通工程，依托河道治理、病险水库除险加固、调水工程建设，构筑了“南北贯通、东西互补、蓄排结合、旱涝兼治、库河相通、城乡一体、统一调度、管理先进”的现代水网框架，为水资源的统一调配和高效利用打下了坚实基础。三是洪水资源利用程度极大提高。针对山东水资源短缺的状况，各地坚持防洪排涝与洪水资源化利用紧密结合，在搞好河道防洪的同时，通过新建改建加固拦河闸坝，极大地增强洪水拦蓄能力。2008 年以来，全省共建成各类拦河闸坝400 多座，一次性拦蓄水能力达到7 亿 m^3，有效增加了洪水资源利用量，保证了工农业生产用水，山东粮食生产实现“十连增”。四是水生态环境明显改善。秉承生态治理的先进理念，按照“统筹规划、综合治理”的方针，对河道实施生态修复和绿色整治，许多河流实现了“堤固、水清、河畅、岸绿、景美”的多重目标，形成了一条条生态长廊、亲水平台。在此基础上，依托中小河流治理建成了潍河、汶河等多处水利风景区和生态湿地，目前，全省共有国家水利风景区57 处、省级水利风景区120 处，其中以河道为载体的有48 处，在保障防洪安全、蓄水安全的同时，极大改善了沿河两岸的生态环境，促进了人与水的和谐相处，加快了生态文明建设进程。

2012 年我国台风防御及其减灾成效

国家防汛抗旱总指挥部办公室

2012 年西北太平洋（含南海）共生成 25 个台风（此处为热带气旋统称，下同），其中有 7 个台风在我国沿海登陆。在党中央、国务院的领导下，国家防总超前部署、科学应对，国务院各有关部门密切配合、通力协作，各级党委政府强化措施、主动防范，广大基层干部群众、部队指战员团结奋战、合力抗灾，台风灾害防御工作扎实有力有序开展，取得显著成效。

一、基本情况

2012 年登陆我国的台风有 7 个，其中强台风、台风各有 3 个，强热带风暴 1 个，详见表 1。

表 1　2012 年登陆我国台风基本情况

序号	台风编号	台风名称	台风类型	登陆情况			主要影响区域
				时间	地点	风力（级）［风速（m/s）］	
1	201206	杜苏芮	强热带风暴	6 月 30 日 2：30	广东珠海南水镇	10（25）	广东、海南、广西
2	201208	韦森特	台风	7 月 24 日 4：15	广东台山赤溪镇	13（40）	广东、广西、海南
3	201209	苏拉	强台风	8 月 2 日 3：15 8 月 3 日 6：50	台湾花莲秀林乡 福建福鼎秦屿镇	14（42） 10（25）	福建、浙江、上海、安徽、江西、湖北、湖南
4	201210	达维	台风	8 月 2 日 21：30	江苏盐城陈家港镇	12（35）	江苏、山东、安徽河北、辽宁、吉林
5	201211	海葵	强台风	8 月 8 日 3：20	浙江象山鹤浦镇	14（42）	上海、福建、浙江、江西、江苏、安徽
6	201213	启德	台风	8 月 17 日 12：30	广东湛江湖光镇	13（38）	广东、广西、海南
7	201214	天秤	强台风	8 月 24 日 5：15	台湾屏东牡丹乡	14（45）	广东、福建

登陆台风主要呈现以下五个特点：一是台风登陆密集，时间较集中。7

月24日至8月24日30天内6个台风7次登陆（其中强台风“苏拉”两次登陆）。仅8月份就有5个台风登陆，较历史同期偏多3.2个，单月台风登陆个数平1994年8月、1995年8月的历史最多记录，登陆风力全部在台风以上量级，为1949年以来首次。二是台风近海加强，登陆风力大。登陆的7个台风中有5个在近海时仍在加强，6个登陆量级达到或超过台风量级（12级），特别是第10号台风“达维”进入黄海后强度继续加强，以台风量级登陆江苏，成为1949年以来登陆长江以北沿海的最强台风。三是台风生成偏北，影响范围广。今年登陆台风生成纬度平均为北纬18.58°，比2001年以来平均值（北纬15.39°）偏北3.19°。台风影响省份多达16个，华东、华南大部以及东北一些地区频繁受到台风影响。四是过程雨量大，超警河流多。部分受影响地区降水量突破历史极值，安徽黄山玉屏楼受“海葵”影响过程降雨量达740mm。“苏拉”、“达维”双台风影响期间，辽宁、江西、湖北等省过程雨量分别达到420mm、369mm和792mm，其中湖北房县佘家河24小时降水量达686mm，重现期达到500年一遇。强降雨造成全国近150条河流发生超警戒水位洪水，30条河流发生超保证水位洪水，沿海多个潮位站超警。五是影响区域重叠，局部重复受灾。浙江、福建、江西、安徽等省受“苏拉”、“达维”、“海葵”短时间内接连登陆影响，局部地区重复受灾，灾情重。江西省景德镇市大暴雨重现期超过200年，城市内涝严重。

据统计，2012年台风共造成河北、辽宁、吉林、上海、江苏、浙江、安徽、福建、江西、山东、河南、湖北、湖南、广东、广西、海南等16省（自治区、直辖市）753个县次3082.91万人次受灾，死亡45人，失踪18人，农作物受灾面积3041.41千公顷，倒塌房屋8.82万间，直接经济损失645.03亿元。2012年登陆和影响我国的台风灾情见表2。

二、防御工作

针对经济社会发展的新要求、气候变化的新特点、防灾减灾的新形势、沿海建设的新情况，国家防总坚持以科学发展观为指导，从维护社会稳定、保障人民群众生命安全的高度出发，超前部署，周密安排，各级党委、政府和防汛指挥部门全力以赴做好台风灾害防御工作。

（一）高度重视，指挥有力

党中央、国务院高度重视防台风工作，温家宝总理、回良玉副总理等中央领导同志多次对防台风工作作出重要批示。国家防总认真贯彻落实中央领导重要指示精神。国家防总副总指挥、水利部部长陈雷多次主持召开异地视

表 2　　2012 年登陆和影响我国的台风灾情统计

台风编号	名称	农作物受灾（$\times 10^3 hm^2$）	受灾人口（万人）	死亡人口（人）	失踪人口（人）	倒塌房屋（万间）	直接经济损失（亿元）	转移群众（万人）	船只回港避风（万艘）
201205	泰利	3.11	4.24	—	—	0.01	0.64	0.09	—
201206	杜苏芮	—	—	—	—	—	—	—	—
201208	韦森特	100.79	157.13	6	3	0.37	24.96	11.78	—
201209	苏拉								
201210	达维	2071.02	2189.09	36	7	7.67	523.36	403.31	22
201211	海葵								
201213	启德	363.00	429.12	2	2	0.64	41.148	28.74	7.84
201214	天秤	—	—	—	—	—	—	—	—
201215	布拉万	427.55	127.43	—	—	0.06	40.53	17.37	—
201223	山神	75.94	175.90	1	6	0.06	14.40	5.79	—
合计		3041.41	3082.91	45	18	8.82	645.03	467.08	29.84

频会议。8 月 7 日晚至 8 日凌晨，在 11 号强台风“海葵”正面登陆的关键时刻，陈雷部长坐镇国家防总指挥中心，连夜部署防御工作，多次连线上海、浙江、江苏、安徽四省市防指和太湖防总会商，之后率队赶赴上海、江苏防台风一线检查指导。沿海有关省区市各级党委、政府把防汛防台作为台风影响期间的头等大事，主要领导亲自部署，靠前指挥。各级防汛指挥部科学研判，决策及时，在防御工作中起到了决定性作用。

（二）超前部署，防控有序

2012 年台风防御工作坚持早部署、早安排、早落实，国家防总根据预测预报，超前部署，周密安排，先后召开 10 次异地视频会商会议，启动防汛防台风Ⅱ级应急响应 3 次、Ⅲ级应急响应 2 次、Ⅳ级应急响应 1 次，派出 30 多个工作组分赴各地协助地方开展防御工作，先后向相关省（自治区）调拨了 6 批防台风专用物资。并根据台风发生、发展不同阶段的规律和特点，分阶段、有针对性地对人员转移、船只回港避风、防强风、防暴雨以及山洪灾害防御、水库防洪保安等工作提前作出部署。

（三）以防为主，多措并举

受台风影响省区市围绕“不死人、少伤人、减损失”的目标，分解措施，明确责任，层层把关，逐级落实。江苏、上海强化措施，对沿海高新技术区、能源化工企业、重大基础设施保安、小流域山洪地质灾害防御、城市防风防洪排涝等开展全面排查，落实安全措施。浙江省组织动员基层干部落实网格化管理，对地质灾害隐患点进行逐一排查，做好监控、防范、避险工作。福建省重点落实各级指挥长、责任人及防汛锣长责任制，充分发挥山洪灾害非工程防御体系效能。安徽省及时安排地质灾害防治人员、仪器到村驻点监测。江西省重点强化病险水库、重点山塘、在建水工程监测巡查等。广东、海南、广西等省区督察检查和重点抽查相结合，强化各级防汛责任人在岗履职和险库险堤巡查防守，确保防范措施落实到位。

（四）以人为本，强化转移

2012 年台风影响地域广，涉及人口多，受影响地区各级政府坚持以人为本，把确保人民群众生命安全放在首位，突出科学转移、妥善安置、安全返回三个环节，根据台风发展趋势和影响范围，分阶段、有步骤地重点抓好出海船只回港避风和危险地带人员转移等工作，共紧急转移安置人员 467.08 万人次，组织船只回港避风 29.84 万艘次。广东、上海等省市还专门提出“四个百分之百”、“七个一律”的转移避险要求和关停避险措施，极大地保障了人民生命安全。

（五）蓄泄兼筹，科学调度

国家防总、水利部坚持统筹兼顾，科学调度，充分发挥水利工程效益。“苏拉”、“达维”、“海葵”影响期间，太湖防总组织江苏、浙江和上海三省市，提前加大望虞河、太浦河、杭嘉湖南排等工程向长江、黄浦江及杭州湾排水力度，预降太湖水位，为充分发挥太湖调蓄作用做好准备。长江水利委员会、黄河水利委员会密切关注台风动向，加强对三峡、小浪底等骨干工程的错峰调度，为下游受台风影响省市防洪排涝创造有利条件。沿海受台风影响地区各级防指和水利部门通过优化工程调度，合理调控运用，既保证了重要保护对象和水利工程安全度汛，又充分拦蓄台风雨洪资源，为后期抗旱供水储备必要的水源，发挥了综合防灾减灾效益。

（六）团结协作，合力抗台

各有关部门各司其职，密切配合，防汛救灾机制高效有序运转，形成强大的防御合力。特别是解放军、武警和公安消防部队主动请缨，冲锋在前，承担了解救被困群众、转移遇险物资、抢修被毁基础设施等大量急难险重任务，充分发挥了抢险救灾突击队作用。

三、问题及对策

2012 年台风登陆个数虽然与多年平均持平，但是台风登陆时间之集中、影响范围之广、平均风力之强都是近年来少有的。在国家防总的统一指挥下，在各级党委政府的坚强领导下，2012 年台风造成死亡人数较以往大幅减少，比多年平均偏少八成，台风防御工作取得显著成效。2012 年台风防御工作虽然取得可喜成绩，但还存在一些不足，需要进一步改进和提高。

（一）转移避险工作依然是台风防御工作难点

近年台风灾害死亡人数大幅下降，得益于多措并举，形成合力。特别是我们把握台风防御工作规律，坚持以人为本，把人员船只转移避险作为重点，常抓不懈。我国沿海地区人口密集，渔民及渔排养殖从业人员多，渔船保有量大，台风防御转移避险涉及人员多、船只多，渔业灾后损失大、恢复难，再加上群众对台风灾害存在一定侥幸心理，转移避险组织实施难度大。此外，受台风预测预报精度等限制，转移避险还存在转移范围大、强制转移、擅自返回等问题或困难。需要我们不断强化日常宣传科普、做好灾前组织动员、提高预测预报水平、细化完善工作方法等，取得群众理解认可和支持配合。

（二）在建施工企业防台避险工作出现盲区

2012 年第 8 号台风“韦森特”防御过程中，港澳珠大桥人工岛施工工地转移不及时造成 103 名建筑人员被困，虽经全力救援没有造成人员伤亡，但仍暴露出部分涉水施工企业防汛意识淡薄、施工人员驻扎选址不科学、防台避险措施落实不到位等问题，与建设项目所在地防汛部门还存在管理不衔接、信息不畅通等情况，成为防台风工作“死角”和“盲区”。各级防汛部门对此类问题应高度重视，加强企业防台风管理，主动联系沟通，强化对各类施工企业、在建工地的指导，避免再次出现此类事件。

（三）北方沿海地区台风防御能力尚存不足

近两年台风频繁北上警示我们台风防御要南北并重，统筹兼顾。我国北方沿海地区由于登陆台风少，防台风体系建设和防御措施与南方沿海地区相比还有一定差距。北方地区要进一步加强台风防御工程体系建设，不断完善台风防御预案，在城乡规划建设和经济布局中，要考虑台风灾害风险，强化灾害风险管理，加大防灾避险知识普及，加强防灾避灾场所建设，不断提高台风防御能力。

许　静　彭敏瑞　冯大蔚　执笔

田以堂　审核

链接

超强应对 打好“达维”战役

江苏省防汛防旱指挥部办公室

江苏滨江临海，防台风任务艰巨。2012年，面对新中国成立以来威胁最重、影响频次最高的台风连续冲击，全省上下众志成城，取得了无人因灾伤亡、无水利工程失事、公共基础设施基本完好的骄人业绩。尤以抗御第10号台风“达维”战役，令人回味。

2012年8月2日21时30分，台风“达维”在江苏响水县陈家港镇正面登陆，登陆时近中心最大风力12级，伴有大到暴雨，横扫江苏大地5.5小时，其间曾一度与第9号台风“苏拉”形成“双台风”影响，“达维”也是自有气象记录以来在江苏淮北地区登陆的首个强台风。

注重加强应急能力建设是江苏防台抗台的基本经验。汛前，全省按照“指挥决策科学化、应急处置规范化、防汛抢险专业化”的要求，制定完善以人员避险为重点的分地区、跨部门的防台应急预案，并在全社会构建了纵向到底、横向到边的立体防台责任组织体系。面对台风“达维”，各级防台抗台责任主体全部到岗就位，各地行政领导一级抓一级，层层抓落实。国家防总和省防指工作组成为各地防台抗台的技术保障。驻苏解放军和武警部队提前介入，成立前线指挥所，成为各地抢险力量，物资器材等前移至可能发生险情的现场，做好了全方位的准备。

动员全社会，预警预报全社会，成为全省防台抗台的一大亮点。各级防汛、气象、水文、海洋渔业等部门启动联合会商机制，跟踪监视台风动向，科学研判台风移动路径、影响范围、降雨量和江河水位变化，适时启动防台应急响应。“达维”来临前，网络、电视、广播等滚动播报台风最新动向和预警信息，先后发送预警短信2000多万条、滚动播报预警信息260余次。多频次的会商，预警预报信息准确及时的发布，为公众防台避险赢得了主动。

链接

保障人民群众生命安全是防台抗台的首要任务，也是江苏抗御台风的一条铁的纪律。受台风影响地区按海上、临江、水上、陆上等先后顺序分批次、限时限全面落实撤退转移任务是防台风的工作重点，做到应撤尽撤是工作的难点。省、市、县、乡、村五级层层落实，全面排查，重点抽查，全面彻底落实撤退转移指令，据统计在“达维”登陆前，全省共召回长江及海上作业船只8142艘回港避风，安全转移人员10.6万人。

分级分部门落实台风防御措施是防止台风造成次生灾害的关键。水利部门提前调度水利工程，将全省主要河湖库水位在台风来临前均降至汛限水位或警戒水位以下，严防台风酿成雨涝灾害。城建部门严查城市立交桥、地铁、地下空间、低洼社区等重点部位，采取应急排水和安全运行避险措施，强化建筑工地、高空作业设施、城市广告牌等安全防御。环保部门强化危化品的安全管理，确保万无一失。交通部门强化水上交通的防灾管理。在“达维”到来前，全省有1245处工地临时停工，最大限度地减轻了台风灾害损失。

水资源配置及城乡供水篇

2012年水资源配置工作综述

水利部水资源司

2012年是加快水利改革发展承上启下的关键一年。国务院出台《关于实行最严格水资源管理制度的意见》（国发〔2012〕3号），对实行最严格水资源管理制度工作进行全面部署和具体安排。水资源配置工作围绕加快推进最严格水资源管理制度，着力建立水资源管理“三条红线”控制指标体系，加快推进全国主要江河流域水量分配，加强水资源调度，严格水资源论证和取水许可管理，强化地下水管理与保护，各项工作取得重要新进展。

一、着力建立水资源管理“三条红线”控制指标体系

确立“三条红线”、建立四项制度是实行最严格水资源管理制度的最核心内容。将水资源管控指标逐级分解到各流域和省级、市级、县级三级行政区域，是实现全国总体目标的基础和前提，也是至关重要的一步。根据水利部总体部署，水利部于2011年5月全面启动水资源管理控制指标分解与协调确认工作。重点推进四个方面工作：

一是制定流域和省（自治区、直辖市）水资源管理控制指标。水资源司组织水利部水利水电规划设计总院、中国水利水电科学研究院等有关单位和专家，经过广泛调研和深入论证，根据国务院批复的《全国水资源综合规划》等成果，综合考虑水资源开发利用和保护现状、经济社会发展需求，提出各省（自治区、直辖市）水资源管理控制指标，并与各流域机构经过多次讨论研究，最终提出了2015年、2020年和2030年水资源管理控制指标成果。

二是与各省（自治区、直辖市）开展了深入细致的协调工作。各流域机构主要负责同志及分管领导带队亲赴相关省（自治区、直辖市）进行沟通协调。在此基础上，水资源司领导分工负责赴协调难度大的流域和省（自治区、直辖市）开展协调工作，经过反复沟通协调，与大部分省区达成共识。陈雷部长、矫勇副部长利用防汛检查和调研等机会，与存在问题多、协调难度大的省区领导进行协调，做到难点攻坚、重点突破。胡四一副部长分别约谈了部分省区水利厅主要负责同志，并亲自带队赴黑龙江、新疆等省区协调，并达成共识。

三是完成水资源管理“三条红线”控制指标报批工作。2012 年 12 月，在完成全国省级“三条红线”控制指标协调确认工作的基础上，水利部将全国省级“三条红线”控制指标与《实行最严格水资源管理制度考核暂行办法》一并报请国务院批复。2013 年 1 月，国务院办公厅以国办发〔2013〕2 号文件批复省级“三条红线”控制指标和《实行最严格水资源管理制度考核暂行办法》。

四是加快推进市县两级行政区水资源管理“三条红线”指标体系分解工作。2012 年 12 月，水利部印发《关于加快确定市县两级水资源管理“三条红线”控制指标的通知》，要求各省（自治区、直辖市）进一步加大协调力度，加快完成市级、县级两级水资源管理控制指标分解工作。目前，部分省区的市级、县级两级水资源管理“三条红线”控制指标分解确认工作已取得实质性进展。

二、全国主要江河流域水量分配工作取得积极进展

根据全国主要江河流域水量分配工作总体部署，各流域机构全面启动第一批 25 条主要跨省江河流域水量分配方案制定工作。

截至 2012 年底，第一批 25 条江河水量分配方案编制工作已基本完成。其中，淮河、松辽、珠江和太湖流域 13 条江河水量分配方案已印发相关省级水行政主管部门征求意见；其他江河已经完成或基本完成方案编制，正在进行相关技术咨询工作。目前，全国第二批 28 条跨省主要江河流域水量分配工作已全面展开。

三、水资源调度工作稳步推进

积极推进南水北调东中线一期工程水量调度工作。国务院南水北调工程建设委员会第六次全体会议明确要求，水利部抓紧编制南水北调东、中线一期工程水量调度方案。水利部高度重视此项工作，矫勇副部长主持召开办公会，部署方案编制工作，明确由水资源司会同南水北调规划设计管理局牵头组织有关流域机构开展方案编制工作，并制定了工作方案和项目任务书，明确了东、中线一期工程水量调度方案编制工作的总体思路、工作任务、主要内容和进度安排等。

2012 年 9 月下旬，水利部组织编制完成南水北调东线一期工程水量调度方案（送审稿），并组织召开会议对方案进行审查，国务院有关部委代表、江苏和山东两省水利厅及相关部门代表、有关专家参加了审查会，与会专家

和代表一致原则同意通过方案审查。经过修改完善后，9月至12月，水利部两次正式征求江苏省、山东省、国家发展和改革委员会、环境保护部、交通运输部及国务院南水北调办意见。期间，水利部领导多次与有关方面进行沟通、协调，并达成共识。

2012年底，水利部已将南水北调东线一期工程水量调度方案报请国务院批复；中线一期工程水量调度方案编制工作进展顺利，计划于2013年6月完成。

水资源调度工作成效显著。强化黄河水量调度，批准下达了2012年7月至2013年6月黄河可供耗水量分配及非汛期水量调度计划，落实黄河水量调度责任制，顺利完成年度黄河水量调度任务，确保黄河连续13年实现功能性不断流，取得显著经济、社会和生态效益。组织做好黑河水量调度工作，印发黑河干流2011—2012年度水量调度方案，公告了黑河水量调度行政首长责任人和联系人名单，落实调度管理责任制。在黑河流域各级部门的共同努力下，黑河下游水量调度工作成效显著，东居延海最大水域面积达42.3km^2，沿途灌溉绿洲林草地58.7万亩，补充了额济纳河沿岸的地下水，更好地恢复和改善了沿河及东居延海周边地区的生态环境。组织长江水利委员会开展以长江三峡库区为核心的水库群水资源调度和澜沧江水资源调度有关工作。组织实施2011—2012年度河北四库向北京应急调水4.96亿m^3。其中，入南水北调中线总干渠水量4.56亿m^3，入北京（冀京界）4.33亿m^3。启动了2012—2013年度河北四库向北京应急调水工作。

四、严把水资源论证决策关

东北四省区“节水增粮行动”项目水资源论证工作全面启动。为严格用水总量控制，加强地下水保护，实现东北四省区“节水增粮行动”项日区水资源合理配置，水利部决定全面开展节水增粮项目水资源论证工作。为规范东北四省区“节水增粮行动”项目水资源论证工作，水资源司组织有关单位、专家，结合东北四省区“节水增粮行动”项目区水资源开发利用特点，编制了东北四省区2012—2015年“节水增粮行动”项目水资源论证工作要求和技术要求，制定了《东北四省区“节水增粮行动”项目水资源论证管理办法》，并印发有关流域机构和相关省区水利厅实施。松辽水利委员会加强项目水资源论证工作组织，建立了“节水增粮行动”项目水资源论证审查专家库，制定了审查有关技术要求。

积极推进规划水资源论证工作。水资源司组织有关单位、专家对规划水资源论证技术要求进行修改完善，研究制定相关审查程序和管理办法等。目前，各流域机构、各省级水行政主管部门已选择涉及行业发展规划、城市总体规划、工业聚集区规划和区域发展规划的58个规划论证试点开展工作。在黄河水利委员会初审的基础上，水资源司组织对《哈密至郑州输电工程哈密煤电基地规划》进行专家咨询和审查，并印发相关意见。

加强建设项目水资源论证监督检查。水利部全面部署开展建设项目水资源论证后评估工作。自2011年7月启动水资源论证后评估工作以来，全国有近百个火电、水电、石化等已建项目完成了后评估报告。针对发现的问题，提出了相应对策措施建议，为已建项目取水的后续管理以及同类型新建项目的水资源论证提供了重要参考，同时为水行政主管部门取用水的监督管理提供依据。为进一步规范建设项目后评估工作，目前水资源司正在组织开展相关技术要求和管理措施研究工作。

积极开展核电项目水资源论证管理政策与措施研究。为加强核电用水安全和水资源保护，水资源司组织有关单位和专家，深入研究国际核电发展政策，认真总结当前我国核电发展现状及存在问题，积极探索加强核电项目水资源管理的政策与管理措施。

水资源论证法规体系和标准体系建设得到加强。继续推进《水资源论证条例》的起草工作，根据水利系统内征求意见情况，组织对《水资源论证条例》进行修改完善，并于2012年12月正式发文征求各省级人民政府和相关部委意见；组织开展了《水资源论证监督管理办法》制订工作，《建设项目水资源论证技术导则》（国标）制订工作通过专家审查，开展了《采掘业建设项目水资源论证导则》制订工作，现已完成征求意见工作。

五、严格项目取水许可管理

围绕实行最严格水资源管理制度，全国各地进一步完善取水许可制度，规范管理程序，严格监督检查，建设了全国取水许可管理台账，开展了水资源管理专项检查。不断完善水资源有偿使用制度，进一步规范水资源费征收标准体系。

六、地下水管理与保护工作取得积极进展

全面启动全国地下水超采区评价工作。根据2012年国务院3号文件要求，水利部在全国启动地下水超采区评价工作。水资源司组织编制完成《全国地下水超采区评价技术大纲》，并通过水利部组织的专家审查。7月，水利

部印发《关于开展全国地下水超采区评价工作的通知》，对超采区评价进行全面部署。目前，已有15个省区完成初步成果，其他省区的超采区评价工作正在有序推进。

《全国地下水利用与保护规划》编制完成。为加强地下水开发利用管理与保护，落实地下水开发利用总量控制与水位控制制度，水资源司会同规划计划司组织水利水电规划设计总院编制完成《地下水利用与保护规划》（送审稿），并通过水利部组织的专家审查。目前，水利水电规划设计总院正在组织对《地下水利用与保护规划》（送审稿）进行修改完善，拟于近期报部审批。

《南水北调东中线一期工程受水区地下水压采总体方案》编制完成。为充分发挥南水北调工程的社会和生态环境效益，做好南水北调东中线一期工程受水区地下水压采工作，2005年水利部印发《关于开展南水北调东中线受水区地下水压采方案编制工作的通知》，启动方案编制工作。2012年2月14日，陈雷部长专门听取有关《南水北调东中线一期工程受水区地下水压采总体方案》（以下简称《总体方案》）的汇报，并要求尽快修改完善后上报国务院。2012年3月至5月，水利部正式征求南水北调东中线一期工程受水区相关6省市人民政府意见，并根据反馈意见组织对《总体方案》进行修改完善，形成《总体方案》报批稿。目前，《总体方案》正在会签有关部委，近期将报请国务院批复。

张远东　高　娟　王小军　执笔

许文海　审核

链接

“引江济太” 春水漫漫保民生

水利部太湖流域管理局

2012 年初，为保障冬春季流域供水安全，尤其是元旦、春节期间供水安全，太湖防总办启动了“引江济太”工程。通过持续引水入湖，使太湖水位得到了有效维持，太湖及 6 个集中式饮用水水源地水质保持稳定，实现了冬春季流域供水安全。

2012 年汛后，太湖流域降雨偏少，太湖水位持续下降，考虑到太湖水位秋冬季节易降难涨的特点，为维持太湖合理水位，保障流域供水安全，太湖局于 10 月 18 日再次启动引江济太，增加流域水资源有效供给，加快太湖及地区河网水体流动，使太湖水位基本维持在 3.2m 左右，并与下游河网形成了适宜的水位差，为流域用水安全创造了有利条件。特别是在太浦闸除险加固工程围堰施工后，太湖防总办研究提出了应急供水方案，通过东太湖有关口门和太浦河支流，继续持续向下游地区供水，努力保障流域下游地区供水安全。

引水期间，为保证好水入湖，太湖防总办在组织太湖流域水文水资源监测局和两省一市水文部门对望虞河、太浦河、环太湖出入湖主要河道以及引水影响区域内的主要河道断面和节点的水量水质进行常规监测。为引江济太调度提供基础支撑的同时，根据水雨情和水质变化，及时增加监测站点、加密监测频次，保障入湖水质符合要求。与此同时，太湖局还组织苏州管理局和江苏省太湖地区水利工程管理处对调水沿线工程开展督查和巡查，及时掌握引供水线路工程运行情况，督促有关工程按要求运行，保证了引水入湖率。

据统计，2012 年，通过望虞河常熟水利枢纽引水达 15 亿 m^3；通过望亭水利枢纽引水入湖近 6.5 亿 m^3；通过太浦闸向下游增供水 6.5 亿 m^3（不含太浦闸除险加固工程施工期间太浦河临时供水量）。通过引江济太水资源调度，有效维持了太湖合理水位，保障了太湖周边地区用水需求。监测资料表明，2012 年 1—10 月，太湖水质总体良好，高

链接

锰酸盐指数及氨氮等指标均在Ⅲ类以内，均较去年同期有所好转；太湖6个重要水源地主要水质指标继续保持稳定，太湖未发现大规模蓝藻水华。

我国江河湖库水系连通形势与总体思路

水利部规划计划司　水利部水利水电规划设计总院

河湖水系是水资源的载体，是生态环境的重要组成部分，也是经济社会发展的基础。推进江河湖库（以下简称“河湖水系”）连通工作，是深入贯彻落实党的十八大精神和中央加快水利改革发展的决策部署、大力推进水生态文明建设的重要内容，是丰富和实践可持续发展治水思路的重要举措，对优化水资源配置战略格局、提高水利保障能力、改善水生态环境具有十分重要的意义。2010 年以来，水利部组织开展了河湖水系连通战略重大课题研究，首次较系统地提出了河湖水系连通演变历程与发展趋势、总体思路以及政策措施建议，对于推动我国河湖水系连通工作具有重要的指导作用。

一、我国河湖水系连通现状及形势

河湖水系连通是指以江河、湖泊、水库等为基础，通过适当地疏导、沟通、引排、调度等措施，建立或改变江河湖库水体之间水力联系的手段。其形式主要包括河河连通、河库连通、湖库连通、库库连通等，也包括江河湖库与城市、湿地、灌区等用水区的连通。经过长期的治水实践，特别是新中国成立以来大规模的水利建设，目前部分流域和区域已初步形成了以自然水系为主、人工河道等连通工程为辅、具有一定调控能力的江河湖库水系及其连通格局，为促进经济社会发展发挥了重要作用。

（一）我国河湖水系连通现状与存在问题

江河治理历来是中华民族兴国安邦的大事。我国自古就重视兴建水利工程，最早的河湖水系连通工程是公元前 486 年修建的邗沟，此后又分别修建了鸿沟、都江堰、郑国渠、灵渠等连通工程。新中国成立后，党和政府下大力气治理长江、黄河、淮河、海河等流域重大水患，实施了长江荆州分洪、杜家台分洪，开挖疏通淮河、海河行洪通道等一系列治理工程，稳定大江大河河势，确保江河安澜，保障人民群众生命财产安全。长期以来，为满足经济社会发展对供水、灌溉等方面的需求，我国兴建了江水北调、引黄济津、引黄济青、引黄济晋等一批引调水工程，一些地区根据区域水资源条件和经济发展需求，修建了许多区域性连通工程，如甘肃引大入秦、广东东深供水、辽宁大伙房输水工程等。特别是南水北调工程的规划建设，形成我国“四横三纵、南北调配、东西互济”的水资源宏观配置格局，将大大提高水资源合理配置和安全保障能力。近年来，中央和地方各级水利部门积极践行可持续发展治水思路，开展了河湖健康的探索和水生态保护与修复，实施了塔里木河下游应急输水、黑河水量统一调度、引江济太、扎龙湿地补水等一些以水生态修复为主的河湖连通工程，有效改善了区域水生态环境，推进了水生态文明建设。

我国河湖水系连通取得了巨大成效，但与经济社会发展要求仍有差距，仍存在以下几方面问题。一是河湖水系及其水资源分布与经济社会发展格局不匹配，水资源承载能力和配置能力明显偏低。北方地区水资源仅占全国的19%，而人口和GDP约占全国的46%，耕地占全国的60%，缺水问题突出。多年平均情况下，全国现状合理用水需求缺口超过500亿m^3，缺水率达6%。二是部分地区江河洪涝宣泄不畅，抵御洪涝灾害的能力明显不足。河流横向连通受阻，洪涝蓄泄空间与通道不畅；北方河道淤积、萎缩严重，难以安全承泄流域洪水；防洪体系不完善，防洪能力不足，特别是中小河流防洪问题突出。三是部分河湖湿地萎缩严重，水体循环明显减弱，水生态环境承载能力降低。河湖湿地被侵占，全国现状湖泊面积和湿地面积分别比20世纪50年代减少18%和28%；生态环境用水被挤占，北方主要江河河道内生态环境用水被挤占132亿m^3，相当于生态环境需水量的10%~50%；河湖水循环动力不足，水体纳污能力降低。

（二）新形势下对河湖水系连通的要求

党的十八大提出了全面建成小康社会、“四化同步”发展以及生态文明建设的战略，对提高河湖水系连通提出了更高的要求。大力推进河湖水系连通，进一步完善水资源调配和配置格局，合理有序开发利用水资源，全面提高水资源调控水平，增强抗御水旱灾害能力，改善水生态环境状况，对保障国家防洪安全、供水安全、粮食安全、生态安全，支撑经济社会可持续发展具有重要意义。

全国主体功能区规划确定的京津冀、中原经济区、天中—关水地区等11个国家级优化或重点开发区均位于水资源严重短缺地区，东北地区、新疆、山西和鄂尔多斯盆地等国家重要能源基地均位于资源性缺水地区。要求推进河湖水系连通，优化水资源配置格局，从全局上缓解缺水地区的用水矛盾，保障经济社会发展的合理用水需求。

随着新型工业化、城镇化的推进，我国人口、产业将进一步向城镇化区域集聚，保障城镇、工业防洪安全和供水安全将面临巨大压力。要求推进河湖水系连通，打通洪涝水通道、维护洪水蓄滞空间，优化洪涝水出路，提高洪水抗御能力；建立多类型、多水源、互联互通的城市供水网络，提高城市供水安全保障能力。

以东北平原、黄淮海平原、长江流域、汾渭平原、河套灌区、华南、甘肃新疆等7个农产品主产区为主体的“七区二十三带”国家农业战略格局中，有五区十四带位于北方缺水地区，水资源供需矛盾十分突出，支撑保障能力不足。根据国家粮食生产发展规划要求，到2020年全国需新增1000亿斤粮食产能，其中74.2%分布于东北区、黄淮海区和长江流域。此外，农业抗旱能力普遍偏低，全国2863个市县中有超过一半为易旱县。要求推进河湖水系连通，进一步优化配置水资源，提高承载能力和保障能力，改善农业基本用水条件，退还被挤占的农业用水，提高农业灌溉的供水保证率和农业抗旱能力，保障国家粮食安全。

根据《全国主体功能区规划》，我国中度以上生态脆弱区域面积占全国陆地面积的一半以上，其中极度和重度脆弱区域面积近1/3。2010年，重点流域水环境质量总体为中度污染，地表水国控断面中劣Ⅴ类水质断面比例约20%。部分重点湖泊水质状况也不容乐观。此外，农村河道淤堵、萎缩现象严重，农业面源污染物排放总量大，水环境问题日益显著。要求推进河湖水系连通，改善水体循环状况，保护和修复重点地区水生态环境，维护河湖健康，促进人水和谐，推动生态文明建设。

二、我国河湖水系连通的指导思想、原则与目标

（一）指导思想

深入贯彻落实党的十八大精神和中央加快水利改革发展的决策部署，积极践行可持续发展治水思路，大力推进水生态文明建设，以提高我国水资源调控水平和供水保障能力、增强防御水旱灾害能力、修复改善重点地区的水生态环境为目标，以自然河湖水系和大中型调蓄工程为依托，努力构建引排得当、循环通畅，蓄泄兼筹、丰枯调剂，多源互补、调控自如的江河湖库水网络体系，为实现以水资源可持续利用支撑经济社会可持续发展提供基础保障。

（二）基本原则

统筹兼顾、合理布局。紧密结合流域和区域功能定位、发展战略和河湖水系特点，以水利发展规划、流域综合规划、水资源综合规划和防洪规划等

为基础，妥善协调各类涉水关系，科学布局连通工程。

因地制宜、分类指导。充分考虑连通区域的自然条件、水利基础和经济社会发展对河湖水系连通的合理需求，区分不同河湖水系连通工程在功能、范围、规模、形式、特点等方面的差异，因势利导、因地制宜开展河湖水系连通工作。

保护优先、综合利用。在保证连通区域水量、水质、水生态安全的前提下进行河湖水系连通，充分发挥河湖水系连通的资源功能、环境功能、生态功能等多种功能。

科学论证、规避风险。遵循自然规律，深入调查研究、科学论证，重视河湖水系连通对生态环境的影响，最大限度地降低连通带来的各种风险。

科学管理、注重效益。加强连通工程的运行管理，注重连通工程的水量调度、洪水调度、生态调度，充分发挥河湖水系连通的综合效益。

（三）总体目标

通过10～20年左右的努力，初步构建我国河湖水系连通总体战略格局，在水资源紧缺、水生态脆弱和水环境恶化等重点流域和重点区域基本形成河湖水系连通格局，逐步形成国家、区域和城市各个层次有机结合、结构合理、功能优化的河湖水系连通战略框架，水资源统筹调配能力、供水安全保障能力、水生态环境修复保护能力和应急保障能力得到明显提高。

三、推进河湖水系连通的总体思路

（一）明晰河湖水系连通的功能要求

以水资源配置为主的河湖水系连通，应根据区域水资源合理配置与高效利用体系建设的总体要求，充分考虑区域水系格局、水资源条件和生态环境状况，统筹区域之间、行业之间、城乡之间的水事关系，注重多水源的互通互济和联合调度，重点提高应急保障能力和区域抗旱能力。以防洪减灾为主的河湖水系连通，应根据流域防洪体系建设的总体要求，综合考虑流域洪水蓄泄关系和洪水出路安排，以及洪水资源利用与生态功能，统筹安排泄洪通道与蓄滞场所，重点提高江河蓄泄洪水的能力。以水生态环境修复与保护为主的河湖水系连通，应根据区域与城市生态保护与修复的要求，以生态环境脆弱地区、水资源开发利用过度地区和水环境破坏严重地区为重点，在强化节水和严格防治污染的基础上，结合水资源配置体系，修复生态廊道和重要生态区的生态服务功能，重点提高水资源承载能力和水环境容量。

（二）把握河湖水系连通的区域特点

东部地区以巩固优化水系格局和连通状况以及适度恢复历史连通为重点，针对东部地区经济发达、河网密布、水环境压力大等特点，加快骨干连通工程建设，维系河网水系畅通，率先构建现代化水网络体系，支撑经济社会快速发展。中部地区以恢复、维系、增强河湖水系连通性为重点，针对中部地区水系复杂、河湖萎缩、循环不畅等问题，积极实施清淤疏浚、新建必要的人工通道，恢复河湖生态系统及其功能，提高水旱灾害防御能力和水资源调配能力。西部地区以修复保护生态环境和保障能源基地、重要城市用水为重点，针对西部地区缺水严重、生态脆弱、人水矛盾尖锐等问题，在科学论证、充分比选的基础上，合理兴建必要的调水工程，缓解水资源短缺和生态恶化的状况。东北地区以保障老工业基地、城市群和粮食生产用水为重点，针对东北地区水资源分布不均、水体污染、湿地萎缩等问题，开源节流并举，在有条件的地方加快河湖水系连通工程建设，恢复扩大湖泊湿地水源涵养空间，支撑经济社会可持续发展。

（三）注重不同层面的连通特征

国家层面河湖水系连通以重要江河骨干河道为基础，重要控制性水库为中枢，依托南水北调等重大跨流域调水工程，逐步形成“四横三纵、南北调配、东西互济”的河湖水系连通总体格局；区域层面河湖水系连通应以区域内水库湖泊为调蓄中枢，重要水源和水系为基础，建设必要的连通工程，实现局部连通向区域连通、单向连通向双向连通发展，形成“互连互通、相互调剂”的格局。针对农村小型河湖淤堵、循环不畅、水源不足等问题，积极实施清淤疏浚、加强小型河湖的连通性以及小型水源工程建设，为新农村建设创造条件；城市层面应以满足城市水源调配、防洪治涝、水环境改善为重点，结合城市总体规划，适度连通城市河湖水系，完善城市防洪排涝体系，加强备用水源工程建设，保障城市供水安全，提高防洪排涝能力，改善水环境，提升城市品位。

（四）优化河湖水系的连通方式

河湖水系连通包括河河连通、河湖（库）连通、库库连通等方式，涉及引调水、河湖整治、中小河流治理、农村河道综合整治、水生态环境修复、抗旱应急水源建设等工程，涉及面广，综合性强。以水资源配置为主的河湖水系连通，连通方式应以水库湖泊为调蓄中枢，以河道、渠系、管线为主要输水载体，连通河流水系与沿途水库、湖泊、湿地等功能水体，根据丰枯变化调水引流。以防洪减灾为主的河湖水系连通，连通方式应以打通和开辟泄洪通道，扩大蓄滞场所为主。以水生态环境修复与保护为主的河湖水系连通，连通方式应以清污分流、结合生物措施保护恢复生态廊道、河湖湿地人工补水、生态调度等为主。要充分把握区域河湖水系演变特点与规律，自然连通与人工连通相结合，恢复历史连通与新建连通相结合，因地制宜、合理有序地开展河湖水系连通。

四、推进河湖水系连通的有关要求

（一）以相关规划为依据，有序推进河湖水系连通

河湖水系连通骨干工程建设，必须以全国水资源综合规划、流域综合规划、防洪规划、水利发展规划等相关规划为基础；结合区域水利规划、中小河流治理重点县等专项规划编制工作，将区域河湖水系连通工程、小型河湖连通工程作为重要内容，纳入相关规划，统筹安排实施。要充分了解区域河湖水系演变特点与规律，根据区域水系格局和水资源条件、生态环境特点和经济社会发展与生态文明建设的要求，统筹考虑连通的需求与可能性，自然连通与人工连通相结合，恢复历史连通与新建连通相结合，因地制宜、合理有序地开展河湖水系连通。

（二）深化项目前期论证，注重工程环境影响评价

实施河湖水系连通工程，要认真做好前期工作，遵循水文循环、水沙运动、河湖演变等自然规律，在充分论证的前提下科学连通，避免盲目建设。要将连通相关区域作为一个整体统筹考虑，根据经济社会发展需要和河湖水系的特点，坚持“三先三后”原则，合理确定河湖水系连通工程的功能、范围、规模、电价水价、节约集约用地、移民安置等方案，提高工程综合效益。深入分析河湖水系连通对生态环境可能带来的影响，重视多方案比选与技术、经济、环境可行性论证，统筹考虑上下游、左右岸、连通区域之间的水力联系，强化河湖水系连通工程对水循环及其社会经济效应和生态环境效应的总体影响评价，有效规避洪水转移、污染转移、生态退化、地方病转移等连通风险。加强方案协调论证，充分听取有关部门、地方以及专家和民众意见和建议，保证论证和决策的科学性。

（三）加强科学调度管理，建立良性运行的长效机制

以骨干连通工程体系为依托，以保障区域和城市供水、防洪安全以及保护和修复生态环境为重点，结合中小河流治理、农村河道综合整治、水生态

修复工程等，因地制宜、大力推进小型连通工程建设，逐步形成区域水网络体系，推动河湖水系连通向系统化、生态化、功能综合化方向发展。开展河湖水系连通运行管理和优化调度研究，加快南水北调东中线一期工程水量调度方案制订；利用现代科技和信息化等手段，建立水网络系统调度模型，加强河湖水系连通系统防洪、供水、生态综合调度，充分发挥系统运行的综合效益。开展河湖水系连通水权、水价等运行机制及相关政策研究，完善运行管理体制机制。

（四）切实加强组织领导，推进河湖水系连通实践

推进河湖水系连通工作，是贯彻落实2011年中央1号文件的一项重要任务，是加快水利改革发展的重要举措，是提高我国水资源配置能力的重要途径。各有关单位要高度重视，充分认识构建河湖水系连通网络体系对提高水资源调配能力、保障国家水安全、维护河湖健康、传承水文化、实现人水和谐等方面的重要意义，科学谋划、有序组织、加强协调、试点带动、加大投入、强化管理，积极推进河湖水系连通工作。要认真总结、及时宣传和积极推广好的经验和成功做法，形成合力推进河湖水系连通工作的良好局面。

段红东　吴　强　高敏凤　李原园　石海峰　郦建强
周智伟　李宗礼　王　晶　李云玲　郭东阳　执笔
周学文　审核

链接

“大水网”突破山西“水瓶颈”

山西省水利厅

2011年以来，山西省认真贯彻中央加快水利改革发展的决策部署，按照水利部党组提出的“河湖水系连通”的治水理念，启动实施了“两纵十横、六河连通、覆盖全省”的山西大水网建设。

大水网工程，是山西省第十次党代会、省十一届人大六次会议确定的重大基础设施建设工程，也是水利部河湖连通的试点工程。该工程以纵贯山西南北的黄河北干流和汾河两条天然河道为主线（两纵），以十大骨干供水体系（十横）为骨架，供水区面积11.3万km^2，覆盖全省11个地级市、115个县（市、区）中的92个，3570万人口中的3006万，工程规划总投资400亿元。

目前，大水网东山供水、中部引黄、小浪底引黄等骨干工程进展顺利。骨干工程输水线路总长856km，其中隧洞长530km，加之近半数隧洞埋深在500m以上，部分隧洞穿越煤层及泉域保护区等特殊地质结构，工程建设任务之重、技术之难前所未有。对此，大水网从规划到组织实施，水利部都给予了全力支持，专门委派一批国内知名水利专家，对大水网隧洞施工、泵站设计等关键技术进行咨询论证。

为切实加强工程建设管理，特别是招投标行为，山西省明确规定：凡是参与大水网骨干工程建设的施工企业必须具备国家一级资质。高门槛准入，使中标单位的素质明显提高，有力保证了工程建设的顺利实施。同时，山西省把配套县域供水工程作为大水网工程的重要内容，同步推进县域供水规划编制工作，明确要求规划经县人大或县政府批复后，统一审批，同期建设，确保与大水网骨干工程同步受益。

到2012年底，大水网工程已完成66km隧洞开挖及输水管线安装任务。2013年和2014年大水网进入建设高峰期，2015年基本建成，最迟到2016年可实现全面通水。届时，山西生态环境将有明显改善，供水保障能力和供水保证率将有大幅提高。

2012 年农村饮水安全工作进展

水利部农村水利司

2012 年 3 月，国务院常务会议审议通过了由国家发展和改革委员会、水利部、卫生部、环境保护部联合编制的《全国农村饮水安全工程“十二五”规划》，2012 年 6 月正式批复这一规划。规划明确“十二五”期间将全面解决 2.98 亿农村人口和 11.4 万所农村学校师生的饮水安全问题，使全国农村集中式供水人口比例提高到 80% 左右。

2012 年国家发展和改革委员会和水利部分四批下达农村饮水安全工程建设资金 431.6 亿元，其中，中央资金 280 亿元，地方资金 151.6 亿元，计划解决 7700 万农村居民和约 950 万农村学校师生的饮水安全问题。其中，第一、第二批计划在年底前完成建设任务；加上第三、第四批追加投资，2012 年解决了 7000 多万农村居民和农村学校师生的饮水安全问题，创历史新高。

基层经验

云南开远市碑格乡：“蜘蛛布网　长藤结瓜”　编就全乡大水网

2009 年，一场严重干旱，让水资源原本就极度匮乏的云南省红河哈尼族彝族自治州开远市碑格乡，陷入更深的水困煎熬。在充分论证分析当地“山有多高，水有多高”但“水源点水量小，出来就落走”的特点后，乡党委、政府大胆提出采用“蜘蛛布网”的方式，充分发动老百姓抗旱找水源，掀起了一场山区“五小水利”建设高潮。“蜘蛛布网，长藤结瓜”，就是通过配套管网建设，将现有的水源工程与小塘坝、小水池、小水窖相连通，将管网延伸到田间地头，形成纵横交错、分布全乡的大水网。蓄水池、水窖、地边水龙头仿佛水管上“结的瓜”，再采取蜘蛛网式布局，将库存水源分流到家家户户和田间地头。建设“五小水利”工程，解决了山区群众的缺水困难，编就了碑格乡的幸福水网。

为确保完成 2012 年年度建设任务，9 月 11 日，水利部专门召开了加快重点水利项目建设进度工作会议，会后水利部派出 22 个工作和检查组对 22 个省（自治区、直辖市）进行检查督导，督促各地抓好工程建设管理，保证工程建设质量和进度，及时发现和解决问题，确保完成今年农村饮水安全工程建设任务。

为减轻农村饮水安全工程建设管理成本，2012 年 1 月，国土资源部和水利部联合印发了《关于农村饮水安全工程建设用地管理有关问题的通知》（国土资发〔2012〕10号）。2012年4月，财政部、国家税务总局印发了《关于支持农村饮水安全工程建设运营税收政策的通知》（财税〔2012〕30号）。加上2011年国家发展和改革委员会下发了《关于适当调整电价有关问题的通知》（发改价格〔2011〕1101号）。至此，贯彻落实2011年中央1号文件有关农村饮水安全工程用电、用地和税收优惠政策全部出台。这些政策出台后，各地积极贯彻落实执行这些政策，有效降低了农村饮水安全工程运行成本。

为确保全国农村饮水安全工程“十二五”规划得到全面落实，近期，国家发展和改革委员会、水利部、卫生部和环境保护部将与各有关省（自治区、直辖市）政府签订《农村饮水安全工程建设管理责任书》，将领导责任、部门责任、技术责任逐级落实到单位和个人。2013年，水利部将根据国务院批准的《全国农村饮水安全工程“十二五”规划》，继续解决6000万农村人口的饮水安全问题，加强前期工作，督促地方落实配套建设资金，强化工程建设管理，加强饮用水水源保护和水质检测能力建设，保障供水水质，促进各地落实工程维护经费，完善工程长效运行机制，保障广大群众饮水安全。

张敦强　执笔

赵乐诗　审稿

专栏八

《全国农村饮水安全工程"十二五"规划》要点

水利部农村水利司

2012年3月21日，国务院常务会议审议通过了由国家发展和改革委员会、水利部、卫生部、环境保护部联合编制的《全国农村饮水安全工程"十二五"规划》（以下简称《规划》），6月9日，国务院正式批复这一规划（国函〔2012〕52号）。

《规划》明确，"十二五"期间，要全面解决2.98亿农村人口（含国有农林场）和11.4万所农村学校的饮水安全问题，使全国农村集中式供水人口比例提高到80%左右，供水质量和工程管理水平显著提高。

《规划》要求，要坚持统筹兼顾、分步实施，规模发展、注重实效，防治结合、确保水质，建管并重，促进节水，政府主导、农民参与的原则，加快农村饮水安全工程建设步伐，深化农村供水管理体制改革，完善工程长效运行机制和基层社会化服务体系，加快水源地保护和供水水质保障，推动全面解决农村饮水安全问题，改善农村居民生活条件和人居环境，提高群众健康水平，为建设社会主义新农村和实现全面建成小康社会提供基础支撑。

《规划》指出，要扎实做好规划建设项目前期工作，优先采取城镇供水管网延伸或建设跨村、跨乡镇连片集中供水等方式，大力发展规模化集中供水，实现供水到户。要加强工程建设管理，强化监督检查，管好用好建设资金，确保工程质量和效益。加大水源地保护、水污染防治和环境监管力度，强化水质净化和消毒，确保水质达标。

《规划》强调，要加强工程运行管理，落实工程管护责任主体和维修养护经费，建立健全县级供水技术服务体系，确保工程长效和持续运行。积极推广集中建立工程管理服务机构和统一设立饮水安全工程维修养护基金的做法和经验。合理确定工程水价，在有条件的地区积极推行两部制水价、用水定额管理、超定额累进加价制度。充分利用市场机制，鼓励和引导社会资金投入。加强饮水安全技术研发与推广，做好饮水安全知识宣传和培训。

国务院明确要求，各省（自治区、直辖市）人民政府是《规划》实施的责任主体，要切实加强组织领导，落实责任，加大投入，强化措施，把《规划》确定的目标任务纳入政府任期目标责任考核，实行饮水安全保障行政首长负责制。有关部门要根据职能分工，加大投入和工作力度，落实用电、用地、税收等相关优惠政策，加强对《规划》实施的指导、支持和协调，共同完成《规划》任务。国家发展和改革委员会、水利部、卫生部、环境保护部要会同有关部门对《规划》实施情况进行检查和监测评估。

专栏九

农村饮水安全工程优惠政策落实情况

水利部发展研究中心

2012 年 1 月，国土资源部和水利部联合印发了《关于农村饮水安全工程建设用地管理有关问题的通知》（国土资发〔2012〕10 号）。国土资源部要求各地将农村饮水安全工程纳入土地利用总体规划，并列入县（市、区）年度新增建设用地计划；项目选址在土地利用总体规划确定的城镇建设用地范围外的，原则上使用集体土地，不实行征收，但日供水千吨万人以上饮水项目用地也可实行征收；项目选址在总体规划确定的城镇建设用地范围内的，应使用国有建设用地，按规定以划拨方式取得；饮水项目用地审批，可由县级人民政府组织，一年一次性打捆，比照单独选址建设项目用地申报，报有审批权一级人民政府审批。

2012 年 4 月，财政部、国家税务总局印发了《关于支持农村饮水安全工程建设运营税收政策的通知》（财税〔2012〕30 号）。文件明确“十二五”期间，农村饮水安全工程运营管理单位可享受免征增值税、契税、合同印花税、城镇土地使用税和房地产税，新建农村饮水安全工程企业所得税实行“三免三减半”（第一至第三年免征，第四至第六年减半征收）。这是水利领域第一个免征增值税的政策性文件。据财政部测算，预计“十二五”期间能够减免农村饮水安全工程相关税收 80 多亿元。

2011 年 5 月，国家发展和改革委员会下发了《关于适当调整电价有关问题的通知》（发改价格〔2011〕1101 号）。明确“对农村饮水安全工程供水用电执行居民生活或农业排灌用电价格。具体电价类别和执行时间由各省（自治区、直辖市）根据实际情况确定”。目前，全国除西藏各市县直接执行国家政策外，各有关省（自治区、直辖市）均出台文件明确农村饮水安全工程用电执行居民生活或农业排灌用电价格。其中北京、山西、广西、贵州、陕西、甘肃、青海、宁夏、新疆等 9 省（自治区、直辖市）明确执行农业排灌用电价格。据测算，电价优惠政策可使全国农村供水工程平均运行成本降低 10% ~15% 。

至此，贯彻落实 2011 年中央 1 号文件有关农村饮水安全工程用电、用地和税收优惠政策全部出台。这些政策出台后，各地都积极贯彻落实，有效降低了农村饮水安全工程运行成本。

链接

涵养水资源　保护水生态
重庆农村集中式饮用水工作取得新进展

重庆市水利局

重庆市500人以上的农村集中式饮用水水源地共计2929处，其中河道型水源地969处，水库型水源地961处（以小型水库为主），地下水水源地999处。近年来重庆市高度重视农村集中式饮用水源地保护工作，从项目前期准备、工程建设、制度健全等方面不断推进。

一是强化农村集中式饮用水源地保护前期工作。2007年重庆市启动《重庆市农村集中式饮用水水源地水资源保护规划报告》编制工作，对全市2929处农村集中式进行安全状况调查、饮用水水源地安全状况初步评价，并提出了农村供水人口500人以上的农村集中式饮用水水源地隔离防护、生态修复与保护、水源地污染综合整治等措施，先后启动了38个农村集中式饮用水源地水生态修复工程初步设计方案，并委托专业单位进行了咨询评估，为实施农村集中式饮用水水源地保护工程奠定了基础。二是建立水源地水生态修复工程投入长效机制。重庆水利局积极争取市财政支持试点项目建设，2011年9月，联合市财政局出台《重庆市水资源涵养保护及水生态修护项目与资金管理办法》，从项目申报与审批、建设与管理、资金管理、质量与安全管理、工程验收、建后管护、监督检查等方面进行了规范，实现了水资源涵养保护与生态修复项目投入常态化、制度化。三是全面开展饮用水水源地水生态修复工程建设。在农村集中式饮用水源地水资源保护规划完成的基础上，先后对49个饮用水源地实施水资源涵养保护及水生态修复工程，因地制宜采取生态湿地、生物和物理隔离、渗滤沟等措施，并有效改善了水源地水质。四是强化农村集中式饮用水源地水资源保护。对全市14个区县饮用水水源地保护区内32个排污口开展取缔工作，采取“政府主导，媒体公示，群众参与”的方式全面完成了饮用水水源保护区内的排污口取缔任务。同时，加强饮用水源地水

链接

质监测。定期对全市316个饮用水源地进行监测，监测项目涵盖重金属、溶解氧、高锰酸盐指数、集中式生活饮用水源地补充项目，并发布重庆市水资源质量月报。

2012年南水北调工程建设进展

国务院南水北调工程建设委员会办公室

2012年，在党中央、国务院的坚强领导、中央有关部门的大力支持和工程沿线各级党委、政府及人民群众的努力配合下，南水北调系统紧紧围绕年度目标任务，全面贯彻落实建委会第六次全体会议精神，按照“突出重点推进度、突出高压抓质量、突出帮扶稳移民、突出深化保水质、突出监控管资金”的总体部署，加强统筹协调，细化实化措施，携手通力攻坚，扎实推进建设，各项工作进展顺利，总体形势持续向好，实现了年初确定的“进度更快、质量更好、投资更省、移民更稳、水质更优、战斗力更强”的目标，为如期实现通水目标奠定了坚实基础。

一、工程建设全面推进

围绕“突出重点推进度”，抓重点、抓关键、抓责任落实，死盯重点项目，盯死关键节点和责任单位，工程建设全面推进，制约因素大幅减少，形象面貌大为改观，进度总体满足要求。一是建立风险项目挂牌督导制度。对风险项目分区分片，由办领导率队现场督导，对影响工程建设进度的突出问题进行现场协调，落实责任单位，并督促限期解决。二是建立关键事项督办制度。逐一梳理影响重点项目进度的关键事项，明确解决问题的节点目标、责任单位和完成时限，对存在问题的责任单位进行约谈。三是建立铁路交叉工程部办联席会议制度。加强与铁道部的协调，加强信息快报和问题快速处置，加快了铁路交叉工程建设。四是通过季度协调会、重点项目半月会商会，及时发现影响进度的关键问题，定期检查重点项目、重点监控桥梁关键节点事项落实情况和进度计划目标执行情况，促进了工程建设提速。五是开展安全生产年活动，通过组织“预防坍塌”、“打非治违”、安全生产隐患排查等专项治理，规范安全生产管理，保障了工程建设安全顺利进行。六是组织开展膨胀土、高填方施工技术研讨和现场技术协调，及时梳理和解决技术问题，推进了相关工程的建设。同时，加强合同监督管理，加快价差调整和资金拨付进度，发挥跨渠桥梁建设和设计变更快速处置机制，为工程建设赢得了时间。

全年共召开27次工程进度主任办公会或专题办公会；梳理影响工程建设的关键事项171项，一些制约工程进度的关键因素正在逐步消除，重点项目由年初的25项削减为目前的16项。全年完成投资652.85亿元（占年度计划的102%）；完成土石方开挖22586万m^3（完成率113%）、土石方填筑16638万m^3（完成率113%）、混凝土浇筑1188万m^3（完成率109%）。东线68项设计单元工程，已完工41项，与通水直接相关的主体工程基本完工。中线丹江口大坝溢流堰面加高工程完成量过半，陶岔渠首混凝土坝段已封顶，穿黄隧洞工程洞身内衬已提前完工，沙河渡槽完成槽身预制188榀（占比82%），铁路交叉工程大部分能够按计划或提前完成建设任务，京石段自动化调度系统顺利启用。

受水区6省（直辖市）配套工程总体规划均已批复，北京、天津部分工程已经建成，河南全部开工，河北、山东、江苏骨干工程开工，截至2012年底累计完成投资158亿元。

已建工程继续发挥效益。中线京石段于2012年11月22日第四次向北京应急调水，前三次已累计供水约13.8亿m^3。高峰时期，南水北调所调之水约占北京地区用水的60%，极大缓解了首都高峰期的用水压力。东线完建工程继续发挥防涝抗旱效益。

二、工程质量继续向好

围绕"突出高压抓质量"，强化质量管理意识，规范质量管理行为，完善质量监管体系，提高质量监管效力，保持监管高压态势，发现并消除了一批重大隐患，不负责任的行为受到应有处罚，质量监管不断加强，工程质量继续向好。一是通过建立"三位一体"的监管体系、实施"三查一举"（飞检、专项稽察、站点监督和有奖举报）的工作方法发现质量问题，依靠权威机构快速认证质量问题的性质，把现场处罚、责成处罚和每季度国调办层面的集中处罚结合起来，对各类质量问题进行了严肃追责。二是建立健全了质量监管制度体系，实现了质量监管制度化。根据质量监管工作的实际需要，修订了质量责任追究办法、合同监督规定和关键工序考核办法，研究制定了有奖举报、站点监督、质量终身责任制等专项管理办法，组织编制桥梁桩柱质量问题认鉴标准，开展信用管理、质量会商、责任约谈等制度的专项研究，为质量监管提供了有力的制度保障。三是全系统协同监管，形成区片联合、上下联动、合力管控工程质量的有利局面。充分发挥一线站点监督的作用，提高监督的有效性。加强与水利部、住房和城乡建设部、国家工商总局、国务院国有资产监督管理委员会的沟通联系，充分发挥五部委联席议事机制的重要作用。四是通过开展质量集中整治和专项检查活动，发现并整改了一批质量问题，进一步提高了全系统的质量意识，强化了各参建单位的质量责任。五是加强对质量关键点的监督检查，研究确定工程关键部位、关键工序和关键质量控制指标作为工程质量关键点，明确质量管理责任和监督管理职责与措施。六是对高填方渠段工程实施派驻质量监管员、挂牌督办和四级联保制度，对跨渠桥梁、建筑物混凝土开展质量问题专项排查，确保了工程质量。

一年来，工程质量总体受控，未发生较大以上质量事故。截至2012年底，东、中线一期工程单元工程评定合格率100%，优良率91%。

三、征地移民任务完成

围绕“突出帮扶稳移民”，扎实做好库区移民和干线征迁扫尾，深入开展帮扶维稳。移民和谐搬迁、保持稳定，库区后续工作稳步推进，干线征迁顺利进行，为工程建设提供了可靠保障。一是丹江口库区移民搬迁任务全面完成。全年完成剩余1.5万人搬迁、16个城集镇迁建和若干专项、工业企业迁复建，丹江口库区34.5万移民全部搬迁，实现了建委会确定的“四年任务、两年基本完成”的目标。二是干线征迁及时提交新增用地，满足了建设需要。全年累计解决143项征迁难点，合计新交永久用地0.6万亩，临时用地2.3万亩，累计交付建设用地约86.7万亩（其中永久用地43.3万亩，临时用地43.4万亩）。三是通过深化矛盾纠纷排查化解确保了稳定。通过经常性矛盾纠纷排查化解、突出问题专项检查、重点问题督办落实等措施，促进“事要解决”；通过进度商处、专题会议布置、重要时点下发通知强调，落实属地责任；加强上下联动处置和政策解释，做好信访接待。移民群众总体稳定，没有出现大的问题，群众反映强烈的问题和矛盾纠纷都得到了及时处理和化解。四是库底清理工作按计划推进。面上构筑物、卫生清理基本完成，重点污染源的清理正抓紧进行，进度基本满足计划要求。五是临时用地退还复垦工作取得进展。通过开展“一查四定”（查清临时用地现状，定退还复垦计划、定责任内容、定责任单位、定奖罚事项），目前已完成复垦10.7万亩。六是移民帮扶工作深入开展。豫鄂两省相继出台帮扶政策，采取有效措施，为移民稳定发展增添了后劲。

文物保护工作任务基本完成。东、中线干线工程累计完成考古发掘面积102.8万m^2，占规划总量的100.4%；库区累计完成考古发掘面积63.5万m^3，占总量的96%。武当山遇真宫保护方案实施顺利。国家文物得到妥善保护，文物保护工作未影响工程建设。

四、治污环保继续深化

围绕"突出深化保水质"，落实补充措施，加快相关规划的实施，加大考核力度，东线水质继续向好，中线水质总体可控。

东线治污。以江苏境内3个不稳定达标考核断面和山东境内6个不达标考核断面治理为重点，2011年下半年确定的一批补充治污重点项目已全部开工，沿输水干线排污口已全部关闭，航运污染深化治理与交通运输部门取得共识，有关综合治理措施已纳入交通运输部"十二五"规划。同时，主要治污控制断面水质自动化监测网络建设步伐加快，农业面源污染防控力度进一步加大，城市污水和垃圾收集处置机制已经形成。目前，规划确定的36个考核断面全部达标，输水干线水质基本达到规划要求。

中线水源保护。一是国务院批复《丹江口库区及上游水污染防治和水土保持"十二五"规划》和《丹江口库区及上游地区经济社会发展规划》后，召开部际联席会议进行贯彻部署，推进水源区水质保护和经济社会发展。二是与水源区三省签订了水源保护目标责任书，对三省规划实施进行检查考核，建立了监督检查与目标考核工作体系。三是对丹江口库区不达标入库河流，确定了"一河一策"治理方案，今年可全面实施。四是建立了水源保护生态补偿机制。对水源区生态环境工程地方负责安排资金和污水垃圾处理费用，在中央财政重点生态功能区转移支付中予以补助。受水区对水源区的对口协作方案基本确定。五是推动中线干线生态建设，生态带建设规划已编制上报，生态文化旅游产业带规划纲要已编制印发。六是加强水质安全风险防范，严格控制在中线干线两侧保护区内新上产生污染的项目，会同安监总局加强对水源区尾矿库安全风险防范。

五、资金使用规范高效

围绕"突出监控管资金"，有效控制投资规模，切实加强资金监管，提高资金使用效益。一是进一步规范设计变更程序，减少随意性。在深入调查研究的基础上，进一步明确重大设计变更的确认、申报审批、投资控制等管理程序和办法，减少了重大设计变更数量，节约了投资。二是深入开展人工和砂石料价差调整问题专题调研，合理确定价差调整标准，加快价差审核审批步伐，及时足额拨付资金，保证了工程建设需要。三是严格资金拨付管理，积极消化存量资金，大大提高了资金使用效益。四是加强资金监管，在系统内开展全面内审，堵塞管理漏洞，确保资金安全。五是兑现投资控制考核奖励，调动参建各方主动控制投资、节约建设成本的积极性。六是编制完成南水北调工程投资总规模测算（增加投资）报告，报国家发展和改革委员会审批，现已完成咨询评估工作。七是在及时开展内部审计的基础上，全系统配合审计署对南水北调工程进行了开工以来规模最大、内容最全的全面审计。审计结果总体较好，未发现重大违纪问题。

同时，东线工程通水各项筹备工作有序开展。管理机构筹建方案上报待批，通水验收、水价制定、运管办法制定、运管人员培训等有序推进。此外，为加强内部运行机制建设，强化干部作风建设，完善了办管干部考核办法和督办办法，出台了工程建设管理典型案例管理办法和办管干部问责办法，通过督察、考核、奖罚，建立公开、公平、公正的良性运行机制。宣传工作也迈上了新台阶，通过主动策划、积极协调，广泛宣传了工程建设的重大意义、综合效益、艰辛历程和广大建设者的辛勤奉献，为优质高效又好又快推进工程建设提供了强大精神动力，树立了良好的社会形象，营造了浓厚的社会氛围。

杜丙照　何韵华　执笔

程殿龙　审核

水资源节约保护篇

2012 年水资源保护工作综述

水利部水资源司

2012 年，水资源保护工作以推进水功能区限制纳污红线管理和提高水资源保护监督管理能力为主要内容，贯彻实施最严格水资源管理制度，重点加强了水功能区限制纳污红线指标分解、水功能区监督管理、饮用水水源地达标建设、水生态系统保护与修复等工作，取得阶段性进展。

一、加强水功能区监督管理

一是国务院批复《全国重要江河湖泊水功能区划》。2011 年 12 月 28 日，国务院批复了水利部会同国家发展和改革委员会、环境保护部上报的《全国重要江河湖泊水功能区划》（以下简称《区划》）。国务院在批复意见中，明确提出《区划》是全国水资源开发利用与保护、水污染防治和水环境综合治理的重要依据。要根据不同水域的功能定位，实行分类保护和管理，促进经济社会发展与水资源承载能力相适应。力争到 2020 年水功能区水质达标率达到 80%，到 2030 年水质基本达标。

基层经验	浙江绍兴市：清水工程架设治水新坐标
	2011 年年底，浙江绍兴全市 55 个水质监测断面水功能区达标或基本达标率已达 65%，比年初提高 14%，Ⅴ类及劣Ⅴ类断面减少 6 个。水质变化源于绍兴实施的清水工程。"清水工程"，由引水活水、截污治污、清淤疏浚、综合整治四大任务组成。围绕清水工程，绍兴市建立责任考核、执法监管、市场运作三大机制，机制"逼"得各方人员想方设法节能减排、截污整治。绍兴市针对高污染企业，进行排污权有偿使用和交易。加大产业结构调整和产业集聚力度，限制工业污水排放；实施雨污分流改造，建设污水集中处理设施，处置生活污水；农业污染则通过推广先进的种植方式，加以控制。以"清水工程"为开篇，绍兴治水的新画卷正在徐徐展开。

二是做好区划的宣传贯彻。2012 年 3 月，水利部会同国家发展和改革委员会、环境保护向各省区人民政府印发了《全国重要江河湖泊水功能区划》，提出了贯彻落实要求；制定了贯彻落实《全国重要江河湖泊水功能区划》工作安排，召开了《全国重要江河湖泊水功能区划》新闻通气会，发布了水利

部领导解读文章，扩大了水功能区管理的影响力。

三是不断完善监督管理体系。按照国务院批复要求，水利部组织各流域机构开展了全国重要江河湖泊水功能区划基础信息调查，分期分批对4493个重要水功能区的基础信息进行复核，为建设水功能区管理信息系统奠定了基础；制定了水功能区标志设立工作要求，规范了水功能区确界立碑工作。

四是水功能区达标考核体系初步建立。按照国务院批复要求，组织制定了水功能区限制纳污红线分解方案，协调流域和省区完成了省区全国重要江河湖泊水功能区达标率指标分解确认，组织流域机构初步核定了先期参加考核的水功能区名录。组织制定了《全国重要江河湖泊水功能区水质达标评价方案》，提出了达标评估的技术要求，已征求了流域机构和省区意见。

五是水功能区监督能力和水平不断提高。组织流域完成了省界水质监测断面的复核，共核定省界水质断面592个，全部征求了省级人民政府意见，并通过了专家审查。全国水功能区的监测范围和水平不断提高，2012年监测的水功能区较上年增加了367个，黄河、淮河、海河、太湖四流域实现了省界断面监测的全覆盖。

二、全面启动全国水资源保护规划编制工作

一是保护规划工作体系已经建立。成立了全国水资源保护规划编制工作领导小组，召开了规划编制工作领导小组第一次会议和全国水资源保护规划编制工作启动视频会，在全国范围内启动和部署水资源保护规划编制工作。

二是制定出台了技术文件。完成并印发了全国水资源保护规划任务书和工作大纲。本次规划编制拟以实现水资源可持续利用与水生态系统良性循环为目标，以已有相关规划为基础，坚持水量、水质和水生态统一规划，统筹考虑地表与地下、保护与修复、点源与非点源等方面的关系，科学制定水资源保护规划方案，促进水资源可持续利用与经济发展方式转变，推动经济社会发展与水资源水环境承载能力相协调。

三是编制工作稳步推进。各流域机构及多数省区已成立了规划工作领导小组和技术工作组，落实了技术负责单位。长江、黄河、淮河、海河、珠江、松辽、太湖流域均编制完成了流域工作大纲，召开了启动会。水利部水利水电规划设计总院多次召开技术研讨会议，进一步明确技术要求，推动工作进展。

四是纳污能力核定和分阶段限制排污总量控制方案成果汇总基本完成。为达到国家提出的2015年和2020年，国家重要江河湖泊水功能区水质达标

率分别提高到60%和80%的目标，迫切需要从严核定水功能区纳污能力，建立以限排总量为控制核心的水功能区限制纳污制度。为此，水利部开展了全国重要江河湖泊水功能区纳污能力核定和分阶段限制排污总量控制方案制定工作。目前，大部分省区完成了方案制定，七大流域的成果汇总工作也已基本完成。

五是做好技术培训。水利部水利水电规划设计总院组织召开了水资源保护规划编制技术培训会，分南北两片，对七大流域及31个省（直辖市、自治区）承担水资源保护规划编制的技术人员，共计200余人，进行了技术培训，为规划编制顺利开展奠定了基础。

三、不断加强饮用水水源地保护

一是大力开展饮用水源地达标评估工作。印发了《关于做好2012年全国重要饮用水水源地达标建设工作的通知》，对流域和省区达标建设工作提出了明确要求。组织各流域机构对省区工作开展了监督评估，七大流域机构全部完成了本流域重要水源地达标建设情况的年度检查评估，基本摸清了重要饮用水水源地现状。

二是初步编制完成达标建设实施方案。以建立和完善“水量保证、水质合格、监控完备、制度健全”的重要饮用水水源地安全保障体系为目标，在征求各省区意见的基础上，编制了《全国重要饮用水水源地达标建设实施方案》。对全国重要饮用水水源地达标建设工作进行了总体安排，为全国重要饮用水水源地安全保障达标建设提供重要支撑。

三是做好农村水源保护政策研究。组织水利部综合事业局、水利部水资源管理中心对江西、河南、湖南、重庆、江苏等七省市农村水源保护工作进行了调研，开展了农村水资源保护政策研究。

四、进一步规范入河排污口监督管理

一是加强排污口基础信息台账建设工作。对各流域机构入河排污口监督管理情况进行了调研和统计，进一步完善了重要入河排污口管理台账。

二是规范入河排污口设置审批。批复了黄河流域入河排污口管理权限，开展了《入河排污口设置论证技术要求》制定工作，将入河排污口设置审批作为重点流域水污染防治等国家规划项目考核的必备要求，强化了约束作用。

三是组织流域机构加强重要入河排污口监测工作，不断扩大监测覆盖度和频次，不断完善入河排污总量统计和通报制度。

五、大力推进水生态文明建设

一是做好水生态文明建设工作顶层设计。起草了《水利部关于加快推进水生态文明建设工作的意见》，组织编制了《水生态文明建设工作方案》、《全国水生态文明市评价标准》、《全国水生态文明市建设管理办法》、《〈全国水生态文明建设试点实施方案〉编制指南》等配套材料，为加快推进水生态文明建设奠定基础。

二是启动水生态文明建设试点。确定济南为第一个全国水生态文明建设试点，组织专家对济南试点实施方案进行专题咨询。

三是加强了对水生态系统保护与修复试点管理。完成了无锡、丽水、莱州试点验收和查干湖试点中期评估、西安浐灞试点的技术预验收，试点工作均取得显著成绩，生态效益、社会效益、经济效益显现。

四是稳步推进全国重要河湖健康评估。完成了各流域评估报告和全国报告的初步汇总。

六、妥善处置重大突发水污染事件

一是按时完成突发水污染事件报告工作，明确了各流域和省区重大水污染事件工作的负责人和联络员。制定了《突发水污染事件处置技术手册》。

二是积极应对突发水污染事件。全年参与处置重大水污染事件1起，收到一般水污染事件报告8起。其中2012年1月下旬，广西龙江河池市宜州河段发生镉污染事件，严重威胁下游特别是柳州市的饮水安全。水利部领导对此高度重视，接到珠江水利委员会的报告后，陈雷部长立即批示“请水资源司高度重视，协助广西做好相关工作，珠江水利委员会也要大力支持，共同做好工作”。1月27日，在事件处置的关键时期，陈雷部长再次指示事件处置要以“确保沿线供用水安全、确保不影响珠江干流水质为首要目标”；胡四一副部长也先后在北京和广州两次召开专题会商会，要求“控制污染范围、控制污染浓度，尽全力将污染影响控制在柳州附近河段”。在各方面共同努力下，此次重大水污染事件得到有效处置，未对柳州城区及下游供水安全造成影响，水利部门的水量水质联合调度和监测工作发挥了重要作用。广西区委、区政府对此予以充分肯定。

三是加强能力建设，编制了《全国突发水污染事件应急能力建设实施方案（2014—2016年）》，通过能力建设，弥补流域水环境监测机构现有应急监测能力不足的问题，提高突发水污染事件应急监测能力和水平，推进突发水污染应急监测工作有效有序开展，切实保障人民群众的饮水安全，实现显著的社会效益、经济效益和环境效益。

七、积极推进水资源保护立法工作

组织编制了《水功能区管理条例》，提出了分级分类管理要求；组织开展了《入河排污口监督管理办法》的修订工作。

八、做好水利建设项目环评预审工作

严格按照有关法规的要求，全年按时、保质完成了26项重大水利建设项目环境影响报告书预审工作，保障了重大水利项目建设进度。

李云成　执笔
陈　明　审核

专栏十

全国水资源保护规划编制情况

水利部水资源司

为贯彻落实2011年中央1号文件和2012年《国务院关于实行最严格水资源管理制度的意见》的精神，加快推进水资源保护和河湖健康保障体系建设，2012年水利部会同国务院有关部门启动了全国水资源保护规划编制工作。

加强水资源保护和维护河流健康，是实现水资源可持续利用、促进国家生态文明建设的重要内容。近年来，随着经济社会快速发展和人类活动的加剧，我国水资源保护面临着严峻挑战。党中央、国务院对水资源保护工作高度重视，明确要求力争通过5~10年的努力，基本建成水资源保护和河湖健康保障体系，主要江河湖泊水功能区水质明显改善，城镇供水水源地水质全面达标，地下水超采基本遏制。为实现这一目标，首先要做好水资源保护工作的顶层设计，科学编制全国水资源保护规划。

全国水资源保护规划是《中华人民共和国水法》规定的重要水利专业规划，是对水资源综合规划的进一步深化和具体落实。作为一项重要的水利基础性、系统性、战略性规划，规划编制工作以科学发展观为指导，以强化水资源保护、维护河湖健康、让人民喝上放心水、实现水生态系统良性循环、促进水资源可持续利用为目标，坚持水量、水质和水生态统筹兼顾，多措并举、突出重点，强化监控、严格管理，科学制定水资源保护各项措施，促进经济社会发展与水资源水环境承载能力相协调。

规划工作内容主要分为四方面。一是顶层设计。以保障流域水资源与水生态系统良性循环、实现水资源可持续利用为目标，统筹协调相关规划，进行水资源保护规划顶层设计。二是水量保障。提出河湖生态需水方案，明确生态基流和敏感生态需水目标，制定生态需水保障和地下水水位及水量控制方案。三是水质保护。核定水功能区纳污能力，制定污染物入河控制量方案；提出入河排污口布局与整治、内源治理与面源控制措施和要求，提出重要饮用水水源地保护措施及应急备用方案；合理确定地下水功能区水质保护目标，制定地下水水质保护方案与措施。四是水生态保护与修复。明确水生态各类型保护和修复的方向和重点，确定不同类型水生态系统保护和修复的措施定位，提出水生态系统保护与修复总体布局和具体措施。

水资源保护规划编制工作由水利部统一布置，分全国、流域和省（自治区、直辖市）三个层面，采取自下而上、上下结合的方式进行。水利部会同国家发展和改革委员会、财政部、环境保护部、国土资源部、农业部、国家林业局等单位成立全国水资源保护规划编制工作领导小组，负责规划编制的组织协调。

专栏十一

《全国重要江河湖泊水功能区划》基本情况

水利部水资源司

2011 年底，国务院批复了水利部会同国家发展和改革委员会、环境保护部拟定的《全国重要江河湖泊水功能区划（2011—2030 年）》（以下简称《区划》），为全面落实最严格水资源管理制度，做好水资源开发利用与保护、水污染防治和水环境综合治理等工作提供了重要依据。

当前，水资源短缺、水污染严重已成为我国经济社会可持续发展的主要瓶颈。一些地区水资源开发已经接近或超过当地水资源承载能力，引发一系列生态环境问题。水污染状况十分严重，2010 年监测评价的 3902 个水功能区中，水质达标率仅为 46%。编制和实施水功能区划，就是要根据我国水资源的自然条件和经济社会发展要求，确定不同水域的功能定位，实现分类管理和保护，以处理好水资源开发利用和保护、整体和局部的关系，统筹河流上下游、左右岸、省区间关系，促进经济社会发展与水资源承载能力相适应，保障经济社会可持续发展。

《区划》分为两级体系。一级区划在宏观上调整水资源开发利用与保护的关系，协调地区间用水关系；同时考虑持续发展的需求，分为保护区、保留区、开发利用区、缓冲区四类。二级区划在一级区划的开发利用区内，通过细化水域使用功能类型及功能排序，协调不同用水行业间的关系，具体划分为饮用水源区、工业用水区、农业用水区、渔业用水区、景观娱乐用水区、过渡区、排污控制区七类。全国一、二级水功能区合并总计为 4493 个，涉及区划河长 17.8 万 km、区划湖库面积 4.3 万 km^2。81% 的水功能区水质目标确定为Ⅲ类或优于Ⅲ类。

目前，全国 31 个省级人民政府已批复实施了辖区水功能区划，加上国务院批复的《区划》。经过十多年的实践和探索，包括水功能区纳污能力核定及限排意见提出、入河排污口管理、水功能区达标评估等在内的全国水功能区监督管理体系已基本建立，在水资源保护工作中发挥了重要作用。

为实现国务院在《区划》批复中提出的“力争到 2020 年水功能区水质达标率达到 80%，到 2030 年水质基本达标”这一目标，水利部完成了全国

31个省（自治区、直辖市）的全国重要江河湖泊水功能区水质达标率控制指标分解工作，正在开展市、县两级指标分解，逐步建立完善的水功能区达标评价及考核体系，将进一步加强全国重要江河湖泊水功能区的监测能力建设，尽快实现全国重要江河湖泊水功能区监控全覆盖，强化入河排污口监管，严格入河排污口设置同意许可，加强水资源保护和水污染防治，提高水功能区达标率，促进水资源可持续利用。

链接

流域省区携手　共商黄河保护大计

水利部黄河水利委员会

2012年5月11日，黄河流域（片）水资源保护工作座谈会在郑州召开，标志着黄河流域（片）水资源保护工作即将全面铺开。

会议要求，流域机构和各省区要准确把握当前水资源保护工作的总体思路和工作目标，全面做好黄河流域（片）水资源保护各项工作。近期要着力抓好六方面的重点任务。一是要以落实国务院批复的《全国重要江河湖泊水功能区划》为重点，着力抓好水功能区限制纳污管理，进一步完善水功能区划和监督管理体系，做好流域水功能区达标率指标分解，完成重要水功能区纳污能力核定和分阶段限排工作，组织开展重要水功能区达标评估和综合治理。二是要强化入河排污口监督管理和科学指导，严格入河排污口设置审批，全面提高入河排污口监测能力和水平，尽快实现流域入河排污总量全面监控。三是要以饮用水水源地达标建设为重点，着力做好饮用水水源地保护工作。四是要以水生态系统保护与修复为重点，做好河湖健康评估试点工作。五是要以流域水资源保护规划为重点，做好流域水资源保护顶层设计，构建水资源保护管理体系和工程体系。六是要以水资源保护监控能力建设为重点，提高省界及重要水功能区监测覆盖率，尽快实现全覆盖。

同时提出，要进一步加强流域水资源保护工作的组织领导和全面保障。一要加强领导，突出重点。要把确立流域限制纳污红线工作列入中心工作日程，加强组织领导，确保工作部署到位、责任到位、措施到位、监督检查到位。要建立保障水资源管理与保护长效、稳定的投入机制，拓宽投资渠道。二要分级管理，加强协作。流域水资源保护工作涉及多个专业、多个部门，要结合流域特点，因地制宜，逐步建立和完善流域和区域相结合、多部门协作的工作机制和管理体制。三要增强能力，强化监管。要加强以省界缓冲区、重要水功能区、集中

链接

式饮用水水源地等为重点的水质水量监测能力建设。要进一步健全机构，确保与工作任务要求相适应。要强化水功能区和入河排污口监管，严格执法检查，对排污量超出水功能区限排总量的地区，限制审批新增取水和入河湖排污口。

2012 年节水型社会建设工作综述

水利部水资源司

一、节水型社会建设工作进展

2012 年，节水型社会建设围绕加快落实最严格水资源管理制度，以提高用水效率为主线，严格用水效率控制管理，强化节水制度建设，加强组织管理，推进节水专项行动，加大节水宣传教育力度，各项工作迈上新的台阶。

一是落实红线管理，严格效率控制。按照水利部实行最严格水资源管理制度工作总体要求，全面实施用水效率指标分解工作，组织制定万元工业增加值用水量、农田灌溉水有效利用系数两项控制指标的分解工作方案，与各省区进行多次协调，完成两项效率红线指标的省级分解工作。按照国家发展和改革委员会关于“十二五”规划纲要考核评价工作的要求，制定了万元工业增加值用水量和农田灌溉水有效利用系数两项规划指标考核实施方案，为实施规划考核奠定了工作基础。

二是完善节水制度，夯实管理基础。组织编制完成《用水定额编制技术导则》国家标准，制定火力发电、钢铁联合企业、石油炼制、纺织染整、造纸产品、啤酒、选煤、氧化铝生产、乙烯生产等九项取水定额国家标准和淋浴器、小便器和便器冲洗阀三项用水产品水效强制性国家标准，经国家标准委员会颁布，进一步健全了定额标准，初步建立了节水标准体系。围绕加快用水效率控制红线管理，组织起草了严格用水定额管理、加强计划用水管理、加强节水设施“三同时”管理等方面的规范性文件，力争尽快发布，推动节水管理规范化和制度化建设。

三是加强部门联合，开展专项行动。联合国家质量监督检验检疫总局部署开展了节水产品质量提升行动，针对节水产品主要生产集散地开展了调研检查，对水嘴、坐便器、输水管材等用水产品进行了国家监督抽查，围绕东北四省区节水增粮行动，对所采用的滴灌带和喷灌机进行了行业监督抽查。按照行动要求，国家质量监督检验检疫总局、水利部和全国节约用水办公室联合召开全国节水产品质量提升与推广普及会议，发布《关于加强节水产品质量提升与推广普及工作的指导意见》，印发《关于公布 2012 年 3 类节水产品质量国家监督抽查结果的公告》，通报了陶瓷片密封水嘴、陶瓷坐便器、PP－R塑料管材3类节水产品国家监督抽查结果，联合向国务院上报了《关于加强节水产品质量提升与推广普及工作的报告》。联合工业和信息化部印发《关于深入推进节水型企业建设工作的通知》，在钢铁、纺织染整、造纸、石油炼制等重点行业部署开展了节水型企业创建行动，召开全国节水型企业建设工作会议，要求各省水利、工业部门开展了节水型企业评审申报工作。联合国务院机关事务管理局启动了节水型公共机构创建工作。

四是加强组织指导，提升管理能力。组织举办节水型社会建设培训班，对100个全国试点的200名管理人员进行了业务培训。组织各流域机构和省级水行政主管部门完成第二批30个全国试点验收工作，29个全国试点通过验收。绝大部分试点地区在责任考核、制度建设、载体建设、宣传教育等多方面取得成效，起到很好的示范带动作用。组织长江流域、海河流域、淮河流域召开流域片全国试点经验交流会，总结交流了试点建设经验，进一步推进了流域片全国试点建设工作。

五是加大宣传教育，引导公众参与。组织完成中国节水大使续聘工作，以节水大使为平台，开展了节水公益宣传。联合教育部开展了学校节水宣传教育活动，评选了第一批11个全国中小学节水教育社会实践基地，对北京市80名老师进行了“节水辅导员”培训，组织编写了中小学节水宣传读物，组织创作了节水动画教育片《寻找水精灵》，联合举办了首发式，以通俗易懂的故事情节，加强节水社会公益宣传。

与实行最严格水资源管理制度工作要求相比，节水型社会建设还存在一定差距，主要表现为节水法规亟待健全，节水标准体系有待完善；节水型社会建设发展不平衡，部分地区对节水型社会建设重视程度还不够，一些地区还没有将节水型社会建设纳入政府考核体系，部门职责不够明确；节水规范化和社会化管理需要进一步加强，先进实用的高效节水技术开发和推广应用力度不够，缺乏节水科技创新的有效激励机制；节水宣传教育和社会监督力度有待进一步加强，鼓励公众参与节水型社会建设的机制还不完善。

二、下一步节水型社会建设工作措施

当前和今后一个时期，节水型社会建设将以生态文明建设为引导，紧密围绕加快落实最严格水资源管理制度工作，抓考核，抓制度，抓载体，抓宣传，全面推进农业、工业、服务业和城镇生活各行业节水工作。

一是按照最严格水资源管理制度考核工作总体部署，实施用水效率控制红线考核工作。以农田灌溉水有效利用系数和万元工业增加值用水量两项指标考核为依托，严格检查监督，推动各地区加强农业和工业两大行业节水管理工作，加快提升两大行业用水效率。

二是加快节水基础制度建设。加快重点工业行业取水定额标准制定工作，启动高耗水服务业节水技术规范和标准制定工作，进一步健全节水标准体系。加快节水立法步伐，加大与有关部门的协调，加快《节约用水条例》立法工作，力争尽快出台。以计划用水管理为重点，加快节水基础制度建设，出台计划用水管理、用水定额管理、节水设施“三同时”管理、水效标识管理等多项规范性文件，强化节水管理。

三是加强节水载体建设。继续联合工业和信息化部、国务院机关事务管理局、教育部等有关部门，推动节水型企业、节水型机关、节水型学校等节水载体创建工作，指导各行业加强节水管理。

四是严格节水型社会建设试点监督管理。继续抓好 100 个国家级试点和 200 个省级试点建设，完成第三批 40 个全国试点验收和第四批 18 个全国试点中期评估工作，组织全国和流域召开节水型社会建设经验交流会，总结交流建设经验，深入推进节水型社会建设工作。

五是全面开展节水宣传教育。继续做好第二批全国中小学节水教育社会实践基地评定工作，以教育基地为平台，组织开展学校节水宣传教育。组织中国节水大使开展节水公益宣传活动，制作以中国节水大使宣传节水为主要内容的公益电视广告，充分发挥中国节水大使在公众中的引导示范作用，加大节水社会宣传力度。

于伟东　刘永攀　张　腾　执笔

颜　勇　审核

专栏十二

2012年节水产品质量提升行动

水利部水资源司

2012年9月，水利部、国家质量监督检验检疫总局和全国节约用水办公室联合印发《关于开展节水产品质量提升行动的通知》，并于9月18日，在北京联合召开节水产品质量提升与推广普及工作会议，水利部副部长、全国节约用水办公室主任胡四一，国家质量监督检验检疫总局副局长魏传忠出席会议并讲话。会议总结了近年来的工作成效和经验，启动部署了节水产品质量提升行动相关工作。

节水产品质量提升行动主要包括两个方面，一是联合开展节水产品质量监督抽查，通过对节水产品主要生产集散地开展调研检查，对水嘴、坐便器、输水管材等用水产品进行国家监督抽查。二是围绕东北四省区节水增粮行动，针对所采用的滴灌带和喷灌机进行行业监督抽查。本次节水产品质量提升行动共抽查了460家企业的460种产品，有400种产品符合标准规定，检出60种产品部分项目不合格。

根据抽查情况，水利部、国家质量监督检验检疫总局和全国节约用水办公室联合印发了《关于公布2012年3类节水产品质量国家监督抽查结果的公告》。通报了陶瓷片密封水嘴、陶瓷坐便器、PP－R塑料管材3类节水产品国家监督抽查结果。150种陶瓷片密封水嘴抽查产品中有32种产品不符合标准的规定，160家企业生产的160种陶瓷坐便器抽查产品中有12种产品不符合标准的规定。150家企业生产的150种PP－R塑料管材的抽查产品中有16种产品不符合标准的规定。

为进一步深化本次节水产品质量提升行动成果，水利部、国家质量监督检验检疫总局和全国节约用水办公室联合发布《关于加强节水产品质量提升与推广普及的指导意见》，对今后一个时期节水产品质量提升与推广普及工作做出全面部署。强调要把促进节水产品质量提升和加大节水产品推广普及作为当前和今后一个时期落实最严格水资源管理制度的重要工作任务，为全面推进节水型社会建设提供技术支撑和保障。要求加强部门联动，建立实施节水产品质量提升与推广普及长效工作机制，水利、质监、节水三部门要督促节水产品生产企业落实质量主体责任，加快完善节水产品技术标准体系，加大生产企业产品质量监督执法力度，深入推进节水产品认证工作，研究建立用水产品水效标识管理制度，加快推动节水产品企业分类监管，加强节水产品企业质量诚信体系建设，抓好重点产品集聚区质量提升，大力推进节水产品推广普及示范工作，强化政策约束和引导作用，促进公众参与和加强宣传推广。

链接

制度框架导航——吐鲁番地区节水型社会建设

新疆维吾尔自治区水利厅

建设节水型社会，是解决新疆吐鲁番地区水资源短缺问题最根本、最有效的战略措施，其中制度建设是基础。

2011年9月，吐鲁番地区成立了节水型社会建设领导小组及办公室，领导小组针对吐鲁番地区制度建设现状、存在的问题，以及当前急需解决的问题，就如何构建地区制度建设的框架等做了深入研究。2012年6月19日，地区“四套班子”会议原则上通过了10项政策、制度，目前已由地委、行署批转、执行。

本次出台的10项政策、制度分别为：《关于吐鲁番地区最严格水资源管理的意见》、《吐鲁番地区节约用水管理办法》、《吐鲁番地区差别化水价制度》、《吐鲁番地区“关井退田”实施办法》、《吐鲁番地区进一步加强工业节水建设的意见》、《吐鲁番地区城市节水工作实施方案》、《吐鲁番地区创建节水型单位实施办法》、《吐鲁番地区创建节水型家庭实施办法》、《吐鲁番地区农民用水户协会章程》、《吐鲁番地区节水型社会建设目标责任考核办法》。

10项政策、制度的出台实施，对于加快吐鲁番地区节水型社会建设，促进吐鲁番地区水资源可持续利用和经济、社会、环境的协调发展等，将起到重要的支撑作用。

城市污水处理回用发展现状及近期工作重点

水利部水资源司

污水处理回用是缓解城市水资源供需矛盾、防治水体污染、实现水资源循环利用、促进水资源节约与保护的重要手段，是落实最严格水资源管理制度“三条红线”的重要抓手。2011 年中央 1 号文件《中共中央 国务院关于加快水利改革发展的决定》明确提出要“大力推进污水处理和中水回用”。2012 年《国务院关于实行最严格水资源管理制度的意见》提出鼓励并积极发展污水处理回用，逐步提高城市污水处理回用比例。贯彻落实中央精神，按照“指导城市污水处理回用等非传统水资源开发”的职能要求，水利部高度重视、积极推进城市污水处理回用工作，取得明显进展及成效。

一、已开展工作

开展现状调查。组织全国 31 个省、自治区、直辖市以及 286 个地级以上城市和 1607 个县级市（县城）上报城市污水处理回用设施、回用量、回用水价，以及相关政策等方面的资料，并组织开展城市污水处理回用政策、规划、技术等方面的调查工作，初步摸清了我国城市污水处理回用现状及行业发展影响因素。

建立信息上报和信息发布制度。汇总整理全国城市（县城）年度省市污水处理回用设施建设、生产能力、回用方向及回用量等相关数据信息，并纳入水务管理年报。

研究出台相关政策。印发《水利部关于加强城市污水处理回用工作的通知》、《深化水务管理体制改革指导意见》、《水利部关于加强城市水利工作的若干意见》等指导性文件，进一步明确了城市污水处理回用工作的重要性，提出将城市污水处理回用纳入区域水资源统一配置，并要求建立健全城市污水处理回用运行机制，强化城市污水处理回用工作保障措施；协助国家发展和改革委员会出台再生水厂免征增值税政策；启动《城市污水处理回用条例》编制工作，研究城市污水处理回用的管理制度框架、价格形成机制、设施建设“以奖代补”政策，积极推进相应政策文件出台。

制定管理制度框架。从“政府管理和监督”、“再生水生产与输配”、“再生水使用”等方面构建城市污水处理回用管理制度框架。

明确城市污水处理回用指标。研究将城市污水处理回用率作为最严格水资源管理制度的评价指标，纳入用水效率控制指标体系；研究确定全国“十二五”城市污水处理回用率指标。

启动规划相关工作。编制完成了《城市污水处理回用发展规划（2012—2014年）》，提出构建城市污水处理回用政策法规与制度、技术集成与推广、规划与示范工程的“三大体系”战略构想；进行规划指标研究，提出规划数据库建设方案，制订城市污水处理回用规划编制技术大纲，开展城市污水处理回用规划前期工作。

推动标准化建设工作。组织对再生水水质标准进行修订，形成《再生水资源质量标准》，并拟提升至国标，进一步加强再生水水质管理；研究编制城市污水处理回用安全利用技术和管理规程，促进再生水安全利用。

开展技术集成及推广研究。以水资源配置和再生水水质标准为核心，以回用工艺适应性、经济性、安全性相统一为原则，以满足用户需求为目标，以水质为关键因子，围绕城市污水处理回用安全、工艺、标准、配置4方面开展相关研究。目前已取得各类科研成果近30项，为今后制定再生水政策和标准、编制再生水规划奠定了良好的科研基础。

开展行业培训和宣传工作。在城市污水处理回用管理、规划和技术方面，举办了4期全国培训班，培训各类骨干近600人，提高水利行业管理者对再生水的认知能力；编制《再生水技术宣传手册》和《再生水利用手册》，普及再生水利用基础知识，提高全社会对再生水的认识和接受程度。

二、城市污水处理回用现状及存在问题

（一）现状

回用状况及成效。2010年，全国城市（县城）再生水厂343座，再生水生产能力1967万m^3/d，再生水管道总长5519km，年污水处理回用量28.3亿m^3，较2007年增加65%，再生水替代传统水资源量占城市年用水量比例已由2007年的3%增加到5%以上。城市污水处理回用主要用于景观环境、工业生产、农林牧业、城市非饮用水和地下水回灌，各类用水所占回用量的比重分别为42.1%、29.6%、23.0%、4.6%、0.7%，2010年污水处理回用率由2007年的7.6%增加到11.6%，有效地促进了水资源利用效率的提高，并减少了排入水体的污水，降低了对城市水环境的负面影响。北京市自2007年

已将再生水纳入了城市水资源配置体系，再生水成为保障城市供水的重要水源。

政策法规与管理制度。据不完全统计，截至 2010 年底，全国共计颁布 98 项地方法规、政府规章与规范性文件，包括 8 项省级法规、6 项省级政府规章、52 项省级规范性文件、11 项地市级法规、11 项地市级政府规章、10 项地市级规范性文件颁布。

规划与投资。截至 2010 年，全国共有 20 个省（自治区、直辖市）、55 个市（县）编制了与城市污水处理回用相关的规划，如《北京市"十一五"再生水利用规划》、《西安市城市污水再生利用规划（2008—2020 年）》、《深圳市再生水布局规划》等。"十一五"期间，全国再生水项目投资额达 101.6 亿元，其中再生水设施建设项目投资为 42.1 亿元，再生水管网项目投资为 6.2 亿元，再生水与管网一体化项目投资为 53.3 亿元。

再生水价格。截至 2010 年，全国共有北京、天津等 18 个省（自治区、直辖市）的 32 个城市（县）建立了再生水定价机制，制定了再生水价格。多数城市再生水实行分类水价，部分城市实行单一水价，再生水价格主要集中在 1 ~1.5 元/m^3 之间。

（二）存在问题

城市污水处理回用水平总体较低，区域发展不均衡。目前全国城市污水处理回用量不到污水处理量的 12%，与国际先进水平尚有一定差距，且区域间发展不均衡，总体来看呈现出"北方快南方慢、经济发达地区快经济落后地区慢，水资源紧缺地区快水资源丰沛地区慢"的特点。仅华北地区再生水利用量就占全国 47.2%，污水处理回用率可达 16.1%，而南方地区再生水利用量仅占全国 32.1%，污水处理回用率仅为 5.1%。

再生水厂数量不足，管网建设滞后。目前我国拥有再生水厂的城市不及全国污水处理回用调查城市（县城）总数的 18%，只有北京、山东等 8 省（直辖市）的再生水厂数量多于 10 座，数量明显不足。同时每座再生水厂管网长度仅有 16.1km，管网覆盖面不能满足再生水用户的需求。

水价差小，难以吸引用户积极使用。目前，我国城市自来水价格总体偏低，特别是在一些南方城市自来水价格与回用水价格基本相当，使得再生水不具价格优势，难以形成市场需求。

财政扶持不足，企业经营压力大。在再生水厂网建设方面，建设资金主要依赖企业自筹，财政投入较少，造成设施建设缓慢；在生产经营方面，再生水企业运行成本达 1 ~4 元/t，而再生水价格仅 1 ~1.5 元/t，由于各地尚未普遍建立针对性的财政补助机制，再生水企业收入大多难以补偿运营成本。

再生水水质保障须提高，水质标准待完善。尽管再生水工艺技术日趋完善，但由于受自然条件、进水水质变化、经济成本及管理水平等因素影响，从各地实践看，不同工艺处理的再生水水质不同，不同工艺技术在不同地区适用程度存在差异，在加上监管能力水平的差异，目前再生水水质保障水平和能力需进一步提高。同时，由于不同用户对水质的要求也不同，单一的水质标准很难满足实际运营管理安全性、经济性的需要，现有标准、规范体系有待进一步完善。

社会认识不足，公众参与度低。由于宣传教育等原因，目前各级政府和社会对城市污水处理回用工作认识还未完全到位。重视程度不足，公众参与度低，也在很大程度上限制了行业的发展。

三、城市污水处理回用发展的经验

政府的重视和支持是推动城市污水处理回用的首要因素。各级政府对城市污水处理回用的重视程度，直接影响着辖区城市污水处理回用发展的速度和质量，从而影响回用的规划、项目建设、投融资体制以至政策导向。目前城市污水处理回用发展较快的城市均与当地政府的重视和大力支持密切相关，如《昆明市城市再生水利用专项资金补助实施办法》明确了实际财政建立再生水利用专项资金，并给予再生水设施建设主体相应的资金补助，按照实际处理量对运行管理单位进行资金补助。

规划的制定和实施是推动城市污水处理回用的关键导向。合理可行的城市污水处理回用规划提出了发展目标、模式、途径和措施，尤其是将城市污水处理回用规划纳入地区社会经济发展规划，进一步强化城市污水处理回用在水资源配置中的作用，对推动城市污水处理回用将起到十分重要的作用。

理顺管理体制是推动城市污水处理回用的体制保障。北京、深圳、昆明等是已经实现城市水务一体化管理，明确了从源头水到末端水的统一管理，实现了城市污水处理与回用的有序发展。

政策制度体系的完善是推动城市污水处理回用的重要支撑。目前城市污水处理回用工作推进较好的城市，政策法规体系相对完善，如天津和宁波率先在全国出台了地方性法规，北京和深圳等城市陆续出台地方政府规章和规范性文件，昆明出台了全国首部针对城市污水处理回用鼓励政策，对促进城市污水处理回用工作奠定了良好的基础。

投融资模式的创新是促进城市污水处理回用的资金保障。天津、呼和浩特组建了水务集团作为城市污水处理回用的政府融资平台，深圳采用BOT模式，促进了城市污水处理回用设施建设。

加强宣传教育是普及城市污水处理回用的重要手段。从国内外污水处理回用的发展状况看，城市污水处理回用发展较好的地区十分注重对水资源保护与再生水利用的宣传教育，通过媒体、公益活动、博物馆等方式普及再生水知识，提高公众对再生水的认知及接受水平。

四、近期重点工作

（一）总体目标

综合运用法律、政策、经济、工程、技术等手段，形成较为完善的城市污水处理回用政策法规与制度体系，将城市污水处理回用纳入水资源规划和配置体系，逐步提升城市污水处理回用技术保障体系，实现城市污水处理回用量快速增长，满足最严格水资源管理要求。

（二）主要任务

构建城市污水处理回用政策法规与制度体系，研究制定相关鼓励政策，加快推进污水处理回用市场培育；逐步完善相关法规制度，规范行业行为，保障行业健康发展。

构建城市污水处理回用技术集成与推广体系。推动污水处理回用技术系统化、规范化、标准化集成，推广技术成果，指导技术应用，为供水安全提供技术保障。

构建城市污水处理回用规划与示范工程体系。实现以再生水配置为核心、以地方规划为基础、以综合措施为保障，多层次、全覆盖的城市污水处理回用规划体系；通过开展试点示范建设，充分利用示范区和示范工程的带动作用，推进城市污水处理回用有序发展。

（三）重点工作

研究制定扶持行业发展的政策。制定操作性强的优惠政策和扶持措施，如优惠电价政策、税费减免政策、土地使用政策、财政补贴政策和投融资扶持政策等。通过政策引导，提高各级政府和企业积极性，加大行业投入，促进城市污水处理回用设施建设。

加强政府引导。加大再生水在水资源配置中的比例，将城市污水处理回用工程纳入水资源配置工程体系，在进行水资源论证和取水许可审批时，优先考虑使用再生水源。加快编制全国城市污水处理回用规划，构建并初步形成国家、省、地市三级规划层次，确定不同区域污水处理回用的目标、重点任务和实施计划。建立合理的再生水定价机制，分类建立再生水价格体系，完善再生水与自来水合理的价格关系，建立再生水价格与常规水价的联动机制，突出再生水价格优势，引导再生水在不同行业扩大用量，促进水资源保护。

初步建立城市污水处理回用的法规体系。论证《城市污水处理回用条例》并争取早日出台，研究制订《再生水价格管理办法》、《城市污水处理回用安全监督管理办法》、《城市污水处理回用特许经营管理办法》、《再生水水质监测管理办法》等规章。

基本建立城市污水处理回用管理制度体系。一是建立城市污水处理回用的政府管理与监督相关制度，研究制订城市污水处理回用市场准入制度、特许经营制度、安全监管制度、安全责任制度、突发事件应急管理制度、项目建设跟踪评估制度等。二是建立城市再生水设施建设与生产管理制度，研究制订城市污水处理回用设施建设管理与运营管护制度等。三是建立城市再生水使用管理制度。修订再生水水质标准，研究制订再生水水质检测与监测管理制度、再生水使用安全保障制度、再生水信息统计与发布制度等。

加强技术研发与推广。推动城市污水处理回用关键技术的研究与成果应用推广，技术设备集成和示范工程建设；针对不同区域特征、不同水质要求提出推荐工艺，实现技术推广。编制再生水指南，对再生水从设施建设、处理工艺选择、水质要求、安全监管等方面进行指导。

开展试点与示范区建设。通过试点城市与示范区建设，探索城市污水处理回用发展方向，积累工作经验，为推动全国城市污水处理回用工作的顺利开展做好先行先试。

大力开展宣传教育和培训。通过媒体公益广告、宣传品发放、展览展出、校园互动等方式开展城市污水处理回用的科普宣传，广泛深入宣传城市污水处理回用知识。举办不同层次、不同内容的培训，提高政府主管部门、行业单位相关人员再生水专业知识水平和管理科研能力。

田　琦　曲　炜　执笔
程晓冰　审稿

建设与管理篇

2012 年水利建设与管理工作综述

水利部建设与管理司

一、2012 年水利建设与管理工作取得突出成效

（一）如期完成病险水库除险加固目标任务

2012 年是完成全国 5400 座重点小（1）型病险水库除险加固目标任务的收官之年。一年来，依靠有效工作机制，通过加强组织协调、落实目标责任、狠抓进度质量，进一步加大了除险加固工作力度。一是加强组织领导，印发《关于确保如期完成重点小型病险水库除险加固目标任务的通知》，召开进度推进会等，对各地除险加固工作进行全面部署。二是开展专项检查，制定 2012 年春季专项检查工作方案，组织 28 个检查组对各地除险加固工作进行检查，对进度滞后的 7 省区分别下发整改通知。三是强化工作督导，采取电话催办、发文督办、现场督导、倒排工期、节点控制等办法，逐省检查指导、逐库督导落实，督促加快建设进度。四是加强动态跟踪，做好信息报送，对各地进展情况实行年度考核、实时监控、排序公告、定期通报，有效促进了工程建设。在各地共同努力下，5400 座重点小（1）型规划项目如期全面完工，向党中央、国务院交上了一份满意答卷。同时，15891 座重点小（2）型病险水库除险加固工作进展顺利，质量总体良好。

（二）做好 2011 年中央 1 号文件贯彻落实情况的监督检查

2012 年中央把水利改革发展作为加快转变经济发展方式监督检查的四个重点领域之一，水利部把水利工程建设领域突出问题专项治理、加快转变经济发展方式监督检查、监察部与水利部联合监督检查和各类专项检查、稽察有机结合，完善“四位一体”监督检查机制，配合做好中央领导小组 12 个检查组对 21 省区的集中检查；组织召开视频会议，贯彻中央精神，部署整改落实；建立监督检查通报制度，督促各地整改，向国务院报送《关于中央加快转变经济发展方式监督检查发现问题整改情况的报告》，有力推动了 2011 年中央 1 号文件政策措施贯彻落实和大规模水利建设顺利实施。

（三）大规模水利建设取得明显进展

针对大规模水利建设特点，出台建设与管理指导意见、东北四省区节水

增粮项目建设管理体制指导意见等，积极推行以县为单元组建项目法人实行集中建设管理、打捆招标等模式，创新建管机制，全国有一半以上的县组建了集中建设管理项目法人；切实加强对大规模水利建设组织、指导和监管，在组织做好面上民生水利建设的同时，指导推进江河治理等重点工程建设，云南小中甸、安徽青弋江分洪道、山西大水网中部引黄、湖南涔天河等一大批关乎国计民生的重点工程相继开工建设，江西峡江、辽宁青山实现截流，广东乐昌峡、云南牛栏江—滇池补水德泽水库下闸蓄水；四川武都、吉林老龙口并网发电，西藏旁多、贵州黔中、四川亭子口进展顺利；天津永定新河治理一期工程等通过竣工验收；加强对霍尔果斯工程协调指导，保证国际河流建设项目顺利实施。

（四）水利工程建设领域突出问题专项治理深入推进

一是印发工作要点，周密组织部署，有序推进治理工作，全国水利行业累计排查项目 29095 个，发现问题 12402 个，绝大部分问题得到整改。二是开展挂靠借用资质、违规出借资质专项清理，促进建设市场规范有序。三是完成水利工程建设领域廉政风险防控机制建设研究编制工作，印发《水利行业廉政风险防控手册（工程建设管理分册）》。四是加强项目信息公开和诚信体系建设，累计发布近 2000 个从业单位、16 万多名从业人员信用信息，公开曝光近 200 个市场主体不良行为记录，有效保障了大规模水利建设“四个安全”。作为国家部委代表，在监察部召开的专题会上做了典型发言。

（五）水利工程管理体制改革进一步深化

一是巩固深化国有水管单位改革，督促各地落实两项经费、稳定经费渠道。二是积极推进小型水利工程管理体制改革，组织制定《深化小型水利工程管理体制改革的指导意见》，着力建立适应我国国情、水情与农村经济社会发展要求的小型水利工程管理体制和良性运行机制。三是制定印发《中央财政补助中西部地区、贫困地区公益性水利工程维修养护经费使用管理暂行办法实施细则》，加强项目实施管理，建立中央财政补助机制。

（六）水利工程建设市场监管成效突出

一是切实加强质量监管，专门召开全国水利建设质量管理工作会议，完善质量管理规章，健全质量管理体系，强化质量检测，推动水利系统质量管理工作。二是组织招标投标法规清理，强化市场主体监管。三是开展预防坍塌事故专项整治，组织在建工程安全度汛检查，有效保障了工程建设质量和施工安全，全年未发生重特大质量安全事故。四是积极推进水利工程招标投标进入公共资源交易市场，在各部委中率先出台指导意见，被中央工程治理领导小组向全国转发；截至目前全国已有 28 省区 1.5 万多个项目 1700 多亿元水利投资进场交易，促进了招投标公开透明，得到中央工程治理领导小组充分肯定。

（七）水利工程运行管理进一步规范

一是组织开展全国水库安全隐患排查治理。二是组织对 11 省区 41 座水库运行管理进行督察，对 22 个国家一级水管单位进行考核验收，促进工程管理的规范化、制度化、现代化。三是落实大坝安全责任制，公布 540 座大型水库安全责任人，逐库落实政府责任人、水库主管部门责任人和管理单位责任人。四是印发《水库调度规程编制导则》，指导各地编制水库调度规程和安全管理应急预案，强化工程应急管理和科学调度，不断提升工程管理水平，有效保障了工程安全运行和充分发挥效益。同时，积极协调做好三峡水库验收、调度规程编制和南水北调东中线运行管理体制等相关工作。

（八）河湖管理持续强化

一是开展全国河湖管理执法大检查，进一步“摸清情况，严格执法，提高了水利系统加强河道社会管理的意识”。二是规范涉河建设项目管理，组织对黄河和广东、江西、湖南等地非法采砂和涉河建设项目进行现场调查，逐项督促整改，加强侵占河道、围垦湖泊等违法行为调查处理。三是加大对河道非法采砂整治和打击力度，与交通运输部联合下发通知、召开专门会议，共同组织开展“长江河道采砂规范管理年”活动；开展淮河流域河道采砂整治回头看活动，建立信息报送制度，巩固整治成果。同时，积极做好全国高

基层经验

江西鄱阳县：“黄金切割”切出采砂管理新思路

近年来，疯狂的非法采砂挖砂行为，打破了鄱阳湖的宁静，严重扰乱了社会秩序。2011 年，江西省鄱阳县县委、县政府出台河道采砂管理工作意见，用新思路，打组合拳，对采砂船只进行切割转产试点，即采取动员社会筹资、政府补贴等办法，引导、鼓励采砂船切割转产、转业，对采砂船转产实行目标管理，有计划、有步骤地消化过剩采砂船只。同时，对试点区域内拒不接受切割的采砂船舶，强行拖至指定地点，进行集中停靠管理。切割前，采砂船民提交申请表，并与乡镇政府、切割企事业单位签订协议书。切割公司按约定价格回收船体割铁，县政府按采砂船估算造价与割铁回收价差价的 30%，进行财政补贴。在切割工作中，根据自愿原则，优先安排切割转产的船民进入企业工作。群众得了实惠，政府买了安心。鄱阳县采砂船舶转产切割，为河道采砂管理提供了可借鉴的经验。

尔夫球场清理整顿工作和大运河申遗与保护相关工作，着力促进河湖功能永续利用，维护河湖健康生命。

二、全力做好2013年水利建设与管理重点工作

（一）全力抓好病险水库（水闸）除险加固

一是确保如期完成15891座全国重点小（2）型病险水库除险加固。强化工作措施，督促各地科学制定实施方案，保障15891座重点小（2）型项目全面开工，2013年汛前完成主体工程建设任务，年底完成投入使用验收或竣工验收。二是加快推进2.5万座一般小（2）型水库除险加固，督促各地完成年度工作任务。三是做好新出现大中型病险水库除险加固。对各地未纳入全国病险水库除险加固专项规划和近年来新出现的大中型病险水库，及时组织安全鉴定核查，尽快实施除险加固。四是全面启动大中型病险水闸除险加固。与国家发展和改革委员会联合印发《全国大中型病险水闸除险加固总体方案》、《病险水闸除险加固工程项目管理办法》，全面启动除险加固工作。

（二）着力做好中央加快转变经济发展方式监督检查和专项治理工作

一是进一步完善“四位一体”的监督检查工作机制，加大对2011年中央1号文件贯彻落实情况和大规模水利建设的监督检查力度；针对2012年中央转方式检查中发现的问题，督促有关地区做好整改落实，建立问题整改台账和整改进展报告制度，确保整改质量。二是进一步强化措施，加快推进水利建设项目招标投标进入公共资源交易市场交易工作，推动必须招标的水利工程2013年7月1日起全部进入公共资源交易市场招标投标。三是继续开展打击围标串标、挂靠借用资质投标、收取管理费出借资质等违法行为专项整治，适时开展重点抽查，推动水利建设市场进一步规范。四是做好工程建设领域守信激励和失信惩戒制度建设试点工作，探索建立水利工程建设市场守信激励和失信惩戒制度，优化水利工程建设领域信用环境。

（三）以质量安全效益为中心，加强工程建设管理

一是全面加强质量管理。颁布实施《水利工程质量管理规定》，出台《关于贯彻质量发展纲要提升水利工程质量的实施意见》，组织做好水利工程质量管理年活动，指导督促各地加强水利工程质量管理。二是加强在建工程组织协调。指导推进西藏旁多、贵州黔中、四川亭子口、海南红岭等重点工程建设；印发《进一步治理淮河工程建设管理若干规定》，保证新一轮治淮建设顺利实施。三是完成山西万家寨引黄、安徽白莲崖、湖南皂市、黄河龙

口等工程竣工验收。四是要加强施工安全管理，强化水利工程建设安全生产监督管理和隐患排查，加大在建工程安全度汛检查力度，坚决防止重特大质量和安全事故发生。五是加强水利建设市场监管。做好水利水电施工、监理、质量检测单位资质的审核审批工作，加快培育水利建设市场主体，适应大规模水利工程建设需要；严格市场准入，加强动态监管，规范市场秩序。

（四）深入推进水管体制改革，强化工程运行管理

一是深化国有水利工程管理体制改革。督促各地足额落实两项经费，稳定经费渠道，深化内部改革，推进管养分离。二是深化小型水利工程管理体制改革。加强与财政部沟通协调，尽快印发改革指导意见，及时部署推进改革工作。三是认真做好中央财政补助中西部地区、贫困地区公益性工程维修养护经费相关工作。配合财政部做好2013年度中央补助资金预算下达、项目实施计划合规性审核、项目管理情况监督检查等工作。四是加强水利工程运行管理和科学调度。继续做好水库运行管理督查，积极推进水利工程管理考核；向社会公告全国大型水库大坝安全责任人，编制大坝安全管理应急预案，组织开展水库安全隐患排查治理；指导各地编制水库调度规程，保障工程运行安全、充分发挥效益；制定实施方案，组织开展水库清淤试点工作，延长水库使用寿命。

基层经验

海河水利委员会清河河务局：
四人小单位的管理经——承包到户，联手管堤

2011年12月，海河水利委员会漳卫南运河管理局清河河务局一跃成为国家级水利工程管理单位。这个4个人的科级水管单位，用小工程做出了大文章。2003年，清河河务局积极尝试，在漳卫南局率先实行堤防树木公开拍卖。随后，选择有经济基础、有劳动力、有威望的沿河村民承包堤防，按照统一的标准规范化种植。建得好更要管得好，在堤防绿化承包户中，清河河务局从中择优选取1~2个家庭，作为堤防水政工作联系户，边养护树木，边看守堤防。清河河务局还与当地公安部门联合，组建了堤防治安巡逻队，配合日常巡查，严厉查处和打击水事违法行为。清河河务局一方面将细节优化意识贯穿于养护工作各个环节，另一方面，又以创新为理念，强化现代化管理，积极引进新技术、新产品和新设备。4个人干出了一番大事业。

（五）加强河湖管理工作，促进生态文明建设

一是组织召开全国河湖管理工作座谈会，制定印发《水利部关于加强河湖管理工作的指导意见》，进一步加强全国河湖管理。二是组织做好《全国

重点河段（湖泊）岸线利用管理规划》和《全国江河重要河道采砂管理规划》发布和实施工作，为河湖水域岸线和河道采砂管理提供科学依据。同时，加强对中小河流治理工作的指导，做好中小河流整治建设与管护工作，防止非法侵占河道的违法违规行为发生。三是进一步强化河道管理范围内建设项目监督检查，严格涉河建设项目的审查审批，继续实施流域审批涉河建设项目公示制度，坚决防止非法侵占河道的违法违规行为发生。四是进一步加强河道采砂管理，保持对河道非法采砂的高压严打，适时组织对重要江河、重点水域河道非法采砂实行专项打击行动，深化长江河道采砂管理两部合作机制，巩固长江、淮河等河道采砂治理成果，确保大江大河河道采砂有序可控，保障河道防洪安全和河势稳定，为生态文明建设做出贡献。

李春明　执笔

孙继昌　审核

专栏十三

2012 年重点水利工程建设情况

水利部建设与管理司

重点水利工程建设进展顺利。治淮 19 项骨干工程全面建成，其中 13 项完成竣工验收，5 项工程全面完成，行蓄洪区安全建设工程已批项目基本完成。新一轮治淮、治太建设开始实施，太湖流域水环境综合治理走马塘拓浚延伸工程全线通水。长江中下游河势控制及重点河段崩岸治理深入开展，黄河标准化堤防建设稳步推进，洞庭湖、鄱阳湖近期治理项目加快实施，永定新河治理一期通过竣工验收。塔里木河治理深入推进，石羊河流域综合治理近期目标基本实现。宁夏扶贫扬黄灌溉一期工程全面建成，甘肃引洮供水一期加快推进，云南“润滇”、重庆“泽渝”、四川“兴蜀”、贵州“滋黔”等西南中型水库建设进展顺利。安徽白莲崖、黄河龙口、浙江合溪、云南青山嘴投入初期运行并发挥效益，四川武都、吉林哈达山、新疆下坂地机组全部并网发电，广东乐昌峡、江西山口岩、云南牛栏江—滇池补水德泽水库下闸蓄水。安徽青弋江分洪道、湖南涔天河水库扩建、云南小中甸水利枢纽、山西大水网中部引黄等工程开工、奠基，江西峡江、辽宁青山实现截流，西藏旁多、贵州黔中、四川亭子口建设进展顺利。

链接

加快建设骨干工程　再造一个都江堰灌区

四川省水利厅

2012年，四川省围绕“再造一个都江堰灌区”核心目标，以规划为龙头，以项目为抓手，加快推进大中型重点骨干水利工程建设，取得了明显成效。

一抓规划布局。编制完成《渠江流域防洪规划》，进一步优化渠江流域水利发展布局，增强该区域抗御洪涝灾害能力；编制完成《成都经济区水资源配置规划》，实施“西水东调，北水南补”，确保从根本上满足成都经济区及天府新区长远发展水资源需求。

二抓项目审批。落实工作责任，及时协调解决具体问题，加快项目前期工作进程。加快审批进程，按照“简化程序、提高效率”原则，优化设计审批流程，具体项目尽量下放审批。2012年，开工大中型水利工程项目11处。目前，全省在建大中型水利项目达50多处。

三抓资金保障。积极落实中央投入，力争纳入规划的项目尽早开工，中央常规投入实现跳跃增长；认真落实地方投入，严格履行地方投入承诺，土地出让收益、地方水利建设基金等政策得到落实，省级水利投入大幅增长；拓展投融资渠道，采取扩大财政贴息规模等措施吸引社会资金，整合涉农项目资金用于农田水利建设，地方水利投入成倍增长。2012年，全省共落实水利建设资金312亿元，比上年增长45%。

四抓建设管理。强化责任落实，省政府与各市州政府签订责任书，把重点水利工程建设纳入年度工作考核，实行效能问责。强化设计质量，加强对设计单位的市场行为、成果质量、主体信用等行业管理，确保设计成果必须达到规定的设计深度和质量。强化部门协调，积极落实项目要件，切实解决征地拆迁等影响建设的突出问题。加大督察力度，加强对项目建设各个环节监管，对存在的突出问题，采取通报、约谈等方式督促整改；邀请人大代表、政协委员视察水利，开展专项调研和督察，促进工作开展。

专栏十四

全国重点小（1）型病险水库除险加固工作进展情况

水利部建设与管理司

2012年是完成5400座重点小（1）型病险水库除险加固的最后一年，也是推进15891座重点小（2）型病险水库除险加固的关键一年。水利部、财政部密切配合，加强协作，强化督导，采取有力措施，确保病险水库除险加固进度和建设质量。一是组织年度考核。2012年2—3月，水利部组织对2011年度全国病险水库除险加固工作进行年度考核，经指标评分、检查评分和稽察评分，并在逐一复核、合理性分析后，将考核结果通报全国。二是开展春季检查。2012年3—4月，组织开展2012年度春季全国病险水库除险加固专项检查。专项检查共组织138人（次），组成28个检查组，召开58场座谈会，现场检查154个项目，涉及61个市（州）的89个县（市）。对检查中发现建设进度严重滞后、地方资金缺口较大、建设管理问题多、存在质量问题与安全隐患的湖南、河南等7省区，分别下发了专项检查整改通知。有关整改工作已全部落实。三是加强工作督导。为加快除险加固进度，水利部采取电话催办、发文督办、现场督导等方式，督促有关地方采取措施加快建设进度。9月11日，召开加快重点水利项目建设进度会议，推动包括病险水库除险加固在内的重点水利项目建设；9月下旬，组织检查组赴黑龙江督导重点水利项目建设进度；10月中旬，按照病险水库除险加固对口指导监督检查机制，组织机关各司局对所负责的省区进行了一次重点小（1）型病险水库除险加固督促检查；10月下旬，组织检查组对湖南省包括病险水库除险加固在内的重点水利项目进行督促检查。11月20日，组织有未完工项目的5省区水利厅负责同志召开座谈会，逐库分析原因，研究如期完成目标任务的对策措施。12月19日，现场督导江西省剩余的最后1座水库除险加固。四是做好项目调整。针对一些地方个别规划项目由于水库原有功能丧失等原因不再实施的情况，为保证规划总体目标不变，水利部会同财政部按照有关管理办法的规定，对部分地区重点小（1）型规划内项目进行了调整。目前，正开展重点小（2）型规划项目调整工作。五是抓好信息报送。坚持每半个月信息报告制度，要求各地将病险水库除险加固进展情况及时汇总上报，并根据情况适时进行通报和公告，确保了全国病险水库除险加固稳步推进。

在各方的共同努力下，截至2012年12月31日，新一轮5400座重点小（1）型病险水库除险加固项目全面完工或主体工程完工，并通过竣工验收或主体工程投入使用验收，累计完成投资229.9亿元，投资完成率90.3%。

专栏十五

《中央财政补助中西部地区、贫困地区公益性水利工程维修养护经费使用管理暂行办法》及《中央财政补助中西部地区、贫困地区公益性水利工程维修养护经费使用管理暂行办法实施细则》印发实施

水利部建设与管理司

按照2011年中央1号文件“中央财政对中西部地区、贫困地区公益性工程维修养护经费给予补助”的要求，2011年11月29日，财政部、水利部联合印发了《中央财政补助中西部地区、贫困地区公益性水利工程维修养护经费使用管理暂行办法》（以下简称《管理办法》），建立了中央财政补助中西部地区、贫困地区公益性水利工程维修养护资金（以下简称“中央补助资金”）的长效机制。12月22日，财政部从中央水利建设基金中拨付10亿元，专项用于公益性水利工程维修养护经费补助，正式启动了中央财政补助机制。2012年是中央补助资金具体实施的第一年，水利部强化措施，加强督导，全力推进中央补助资金项目管理。

一是制定细则，完善项目管理制度。为规范中央财政对中西部地区、贫困地区公益性水利工程维修养护经费补助项目实施计划的申报与审批，加强项目实施，强化监督检查，保障维修养护项目工程质量和资金安全，根据《管理办法》，组织研究制定了《中央财政补助中西部地区、贫困地区公益性水利工程维修养护经费使用管理暂行办法实施细则》（以下简称《实施细则》），并以水利部文件正式印发。《实施细则》对中央补助资金项目的申报与审批程序、项目组织实施、项目验收、监督检查等工作均做出具体规定，对中央补助资金的项目管理工作具有很强的指导作用。

二是加强宣贯，规范项目组织实施。4月24日，在四川成都召开中央补助资金项目管理座谈会，组织相关省（自治区、直辖市）水利厅工程管理部

门学习《管理办法》和《实施细则》，交流工作经验，研究存在的问题，部署下一步工作。11 月 5 日，在广西南宁召开专门会议，进一步强调中央补助机制的重要意义和作用，提出需着力做好的主要环节工作和保障措施。此外，还采取多种方式，督促地方加强项目管理，按规定推进项目实施与验收等。

三是强化督导，开展项目监督检查。为进一步规范各地项目管理工作，水利部研究制定并印发了《中央财政补助中西部地区、贫困地区公益性水利工程维修养护资金项目管理监督检查方案》，组织开展中央补助资金项目管理的监督检查。在各地开展项目自查的基础上，水利部派出 4 个检查组，对补助规模大、项目多、任务重的四川等 8 省区中央补助资金项目管理情况进行检查。

四是积极配合，做好项目预算下达。配合财政部审核汇总各地 2011 年度县级公益性水利工程维修养护经费落实情况，在此基础上研究确定各地中央补助资金预算的控制数，并及时下达各地，部署编报等额项目实施计划。针对各地报送的 2012 年度中央补助资金项目实施计划，依据《管理办法》、《实施细则》和相关的规定，组织专家对项目申报程序和内容完整性、项目范围和项目类别、项目维修养护内容、项目维修养护经费预算等方面进行了合规性审核，及时将审核结果提交财政部，确保补助资金预算正常下达。

专栏十六

水利建设领域突出问题专项治理开展情况

水利部建设与管理司

2012年，水利部按照中央关于治理工程建设领域突出问题工作的总体部署，创新监督检查方式，加大对重点环节突出问题的治理力度，进一步建立健全长效机制，水利工程专项治理工作取得显著成效，有力推动了水利改革发展。

面对水利改革发展面临的新形势和大规模水利建设提出的新挑战，水利部创新监督检查方式，把加快转变经济发展方式监督检查、建设领域突出问题专项治理工作、监察部水利部联合监督检查机制和日常检查、稽察有机结合，构建了“四位一体”的监督检查机制。既做好对2011年中央1号文件精神贯彻落实的综合检查，又做好对以民生水利建设项目为重点的水利建设项目的专项检查，形成了强大的监督检查合力，为各有关部门尽快出台相关配套政策、地方各级政府全面贯彻中央的决策部署、项目实施单位规范建设管理起到了重要的保障作用。

紧密结合水利实际，加大了对重点环节突出问题治理的工作力度。在招标投标环节，率先出台了《关于推进水利工程建设项目招标投标进入公共资源交易市场的指导意见》，全面推动水利建设项目招标投标进场交易工作，得到了中央工程治理领导小组的高度认可，水利部在全国公共资源交易市场建设工作推进会作了典型发言。2012年，进场交易的水利建设项目达15000余个，投资总额达1700多亿元。结合《招标投标法实施条例》的颁布施行，对现行水利工程招标投标管理规定进行了全面清理，启动了《水利工程招标投标管理规定》（水利部令第14号）的修订工作。在项目决策、前期工作、建设实施、质量安全、资金使用等环节也加大了治理力度，重点治理水利项目前期工作质量不高、基层项目法人组建不规范、质量安全管理责任不落实、配套资金不落实、资金使用不规范等突出问题。各级水利部门认真做好问题排查和整改落实工作，水利行业累计发现问题12402个，整改问题10975个，整改率达88.5%。

针对监督检查和排查中发现的普遍性问题，深入剖析原因，研究规律，强化源头治理，从制度层面建立长效防范机制。进一步健全水利工程建设领域关键环节法规制度，修编完成《水利工程质量管理规定》等部规章，加强对大规模民生水利工程建设的组织、指导和监管。积极推进水利工程建设项目信息公开和诚信体系建设，公布了近2000个从业单位、16万名从业人员的信用信息和近200个市场主体的不良行为记录，开展了水利建设市场主体的信用等级评价工作，积极运用信息，在黄委、淮委和安徽等5省区开展守信激励和失信惩戒制度建设试点工作。加强廉政风险防控机制建设，开展水利工程建设领域廉政风险防控机制的成果推广，对水利工程建设领域的权力运行实施全过程监督制约。

2012年水利移民工作综述

水利部水库移民开发局

一、2012年移民工作进展情况

（一）立足为大规模水利建设创造良好外部环境和社会和谐稳定的局面，突出加强检查指导工作，水利移民管理迈上了新台阶

随着2011年中央1号文件和中央水利工作会议精神的贯彻落实，新一轮大规模的水利建设带来大规模的建设征地和移民安置，根据这一形势和任务要求，及时调整工作思路，加大水利移民的监督指导工作。一是结合水利工程建设领域突出问题专项治理，开展了水利工程建设征地移民安置专项检查，在各省（自治区、直辖市）自查的同时组织到9个省的18个在建水利工程开展了重点检查，通过监督检查，进一步摸清了情况，梳理了问题，提出了对策；针对检查中发现的问题，研究起草了《关于加强水利工程移民安置工作的意见》，拟以部发文指导地方进一步做好移民安置工作。二是积极探索移民安置实施管理新途径，组织稽察专家对正在实施的黔中调水工程移民安置工作进行稽察，及时监控移民安置实施秩序，同时加强协调指导，到尼尔基、湖南皂市、新疆恰步其海、河南潘石头等水库调研，协调解决移民安置中存在的实际困难和问题。三是严格把好移民安置验收关，组织对辽宁石佛寺、安徽白莲崖水库移民安置进行竣工验收，对天津永定新河治理一期工程征迁工作进行验收，为工程竣工总体验收并投入运行创造了条件。四是积极参与前期工作，参与完成10个大中型水利工程移民安置规划大纲审批和移民安置规划审核工作，承办24个水利工程移民安置规划大纲审批或移民安置规划的审核文件起草工作，并将关口前移，提前介入，到广西大藤峡库区指导地方科学编制移民安置规划，不断提高前期工作质量。经过各方面的努力，水利移民搬迁安置工作满足了大规模水利工程建设的需要。

（二）立足贯彻好执行好《国务院关于完善大中型水库移民后期扶持政策的意见》和改善移民生产生活条件，突出加强监督管理工作，后扶政策落实取得了新成效

针对一部分水库移民生存环境恶劣、收入水平低、生活十分困难的实际，

坚持一手抓600元直补资金兑付工作，一手抓特困移民解困和重点水库移民遗留问题处理，突出加强水库移民后期扶持政策实施的监督管理工作。一是研究起草并由部际联席会议印发了《关于加强水库移民后期扶持政策实施监督检查工作的通知》，明确移民局负责移民稽察和内部审计工作的组织实施；全年组织完成全国92个县水库移民后期扶持稽察和内部审计工作，审计资金14亿元，共形成22份整改报告，提出159条整改意见；组织6个部际联席成员单位带队，对12个省区后期扶持政策实施5年来的情况进行全面督导；组织各地开展了政策实施监测评估工作。通过稽察、审计、督导和监测评估，形成了多层次的监督检查体系，促进后期扶持政策更加有效贯彻和执行。二是积极推进重点水库移民遗留问题处理工作，变移民上访为干部下访，深入河北潘家口、大黑汀、桃林口和河南陆浑4座水库库区做好维稳的同时，指导两省搞好移民遗留问题处理规划编制工作。根据规划中央将从结余资金中补助3亿多元，用于解决重点水库移民遗留问题处理。三是加强政策研究，组织完成了后期扶持基金（2012—2026年）征收使用规划研究报告，研究起草了后期扶持项目管理办法、稽察办法、内部审计办法。完成新建水库移民后期扶持人口核定工作，全国2011年度新增水库移民后期扶持人数11.4万人，全国水库移民后期扶持人口达到2393.5万人。四是积极推进水库移民特殊困难解困工作，配合国家发展和改革委员会狠抓湖南特困移民避险解困试点，摸索经验，探索路子；配合财政部修订颁布了《大中型水库移民后期扶持结余资金使用管理暂行办法》，使中央每年约有30亿元的结余资金用于解困工作；研究起草印发了《关于做好小型水库移民解困工作的通知》，对做好小型水库移民解困工作提出具体要求。目前，全国水库移民后期扶持政策实施各项工作有序开展，库区和移民安置区经济社会呈现快速发展的形势。

（三）立足长远性系统性考虑和夯实工作基础，突出制度建设和超前研究，政策法规建设取得新进展

一是针对土地法修订和农村集体土地征收补偿条例制定给水库移民安置工作带来的重大影响，提前启动新一轮移民条例修订准备工作，完成了移民条例执行情况评估工作和移民条例修订前期研究工作方案，组织力量到新疆、福建、贵州、四川等9个省区的19个水利水电工程进行实地调研，并对移民条例中涉及的15个重大专题进行研究，为下一步修订移民条例打下坚实基础。二是进一步完善移民政策法规体系，出台了《大中型水利水电工程移民安置验收管理暂行办法》，联合国家档案局和国家能源局印发了《水利水电工程移民档案管理办法》，该办法是第一个统一水利水电工程移民管理工作的移民条例配套法规标准。三是其他配套文件稳步推进。移民统计管理办法已形成送审稿，经过部长专题会议讨论；征地移民资金使用管理办法、移民资金内部审计管理办法、移民术语标准、移民安置验收规程、移民安置监督评估规程等均已完成征求意见，在作进一步修改完善。《大中型水库移民后期扶持规划编制规程》和《大中型水库库区和移民安置区基础设施建设和经济发展规划编制规程》已立项为水利行业标准，相关工作已全面展开。

（四）立足为系统服务和提升机构能力，突出抓好行业建设和维稳工作，服务保障能力有了新提高

一是行业建设不断深入。组织开展了移民信息化建设规划编制工作，后期扶持管理信息系统通过了水利部的竣工验收，指导地方做好信息系统省级分中心建设，明确了落实信息系统运行维护责任。二是培训和宣传力度不断加大，举办7期全国移民干部培训班，培训移民干部1200多人次。利用中国水利报社及水利部网站、水工程移民网等平台，加大宣传力度和频度，召开全国水库移民期刊通讯暨《水工程移民》杂志通讯员工作会议，完成4期《水工程移民》杂志的编辑发行。组织开展移民理论与实践征文活动，收到200多篇论文。举办首届全国水库移民系统“喜迎十八大，展示新成就”书法绘画摄影活动，评选出78件获奖作品和10个优秀组织单位。这些活动在行业中产生了很大影响。三是认真做好信访处理工作，全国移民信访形势总体好转。

二、2013年工作安排

（一）以全面建成小康社会为目标，突出抓好移民解困、移民增收和美丽家园建设工作

（1）突出抓好移民脱贫解困工作。一方面要针对特困移民存在的居住不安全、收入水平低、生产资料匮乏、生存条件恶劣等方面的问题，综合采取搬迁安置、设施完善、住房改造、生产扶持、培训就业等措施，统筹规划，分步实施，争取在2020年前基本解决水库移民突出问题；另一方面，要研究调整移民直补标准，健全移民社会保障体系，不断拓宽保障领域、提高保障水平、扩大保障范围，为广大移民群众脱贫解困奠定坚实的基础。

（2）突出抓好移民增收工作。要在继续加大农田水利、人畜饮水、乡村道路等基础设施建设，解决移民安居问题的同时，制定切实可行的水库移民增收计划，不断缩小差距，确保到2020年使全体移民与全国人民一道实现小康水平。具体抓好三方面的工作：一是加大库区产业扶持力度，支持库区和移民安置区积极发展区域特色产业，制定鼓励水库移民依托资源优势、每家每户都能开展的特色产业扶持政策措施；二是进一步加强对移民群众的生产技术和就业技能培训，组织制定切实可行的移民培训规划，使每一个移民家庭都有一名劳动力接受培训、熟练掌握一至二门实用技术和就业技能，促进移民就业增收；三是扩大移民增收途径，建立符合当地实际的农村合作组织，鼓励移民通过劳务输出、物业经济、土地林地流转、旅游服务业、农家乐等多种经营方式增加收入。

（3）突出抓好移民美丽家园建设。要按照党的十八大提出的生态文明建设、建设美丽中国和城乡一体化建设的总体要求，启动实施移民美丽家园建设行动。按照社会主义新农村建设和“一村一策、整村推进”的要求，因地制宜、因村制宜地研究制订科学合理的水库移民美丽家园建设行动方案，充分利用前期补偿补助和后期扶持政策，通过改善库区和移民安置区基础设施，改造移民住房条件，建设一批高起点、高标准的移民新村，不断提高移民安居环境。

（二）以打基础、抓管理、促规范为重点，全面加强各项工作的组织协调和监督检查工作

（1）切实加强水利移民监督管理工作。一是坚持关口前移，深入有关拟建大型水利枢纽工程库区调研，指导地方政府和设计单位认真开展实物指标调查工作、科学编制移民安置规划大纲和规划，切实提高前期工作深度，同时按照水利部对重大水利建设项目开展风险评估的规定，积极研究探索我局在水利项目前期社会稳定风险评估工作中的参与方式、程序和效果等。二是认真总结专项检查经验和成果，加强制度和体制机制建设，深入有关在建大型水利枢纽工程库区和移民安置区以及其他水利工程征迁区，开展实地调研，加强督促检查，协调解决问题，力争出台加强水利工程移民安置管理的意见。三是有计划地将水利部负责竣工验收的水利工程移民项目纳入移民安置稽察工作之中，加强实施过程监督管理。四是继续协调指做好皂市、龙口、百色、尼尔基等水库移民安置自验、初验和政府审计工作，适时组织开展专项验收，同时指导地方做好由地方组织验收的项目移民安置验收工作。

（2）深入推进后期扶持政策实施。一是完善后期扶持政策，抓紧研究出台后期扶持项目管理办法、生产开发项目管理意见和监测评估工作导则，研究制订应急补助资金申报审核机制，完成水库移民后期扶持基金（2012—2026 年）征收使用规划研究报告。二是尽快批复河北、辽宁两省重点水库移民遗留问题处理实施方案，督促指导河北、辽宁、河南等省做好实施工作，总结推广湖南特困移民脱贫解困试点经验，协调安排2012—2013年度中央解困补助资金。三是完成2012年度新建水库移民后期扶持人口核定工作。四是加大监督检查工作力度，做好后期扶持政策实施稽察、内部审计和监督实施力度，抓好监测评估工作，确保后扶政策实施管理规范、有序、安全。

（3）继续推进移民条例修订工作。要继续加强对征地制度改革和水库移民重大问题的研究，继续推进移民条例修订前期研究工作，及时上报水利部有关条例修订的文件、资料，研究提出应对征地制度改革的对策建议，协调完善有关政策法规。同时，要继续做好移民条例配套法规建设工作，加快移民统计管理办法、移民数据库表结构、移民安置验收规程、移民术语标准、移民安置稽察办法、内部审计办法以及资金使用管理办法等研究制定。

靳宏强　潘锡辉　执笔

唐传利　审核

水库移民后期扶持政策实施情况及取得的经验和成效

水利部水库移民开发局

新中国成立以来，全国兴建了一大批大中型水库，这些水库在防洪、发电、灌溉、供水、生态等方面发挥了巨大效益，与此同时产生了数以千万计的水库移民，他们为国家经济建设和社会发展做出了重要贡献。党中央、国务院历来重视水库移民工作，特别是改革开放以来，出台了一系列政策措施，加大对水库移民的前期补偿和后期扶持力度，不断改善移民生产生活条件，提高移民生活水平。2006年，国务院全面调整水库移民前期补偿补助和后期扶持政策，修订颁布了移民条例，出台了大中型水库移民后期扶持政策的意见，并召开第一次全国水库移民工作会议，水库移民工作进入了一个新时期。

当前，大中型水库后期扶持政策实施工作已经进入“巩固成果、规范管理、全面落实、扩大效果”的新阶段。总结前一阶段工作成效和工作经验，将进一步推动水库移民后期扶持政策实施工作的开展。

一、主要成效

六年来，各地认真贯彻落实党中央、国务院关于水库移民工作的决策部署，精心组织，周密安排，狠抓落实，水库移民后期扶持工作取得了显著成效，实现了国务院提出的“确保政策兑现、确保资金安全、确保社会稳定”的总体目标，受到了广大移民群众的普遍欢迎和衷心拥护。

（一）切实加快移民脱贫致富和库区经济社会发展步伐，为全面建设小康社会和社会主义新农村建设增添动力

后期扶持政策全面落实，通过资金直补和项目扶持、实用技术培训、劳动力就业转移，以及其他支农措施的实施，库区和移民安置区农村移民收入明显提高。据调查，农村移民人均纯收入占同期全国农村人均纯收入的比例由2004年的53%提高到2011年的76%，水库移民贫困人口大幅度下降。各地加大库区和移民安置区基础设施建设力度，既缓解了部分地方移民群众行路难、吃水难、就医难、上学难、住房差等问题，又为库区和移民安置区加

快脱贫致富和经济社会发展步伐带来了机遇，注入了活力，有些移民村组已成为当地社会主义新农村建设的示范村。

（二）有效维护了库区和移民安置区社会稳定，为构建社会主义和谐社会提供有力支撑

有关地方和单位认真贯彻落实移民条例，科学编制移民安置规划大纲和移民安置规划，切实加强移民安置管理，积极稳妥做好移民搬迁安置工作，移民生产生活条件不断改善，移民生活水平稳步提高。后期扶持政策实施后，不仅使领到后期扶持政策资金的移民感到满意，而且通过实施库区和移民安置区基础设施建设和经济发展规划，解决了一批历史遗留问题，让政策实施的连带影响群体也得到一定的实惠。许多地方移民群众通过送锦旗、牌匾、燃放鞭炮等方式表达感激和喜悦之情。新时期移民政策法规实施，进一步密切了干群关系，水库移民信访数量也持续下降，突发群体性上访事件明显减少，库区和移民安置区社会总体稳定，移民群众精神面貌大有改善，对发展前景信心增强。

（三）基本形成新时期水库移民工作体系，为不断创新移民工作体制机制奠定坚实基础

移民条例的修订和后期扶持政策的完善，促进了水库移民政策法规体系的进一步完善。在移民工作指导思想上，坚持以人为本，保障移民的合法权益，满足移民生存与发展的需求，坚持开发性移民的方针，前期补偿、补助和后期扶持相结合；在移民工作管理体制上，坚持中央统一制定政策、省级政府负总责，省级以下地方人民政府负责组织实施；在移民工作政策措施上，坚持统一标准，统筹兼顾、因地制宜确定移民安置方式和后期扶持方式，对移民安置和水库移民后期扶持实行全过程监督。这些政策措施和体制机制，是几十年来移民工作经验教训的系统总结，符合国情、民情和移民工作实际。

（四）稳步推进水利水电工程移民安置工作，促进新时期水利水电事业发展，为经济社会发展做出贡献

各地按照新时期水库移民政策法规的要求，积极探索移民安置模式，落实后期扶持政策，促进了水利水电事业发展。水利水电工程建设正在从“重工程、轻移民，重搬迁、轻安置”向“工程建设与移民安置、生态保护并重”转变。同时，通过政策实施，进一步摸清了水库移民的基本状况，找准了影响移民事业发展的瓶颈问题，形成了坚持以人为本的理念，提高了做好移民工作的共识，积累了做好新时期群众工作的宝贵经验，培养和锻炼了一批政策水平高、服务能力强的移民干部队伍。

二、基本经验

6年来，各地各部门认真落实水库移民政策法规，创造性开展工作，积累了许多宝贵经验，这些经验对进一步做好水库移民工作具有重要的借鉴意义。

第一，领导高度重视，各方协调配合，是做好水库移民工作的重要保证。中央领导同志多次作出重要批示，强调要认真贯彻落实水库移民政策法规，及时研究新情况、新问题，加大工作力度，做细致的工作，保持社会稳定，把好事办好。地方各级党委、政府把落实水库移民政策法规作为践行科学发展观、解决民生问题的一项重要工作，列入议事日程，精心组织，周密部署，狠抓落实。各有关部门通力协作配合，认真履行职责。各地健全机构，完善职能，加强能力建设，形成了政府领导主管、移民部门主抓、有关部门配合的移民工作新格局，这是水库移民工作平稳有序开展的重要保证。

第二，中央统一政策，地方政府负责，是做好水库移民工作的基本原则。水库移民工作涉及面广，政策性强，牵一发而动全身，直接关系到方方面面的切身利益，必须树立全国"一盘棋"的思想，由中央统一制定移民政策，以保持政策的统一性、连续性、稳定性和平衡性。同时，各地情况又千差万别，必须把做好水库移民工作的责任落实到省级政府，由省级政府按照中央统一政策要求，结合本地实际，制定工作方案，统一组织实施，统筹解决各种矛盾。实践证明，水库移民工作实行地方负总责，是行之有效的。

第三，坚持民主程序，公开透明，是做好水库移民工作的重要基础。在核定实物调查成果和后期扶持人口数量统计中，坚持走群众路线，坚持公开、公平、公正，实行阳光操作，主动接受群众监督；在确定移民安置方案和后期扶持方式中，按照自下而上、公开透明的要求，采取民主议事、发放征求意见表等方式，履行民主程序；在项目实施和资金管理中，始终尊重移民的主体地位，充分保障移民的知情权、参与权和监督权，保证移民资金真正用在移民群众身上。正是由于在水库移民工作的每一个环节，始终坚持群众参与、民主监督、公开透明，才赢得了移民群众的信任、理解和支持。

第四，严格执行政策，妥善化解矛盾，是做好水库移民工作的关键。各地在水库移民工作中，严格执行有关规定，决不允许突破政策界限，随意提高标准和扩大范围，建立严格的责任追究制度，严查弄虚作假等违规违纪行为。同时，各地统筹兼顾搬迁移民与安置区原住村民、水库移民和连带影响人群的利益关系，采取切实有效措施，化解不同群体之间的矛盾。一些地方还采取落实责任、结对帮扶、舆情引导、排查隐患等平安库区创建活动，为政策实施创造了良好的社会环境。

第五，层层落实责任，精心组织实施，是做好水库移民工作的有效措施。中央按照权责一致的原则，水库移民工作由省级政府负总责。各地通过逐级签订移民安置协议、落实目标责任书、开展百分考评等多种形式，将确保移民妥善安置、移民资金安全、社会和谐稳定的总体要求细化分解，层层落实到市、县、乡、村，落实到具体的单位和个人，形成一级抓一级、层层抓落实的工作局面。实践证明，只要责任到位、方案周密、措施得力，移民工作就能够顺利推进，取得比较好的效果。

针对政策实施工作出现的新情况、新问题，根据部际联席会议的决策部署，下一步，后期扶持政策实施工作要变“普惠制”为“普惠”和“突出重点”相结合，坚持“两手抓”，即一手抓后期扶持政策的全面落实，一手抓特殊困难水库移民和重点水库问题的解决，加快解决特困移民脱贫解困问题，大力开展美丽家园建设行动，全面实施水库移民增收计划，争取在2020年前基本解决水库移民突出问题，使水库移民与全国人民一道步入小康社会。

朱闽丰　靳宏强　执笔

唐传利　审核

链接

移民村 安居村 社会管理创新篇

河南省水利厅

为逐步提高移民村社会管理水平，立足于移民村村务民主管理创新、经济组织管理创新、社会服务管理创新，在河南省移民村探索建立村“两委”（移民村党支部、村委会）领导、“三会”（民主议事会、民主监事会、民事调解委员会）协调管理、社会组织（经济管理组织和物业公司等）广泛参与的新型移民村社会管理机制，并选择18个移民村作为试点率先启动实施。

一是创新村务民主管理。在移民村推行村“两委”领导下的民主议事会+民主监事会+民事调解委员会的移民村民主管理模式。民主议事会由村民民主选举产生，议事程序为：村党支部、村委会、村集体经济组织或党员、村民联名提出议题；“两委”班子对议题进行审议，形成初步方案；一般事项由民主议事会根据少数服从多数的原则讨论表决形成决议后报村“两委”研究审定，重大事项由民主议事会表决通过后，提交村民会议表决并形成决议。民主监事会主要是监督决策执行和财务收支等重大情况。同时，县乡驻（包）村干部参与民主监事会，监督监事会自身工作。通过民事调解委员会调解处理各类矛盾纠纷，实现“小事不出村、矛盾不上交”。

二是创新经济组织管理。因地制宜成立工业公司、农业公司和专业合作社等经济组织或专业协会，实施产业化经营，提高农业生产效益和移民进入市场的组织化程度，在产品的产、供、销方面发挥龙头作用，提高移民收入水平。坚持“一村一品”，每个移民村发展一个主导产业，增强市场竞争力；坚持让大多数人受益，项目和资金尽量扩大辐射面；坚持村级集体经济发展，探索集体经济发展的多种模式，增强带富能力，实现共同富裕。

三是创新社会服务管理。在各个移民村逐步成立物业公司，市场化运作，解决移民村基础设施管护、村级卫生管理、垃圾清运、污水处理、水费收缴、村容村貌整治、安全保卫等工作问题，实现有序管理、长效运行。

2012年水利安全生产监督管理工作综述

水利部安全监督司

按照党中央、国务院和水利部党组关于安全生产工作的各项决策部署，2012年水利安全生产工作以牢固树立科学发展安全发展理念，坚持预防为主、落实责任、依法治理，强化科技支撑、应急处置、基础建设（简称“一树立、三坚持、三强化”）为重点，围绕水利中心工作，继续深入扎实开展“安全生产年”活动，不断完善水利安全生产规章制度、加大监督检查和隐患排查治理力度、加强安全生产基础工作，全面落实水利安全生产各项责任与措施。2012年水利行业共发生15起生产安全死亡事故，死亡22人，其中发生较大事故2起，死亡6人；未发生重特大生产安全事故。与2011年发生的14起死亡事故、死亡26人（其中，较大事故3起，死亡13人）相比，事故起数上升1起，死亡人数下降4人。在水利投资大幅增长、大规模水利建设全面展开、中小河流治理和小型病险水库除险加固等水利工程加速推进，安全生产任务繁重的情况下，水利安全生产形势保持了持续稳定向好的态势。

一、2012年水利安全生产工作进展与成效

（一）牢固树立科学发展安全发展理念，扎实推进水利安全生产工作

2011年底，国务院出台了《关于坚持科学发展安全发展促进安全生产形势持续稳定好转的意见》（国发〔2011〕40号）和《安全生产“十二五”规划》（国办发〔2011〕47号），明确提出要坚持科学发展安全发展，并为今后一个时期的安全生产工作指明了重点和方向。2012年5月，全国水利安全监督工作会议首次召开，陈雷部长、矫勇副部长出席会议并讲话，全面总结了水利安全生产工作的成绩和经验，对新时期水利安全生产工作做出了全面部署，提出了明确要求。根据国务院有关文件精神，水利部制定印发了《关于贯彻落实〈国务院关于坚持科学发展安全发展促进安全生产形势持续稳定好转的意见〉进一步加强水利安全生产工作的实施意见》、《水利部贯彻落实安全生产“十二五”规划的实施意见》等一系列文件，提出了做好“十二

五”时期水利安全生产工作的目标要求、主要任务和重点内容，并为2012年水利安全生产工作作好部署。

（二）坚持突出监管重点，全力组织开展全国大型水库大坝安全调研工作

为全面了解和掌握全国大型水库大坝的安全管理状况，为进一步加强水库大坝安全管理提供决策支撑和依据，2012年5月，水利部与国家安全生产监督管理总局、国家电力监管委员会和国家能源局联合组织开展了全国大型水库大坝安全调研工作。调研主要内容包括对全国558座坝高超过30m的大型水库大坝工程进行问卷调查，并由四部委及相关行业专家60余人组成4个调研组，对其中的20座典型性工程和9家设计、监理、施工代表性单位进行现场调研。为加强水库大坝安全调研的组织领导和工作协调，成立了全国大型水库大坝安全调研工作协调小组，水利部矫勇副部长亲自担任组长，汪洪总工程师和其他三部委相关部门负责人担任副组长。在调研工作中，四部委就有关问题及时沟通、共同研究，水利部矫勇副部长、汪洪总工程师多次召开会议听取方案汇报和咨询专家意见。水利部和国家电力监管委员会认真审核每一个水库管理（建设）单位的问卷填报材料，悉心指导基层单位填报，并对部分单位采取多种途径加强联系，确保了所有问卷调查范围内的水库管理（建设）单位一个不少的完成填报工作。2012年底，总计558座水库大坝工程的调查问卷已全部收回，现场调研外业工作也全部完成，2013年初将重点进行调查问卷分析和调研报告起草工作。

（三）坚持预防为主，狠抓水利安全隐患排查治理

为加强隐患排查治理工作，及时消除安全隐患，水利部采取有力措施，多次组织开展安全生产检查活动。2月部署了第一季度水利安全生产大检查活动，加强了两节、两会期间水利安全生产保障；3月以水利工程建设和运行、农村水电、勘测设计和水文测验等为重点，安排部署为期3个月的汛前水利安全生产检查活动；6月组织10个检查组，对1个流域机构和19个省区的汛前水利安全生产检查工作进行了督查；9月下旬印发了通知，对切实做好国庆节期间及节后水利安全生产工作做出了具体安排；10月组织检查组对黄河水利委员会水利安全生产工作进行了重点检查，并通知要求各地各单位吸取陕西引汉济渭工程中铁十八局项目部生活区员工宿舍重大火灾事故教训，针对秋冬季火灾事故隐患增多的特点，组织开展水利安全生产再检查活动。

（四）深入开展“打非治违”专项行动，进一步规范水利安全生产秩序

根据全国集中开展安全生产领域“打非治违”专项行动电视电话会议精神，水利部制定了《水利安全生产领域“打非治违”专项行动实施方案》，建立了信息半月报制度，在全行业开展“打非治违”专项行动。以水利工程建设、水库水电站大坝、农村水电、河道采砂等领域为重点，水利行业共组织开展“打非治违”专项行动16317次，查处非法违规生产经营建设行为14025起。在各地各单位广泛开展专项行动的基础上，9月水利部组织了11个督查组，对20个重点省区和水利部在京直属单位开展“打非治违”专项行动工作情况进行了督查。根据督查中发现的具体问题，对16个省区下发了整改通知，督促相关单位采取措施消除隐患。10月水利部印发了《关于贯彻落实国务院安委会全体会议精神进一步做好第四季度水利安全生产工作的通知》，部署安排水利安全生产领域“打非治违”专项行动“回头看”工作，有效巩固了“打非治违”的工作成果，进一步规范了水利安全生产秩序。

（五）强化制度建设，构建水利安全生产长效机制

做好水利安全生产工作需要坚实的制度保障，为此水利部2012年加快了水利安全生产相关法规标准的建设步伐。一是补充完善水利安全生产相关法规、规章和标准，开展了《水库大坝安全管理条例》修订专题研究等相关准备工作，组织开展了《水利安全生产监督管理规定》等规章制度和《水利工程施工安全管理导则》、《水利工程施工安全防护设施技术规范》等安全技术标准的研究制定工作。二是落实水利建设项目“三同时”制度，出台了《水利水电建设项目安全评价管理办法（试行）》，其相关配套制度和《水利水电工程安全预（验收）评价导则》也在研究制订中。三是推进水利安全生产标准化建设，按照《水利行业深入开展安全生产标准化实施方案》，组织制订了《水利安全生产标准化评审管理暂行办法》和水利工程项目法人、水利水电施工企业、水利工程管理单位3个安全生产标准化评审标准，在水利生产经营单位推行安全生产标准化管理，实现岗位达标、专业达标和单位达标。四是加强水利安全生产工作目标考核，研究制定了流域机构、省级水行政主管部门安全生产监督管理工作考核办法和考核评分标准，开展了流域机构和省级水行政主管部门安全监管考核评价试点工作。五是开展了《水利安全生产监督管理体系》等一批有关水利安全生产方面的重大课题研究，为水利安全管理和监管工作提供有力支撑。

（六）强化水利安全生产宣传教育，增强水利安全发展意识

为大力加强水利安全生产文化建设，水利部印发了《关于贯彻落实〈国

务院安委会办公室关于大力推进安全生产文化建设的指导意见〉进一步加强水利安全生产文化建设的实施方案》。6月部署开展了水利“安全生产月”活动，组织开展了全国水利安全生产知识网络竞赛、水利安全生产有奖征文等活动，并在中国水利报、水利部网站开设了水利安全生产宣传专栏。网络知识竞赛活动共有全国3415家企业参赛，33.8万人次在网页答题，有奖征文活动共收到投稿1550篇，充分营造出水利科学发展安全发展的良好氛围。为强化水利安全生产培训工作，水利部严格执行岗前培训、持证上岗制度，针对安全监督管理人员和一线从业人员，加大水利行业安全生产基础知识、水利施工安全、安全事故应急预案编制与救援、水利安全生产标准化等相关业务知识培训力度，组织举办了全国水利安全监督局处长培训班和新疆、西藏水利安全生产监督管理培训班，并进一步规范和加强水利施工企业负责人、项目负责人和专职安全管理人员（以下简称“三类人员”）的培训和考核管理，2012年举办“三类人员”培训班34期，累计培训2803人，经审查合格累计发证5228人。

二、当前水利安全生产工作面临的形势

2012年水利安全生产工作虽然取得了显著成效，但水利生产安全事故仍时有发生，水利安全生产的薄弱环节和突出问题依然存在。一是一些地方和单位领导对安全生产工作重视程度不够，安全生产责任制和“一岗双责”不落实，安全制度不完善，安全管理不规范。二是基层水利安全监管力量还比较薄弱，特别是市县两级安全监管职能科室不健全，现场安全监管力量不足，水利安全监督工作的制度化、规范化、专业化管理水平还不能与水利改革发展步伐相协调。三是还存在水利安全生产投入不足、安全生产缺乏专门经费渠道等问题，生产一线安全生产基础保障难以到位。四是一些一线从业人员安全观念淡薄，安全教育培训不足，应急处置和救援能力薄弱，违规建设和违章操作导致安全事故时有发生。水利安全生产面临的形势依然十分严峻，安全监管工作任重道远。

三、2013年水利安全生产主要工作任务

2013年水利安全生产工作将通过深入开展“安全生产年”活动，狠抓水利重点领域、关键环节和重要时段的安全监管，有效防范各类生产安全事故，为水利科学发展安全发展营造良好的安全生产环境。

一是切实抓好安全生产责任制落实和监管能力建设。认真抓好水利生产

经营单位安全生产主体责任和地方各级水行政主管部门安全生产监管职责的落实，继续坚持和完善综合监管与专业监管相结合的水利安全生产监管机制，进一步加强水利安监机构和队伍建设，确保水利安全生产监管工作有效开展。

二是全力抓好水库大坝安全调研和《水库大坝安全管理条例》修订工作。进一步组织做好调查问卷的收尾和相关补充现场调研工作，在做好水库大坝安全调研问卷调查报告和现场调研报告编写工作的基础上，编写完成调研总报告。以大坝调研成果为基础，按照新形势对水库大坝安全管理的要求，全面开展《水库大坝安全管理条例》修订工作。

三是突出抓好水利重点领域、关键环节和重要时段安全监管。强化对在建水利工程项目施工现场的全时段、全过程和全员安全监管，确保水利建设施工安全。做好水库大坝、农村水电、水文测验、水利工程勘测设计、水利科研与检验、人员密集场所、车船交通、防火防爆和水利旅游等重点领域和关键环节的安全生产监管工作，加强2013年春节、“两会”以及汛期、国庆等重点时段的水利安全生产工作，严防发生各类生产安全事故。

四是重点抓好水利安全生产宣传教育和培训工作。切实做好《国务院安委会关于进一步加强安全培训工作的决定》（安委〔2012〕10号）和《国务院安委会办公室关于大力推进安全生产文化建设的指导意见》（安委办〔2012〕34号）的贯彻落实工作，制定水利行业进一步加强安全培训工作的实施意见，并全力做好组织实施工作。组织开展好水利安全生产专题宣传和“安全生产月”活动，进一步加强对水利生产经营单位职工的安全宣传与教育培训工作，促进全员安全素质的全面提高。

五是大力推进水利安全生产标准化建设。尽快印发水利安全生产标准化评审管理暂行办法和水利工程项目法人、水利水电施工企业、水利工程管理单位安全生产标准化评审标准，制定出台暂行办法实施细则，全面开展水利安全生产标准化评审工作。

六是认真抓好安全评价的组织实施工作。抓紧完成安全评价机构的认定工作，尽快印发水利水电建设项目安全预评价和验收评价报告编制导则，进一步完善安全评价相关配套制度，尽早推动开展安全评价试点和推广工作。

七是深入开展水利安全生产工作目标考核。在开展考核试点工作的基础上，完善和出台流域机构、省级水行政主管部门安全生产监督管理工作考核办法和考核评分标准，组织做好流域机构和省级水行政主管部门安全监管考核评价工作，推动各级水利安全生产监管工作再上新台阶。

八是做好水利安全生产法规制度体系建设等基础工作。尽快出台《水利安全生产监督管理规定》，组织做好《水利工程施工安全管理导则》和《水利工程施工安全防护设施技术规范》的编制工作，以及《水利安全生产监督管理体系》重大课题和《水利安全隐患分类和管理办法》等相关课题研究工作。

刘　岩　丁　宁　执笔

武国堂　审核

链接

“打非治违”打造“安全水利”

重庆市水利局

重庆市水利安全生产“打非治违”专项行动于2012年4月至12月期间开展，取得初步成效。

一是领导重视，责任落实。成立由部门“一把手”负总责，分管领导及相关业务处室负责人为成员的专项行动领导小组，上下联动，形成合力，整体推进。严格落实区县水行政主管部门和水利生产经营建设单位“打非治违”工作职责，明确目标任务，形成“横向到边、纵向到底、行业覆盖、监管到位”的“打非治违”责任机制，并做到人员、装备、经费“三落实”。

二是多措并举，综合整治。以水利工程建设、水利工程运行、农村水电、河道采砂等领域为重点，加强与安监、公安、交通运输、工商、纪检监察等部门的协调配合，专门成立执法联动小组，强化区域联合执法，防止前纠后犯、死灰复燃。立足于治隐患、防事故，依法严厉打击非法违法行为、治理违规违章现象，注重把“打非治违”专项行动与安全生产日常监管有机结合，将查处非法违规行为与统筹解决善后有机结合，稳妥处理具体问题，切实维护社会稳定。把开展“打非治违”专项行动中行之有效的方法、措施上升为制度规范，印发了6项工作制度，使“打非治违”工作制度化、规范化、经常化。

三是强化监督，严格考核。印发《重庆市水利安全生产打非治违专项行动目标考核办法》，制定了具体的考评内容及科学的考核标准，将考核结果纳入对各区县（自治县）水利（水务）局年度安全生产工作目标考核，印发《关于建立水利安全生产非法违法生产经营建设行为排查处理情况台账的通知》，准确掌握各区县（自治县）及有关单位开展水利安全生产“打非治违”情况。落实事故查处挂牌和跟踪督办制度，将“打非治违”专项行动与水利安全生产检查、防汛检查、预防坍塌事故专项整治等活动紧密结合。健全完善重大隐患公示、挂牌、督办、跟踪治理和逐项整改销号制度，通过下达督办通知书和现场督办，督促销号了云阳、丰都、秀山“久治不愈”的4个重大隐患。

农田水利篇

2012 年农田水利工作综述

水利部农村水利司

2012 年，农村水利工作在水利部党组的正确领导下，在有关部门和水利部有关司局、单位的大力支持下，紧紧围绕中央加快水利改革发展的战略部署和水利部党组大力发展民生水利的总体要求，攻坚克难，开拓创新，狠抓落实，呈现出投资大幅增长、解决饮水安全人数再创新高、农田水利建设力度不断加大、节水灌溉蓬勃发展、管理改革进一步深化的良好势头，为夯实农业稳定发展基础、实现粮食生产"九连增"、农民增收"九连快"和农村民生改善提供了坚实基础和重要支撑。

第一，中央大兴农田水利的政策措施得到进一步落实。经过多次与有关部门沟通协调以及共同组织调研，联合国土资源部印发了《关于农村饮水安全工程建设用地管理有关问题的通知》，配合财政部和国家税务总局印发了《关于支持农村饮水安全工程建设运营税收政策的通知》，至此，农村饮水安全工程用电用地和税收优惠政策全部出台；与财政部联合印发了《关于中央财政统筹部分从土地出让收益中计提农田水利建设资金有关问题的通知》，规定从 2012 年 1 月 1 日起，中央财政按照 20% 比例统筹各省（自治区、直辖市、计划单列市）从土地出让收益中计提的农田水利建设资金，由中央财政通过转移支付方式，重点支持粮食主产区、中西部地区和革命老区、民族地区、边疆地区、贫困地区农田水利建设，并与财政部农业司研究起草了《中央财政统筹部分从土地出让收益计提的农田水利建设资金管理暂行办法》；与中央机构编制委员会办公室、财政部联合印发了《关于进一步健全完善基层水利服务体系的指导意见》，提出到 2013 年底前全面完成基层水利服务机构建设任务，基层水利服务机构的人员经费和公益性业务经费纳入县级财政预算；联合国家发展和改革委员会、财政部、农业部印发了《关于大力推广高效节水灌溉技术推进农业节水工作的指导意见》，进一步明确了总体要求、发展思路、建设重点和保障措施；积极推进扩大节水设备纳入农机具购置补贴范围，抗旱、节水灌溉机械设备补贴范围已扩大到 3 小类 8 个品目；水利部制定出台了《鼓励和引导民间资本参与农田水利建设实施细则》。这些政策针对性强、含金量高，对推动农村水利工程建设与良性运行支撑和保障作用大。据统计，到2012年底全国83%的饮水安全工程落实了用电优惠政策，“十二五”期间可减免相关税收80多亿元，测算分析，农村饮水安全工程用电用地和税收优惠总的可使运行成本降低15%左右；1—11月全国土地出让收益计提农田水利建设资金约192亿元，其中中央统筹31.25亿元，土地出让收益计提及统筹已成为农田水利建设资金的重要来源和渠道，特别是天津、山东、江苏、云南、贵州、甘肃等地，还结合实际提高了计提比例，有效缓解了农田水利建设和运行维护资金不足的矛盾。全年落实中央农村水利投资620.51亿元，较上年增长50%，地方农村水利投资也大幅增长，湖北、江苏、浙江、安徽等省农村水利总投资均在100亿元以上。

第二，农村饮水安全投资和解决人数均创历史新高。以发展适度规模集中供水为重点，解决了7000多万农村居民和学校师生的饮水安全问题，超额完成国务院年初确定解决6000万农村人口饮水安全问题的目标任务，投资和受益人口均创历史新高，其中甘肃、广东、宁夏等10个省区提前45天完成建设任务。到2012年底，全国农村集中供水受益人口比例达到69%，国务院要求农村集中供水工程丰水期末梢水质合格率达到53%的目标如期实现。与国家发展和改革委员会联合授予99个县（市、区、旗）“全国农村饮水安全工程示范县”称号。2012年9月7日彝良5.7级地震发生后，及时派出工作组和专家组赶赴灾区一线，与当地干部群众并肩战斗，圆满完成了地震灾区农村应急供水保障工作和灾后重建工作。

第三，大型灌区配套改造与灌排泵站更新改造明显加快。对244处大型灌区进行续建配套与节水改造，又有45处大型灌区完成规划投资任务，目前纳入规划的434处大型灌区，已安排规划投资的52.4%，有155处灌区完成规划投资任务。广西桂中治旱乐滩水库引水灌区一期、黑龙江三江平原灌区、四川武都引水二期灌区、宁夏沙坡头水利枢纽南北干渠及灌区等18个新灌区建设进展顺利。对116处重点中型灌区骨干工程进行配套改造，累计安排改造资金的重点中型灌区达到661处。对125处大型灌排泵站进行更新改造，有55处完成规划投资任务，纳入大型灌排泵站更新改造实施方案的251处泵站，有101处完成规划投资任务。灌区配套改造、大型灌排泵站更新改造投资强度明显加大，年内完成投资销号项目较往年增加50%以上。通过灌区改造与新建，全年可新增农田有效灌溉面积近2000万亩，使全国农田有效灌溉面积占耕地面积的比例提高到51%以上。

第四，小型农田水利建设力度进一步加大。实施第四批400个小型农田水利重点县建设，重点县总数达到1650个县次，基本覆盖产粮大县和农业大县并进一步向牧区大县延伸，其中124个县启动第二轮重点县建设。建设项目和内容向堰塘整治、一般小型灌区改造等拓宽。以重点县建设为载体，集中连片、整体推进区域小型农田水利设施建设。截至2012年底，第二批、第三批、第四批重点县2012年度工程总投资完成进度分别达到53%、51%和26%。农村河塘清淤整治试点等专项工程进展顺利。在各类项目建设带动下，各地基层政府和群众兴修水利的积极性高涨，2011—2012年全国冬春农田水利基本建设完成投资2924.9亿元、投工投劳36.1亿个工日、投放机械台班2.8亿台（套）、土石方103.9亿m^3，分别较上年增加35.2%、5.9%、16.1%和23.1%，均为实行农村税费改革取消“两工”后最好的一年，有力夯实了农业稳定增产的水利基础。2012年11月19日，国务院召开专题会议，对2012—2013年全国冬春农田水利建设进行动员部署，并对150个全国农田水利基本建设先进县进行了表彰。水利部编制并下发《全国今冬明春农田水利基本建设实施方案》，今冬明春计划总投资较上年增长15%以上，农民投工投劳超过36.4亿个工日，出动机械台班超过2.8亿台（套），完成土石方量较上年增长8%以上，主要效益指标明显好于上年。

基层经验

广西崇左市江州区：

小农水推动土地流转　企业化运作建设高效节水灌溉项目

地处左江旱片的广西崇左市江州区，人均产蔗产糖量高居全国之首，2011年成功申报第三批中央财政小型农田水利建设重点县。江州区以推动土地大规模流转为前提，将分散在千家万户的土地集中到企业手中统一经营，用财政投入“撬动”企业投资，建设高效节水灌溉体系，提高劳动生产率。财政投入主要用于水源工程，滴灌管网由企业来投资。农民在变成“地主”的同时，又是工人，还是业主；家庭收入中既有“按资分配”的地租，又有“按劳分配”的工钱，还有二者兼而有之的经营所得。同样土地创造出更多财富，生产力发生大飞跃。“不靠天，不靠地，就靠水利和科技”。江州“一滴水”，折射出2011年中央1号文件的核心精神和巨大威力。

第五，高效节水灌溉蓬勃发展。以东北、西北、华北等区域为重点，通过小型农田水利重点县资金倾斜、实施规模化节水灌溉增效示范和牧区节水灌溉饲草料地等项目，落实中央高效节水灌溉资金100多亿元，大力推进全国高效节水灌溉发展。东北四省区节水增粮行动全面实施，截至2012年底，年度800万亩高效节水灌溉面积建设任务已完成689万亩，占计划的

86.1%。在东北四省区节水增粮行动中，建立了部际协作机制，特别是联合中国灌溉排水发展中心、松辽水利委员会强化管理制度建设，组建了100人的专家库，并派出9批次专家一线对口援助，狠抓水资源分析、工程设计和设备与工程质量关。为加快推进西北、华北以及广西等南方典型地区规模化高效节水灌溉，深入新疆、甘肃、宁夏、河北、山东、广西等地开展调研以及配合国家发展和改革委员会在新疆召开高效节水灌溉现场会，提出了高效节水灌溉发展思路、工程布局、建设重点、管理模式、技术线路以及扶持政策等。联合财政部部署了西北、华北10省区高效节水灌溉前期工作。全国全年新增节水灌溉工程面积3000万亩以上，其中高效节水灌溉面积2000万亩。

第六，项目监督管理切实加强。进一步健全农村水利各类项目建设管理制度，强化依法监管，仅东北四省区节水增粮行动就制定制度14项。把农村饮水安全作中央为加快转变经济发展方式重点进行了检查，对各地2005—2011年实施的农村饮水安全项目全面进行了自查自纠，对15个省区的小农水和8个省区的大型灌排泵站改造项目进行稽察、整改，对小农水重点县建设进行交叉检查，及时对第一批400个重点县进行总体验收，强化绩效考核和奖优罚劣，敦促各地进一步规范建设管理。特别是全国人大专题询问工作效果良好，按照“询前精心准备，询中认真作答，询后整改提高”的总体要求，把人大询问及后续整改落实作为加快农田水利改革发展的重要保证来抓，与水利部办公厅等有关司局紧密配合，协调全国人大和国务院有关部门，扎实做好全国人大农田水利、城乡饮水安全保障工作情况专题询问工作，陈雷部长代表国务院所做的关于农田水利建设的报告，得到了全国人大常委会的充分肯定，社会普遍给予了很高评价。高质量完成了农田水利专题询问后续工作，对审议意见、建议，逐条梳理研究和落实整改，编写《全国人大审议农田水利建设工作有关意见落实情况》。农田水利询问工作被全国人大领导誉为人大询问的典型和样板。农田水利、城乡饮水安全保障专题询问对进一步推进农村水利发展和改革意义重大，作用明显。

第七，体制机制改革取得新突破。在江苏太仓召开全国基层水利服务体系建设现场会，对贯彻落实水利部、中央机构编制委员会办公室、财政部《关于进一步健全完善基层水利服务体系的指导意见》进行再部署。14个省（自治区、直辖市）出台了加强基层水利服务体系建设的文件，其中湖北、安徽、河南等地已完成基层水利服务机构建设任务。全年新增、恢复乡镇（流域）水利站4465个。开展了农民用水合作组织和灌溉试验站建设专题研究，提出了发展思路和目标。把小型农田水利工程管理体制改革作为部制定《深化小型水利工程管理体制改革指导意见》的重点，积极配合建管司研究提出了征求意见稿。农业水价综合改革和财政对灌排工程运行管理费用适当补助政策落实取得新突破，福建、浙江、河南、四川等省部分县初步建立了农业灌溉骨干工程水费财政转移支付惠农机制；湖北省委省人民政府出台《关于加快推进农村小型水利设施管护机制改革的意见》，明确每年由湖北省财政安排资金4亿元，通过“以奖代补”解决农村小型水利设施维修养护问题；辽宁省规定从各级水利非税收入和土地出让收益计提资金中，按不低于20%的比例提取农村水利工程维修养护和管理资金；安徽省按照每个乡镇每年不少于10万元标准设立农田水利工程维修养护专项资金，并纳入县级财政预算。农村饮水安全工程79%的县成立了工程建设管理机构、81%的县建立了水质检测中心、40%的县设立了工程运行维修基金。

基层经验

安徽固镇县：成立县级农田水利建设规划委员会经验在全省推广

安徽省固镇县政府借鉴城市建设规划管理理念，成立了农田水利基本建设规划审查委员会，以规划整合项目，以项目整合资金，运行3年多来彻底改变了农田水利建设被动状况，确保了农田水利建设规划得以实施。鉴于固镇县创新取得的成效，安徽省开始在全省推广这一做法。2011年9月，安徽省政府在全国率先提出成立县级农田水利建设规划委员会。2012年4月，《安徽省县级农田水利建设规划委员会议事规则》发布，明确了规划委员会的人员组成、主要职责及召开会议议程。目前县级农田水利建设规划委员会已覆盖全省县级含农行政区，新的组织机构成为安徽农田水利建设的强力助推器，并初显成效。

第八，基础工作进一步夯实。《全国农村饮水安全工程“十二五”规划》经国务院批准实施，《国家农业节水纲要（2012—2020年）》经国办印发实施，《全国灌溉发展总体规划》、《全国牧区水利发展规划》完成基础数据复核，全国有2508个县完成县级农田水利规划审批。农村水利管理信息系统项目网上申报审批、进度控制、完工销号、规划计划执行情况预警监督和行业管理功能进一步完善，“国家灌区监测系统”前期工作和农村水利现代化指标体系研究积极推进。《农田水利条例》完成初稿，全年新发布7项农村水利技术标准。国家灌排委员会与国际间双边、多边交流机制逐步建立，组织了海峡两岸农田水利双向交流活动。继续开展农田灌溉用水有效利用系数测算分析。成功举办第四届全国水利行业职业技能竞赛，举办业务培训班27期，参训规模达3000余人次，编印《节水灌溉知识普及系列小丛书》免费发放给农民。开展了“全国人大常委会农田水利专题问询”、“冬春农田水利基本建设”、“国家农业节水纲要”等主题系列宣传活动，全年在中央主流媒体报道达700多条，营造了农村水利发展的良好氛围。

周 玉 执笔
王爱国 审核

专栏十七

国务院办公厅印发《国家农业节水纲要（2012—2020年）》

水利部农村水利司

2012年11月，国务院办公厅印发了由水利部、国家发展和改革委员会、财政部、农业部等部门编制完成的《国家农业节水纲要（2012—2020年）》（以下简称《纲要》），这是深入贯彻落实《中共中央国务院关于加快水利改革发展的决定》（中发〔2011〕1号）和《国务院关于实行最严格水资源管理制度的意见》（国发〔2012〕3号）精神的又一具体行动，必将对推动我国农业节水工作，促进现代农业发展和实现水资源可持续利用发挥重要作用。

《纲要》指出，我国是一个水资源严重短缺的国家，水资源供需矛盾突出仍然是可持续发展的主要瓶颈。农业用水是经济社会用水大户，且用水效率不高，具有较大节水潜力。要把节水灌溉作为经济社会可持续发展的一项重大战略任务，全面做好农业节水工作。《纲要》共分6章28条，明确提出了农业节水的总体要求、体系构成、分区指导、重点工程建设、体制机制改革和组织实施意见。

《纲要》明确了农业节水的总体要求，提出发展农业节水要以改善和保障民生为宗旨，以提高农业综合生产能力为目标，以水资源高效利用为核心，严格水资源管理，优化农业生产布局，转变农业用水方式，完善农业节水机制，着力加强农业节水的综合措施，着力强化农业节水的科技支撑，着力创新农业节水工程管理体制，着力健全基层水利服务和农技推广体系，以水资源的可持续利用保障农业和经济社会的可持续发展。发展农业节水必须坚持科学规划、统筹兼顾，因地制宜、分区实施，突出重点、示范推广，政府主导、多方参与，建管并重、深化改革的原则。经过努力，到2020年，基本完成大型灌区、重点中型灌区续建配套与节水改造和大中型灌排泵站更新改造，小型农田水利重点县建设基本覆盖农业大县；全国农田有效灌溉面积达到10亿亩，新增节水灌溉工程面积3亿亩，其中新增高效节水灌溉工程面积1.5亿亩以上；全国农业用水量基本稳定，农田灌溉水有效利用系数达到0.55以上；全国旱作节水农业技术推广面积达到5亿亩以上，高效用水技术覆盖率达到50%以上。

《纲要》提出要建立农业节水体系，通过优化配置农业用水，调整农业生产和用水结构，完善农业节水工程措施，推广农机、农艺和生物技术节水措施，健全农业节水管理措施等，在全国初步建立农业生产布局与水土资源条件相匹配、农业用水规模与用水效率相协调、工程措施与非工程措施相结合的农业节水体系。同时，依据不同区域的自然、地理条件和水资源、经济社会发展水平等，提出了东北地区、西北地区、黄淮海地区和南方地区发展农业节水的指导意见。

《纲要》规划推进五项农业节水重点工程建设。一是大中型灌区节水改造工程，骨干工程和田间工程同步改造，优先安排粮食主产区、严重缺水和生态环境脆弱地区的灌区续建配套与节水改造。二是高效节水灌溉技术规模化推广工程，以东北、西北、黄淮海地区为重点，集工程、农艺、农机和管理等措施于一体，建设一批高效节水灌溉技术规模化推广工程。三是旱作节水农业技术推广示范工程，建设旱作节水农业示范县，完善田间基础设施，推广改土、覆盖、倒茬、平整土地和秸秆还田、土壤墒情监测等技术。四是农业节水技术创新工程，开展节水灌溉技术标准、灌溉制度、新产品与新技术研发和综合节水技术集成模式等方面的联合攻关，集成和再创新形成适应我国不同地区的农业节水模式，并加大技术推广力度。五是山丘区"五小水利"工程，以西南地区为重点，在具有一定降水条件的地区大力推进"五小水利"工程建设，改善农业生产和农民生活条件。

《纲要》要求健全发展农业节水的体制机制，要进一步完善法规政策，推行节水灌溉制度，增加农业节水投入，发挥农民的主体作用，完善技术服务体系，深化工程管理体制改革，推进农业水价综合改革。

《纲要》提出了四项组织实施意见，一是要进一步加强组织领导，地方各级人民政府要将农业节水摆在重要位置，水利、农业、发展改革、财政、国土资源等部门要各司其职，密切配合。二是要制订相关规划。要制订节水灌溉、旱作节水农业等相关中长期发展规划和年度实施计划，作为安排农业节水补助资金和整合相关资金的重要依据。三是加强监督检查。结合落实最严格水资源管理制度，对农业节水目标和任务完成情况进行考核，并将考核结果与下年度项目和投资计划安排相挂钩。四是强化宣传教育，营造节水的良好社会氛围，形成全社会治水兴水的强大合力。

链接

“三万”活动强农固基

湖北省水利厅

2011 年底至 2012 年 4 月，湖北省启动以“挖塘堰、强基础、惠民生”为主题的“万名干部进万村挖万塘”（以下简称“三万”）活动，以期解决当前群众反映最为强烈的基本农田灌溉不足和灌溉死角问题、夯实农田水利基础设施。按照“谁投资、谁管理、谁受益”的原则，推进塘堰等小型水利设施产权制度改革，积极探索建立农田水利建设渠道投入机制和长效管护机制，确保建得起、用得好、长受益。

在“三万”活动中，全省各地创新思路，凝聚合力，坚持政府主导、农民参与、社会共建的原则，采取政府补一点、部门帮一点、农民出一点、社会捐一点、地方整合一点等办法，凝聚社会力量，整合多方资源，形成了全社会支持“三农”的大合唱。共投入资金 81.8 亿元，其中各级财政投入 19.1 亿元，工作组帮扶资金 6.2 亿元，企业和社会捐资 18.8 亿元，农民自筹资金 17.3 亿元，整合各类涉农资金 20.3 亿元。

“三万”活动通过对塘堰的整治，有力地带动了农村其他基础设施的建设，促进了村庄环境整治，极大地改善了农民群众的生产生活条件。全省共开工塘堰等小型水利设施建设 30.4 万余处，其中整治塘堰 21 万口，整修小型泵站 8370 处、小水池（小水窖）2.6 万个、沟渠 5.9 万条。农民投入劳动力达 480 万人次，投入各种机械 47.2 万台（套），完成土石方 7.2 亿 m^3，实现了全省每一个村民小组整治一口当家塘的目标。通过对塘堰整治，新增蓄水量 7.23 亿 m^3，改善 642 万多亩农田的灌溉条件，提高了抗旱能力。

在小型水利工程产权制度改革问题上，“三万”活动实现了重大突破。对塘堰等小型水利设施的使用权实行承包、租赁、出让、拍卖、冠名等改革，建立塘堰等小型农田水利设施长效投入和管护机制。各地在塘堰整治中，借鉴宜都、孝昌等地的改革经验，积极探索和创新农村小型水利设施产权制度改革办法，有效地促进了塘堰等小型水利设施的建设和管护。

链接

江西小农水连续三年获全国优秀

江西省水利厅

江西省以稳步提高农业综合生产能力支撑现代农业发展为目标，以县级农田灌溉工程规划为平台，切实强化组织领导，充分发挥小农水财政补助专项资金的引导作用，建立统筹整合工作机制，坚持“五个统一”工作要求，扎实推进小型农田水利重点县建设。

一是统一工程规划。江西省财政、发展改革、水利等7家省直部门联合组织，以县为单元，编制完成了《县级农田灌溉工程规划》。根据农田灌溉工程规划，江西用10年左右的时间，全面完成13座大型灌区、294座中型灌区和1.8万座小型灌区的建设任务，恢复灌溉面积1155万亩，改善灌溉面积1425万亩，使全省有效灌溉面积达到3590万亩。在项目建设上，统筹整合涉农资金，采取“公开评选、竞争立项”的方式，按照专家审核、公开陈述、现场打分、当场亮分的步骤，在全省范围内开展小型农田水利重点县公选立项工作。

二是统一设计标准。创新编制了《小型农田灌溉渠道及建筑物设计实用手册》、《小型农田水利重点县实施方案编制提纲》，科学指导基层定型和优化设计。

三是统一质量标准。制定出台了《小型农田水利灌排渠预制砼构件制作和检测指南》，规范制作要求。组建农民义务监督员队伍，抓好工程现场质量。

四是统一建后管理。加快农民用水户协会组建，深化工程建后管护制度改革，积极推行农民用水户协会自建项目模式。

五是统一信息系统。共建管理平台，开发全省农田水利建设工程管理信息系统，有效提升农田灌溉工程建设的管理水平。由于江西小农水建设工作思路清晰、措施有力、工作扎实、成效明显，连续三年

链接

获全国小农水重点县绩效考评优秀，2011 年名列全国第一。目前，江西省小农水重点县累计 98 个，基本实现全覆盖。三年来，通过小农水重点县建设和改造，江西新增和恢复灌溉面积 226.59 万亩，改善灌溉面积 425.66 万亩，新增节水能力 58500 万 m^3，新增粮食生产能力 78 万 t，有力支持了该省粮食安全生产。

东北四省区节水增粮行动工作进展

水利部农村水利司

内蒙古、辽宁、吉林、黑龙江四省区（以下简称“四省区”）土地资源丰富，粮食总产量超过全国粮食总产量的1/5，是我国最重要的粮食主产区之一，也是我国粮食增产潜力最大的地区之一，在保障国家粮食安全中具有重要的战略地位。东北地区水利化程度低，农田水利基础薄弱，受水旱灾害影响大，粮食增产潜力难以充分发挥。近年来，四省区积极推广高效节水灌溉技术，充分利用有限的水资源发展高效节水灌溉面积，取得了显著效果。为支持四省区大力发展高效节水灌溉，进一步挖掘粮食增产潜力，根据2011年中央1号文件的决策部署和国务院领导同志的批示，2012年财政部、水利部、农业部（以下简称“三部”）联合组织四省区开展节水增粮行动，大规模发展高效节水灌溉。

节水增粮行动在充分考虑四省区水土资源状况、农业种植结构的情况下，以提高四省区水土资源利用效率，促进粮食增产、农业增效和农民增收为主要目的，因地制宜科学选择节水灌溉模式和工程类型，集中连片大规模推广喷灌、滴灌和管道输水灌溉等高效节水灌溉技术，结合推广先进适用的农艺措施，建立健全节水灌溉工程长效运行机制，提高粮食综合生产能力和水资源利用效率，实现节水增粮增效。

节水增粮行动的目标任务是：2012—2015年，用4年时间，中央和四省区共同投入380亿元，在四省区集中连片建设3800万亩高效节水灌溉工程。项目完成后，可新增粮食综合生产能力200亿斤，年均增收160多亿元，项目区农田灌溉水有效利用系数达到0.80以上，工程运行管护长效机制基本建立。

一年来，在三部和四省区党委政府，以及项目区干部群众的共同努力下，节水增粮行动各项工作扎实有效推进，取得阶段进展。

一、总体进展情况

按照计划，2012年四省区节水增粮行动共安排资金80亿元，发展800万亩高效节水灌溉面积。截至2012年底，资金到位率达到94%，已开工面积 790 万亩，占全年建设计划的 99%，已完工面积 689 万亩，占全年建设计划的 86%。

二、项目管理情况

（一）加强组织领导

一是建立部际协作机制。三部对四省区节水增粮行动高度重视，多次召开部长办公会议，研究部署节水增粮行动工作。有关司局加强沟通协作，建立部际协作机制，共同研究解决节水增粮行动重大问题。二是水利部成立支持四省区节水增粮行动工作领导小组，下设办公室（以下简称“办公室”），协调解决节水增粮行动项目涉水建设管理中的重大问题，全面做好节水增粮行动有关工作。三是成立省级、县级领导小组。四省区各级政府都成立了领导小组，并下设办公室负责日常工作，建立了以政府行政分管领导负责制为核心的节水增粮行动责任制。四是部省、省县签订责任书。2012 年 6 月 26 日，三部与四省区政府共同召开工作会议，对节水增粮行动进行了全面部署，并签订责任书，明确责任和分工。四省区政府也分别与项目县签订了责任书，层层落实责任，确保工作有人管、责任有人负、任务有人抓。五是强化部门合作。节水增粮行动涉及部门多、范围广、时间长，各相关部门按照“统一规划、统一建设标准、统一水资源论证、统一验收、分别实施”的要求，相互配合，相互支持，有序开展工作，形成合力。

（二）加强前期工作

一是加强实地调研，摸清项目建设需求。三部多次组织实地调研，摸清项目区基本情况及建设需求。二是严格水资源论证，水利部专门印发办法，指导四省区及项目县做好水资源论证工作。三是认真编制实施方案。办公室指导四省区和项目县完成了总体实施方案和 2012 年度实施方案的编制工作。四是加强审查把关。三部对省级总体实施方案进行了严格审查。水利部完成了各项目县 2012 年度实施方案的审查工作。

（三）加强制度建设

加强制度建设，积极推行“先建机制，后建工程”。一是针对项目前期工作、建设管理、竣工验收、运行维护等工作环节，三部组织构建建设管理、运行维护、检查监督、审批评估、信息监控、惩戒约束等 6 大管理制度体系，制定了 17 个管理办法。二是四省区切实加强管理制度建设，根据三部的统一要求，结合实际，制定完善一系列管理制度。

（四）加强监督管理

一是加大监督检查力度，加强节水灌溉工程设备材料质量监管。水利部联合国家质量监督检验检疫总局对节水增粮行动项目设备材料质量开展行业抽查。二是办公室组织制定节水增粮行动推荐使用产品名录和主要材料设备参考指导价，把好材料设备生产企业准入关，指导各地选择质量高、信誉好的产品。三是强化工程质量管理。四省区积极推行项目法人制、招投标制、建设监理制和合同管理制，建立建设单位负总责、施工单位保证、监理单位控制、设计单位现场服务、政府监督的质量保障体系，加强工程质量监督检查。四是加强信息化管理。办公室开发了节水增粮行动管理信息系统，通过信息手段实现工程上图、信息入库，确保每个项目区"有坐标、有方案、有制度、有档案、有责任人"，提高项目管理水平。

（五）加强建后管护

按照"建得成、管得好、长受益"的要求，加强建后管护机制建设。一是三部明确要求四省区在实施方案中要明确管护机制建设内容，落实管护主体、管护责任和管护经费，注重建后管护长效机制建设。二是四省区积极探索有效的建后管护模式，从实际出发，因地制宜地总结推广集体管理、农民合作组织管理、联户管理、大户管理、企业管理和乡镇水利站管理等行之有效的管护模式，注重提高农民自我管理、自我服务能力，保障工程长效运行。三是落实管护经费，三部明确从土地出让收益计提的农田水利建设资金中安排20%的资金，作为农村水利工程管理专项资金，用于水利工程的维修养护和管理。四省区也通过财政补助、建立专项资金等方式积极落实管护经费。

（六）加强技术支撑

一是开展对口支援。办公室聘请100位熟悉农田水利规划设计、节水灌溉工程技术、水资源、农机农艺、设备产品、经济管理和环境保护等领域的专家，组建节水增粮行动专家库，定期开展技术咨询、现场指导，实地解决技术和管理难题。二是加大技术培训力度，针对实施方案编制、工程设计、建设管理，信息化建设、水资源论证、施工指导、设备质量鉴别及运行管护等内容，办公室组织编制培训教材和技术指南，录制10个专题的视频培训材料，举办5批11期高效节水技术管理培训班，培训学员1290余人。三是加强技术攻关，针对高效节水灌溉模式、运行管理技术、长效管护和保障机制等关键技术，办公室组织有关单位加强研发和示范推广。

三、工程效益情况

经过一年建设，项目区取得显著的节水、增产、增收成效。

（一）节水降本

黑龙江项目区旱田喷灌比传统灌溉节水30%~40%，膜下滴灌节水50%以上，水田高效节水灌溉比传统灌溉节水20%~30%。黑龙江省肇东市集中连片发展喷灌，2012年全市建成喷灌工程545处，每年可节水1085.7万m^3，节能186.6万kW·h，省工14.5万工日。内蒙古科尔沁区灌溉水有效利用系数由不足0.5提高到0.8，每年可实现农业节水1.6亿m^3以上，有效改善了干旱地区生态环境。

（二）促进增产

黑龙江项目区玉米平均亩产超过1800斤，亩均增产500~600斤，大型喷灌种植的马铃薯，亩产高达7500多斤。吉林农安县万顺乡项目区玉米产量由原来亩均1300斤提高到1860多斤。

（三）促进增收

辽宁阜新市膜下滴灌项目区，与常规种植方式相比，春播时每亩增加投入210元（其中滴灌带130元，地膜65元，玉米密植后播种成本增加15元），秋收时增加产量约500斤，增收500多元，扣除成本，每亩增加纯收益300元。由于东北地区农民人均耕地10亩多，人均可增收3000多元，干旱年份增收效果更加明显。

四、存在的主要问题

（一）电力配套问题

节水增粮行动项目电力配套问题比较突出且投资大，地方财政承担困难较大，影响节水增粮行动项目下一步大范围实施。

（二）地膜回收问题

节水增粮行动项目膜下滴灌面积超过一半。由于目前尚没有可安全降解的农用地膜，降解时间很长，加上玉米根系发达，人工或机械都难以完全清除，可能引发“白色污染”，甚至造成土壤板结。

（三）建后管护问题

随着节水增粮行动的不断推进，工程数量不断增加，工程建后管护问题日益突出。如何进一步因地制宜完善工程建后管护机制，加强基层水利服务队伍建设，提升基层水利服务能力是节水增粮行动工程正常运行、长期发挥效益、促进农民增收的重要保障。

（四）质量控制问题

节水增粮行动中大型喷灌、膜下滴灌工程多、分布广，工程设备和材料使用量大，工程质量管理难度大。

（五）农民参与问题

四省区农民筹资投劳情况不是很理想，不同程度地存在政府“大包大揽”现象，农民参与程度不高，影响了项目效益的持续发挥。

五、下一步工作打算

2013 年是实施节水增粮行动承前启后的重要一年，农民群众寄予了殷切期望，社会各界给予了广泛关注。为切实管好资金、建好工程、确保质量、长期受益，需要重点抓好以下五方面工作。

（一）强化前期工作

水利部继续督导四省区坚持以水资源支撑能力为前提，以自然地理条件和农业种植结构为基础，合理确定目标任务，优化工程布局，明确建设和管理模式，综合运用工程、农艺、管理等措施，科学编制、严格审批年度实施方案，确保实施方案的针对性、科学性和可操作性。

（二）强化项目管理

进一步完善建设管理、运行维护、检查监督、审批评估、信息监控、惩戒约束等 6 大管理制度体系。强化项目组织管理，大力推广项目打捆招标、集中采购等模式，加强现场监理和质量控制，确保项目建设进度和质量。

（三）强化监督检查

通过多种形式，切实加强项目建设和资金使用的监督检查力度，继续开展工程和主要设备材料质量跟踪检查，发现问题及时纠正。做好年度建设任务验收和考核评估工作。

（四）强化能力建设

加快基层水利服务体系建设，加大基层水利人员和农民群众技术培训力度，继续开展对口支援，完善管理信息系统，不断提高管理能力和水平，保障工程长期发挥效益。

（五）强化政策支撑

根据节水增粮行动发现的问题，及时研究出台政策，积极解决电力配套、农膜回收等问题，有效调动农民群众参与项目建设管理的积极性，探索高效节水灌溉工程产权归属、高效节水灌溉设备运行保障制度，破解制约高效节水灌溉工程建设与长效运行的瓶颈。

刘云波　执笔

顾斌杰　审核

链接

“节水增粮”为依托 通辽农牧业发展高效节水灌溉

内蒙古自治区水利厅

通辽市以东北四省区“节水增粮”行动为依托，大力发展农牧业高效节水灌溉、合理压减机电井。明确全市“十二五”期间新增节水高产高效粮食功能区800万亩，压减机电井3万眼，实现年节水5.4亿t的目标任务。截至目前，已完成新增及改造节水灌溉面积172万亩，压减机电井5052眼，分别完成全年任务的107.8%和101%，累计完成工程总投资14.19亿元。据测算，可实现节水1.4亿m^3，节约能耗15%～20%，节约灌溉用工130万工日，增加粮食作物产量1500万kg，经济作物产量480万kg，年增加农业产值3000余万元。

通辽市大力发展高效节水农业，合理压减机电井，积极探索水利科学化发展的道路。一是高度重视，健全机构。结合全市农村牧区“8511521113”发展规划，成立了分管书记为组长，发展改革、财政、国土资源、水务、农业等部门负责人为成员的领导小组。各项目区也成立了相应的组织机构，旗县市区政府与项目区所在镇政府签订目标责任状，实行跟踪管理，严格问责。二是以节水项目为依托，落实压井任务。通过实施高效节水灌溉工程，提高单井控制面积。单井控制面积由原来传统方式的70亩左右提高到现在膜下滴灌350亩、大型喷灌250亩、高标准低压管灌160亩。三是强化协调配合，加大项目整合力度。加强对农村牧区节水重大战略、政策和技术等问题的研究，全力争取国家各类涉水、涉农资金，扩大融资渠道。以总体规划为指导，以旗县区为单位，全面整合各类农村牧区基础建设项目资金，加强项目资金、技术管理，建立节水灌溉发展投入的长效机制。四是典型先行，全面推进。各旗县区设立典型工程1～2个乡镇，对典型工程的“三图”、“一卡”、“一台账”（压减机电井现状图、规划图和工程实施图；农业机电井压减登记卡、农业机电井压减任务完成情况汇总

链接

表）以及对压减的机电井进行立牌标识等工作经验进行示范推广。五是加大宣传力度，营造良好氛围。通过压减机电井及严格取水许可和严格打井审批，遏制了乱打井现象，使有限的水资源得到了科学有效的利用。百姓从节水和压井中得实惠、受教育，思想上由原来的“要我节水”转变为“我要节水”，提高了节水意识，使节水变为一种自觉行为，逐步实现全民节水，共创节水型社会。

专栏十八

2012年全国人大询问农田水利情况

水利部农村水利司

2012年4月25—26日，十一届全国人大常委会第二十六次会议听取了《国务院关于农田水利建设工作情况的报告》（以下简称《报告》），分组对《报告》进行了审议，并召开联组会议进行了专题询问。

4月25日上午，十一届全国人大常委会第二十六次会议审议《国务院关于农田水利建设工作情况的报告》等3个报告，吴邦国委员长出席会议，会议由乌云其木格副委员长主持，常委会组成人员144人出席会议。受国务院委托，水利部部长陈雷报告了农田水利建设工作情况。4月26日上午，十一届全国人大常委会第二十六次会议召开联组会议，就国务院关于农田水利建设工作情况的报告开展专题询问。会议由乌云其木格副委员长主持，全国人大常委会副委员长韩启德、华建敏、陈至立、周铁农、李建国、司马义·铁力瓦尔地、蒋树声、陈昌智、桑国卫等出席会议。受国务院委托，水利部部长陈雷、副部长李国英，国家发展和改革委员会副主任杜鹰，财政部部长助理胡静林，国土资源部副部长王世元，农业部副部长余欣荣，中国银行业监督管理委员会副主席周慕冰到会听取意见、回答询问。按照分工安排，先后回答了马启智、胡彦林、郝益东、刘振伟、邹萍、庄先、郭凤莲、方新、高洪、杨贵新、蔡昉等11位全国人大常委会委员提出的关于农业水资源供给、小型农田水利工程产权和管护、农田灌溉与生态保护关系、水利建设如何向西部地区倾斜、病险水库除险加固、发展节水灌溉、小型农田水利重点县的财政补助、农业水费、调动农民参与农田水利建设积极性、农田水利建设体制改革时间表等问题。

从分组审议会议和联组询问会议总体来看，与会代表完全赞同陈雷部长代表国务院所做的《报告》，并给予了很高的评价。中央各媒体给予强势报道，社会反应良好。据统计，媒体和门户网站刊（播）发和转发新闻报道、评论近700篇，其中，人民日报、新华社、光明日报、经济日报、中央人民广播电台、中央电视台等6家中央主要媒体刊（播）发稿件48篇。

根据全国人大常委会办公厅、国务院办公厅的要求，水利部会同相关部门对全国人大常委会第二十六次会议审议意见进行认真研究，分解、分类共形成151条意见和建议，并在此基础上提炼了16项需要整改事项和整改落实分工建议，结合工作提出了具体意见，9月底正式报送国务院办公厅并转报全国人大常委会办公厅，陈雷部长带队专门向全国人大农委做了专题询问后续工作的汇报。全国人大认为这次农田水利建设情况专题询问及后续工作是人大询问的典型样板，不仅推动了水利事业发展，也为完善人民代表大会制度做出了贡献。

水土保持与水生态篇

2012 年水土保持工作综述

水利部水土保持司

2012 年水土保持工作牢固树立以人为本、服务民生的理念，紧紧围绕国家经济社会发展和生态文明建设大局，深入落实习近平总书记关于长汀水土流失治理工作的重要批示、中央加快水利改革发展重大决策部署和新《中华人民共和国水土保持法》（以下简称新《水土保持法》），抢抓机遇，开拓进取，扎实工作，水土保持生态建设取得新进展，为民生水利发展、生态文明建设和促进经济社会又好又快发展提供了有力支撑。

一、2012 年工作进展

（一）全面贯彻落实新《水土保持法》

一是配套法规制度体系建设取得新进展。配合财政部、国家发展和改革委员会完成《补偿费征收使用管理办法（征求意见稿）》，完成《生产建设项目水土保持方案管理办法》和《水土保持设施验收管理办法（征求意见稿）》，正式施行《水土保持违法行为举报受理和处理办法（试行）》，制定完成省级政府目标责任考核办法和执法文书。江西、甘肃、四川、重庆、贵州等 5 省（直辖市）《水土保持法》实施办法（条例）业已颁布。辽宁、浙江、安徽、福建、山东、湖北、湖南、广西、甘肃、宁夏等 10 个省（自治区）新《水土保持法》实施办法（条例）列入人大立法计划，内蒙古、吉林、海南、陕西、新疆等 5 个省（自治区）列入政府立法计划。

二是水土保持监督管理不断强化。全年全国共开展监督执法检查 3.1 万次，检查项目 2.1 万多个，审批各类生产建设项目水土保持方案 2.3 万个，建设单位投入水土保持资金近 1000 亿元，涉及责任防治范围 1 万多 km^2，组织了武广高铁等近 7000 个生产建设项目的水土保持设施验收。其中，水利部共审批大中型生产建设项目水土保持方案 240 个，开展水土保持设施验收 160 个。全面启动全国第二批 788 个县的水土保持监督管理能力建设工作，系统提升机构队伍依法行政能力。

三是规范生产建设项目水土保持监测工作。开展了全国 258 个甲、乙级水土保持监测资质持证单位监测专项检查，根据《生产建设项目水土保持监测资质管理办法》（水利部第45号令）相关规定，经全面核查和流域机构现场抽查，给予7家水土保持监测资质单位警告通报。发布了《关于规范生产建设项目水土保持监测资质申请和延续工作程序的通知》（办水保〔2012〕65号），完成了第三批生产建设项目水土保持监测资质延续工作，准予28家单位甲级资质、36家单位乙级资质的延续。完成了2012年生产建设项目水土保持监测资质审批工作，准予11家单位取得甲级资质、285家单位取得乙级资质。

（二）水土保持重点治理加快推进

一是全面完成水土流失综合治理任务。全国共完成水土流失综合防治7.9万km^2，其中新增综合治理5.3万km^2，实施封育保护2.6万km^2。治理小流域3400条，新建大中型淤地坝340多座，治理崩岗2100多处。长江黄河上中游、东北黑土区、西南岩溶区等地区的国家水土保持重点治理加快推进，丹江口库区及上游水土保持二期工程启动实施，重点工程建设管理进一步规范。

二是积极推动全国坡耕地水土流失综合治理试点工程。落实中央专项投资14亿元，较2010年翻了一番，实施范围由2011年的22个省区100个县扩大到22个省区的140个县，建设坡改梯142万亩，带动全国实施坡改梯400万亩。

（三）积极推动革命老区水土保持工程

一是落实习总书记批示，深入推广长汀水土保持经验。水利部组织召开了总结推广长汀水土流失治理经验座谈会，陈雷部长亲自出席并作重要讲话。会后，各地结合实际深入学习贯彻长汀经验，有力推动了全国水土流失防治工作。

基层经验	**福建长汀县：持续推进水土流失治理　红土地上演绿色革命** 福建省长汀县曾是我国水土流失最为严重的地区之一。长汀县几十年如一日，通过理念创新、技术创新、机制创新和管理创新，成功探索出了一条符合当地实际的水土流失治理路径。坚持走群众路线，是长汀水土保持的法宝；“大封禁、小治理”，是长汀水土保持的高招；专业队伍做事、推广科学治理，是长汀水土保持的亮点。长汀人创新封禁模式，坚持疏堵结合；创新技术，提高治理实效；创新科技试验方式，提升治理水平。从“山光、水浊、田瘦、人穷”到“山绿、水清、田肥、人富”，今日长汀，旧貌换新颜，成为南方水土流失治理的典范。

二是编制完成《全国革命老区水土保持重点建设工程规划》，筛选1389个革命老区县中的491个水土流失严重、经济欠发达县作为规划实施范围。

组织编制《国家水土保持重点建设工程实施规划（2013—2017年）》，并于2012年9月获水利部和财政部联合批复，以全国水土流失最严重的、经济欠发达的一类和二类革命老区县为实施重点，选取其中20个省中水土流失最为严重的279个县实施项目。

三是加大革命老区水土保持投入。积极协调有关部门，促成以革命老区为实施重点的国家水土保持重点工程投入大幅增加，今年，分两批共安排中央财政资金20亿元。同时，针对财政部15亿追加资金建设任务重、时间紧的现实，及时召开动员部署会议，实行半月报制度，会同财政部组成10个检查组进行督导检查，资金下达两个月来治理任务已完成过半。

（四）继续推进水土保持生态修复

全国已有1250个县出台封禁政策，国家水土保持重点工程项目区全面实施了封育保护，累计实施封育保护面积达75万km^2，其中47万km^2的生态得到初步修复。各地在生态修复的政策建设、措施配套、经验宣传等方面进一步加大力度。实施生态修复的区域内乔灌草等植物自然萌生速度明显加快，植被覆盖度大幅度提高，生态环境显著改善。黄河上中游24个生态修复区林草覆盖度由原来的27.5%提高到现在的60%。宁夏中部干旱带盐池、同心、海原等县封山禁牧3年后，植被覆盖率分别增加25%～50%。

基层经验

山西右玉县："西口"古道上的生态绿洲

山西省右玉县地处晋西北边陲，是典型的缓坡丘陵风沙区。面对恶劣的生态环境，右玉县历届县委、县政府"咬定绿化不放松，誓让山川变绿洲"，坚持生态建设。经过60多年的艰苦努力，硬是在沙化严重的晋西北荒原上营造出一片郁郁葱葱的生态绿洲。在60多年的生态建设中，右玉县孕育形成了执政为民、尊重科学、百折不挠、艰苦奋斗的"右玉精神"，2009年山西省委做出《关于大力学习弘扬"右玉精神"的决定》。2012年9月28日，习近平同志对学习"右玉精神"做出重要批示。2012年10月13日，右玉县获"国家水土保持生态文明县"称号。

（五）不断推进水土保持机制创新

一是制定出台《鼓励和引导民间资本参与水土保持工程建设实施细则》，坚持科学引导、积极扶持、依法管理、保护权益的原则，实行"谁投资、谁所有、谁管护"政策，积极鼓励和引导民间资本参与治理水土流失。

二是积极开展生态清洁型小流域建设。全国已有235个县开展了生态清洁型小流域建设，实施小流域达444条，已建成生态清洁型小流域301条，有效发挥了“保生存、保水源、保安全、保生态”的综合作用和效能，为改善人居环境、保障水质安全、控制面源污染发挥了重要作用。北京、江苏、浙江等省区将之作为当地新农村建设的重要载体，整乡整县推进，每年投入数十亿元。

三是大力推广陕西、山西、河南等省经验，以水电、煤炭、石油等重点行业为突破口，以重要水源区和生态功能区为重点，建立健全水土保持生态补偿机制。

（六）全面强化水土保持基础性工作

一是《全国水土保持规划》编制工作进展顺利，全部完成全国水土保持区划、规划数据上报等规划基础工作。开展了水土保持规划确定的容易发生水土流失区域的调研工作。基本完成了国家级水土流失重点预防区和重点治理区复核划分工作。印发了《全国水土保持区划（试行）》，全国共划分为8个一级区，41个二级区，117个三级区，一级区为总体格局区，二级区为区域协调区，三级区为基本功能区。为保障规划的科学性、合理性奠定了基础。

二是如期完成全国水土保持情况普查数据上报、审核评估论证、事后质量抽查等工作，基本摸清了水力侵蚀、风力侵蚀、冻融侵蚀的强度、面积、分布，侵蚀沟道的数量、分布、面积以及水土保持措施保存情况。

三是编制完成《全国水土保持信息化规划（2012—2030年）》。明确了全面开展水土保持信息化建设的顶层设计方案和总体构架，提出了今后一个时期的水土保持信息化建设目标、任务和重点实施工程。

四是积极开展水土保持监测。编制完成《全国水土流失动态监测与公告项目规划（2013—2017）》，并在6月通过水利部在京召开专家评审会审查。明确了今后五年全国水土流失动态监测与公告项目的主要任务、监测指标和投资规模等内容。《全国水土流失动态监测与公告项目规划（2012—2017）》对规范水土保持业务工作开展、提高经费保障力度将会产生积极的推动作用。

五是发布中国水土保持公报。扎实开展重点流域、重点治理工程、重点建设项目水土流失动态监测，发布了《2011中国水土保持公报》。

六是开展了全国水土保持监测网络和信息系统建设二期工程。建设了淮河、松辽河、珠江、太湖4个流域机构监测中心站，北京、天津、河北、辽宁、吉林、黑龙江、江苏、河南、山东、安徽、浙江、江西、福建、西藏、广东、广西、海南和新疆生产建设兵团共18个省级监测总站及其75个监测分站，配置了数据采集与处理设备、数据管理与信息传输设备、网络安全等设备。建成了738个监测点，配置水土流失观测和试验设施。为水利部水土保持监测中心、七大流域机构监测中心站和各省（自治区、直辖市）监测总站等部署了水土保持管理系统。完成了全国水土保持监测网络和信息系统建设二期工程正式验收的准备工作。

七是进一步完善水土保持技术标准体系。颁布实施《水土保持遥感监测技术规范》（SL 592—2012）、《水利水电工程水土保持技术规范》（SL 575—2012）等技术规范，已颁和在编修的水土保持领域技术标准达54项。

八是水土保持科技工作持续发展，呈现研究领域不断扩大、项目不断增加、投入逐步增加的良好局面，科技成果转化力度明显增强，水土保持科技支撑作用不断提升。

（七）广泛开展水土保持国策宣传教育

一是深入宣传学习新《水土保持法》。印发《关于开展〈水土保持法〉施行一周年宣传活动的通知》，全面部署新《水土保持法》学习宣传工作。以新《水土保持法》知识竞赛为重点，采取多种形式深入学习贯彻《水土保持法》。全国共有11.4万人参与竞赛答题，其中2.5万人答题全部正确；各地共印发《水土保持法》宣传画24.5万套。

二是水利部印发了《深化全国水土保持国策宣传教育行动实施方案》，明确了2012—2015年全国水土保持宣传教育的指导思想、目标任务和实施内容。重点是要树立一批水土保持生态文明典型，推出一批水土保持宣传教育力作，搭建一批水土保持宣传教育平台，打造一批水土保持形象宣传阵地，建立一支水土保持宣传教育队伍。

三是持续推动水土保持宣传教育平台建设。正式出版发行全国小学版水土保持科普读本。教育部与水利部联合命名北京市延庆县上辛庄水土保持科技园等24家全国中小学水土保持教育社会实践基地，水利部命名河北省易县清西陵水土保持科技示范园区等17个园区为国家第四批水土保持科技示范园区。

四是全面开展水土保持生态文明工程创建活动。组织制定国家水土保持生态文明工程考评办法实施细则，开展了济源市、兴国县、蒙阴县、延庆县、庄浪县、安定区、右玉县、彭阳县、志丹县等9个国家水土保持生态文明县，长江三峡水利枢纽工程（坝区）、青海—西藏±400kV直流联网工程、浙江省曹娥江大闸枢纽工程等3个国家生产建设项目水土保持生态文明工程，河南省洛阳市1个国家水土保持生态文明城市专家评审，命名了内蒙准格尔旗和陕西吴起县等2个国家水土保持生态文明县。

五是开展多种形式的宣传教育活动，进一步增强水土保持生态文明意识。水利部与中央电视台联合摄制水土保持专题片《我们的家园》，在人民日报、新华社、中央电视台、中央人民广播电台等中央新闻媒体上开展了一系列的专题宣传教育活动。

二、2013 年工作安排

2013 年，将深入贯彻党的十八大精神，紧紧围绕生态文明建设总体目标和要求，全力推动水土流失综合防治工作取得新成效，重点要抓好以下工作：

一是以出台水土保持补偿费制度为突破，扎实推进新《水土保持法》的全面贯彻落实。加大协调力度，力争年内出台水土保持补偿费征收使用、方案审批和设施验收三项管理办法，推动 1/3 的省份出台新《水土保持法》实施办法。进一步强化监督管理，推动生产建设项目落实水土保持“三同时”制度。扎实推进全国第二批水土保持监督管理能力建设活动。

二是以革命老区水土保持重点治理工程为龙头，确保全面完成年度水土流失综合治理任务。力争正式启动实施革命老区水土保持重点治理工程，加快坡耕地水土流失综合治理，确保年内完成综合治理水土流失 5 万 km^2，建设坡改梯 450 万亩。

三是以生态清洁型小流域建设为重点，大力推进东部地区、重要水源区生态建设与保护。适应经济社会发展和人民群众的新需求，不断创新治理模式和理念，在有条件的地区因地制宜推进生态清洁型、生态经济型、生态环境型、生态安全型小流域建设。

四是以信息化建设为抓手，扎实推进水土保持基础性工作。落实《全国水土保持信息化规划》，推动国家级水土保持信息化基础平台建设前期工作。全面完成全国水土保持情况普查各项任务，提升水土流失动态监测水平。编制完成《全国水土保持规划》，并依法报送国务院审批。

五是以“五个一工程”为载体，全面深化水土保持国策宣传教育。在全国树立一批水土保持生态文明典型、推出一批宣传教育力作、搭建一批宣传教育平台、打造一批形象宣传阵地、建立一支宣传教育队伍，在全社会牢固树立生态文明理念。

王昭艳　执笔
刘　震　审核

链接

贯彻落实习近平同志重要批示精神 “长汀经验”带动全省水土流失治理

福建省水利厅

2012年初，习近平同志对福建省长汀县水土流失治理工作作出两次重要批示，掀起福建省新一轮水土保持生态建设高潮。福建省成立了以省委书记和省长为组长的水土保持工作领导小组及其办公室，下发了《关于贯彻落实习近平同志重要批示精神，加快推进全省水土保持工作的通知》，把水土流失治理纳入全省“五大战役”组织攻坚。各地党委、政府相继成立了由主要领导任组长的水土保持工作领导小组及其办公室。省两办下发《关于实行省领导挂钩帮扶扶贫开发工作重点县和水土流失治理重点县制度的通知》，全省有33位省领导挂钩帮扶扶贫开发工作重点县和水土流失治理重点县。2012年福建省在原财政预算3080万元基础上，增加3亿元水土保持专项治理资金，同时，整合带动省农村工作领导小组办公室、发展和改革委员会、农业、林业、水利、环境保护和国土资源等部门捆绑配套资金共16亿元，强化全省尤其是长汀、宁化等22个水土流失治理重点县的水土保持工作。积极争取水土保持中央资金29270万元，是2011年的3.22倍。2012年全省共完成水土流失综合治理面积225万亩，占下达任务200万亩的112.5%。其中22个重点县完成水土流失综合治理面积150.53万亩，占下达任务142.96万亩的105.5%，全面超额完成任务。2013年全省完成水土流失综合治理任务将翻一番，在确保完成治理面积400万亩的基础上，争取完成500万亩，力争在2013年底基本完成“十二五”期间各项水土流失治理任务。

链接

750 万亩：甘肃再次拉开大规模水土保持序幕

甘肃省水利厅

2012 年，甘肃省水利厅紧紧围绕“稳粮、增收、强基础、重民生”的总体要求，强化组织领导，靠实工作责任，扎实推进梯田建设，第一轮 500 万亩梯田建设工程于 2012 年 6 月提前半年圆满完成各项建设任务。截至 5 月 31 日，全省 38 个梯田建设重点县共建成标准梯田 505.25 万亩，占计划任务的 101%，全省梯田总面积达到 3300 万亩，梯田化程度达到 56%。项目区人均梯田占有面积由 2008 年的 1.66 亩增加到 2.37 亩，全省新修梯田 70% 以上推广了全膜双垄沟播技术，每年可增产粮食 108 万 t，占全省粮食总产量的 10% 左右。项目区农民人均纯收入由 2008 年的 1910 元提高到 2011 年的 3313 元，年均增长 20%，比全省平均水平高 7 个百分点。各地按照“修梯田、调结构、兴产业、促增收”的发展思路，大力推广先进适用农业技术，在防治水土流失、改善生态环境、提升农业综合生产能力、夯实农业发展基础等方面发挥了重要作用。

为改善生态环境，促进农民增产增收，省委省政府决定启动实施新一轮梯田建设工程，计划 2012 年到 2016 年再新修标准梯田 750 万亩。

2012 年下半年，甘肃省启动实施了新一轮 750 万亩梯田建设工程，再次拉开了大规模梯田建设的序幕。省水利厅积极跟进，及时编制了《750 万亩梯田建设工程实施方案（2012—2016 年）》，并经省政府批转。省直有关部门牢固树立“一盘棋”的思想，各司其职，密切配合，积极落实项目和资金，全力以赴推进梯田建设。项目区各级党委政府把梯田建设列入重要议事日程，加大行政推动力度，靠实工作责任，落实目标任务，确保了工程的顺利实施。6 月以来，新修梯田 97 万亩，建成了通渭县洞滩、秦州区马莲山、静宁三合、礼县宋河等一批规模大、标准高、质量优、效益好的梯田建设精品示范工程，实现了新一轮梯田建设的开门红。

专栏十九

革命老区水土流失治理情况

水利部水土保持司

1983年，经国务院批准，财政部、水利部以水土流失严重的革命老区和贫困地区为重点，开始实施“八大片水土保持重点治理工程”，2003年，该工程更名为“国家水土保持重点建设工程”，工程已实施四期。截至2012年底，国家累计安排中央投资40.4亿元，治理水土流失面积6.16万km^2。在各级党委政府高度重视下，各级水利、财政部门精心组织，精心实施，逐步探索并形成了水土流失综合治理科学技术路线，建立了政府引导、群众和社会参与的水土保持工作机制，并取得了显著的生态、经济和社会效益。

一是水土流失得到有效控制，生态环境明显改善。坚持以小流域为单元，山水田林路全面规划、综合治理。2008—2012年，工程区共完成水土流失治理面积1.45万km^2。其中：新修梯田94842hm^2，营造水保林318436hm^2，果林145439hm^2，人工种草45815hm^2，封禁治理832345hm^2，各类小型水土保持工程47811处。据统计，项目实施年可增加蓄水能力97.46万m^3，增加保土量10.2万t，森林覆盖率由原来的25.83%提高到36.8%。

二是加强了农业基础设施建设，提高了农业综合生产能力。国家水土保持重点建设工程始终把农业增产和农民增收放在最突出位置，通过坡改梯，把原来的“三跑田”（跑水、跑土、跑肥）变为“三保田”。凡是经过重点治理的区域，人均基本农田在北方增加1~2亩，在南方增加0.2~0.3亩。粮食产量翻一番到两番，稳定解决了群众的粮食自给问题，形成了一批为群众带来可靠收入的特色产业，治理区农民人均收入增加数百元，有的地方达2000~3000元。

三是提高土地承载能力，抵御自然灾害的能力明显增强。梯田、水土保持林等措施不但增加了蓄水能力，延缓暴雨汇流时间，减少沟道洪峰流量与含沙量，也增强了区域抗旱能力，提高了土地的承载能力和防洪减灾能力。抵御自然灾害能力明显增强。山东沂水县新庄小流域通过治理，2010年在没有有效降雨前提下，夏粮和秋粮都喜获丰收，比治理前的2008年增产三成左右。

四是贫困落后现状得到明显改善，促进了社会进步。工程实施使治理区水土流失严重、农业生产条件、生态环境恶劣和经济社会发展相对落后状况得到明显改善。工程实施拉动了投资，扩大了就业，改善了农村产业结构和生产生活条件，增加了农民收入，提高了农民幸福指数。目前已涌现出一大批生产发展、生活富裕、乡风文明、村容整洁、管理民主的村屯，为革命老区新农村建设和全面建设小康社会创造了条件。

根据温家宝总理、回良玉副总理在中国科学院孙鸿烈等10名院士联名呈送的《关于加大革命老区水土流失治理力度的建议》上做出的重要批示精神，财政部、水利部以革命老区为重点，组织20个省区编制了《国家水土保持重点建设工程实施规划（2013—2017年）》，并联合批复了各省（自治区、直辖市）实施规划。规划范围涉及水土流失最为严重的20个省区的279个项目县，包括井冈山、太行山、沂蒙山、大别山、遵义、洪湖、百色、琼崖、陕甘宁、晋绥、鄂豫陕、东北抗联等12个重点革命片区，工程于2013年启动实施。力争通过5年建设，新增水土流失治理面积3万km^2，实施治理的小流域水土流失治理度达到70%以上，林草植被覆盖率达到30%以上，南方人均基本农田达到1亩，北方达到2亩，农村产业结构土地利用结构趋于合理，特色产业得到发展，农民人均纯收入稳定增长，生产生活条件得到改善。

2012 年水生态保护与修复工作情况

水利部水资源司

2012 年，水利部深入贯彻落实党的十八大报告、2011 年中央 1 号文件及 2012 年《国务院关于实行最严格水资源管理制度的意见》指示精神和工作要求，继续深入推进水生态系统保护与修复工作，取得较好成绩。

一、《全国水资源保护规划》编制工作全面启动

2012 年，水利部会同国务院有关部门启动了《全国水资源保护规划》（以下简称《规划》）编制工作。《规划》编制中，以实现水资源可持续利用与水生态系统良性循环为目标，坚持水量、水质和水生态统一规划的原则，将水生态系统保护与修复纳入《规划》，予以专章规划，明确“水生态系统保护与修复”规划范围包括：《全国重要江河湖泊水功能区划》的重要江河湖泊水域、部分《全国主体功能区规划》中明确的国家级或省级自然保护区、国家级水产种质资源保护区等涉水的重要敏感区水域；在评价指标中设定反映重要湿地、鱼类生境等情况的指标。同时，结合保护与修复目标，对不同类型水生态系统保护和修复措施予以定位，并明确生态需水量保障目标，提出河道内生态基流、敏感生态需水、湖泊湿地适宜生态水位要求，确定水功能区水质达标率目标，以及水生态监测方案要求。

二、水功能区监督管理工作稳步推进

2012 年 3 月，水利部会同国家发展和改革委员会、环境保护部联合印发了经国务院批复的《全国重要江河湖泊水功能区划（2011—2030 年）》，并组织各流域机构编制了本流域全国重要江河湖泊水功能区划实施方案，水功能区划成为全国水资源开发利用与保护、水污染防治、水环境综合治理以及水生态保护与修复的重要依据；对 4493 个水功能区基础信息进行复核，基本完成省界水质监测断面复核；全面完成 31 个省（自治区、直辖市）水功能区限制纳污红线指标分解工作；组织编制水功能区纳污能力核定和分阶段限排控制方案。根据国务院提出的“建立水功能区水质达标评价体系”要求，组织制定了《全国重要江河湖泊水功能区水质达标评价技

术方案》；积极推进《水功能区管理条例》编写工作，推进水功能区监督管理法制化进程。

三、水生态系统保护与修复试点工作取得新进展

截至2012年底，全国已有14个城市（省）成为水利部试点，其中第一批5个试点已全部通过水利部和省人民政府的联合验收。2012年，主要完成了无锡、丽水、莱州水生态系统保护与修复试点工作的验收和总结，完成了西安浐灞生态区试点的技术预验收工作，查干湖试点的中期评估工作和丽江试点的规划审查。试点工作取得了明显的社会、经济和生态效益，起到了极强的引领和示范作用。武汉市围绕河湖水系连通建设，实现16个中心城区湖泊水质的提档升级；桂林市围绕生态水库建设和科学调度，保证了漓江枯季流量，有效保护了生物多样性；无锡市围绕湖泊水环境的综合整治，水功能区达标率由2005年11.8%提升到46.8%；丽水市围绕小流域综合治理，瓯江水土流失面积减少567km^2，干流水质达标率提高到98.7%；莱州市围绕地下水超采治理，海水入侵面积由261km^2减少至228.5km^2。通过试点建设，各级地方人民政府日益认识到水生态保护工作的重要意义，全社会形成了良好的水生态保护工作氛围。

2012年，贯彻落实党的十八大关于加强生态文明建设重要指示精神，水利部启动全国水生态文明建设试点工作，批复济南为全国第一个水生态文明建设试点城市。同时，积极开展相关制度、标准研究，为全国水生态文明市创建提供技术保障。

基层经验

江苏淮安市：从“洪水走廊”到绿水生态家园

淮安水网密布，被称为“漂浮在水上的城市”，又因地处淮河下游，过境客水占70%以上，因此一直有“洪水走廊”之称。近年，充分利用“四水穿城、文化名城”的资源优势，淮安市着力推进生态水利建设，修复水生态，提升水文化，坚持水安全、水环境、水景观、水文化统筹发展，高起点立意，高品位规划，高标准建设，高效能管理，主城区累计完成生态水利建设投资10多亿元，组织实施了水环境综合提升45项工程，同时开工兴建和复建了部分水文化工程。城市水环境大为提升，人居环境大为改善，使淮安古韵与现代新城实现了完美融合，赢得了广大市民的赞誉和青睐，为建设“绿水生态城市”提供了水利支撑和优质服务。打造一座“水中城、城中水，绿中城、城中绿”的自然生态城市，淮安市走出了一条独具特色的城市水利建设之路。

四、生态脆弱地区调水工作继续开展

近年来，水利部门对黄河、塔里木河、黑河进行综合治理和水资源科学调度，取得了明显成效，黄河实现连续12年不断流，塔里木河下游干涸20多年的台特玛湖重新过流，黑河下游的东居延海重现生机。连续实施的“引江济太”，将长江水调入太湖，实现了“以动治静、以清释污、以丰补枯、改善水质”的目标。对扎龙湿地、南四湖、白洋淀、衡水湖等湖泊和湿地实施生态补水，使当地植被得到修复，鸟类数量明显增加，生态环境得到显著改善，维护了生态脆弱地区的水生态安全，取得了显著的社会、生态和经济效益。

五、河湖健康评估取得阶段成果

2011年，水利部启动了《全国重要河湖健康评估》工作。对我国重要江河湖库健康状况“定期体检”，以评估河湖治理与保护策略，为制定河湖有效保护和合理开发决策提供技术支撑。两年来，水利部编制并印发了《全国重要河湖健康评估（试点）工作大纲》和《河流健康评估指标、标准与方法（试点工作用）》、《湖泊健康评估指标、标准与方法（试点工作用）》，在七大流域中选定了试点河湖地区，开展生态监测和评估。从流域生态环境特征出发，制定了河湖的水文水资源状况、河湖物理结构、水质状况、水生生物状况、河湖社会服务功能等方面的河湖健康评估指标，开展了评估工作。目前，一期评估工作已经接近尾声。

张鸿星　黄利群　执笔

陈　明　审核

链接

河湖还清 美化京城

北京市水务局

2012 年，北京市加快步伐，对河湖进行全面、系统治理，取得明显成效。

一是加强源头治理。加快污水处理设施建设与升级改造。北小河污水处理厂升级改造工程投入运行；完成吴家村污水处理厂升级改造和清河污水处理厂扩建工程建设，上半年已投入调试运行；东坝、垡头、五里坨等污水处理厂和昌平百善再生水厂年底开始调试运行；丰台河西、昌平未来科技城等再生水厂和大兴黄村、小红门等污水处理厂升级改造工程已开工建设。预计 2012 年北京全市年污水处理量达到 12.2 亿 m^3，全市污水处理率达到 83%，再生水利用量 7.5 亿 m^3。加快小流域综合治理，围绕“水资源保护、水资源配置和防洪减灾”三个体系建设，继续推进北运河、潮白河等流域的综合治理。开工建设榆林庄闸改建工程，引温济潮二期工程正式投入运行，日新增调水能力 10 万 t；开工建设潮白河（王各庄至牛栏山橡胶坝段）及怀河（大秦铁路桥至牛栏山橡胶坝段）综合治理工程；加大潮白河两侧绿化造林工程建设，潮白河干流形成了 50km 的有水河段。

二是加快生态修复。永定河园博湖及其水源净化工程已完成主体工程，新增水面 90 万 m^2、绿地 148 万 m^2、湿地面积 33.5 万 m^2，与“四湖一线”工程和大宁水库工程形成“六湖”、溪流、湿地相间的绿色生态走廊；大兴新城滨河森林公园、房山新城滨水森林公园等开园迎宾，永定河两岸又添新的水生态景观；组织协调完成永定河马厂水库、清河、凉水河、潮白河等平原河道、水库周边绿化造林工程。全市平原河道水库周边造林 4.5 万亩，占 2012 年全市平原区造林任务的 20%。

三是全面修复水毁工程。针对“7·21”暴雨造成的水毁工程，开展今冬明春水利工程大会战，进行全面修复。对中心城、新城等区

链接

域最紧迫、最重要的防洪排水河道实施治理，确保明年安全度汛。截至11月初，全市已清除各类洪障430处，其中：房屋167处，大棚7处，料场12处，桥梁18座，垃圾渣土48处，淤积物24处，其他障碍物154处。

链接

七十二沽清水活

天津市水务局

天津地处九河下梢，依水而立、因水而兴。2011年，天津市决定利用2011—2013年3年时间，投入近百亿，实施“清水工程”水环境综合治理项目，计划中心城区、滨海新区1年，环城四区2年，两区三县建成区3年实现河道水清，力求彻底解决水体污染、水系不畅、污水处理厂网建设不到位等水环境突出问题，满足人民群众对城市水环境日益增长的要求和期盼。

为了确保工程建设高标准、高质量实施，天津市牢牢抓住截污治污、统筹结合、治减挂钩等关键环节不放松。坚持先治污、后清淤，实现截污纳管，确保污水不入河；坚持污水处理厂建设与配套管网同步，与区域近远期发展相结合，与区域工业布局相结合，与示范小城镇、示范工业园区建设相结合，与城中村改造相结合，与再生水利用相结合，确保污水处理厂、网发挥最大效益；坚持水环境治理与减排工作挂钩，把COD削减量考核指标纳入到区县水环境治理目标体系中，做到污水处理率必须达标、污水处理厂的运行负荷率必须达标、COD的减排必须达标。

清水工程自2011年启动以来，在各参建单位的全力推动下，天津市中心城区、滨海新区及环城四区治理任务已基本完成，全市共治理河道481km、铺设截污管道346km，53条（段）河道实现截污纳管、清浊分家；中心城区完成12项水循环改善工程，市区河道实现联通，水体置换能力大幅提高；新建污水处理厂15座，提升改造污水处理厂3座，铺设配套管网531km，新增年削减COD 4.4万t，城镇污水处理率提高到88%。此外，通过生态治理，天津市河道沿线生态环境得到修复和改善，北运河、龙凤河故道等一批重要河流建成了集防洪除涝、休闲环保等多功能于一体的河道景观，为促进沿河经济开发发挥了重要作用。

链接

珠江委应急处置　应对龙江镉污染

水利部珠江水利委员会

2012年1月20日，珠江水利委员会接到广西壮族自治区人民政府报告，龙江河池市宜州河段发生镉污染情况，估算镉污染总量近20t，严重威胁到龙江下游柳州市供水安全，影响供水人口近300万人。此时距中国人的传统农历新年只有2天。

接到报告，珠江水利委员会立刻行动起来，当晚组织了会商，分析水污染形势，并根据《珠江水利委员会处置突发性水污染事件应急预案》，立即启动Ⅲ级应急响应。21日派出监测组和工作组赴现场。一场水污染防治战役就此打响。

龙江途经河池宜州市，与融江在柳州市的柳城县凤镇汇合后进入柳江。柳江为西江上的主要支流，流经广西重要工业城市柳州，确保下游柳州市供水安全成为这场战役的重中之重。

监测组一到河池，就开始监测工作，先后监测了宜州二桥、龙江与柳江汇合口下游200m处、柳北水厂等近20个断面，提供了大量的实时水质资料，提高了水污染事件应对的科学性和时效性。工作组利用数学模型加强水情水质预测预报，为调度龙江、融江水资源，提供技术支持。

为了保障柳州市用水安全，珠江水利委员会提出“严控龙江、精调融江、确保柳州、捍卫西江”，和广西水利厅等单位制定优化水资源调度方案：充分利用龙江各梯级电站进行调度，控制龙江下泄流量，减缓污染水团下泄；调度融江各梯级电站，加大下泄水量，使龙江污染物和融江汇合后污染水体得到较好稀释，保证下游供水安全。

截至2月8日，龙江与融江汇合口下游各断面镉浓度均未超标。

10年来，珠江流域逐步建立并完善了流域重大水污染事件处置应急机制，通过每年的应急演练、应急监测能力建设，大幅提高水污染事件应急处置能力。2009年10月，珠江水利委员会建立了以各省（自

链接

治区）为单元，流域机构协调处置的突发性水污染事件应急机制，编制应急预案，严格执行每月、每周“零报告”制度，确保突发水污染事件信息渠道畅通。

建立了下游及三角洲水质预测预警系统、红水河—浔江—西江水质预测模型等突发水污染事件预测预报模型、模式，完善了突发水污染风险源、有毒有害物质以及历史水污染事件数据库，积极开展了针对重金属、有机毒物、溢油等有毒有害物质迁移转化预测预报和应急处理研究，逐步打造出一支高水平的预测预报队伍。

10 年来，珠江流域水环境监测能力有了大幅提升。经 2011 年的计量认证扩项评审，监测能力从 90 余项扩展到 130 项，即将认证项目近 200 项，达到《地表水环境质量标准》（GB 3838—2002）109 项全分析能力。近年来，圆满完成了广州亚运会水资源安全保障工作，成功应对汀江铜污染、云南曲靖铬馇污染、广西龙江镉污染等流域重大突发水污染事件。

生态清洁型小流域建设工作情况

水利部水土保持司

2006年水利部开展生态清洁型小流域建设试点工作以来，在各级政府的高度重视和大力支持下，在各级水利部门的积极推动下，生态清洁型小流域建设从外部氛围到建设模式、建设管理机制、实施效果等都取得明显进展，步入良性发展阶段。

一、生态清洁型小流域建设进展与成效

党的十八大提出把生态文明建设放在突出位置，融入经济建设、政治建设、文化建设、社会建设各方面和全过程，努力建设美丽中国，实现中华民族永续发展，这对于在全社会树立生态文明观念、推动我国生态环境质量的改善具有十分深远的历史意义。生态清洁型小流域建设作为水土保持生态建设的重要内容，是水土保持工作实践生态文明建设的一项重要举措，近几年，各地对这项工作的认识进一步提高，工作力度明显加大，取得了明显成效。

（一）主要进展

一是各级政府重视程度提高。通过坚持不懈的推动引导，各级政府和水行政主管部门对生态清洁型小流域建设的认识逐步提高，不少地方的党政领导已将生态清洁型小流域建设作为改善生态环境、促进经济增长的重要途径，开始有计划、有步骤地培育试点，抓好典型，以点带面。一些地方把生态清洁型小流域建设纳入经济社会发展总体规划，大手笔、开拓性地开展乡村环境建设，全力打造生态清洁型小流域。不少重要水源区已经将生态清洁型小流域建设作为当地生态建设的主要模式。

二是群众普遍认可。在工程实施中，各地注重从项目选择、建设内容、实施形式和管护机制等各个环节广泛吸收群众意见，与群众切身利益挂钩，广大群众因而切身感受到了生态清洁型小流域建设的显著成效，极大地调动了群众的积极性。过去一些对村庄河塘治理、环境整治工作不理解不支持的群众，在切身体会到生态清洁型小流域建设带来的环境改善和收入增长后，都转变了观念，主动参与支持生态清洁型小流域建设，自觉维护建设成果。一些未开展生态清洁型小流域建设的地区，群众迫切期望项目也能在当地

建设。

三是推动力度不断加大。通过示范和推动，绝大部分省区已开展了生态清洁型小流域建设工作，有的已开始大规模推进。据初步统计，截至2012年底，全国已有235个县开展了生态清洁型小流域建设，实施小流域444条，已建成的达301条。湖北省已经有9个市（州）、28个县开展了生态清洁型小流域建设，实施小流域达86条，已建成了57条，累计投入资金8.1亿元。北京、江苏、浙江等省区把这项工作作为当地新农村建设的重要载体，整乡整县推进，每年投入数十亿元。广东省政府印发了《广东省千宗治洪治涝保安工程建设方案》，将安全清洁型小流域建设列为重要建设内容，拟对规划内的500条小流域进行全面综合整治，规划总投资达到96亿元。

四是建管理念和技术路线日趋成熟。通过不断地实践、摸索和总结，生态清洁型小流域建设理念和防治技术日趋成熟。各地因地制宜，统筹考虑资源禀赋、产业方向和当地需求，工程设施与产业布局结合紧密，生态效益和经济效益并重，效果显著。一些地方在满足群众改善生态环境、促进经济发展等需求的同时，充分考虑人们休闲度假、回归自然等需求，生态清洁型小流域发挥了很好的保生态、惠民生的示范性作用。

（二）主要成效

一是一批重要水源地得到有效保护。北京、吉林、浙江、贵州等近20个省区完成了水库水源地生态清洁型小流域建设专项规划，通过统筹实施污水处理、河道整治和面源污染综合防治，减少了水体氮磷等污染物总量，实现了水质达标率的提高。水资源紧缺、环境压力巨大的北京市，其水源地延庆县自2003年实施生态清洁小流域建设以来，连续九年向密云水库输水水质全部达到地表水Ⅱ类标准。目前，北京市已建成的生态清洁型小流域出水水质全部达到地表水Ⅲ类以上标准。

二是项目区生态环境得到明显改善。生态清洁型小流域建设在减轻水土流失的同时，促进了治理区生态环境的巨大变化。许多昔日的荒山秃岭、贫瘠之地，如今已是满目青山，花果满园，呈现出一派生机勃勃的良好生态景观。山东济宁市泗水青界小流域，曾因滥砍滥伐和工业污染导致水土流失和水质污染严重，青界水库水生物一度绝迹。2007年实施生态清洁型小流域综合治理后，流域内环境质量有了明显的恢复和提升，野生动物品种不断增加，2012年有“活化石”美誉的桃花水母重现青界水库，引起了学术界广泛轰动。

三是项目区防灾减灾能力明显增强。广东省开展生态清洁型小流域建设工作前，全省山丘区每年因山洪灾害造成的经济损失23亿多元。2008年广东省启动实施全省生态清洁型小流域建设，项目区内村镇防洪标准提高到20年一遇，基本农田防洪标准达到10年一遇，大大提升了区域防灾抗灾能力，近两年，在遭遇强暴雨情况下，项目区没有发生严重灾情。北京“7·21”特大暴雨，已建成的生态清洁小流域经受了暴雨的检验，受灾较轻或未成灾。

四是当地特色产业得到长足发展。生态清洁型小流域建设改善了地区投资环境，为项目区经济结构转型，实现生态旅游、绿色产业等多元化发展创造了机遇和条件，为群众稳定增收开拓了渠道。过去农民收入靠外出打工，现在通过生态清洁型小流域建设，发展乡村旅游、农家乐休闲产业，就地创收，一些地方农民年收入可达数万元，超过外出务工收入。

五是群众生活方式发生积极变化。伴随着产业发展、农民增收、民生改善，在生态清洁型小流域建设中，许多地方推行了村庄河道保洁的长效管理制度，设置了生活垃圾处理系统，农户的环境卫生意识大大提高。有的地方已经走上景观优美、自然和谐、卫生清洁、人居舒适、经济快速发展，社会风尚不断进步的文明发展道路。

六是水土保持行业社会影响力提升。生态清洁型小流域建设直接服务民生，近年来打造的一系列精品工程，受到社会的广泛关注。各地生态清洁型小流域建设成果被媒体广泛报道。每年全国都有为数众多的考察团，前往生态清洁型小流域建设先进地区学习考察，提升了水土保持行业的社会影响力。

二、生态清洁型小流域建设发展定位

生态清洁型小流域建设之所以能够诞生并逐步发展，在于其符合我国现阶段经济社会发展的需要。随着我国社会经济的发展，人们越来越需要山青、水绿、天蓝的优良环境。经过几年的实践摸索，生态清洁型小流域建设立足于水土资源有效保护与高效开发利用，找到了实现生态保护与生产发展的结合点，具有广阔的发展前景。

一是着力于推进生态文明建设。以科学发展观为指导，坚持人与自然和谐、可持续发展的理念，从小流域这个最基本的自然地理单元出发，从水土资源利用源头上入手，对资源和环境进行综合的、系统的整治，转变不合理、不可持续的发展方式，保护资源和环境，实现绿色发展、可持续发展，走上生产发展、生活改善、生态良好的文明发展道路。

二是着力于治理面源污染、保护和涵养水源。从源头上对水土流失进行治理，对经济快速发展出现的大量污染、面源污染威胁到的饮水问题、涉水安全问题，以及直接排入江河的农药化肥等问题进行综合的治理，对污水、垃圾等面源污染物进行拦截和处理，从而保护和涵养水源、保障饮水安全。

三是着力于促进社会主义新农村建设。通过生态清洁型小流域建设这个平台，将各个部门、各方面的力量有效整合起来，形成综合优势，快速构建起功能布局合理、公共服务完善、自然生态优美的乡村环境，改善农村居民的生产条件和生活条件，促进当地特色农业、绿色产业快速发展，促进乡村旅游、休闲度假，提高农业生产综合效益，增加农民收入，缩小城乡差距。

四是着力于发展水土保持事业新领域。随着我国不少地区特别是东部发达地区经济社会发展对土地依赖程度的逐渐降低，水土保持工作面临的形势和任务逐渐发生变化，能否提供良好生态环境和人居条件成为人们关注的焦点。生态清洁型小流域建设适应经济社会发展和人民群众需求，将人口密集、经济总量快速持续增长的地区及水源地等特殊地区作为水土保持工作的新重点，通过对资源环境的综合整治，让小流域环境更加优美，让水更加清澈，使水土资源发挥到最大的效能。

三、下一步工作重点

2011 年中央 1 号文件和中央水利工作会议对生态清洁型小流域建设工作作出明确部署，要求搞好农村水环境整治和生态清洁型小流域建设，维护河湖健康生态，改善城乡人居环境；党的十八大又提出大力推进生态文明建设、加快水土流失治理、建设美丽中国的宏伟目标，对水利部门提出更新的、更高的要求。为实现“十二五”期间全国范围内建成 600 条生态清洁型小流域的既定目标，下一阶段，全国生态清洁型小流域工作重点就是进一步加大投入，加快进度，提高质量，完善技术路线和实施管理，推动工作上一个新台阶。

一是进一步加强组织领导。充分调动发挥政府主导作用，引导各级政府在政策制定、工作部署、财力安排上动真格，在落实任务、强化措施、强化监督上下真功夫。同时继续发挥水利行业优势，坚持以水利为龙头，规划先行，做好顶层设计。

二是多渠道争取资金投入。生态清洁型小流域建设发展需要国家加大资金支持力度，同时也需要地方财政加大投入力度。地方财政可利用水土流失补偿费或现有水土流失治理工程投资渠道，积极安排资金，开展生态清洁型小流域建设；同时精心设计出台优惠政策，吸引民间资本投入生态清洁型小流域建设。

三是强化科技支撑。需要重点加强规划和建设标准制定等基础工作；研究推广垃圾处理、农业面源污染防治等新技术，完善技术支撑体系；通过加强国际合作，借鉴先进理念和经验，完善生态清洁型小流域监测评价体系建设。

四是做好经验总结和成果宣传。对已有典型从技术路线、措施分类、建设标准、效益指标、建管机制到建设思路与政策保障等方面进行系统总结，提炼理念理论、标准规范，大力推广；同时，充分利用各种媒介，广泛宣传生态清洁型小流域建设的重要作用和取得的显著成效，扩大社会影响，营造全社会关心和支持生态清洁型小流域建设的良好氛围，特别是在村屯和小流域明显位置设置宣传标语、标志碑牌和工程宣传碑，使更多的群众了解、参与、支持生态清洁型小流域建设。

刘　震　张文聪　执笔

刘　震　审核

农村水电篇

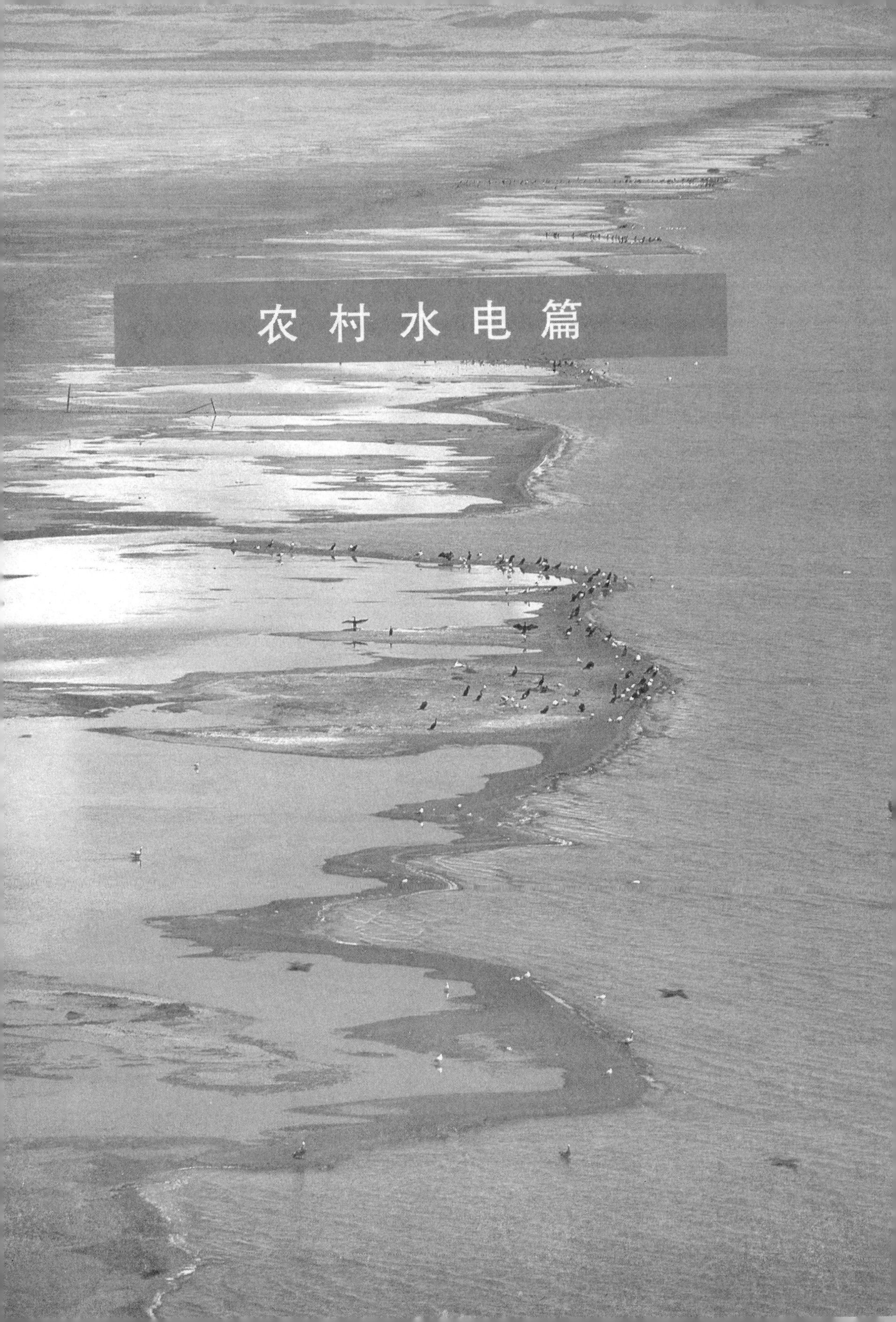

2012 年农村水电工作综述

水利部农村水电及电气化发展局

一、2012 年农村水电工作进展

2012 年，水利部农村水电及电气化发展局紧紧围绕 2011 年中央 1 号文件、中央水利工作会议精神和部党组工作部署，明确目标任务，狠抓贯彻落实，全力打造民生水电、平安水电、绿色水电、和谐水电，农村水电中央投资比去年增加 14%，新增装机近 300 万 kW，总装机 6500 万 kW，全年发电超过 2000 亿 kW · h，很好地完成了农村水电各项工作任务，历年农村水电装机容量如下图。

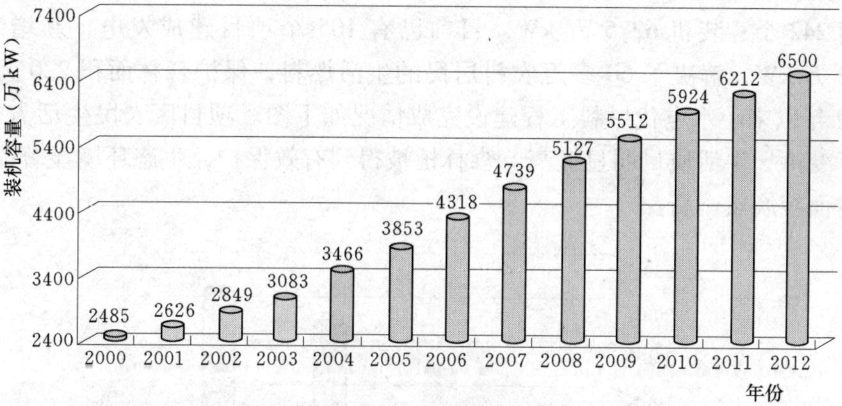

历年农村水电装机容量

（一）以惠农工程建设为龙头，民生水电取得新进展

一是农村水电增效扩容改造试点成效显著。按照“统筹兼顾、能效优先、机电为主、综合改造”和“政策集成、财政补助、省为主体、整体推进”的思路和原则，6 个试点省份 733 座老旧电站改造任务已完成 98.5%，其余将于 2013 年初完成。届时装机容量比改造前增加 32.2%，年发电量增加 51.8%，巩固和新增发电量 41 亿 kW · h，相当于节约标准煤 137 万 t，减排二氧化碳 340 万 t。增效扩容试点在水资源综合利用、消除安全隐患、强农惠农、恢复生态、拉动内需等方面效益显著，同时，促进了上网电价的提高、

安全水平的提升和农村水电机构能力的加强，形成了良性发展的机制。完成了全国 4500 多座老旧电站初设审批和省级实施方案编制等前期工作，为下一步整体推进奠定了坚实基础。

二是水电新农村电气化县建设全力推进。会同国家发展和改革委员会出台了《水电新农村电气化建设项目管理办法》，加强在建项目指导，加大配套资金落实力度，积极培育典型，总结经验。2012 年，下达了 26 个省（自治区、直辖市）和新疆生产建设兵团的 365 个项目投资计划，将新增装机 106 万 kW。目前已有 480 个水电新农村电气化项目开工建设、将新增装机 139 万 kW，其中 183 个项目投产发电、新增装机 32 万 kW。加强与有关部委的沟通协调，全面部署启动了农村水电直供电片区电网改造规划编制工作。

三是小水电代燃料生态保护工程规模持续扩大。会同国家发展和改革委员会出台了《小水电代燃料项目管理办法》，以保障代燃料农户长期稳定用电为重点，进一步优化项目布局，整村整乡集中连片推进，2012 年新开工项目 38 个、代燃料装机 11 万 kW。自 2009 年以来小水电代燃料工程建设范围扩大到全国 22 个省（自治区、直辖市）和新疆生产建设兵团，4 年累计安排项目 242 个、装机 62.5 万 kW，目前已有 105 个项目建成发电，新增装机 21.2 万 kW，解决了 60 多万农村居民的生活燃料，保护森林面积 220 万亩，2009 年以来小水电代燃料工程建设完成情况如下图。项目区农民生活方式发生了变革、生活质量明显提高，森林植被得到有效保护，生态环境显著改善，农村面貌焕然一新。

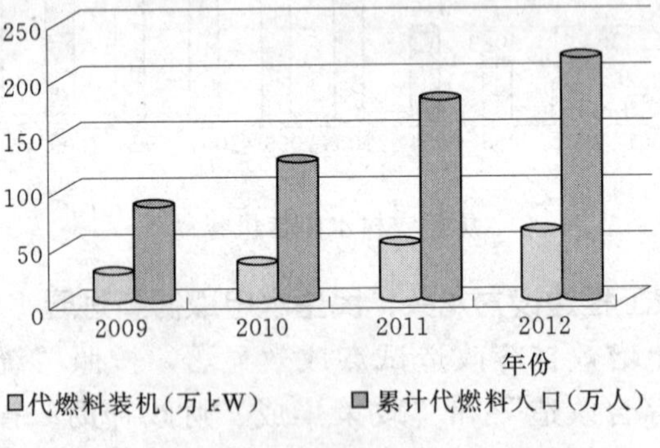

2009 年以来小水电代燃料工程建设完成情况

（二）以保障安全为目标，平安水电迈上新台阶

一是安全监管“全覆盖”深入推进。按照四部委《关于加强小水电站安全监管工作的通知》要求，全力推进农村水电安全生产“双主体”责任落

实，目前安全监督覆盖率已超过 95%。

二是安全监管制度不断完善。9 项农村水电安全生产监管国家标准和水利行业标准已经进入报批阶段。《农村水电站安全生产标准化达标评级实施办法》正在征求意见。

三是安全生产工作抓紧抓实。印发了《关于开展农村水电安全生产大检查的通知》，组织开展全国农村水电安全生产大检查，并对 4 省 10 县 17 个水利水电施工现场进行重点督查。加强安全生产培训，培训各省安全管理人员 400 余人。农村水电安全生产事故起数和死亡人数比高峰年份分别下降了 73% 和 85%。

（三）以水能资源规划为先导，绿色水电开拓新领域

一是全面启动中小河流水能资源开发规划。水利部印发了《关于开展中小河流水能资源开发规划工作的意见》，提出了技术要求，开展了规划培训，力争“十二五”期间完成全国主要中小河流水能资源开发规划的编制和修订工作。

二是积极探索绿色小水电评价工作。在深入调研、实地评价的基础上，从环境、社会、经济和管理等 4 个方面确立了 12 个评价类别 20 个评价指标如下图，初步形成了绿色小水电评价标准和管理办法，为开展绿色小水电评价试点工作奠定坚实基础。

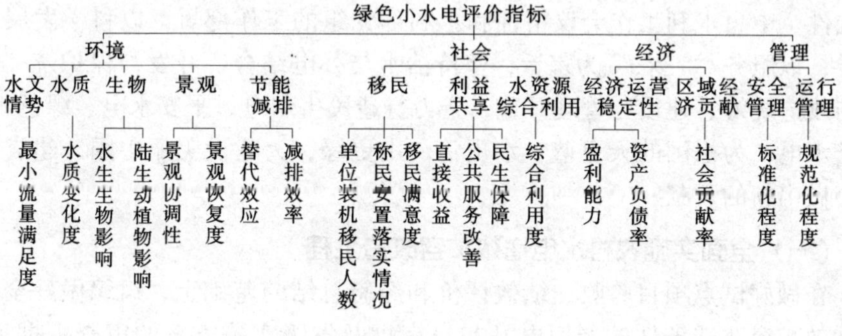

绿色小水电评价指标示意图

三是形成了小水电环保技术标准框架。为下一步制定最小生态流量、最小下泄流量监测、小水电环保竣工验收、综合利用和景观整合、小水电生态环境保护等技术标准形成了工作思路。

（四）以农村水电立法为重点，和谐水电开创新局面

一是推动农村水电立法。积极落实国务院领导和水利部领导批示精神，

会同水利部有关司局多次向国务院法制办公室等部门汇报农村水电立法工作，修改完善《农村水电条例》和《农村水能资源管理办法》，扎实做好立法前期工作。

二是加大扶贫工作力度。由局领导带队赴西藏、新疆和对口扶贫县开展调研指导，分别向国务院和水利部党组报送了《关于西藏农村水电有关情况的报告》等报告，得到国务院领导和陈雷部长、矫勇副部长、胡四一副部长的高度重视。同时，在农村水电前期工作上给予具体指导，项目资金上给予重点支持，人员培训上加大力度，在内地对西藏25个县水电管理单位的主要领导进行了技术和管理培训。组织召开了水利部对口支援云南省富宁县小组成员单位会议，制定了《水利部第十一扶贫组对口支援云南省富宁县工作方案》，形成了《水利部对口支援云南省富宁县工作协议》。

三是强化政策研究和舆论宣传。2012 年组织开展调研、督查 23 次，形成调研报告 14 个，深入基层了解情况，提出农村水电在生态、惠农、电价和信贷支持等方面的政策建议。开展了 3 次专题报道活动，组织人民日报、新华社、中央电视台等多家新闻媒体现场采访报道农村水电建设成效，发表有影响力的稿件和电视报道 30 多篇（条）。

二、2013 年农村水电工作打算

2013 年，将认真学习贯彻党的十八大精神，深入贯彻落实 2011 年中央 1 号文件、中央水利工作会议精神和水利部党组的工作部署，以科学发展观为指导，以服务“三农”为宗旨，坚持治水与办电结合、开发与保护统一、新建与改造统筹、建设与管理并重，全力打造民生水电、平安水电、绿色水电、和谐水电，为祖国的天更蓝、水更清、山更绿，为建设美丽中国、建成小康社会做出新的贡献。

（一）全面实施农村水电增效扩容改造工程

在做好试点项目验收、绩效评价和经验总结的基础上，组织做好全国符合增效扩容改造条件的老旧电站初设审批及省级实施方案的审查审批工作。积极争取中央投资，落实配套资金，完善相关政策和保障措施，力争全面启动农村水电增效扩容改造工程。

（二）继续推进水电新农村电气化县建设

争取加大国家补助投资、落实地方配套资金，加强项目建设管理，加快工程建设进度。总结和培育电气化县建设在促进农民增收、改善农民生产生活条件、促进地方经济发展等方面的经验和典型，引导和带动农村水能资源科学合理有序开发。编制全国农村水电直供电片区电网改造规划，加强与国家有关部门的沟通协调，提出政策建议，推动农村水电直供电片区电网改造工作。

（三）加快实施小水电代燃料生态保护工程

积极争取加大中央投资，进一步扩大建设规模和实施范围。优化工程布局，集中连片推进，分批组织开展小水电代燃料示范县建设。严格项目审查审批，统筹电站和项目区建设，规范建设管理，完善体制机制，确保小水电代燃料实施效果。

（四）全面开展中小河流水能资源开发规划编制

按照水利部《关于开展中小河流水能资源开发规划工作的意见》要求，确定规划河流名录，全面开展中小河流水能资源开发规划编制工作。加强督促指导，加大培训力度，确保规划质量和进度。

（五）全面启动绿色小水电评价试点

深入调研，认真总结，完善工作方案和评价标准，建立评价管理制度，全面开展绿色小水电评价试点工作，积极探索绿色小水电激励政策和措施，推动小水电科学开发和可持续利用，促进生态文明建设。

（六）继续强化农村水电安全监管

继续落实农村水电安全监管“双主体”责任，基本实现全国农村水电安全监管“全覆盖”。加大安全生产监督检查，加强安全生产培训，继续开展安全生产标准化建设，出台《农村水电站安全生产标准化达标评级实施办法》，全面提升农村水电行业安全管理水平。

田中兴　李如芳　夏海霞　执笔

田中兴　审核

专栏二十

农村水电增效扩容改造试点

水利部农村水电及电气化发展局

我国20世纪90年代之前建设的许多农村水电站，由于承担公益性任务较多、上网电价偏低和体制机制不顺等多方面原因，无力依靠自身积累进行改造升级，设备设施老化，能效逐年衰减，不仅浪费宝贵的水能资源，影响综合效益的发挥，还存在着不少安全隐患。据统计，我国1995年前投运具有增效扩容改造潜力的农村水电站有5700多座，装机容量近800万kW。对这些老旧电站进行增效扩容改造，不仅能提高水能资源利用效率，促进节能减排，保护河流生态环境，还能消除公共安全隐患，让当地群众得到更多实惠，是一项费省效宏、一举多得、利国惠民的德政工程和民生工程，具有重大而深远的意义。

2011年7月，财政部、水利部在浙江、湖北、湖南、广西、重庆、陕西等6省区启动了农村水电增效扩容改造试点。试点省区各级政府高度重视，地方财政、水利部门密切配合，积极落实配套资金，加强组织协调，采取得力措施，积极推进试点工作。截至目前，试点的733座老旧电站改造任务已完成98.5%，其余将于明年初完成。届时装机容量比改造前增加32.2%，年发电量增加51.8%，巩固和新增发电量41亿kW·h，相当于每年可节约标准煤近140万t，减少二氧化碳排放350万t，有效地促进了节能减排，同时在消除安全隐患、实现强农惠农、优化梯级调度、提高综合利用、恢复河流生态、促进良性发展等方面也取得明显成效。

为做好试点工作，财政部、水利部及时出台财政补助资金管理暂行办法和初步设计、机电设备选用、建设管理、验收指导等意见。2011年10月，财政部、水利部联合召开农村水电增效扩容改造试点启动视频会，并与6省区政府签订了试点责任书。2012年，多次派出工作组到6省区进行督查，并将督查发现的问题向各地省级政府分管领导进行反馈，督促各地进一步采取措施，确保试点工作顺利进行。

各地根据财政部、水利部的有关要求，积极推进试点工作，一是强化组织领导，落实工作责任；二是立足长远发展，出台配套政策；三是落实改造资金，严格资金管理；四是抓住关键环节，加快项目实施；五是规范项目管理，加强技术指导。

通过试点，一是完善了“电站增效、农民受益、修复生态、消除隐患、综合利用、一举多得”的工作目标；二是提出了“统筹兼顾、能效优先、机电为主、综合改造”的工作原则；三是形成了“政策集成、财政补助、省为主体、整体推进”的工作思路；四是建立了“法人为主、政府监管、分工协作、责任明确”的服务保障体系。

链接

2012 年农村水电亮点纷呈

水利部农村水电及电气化发展局

2012 年，各地在农村水电增效扩容改造、水电新农村电气化和小水电代燃料等工作中，新招迭出，亮点纷呈。

重庆市在农村水电增效扩容改造试点中采取了一系列激励政策。一是提高上网电价，市级财政按 0.02 元/(kW·h) 标准对改造后的机组新增电量给予补贴，该政策执行到 2019 年。二是税费优惠，对改造项目新产生的建安营业税实行先征后返，新产生的增值税市级留成部分自投产之日起返还 5 年，定向补助项目建设。三是支持并网，确保项目发电全额上网。四是用地扶持，改造项目建设用地全部实行划拨供地。五是实行“以奖代补”，市财政安排一定资金对任务完成较好的区县予以奖励。全市全年完成改造试点电站 476 座，改造后，年增发电收入 2.5 亿元，每年大约可节约标准煤 29.15 万 t，减少 74.83 万 t 二氧化碳和 9736t 二氧化硫等。各区县还从发电收益中提取部分资金设立“农村水电增效扩容改造惠民资金”用于农村基础设施建设，有效改善灌溉面积 25.8 万亩，解决 28.2 万人的饮水问题。

贵州省镇宁县六志电站是“十二五”水电新农村电气化项目之一。电站的业主为当地村民修建了公路、桥梁和机耕通道，改善了农村基础设施条件。电站还承担了当地村民的农田灌溉用电费，解决当地劳动力就业，提高了农民生活水平。电站给予村民提供部分无偿电量，改变了农民的生活习惯，家家户户用上了电炊具，改善了生态环境。

吉林省长白朝鲜族自治县自 2006 年开始实施小水电代燃料生态保护工程，目前已发展了 3773 个小水电代燃料户，代燃料户年均用电量从实施前的 360 kW·h 增加到 822kW·h，项目区每年减少薪柴消耗 1.2 万 m^3，减少二氧化碳排放量 4.4 万 t，有效保护项目区森林植被面积 6 万亩，户均节约燃料支出 600 元，深得农民拥护和支持。预计到 2013 年，全县 6 个乡镇、56 个行政村、1.1 万户农民将全部实现小水电代燃料。

专栏二十一

绿色小水电评价工作要点

水利部农村水电及电气化发展局

在借鉴瑞士绿色水电认证、美国低影响水电认证、国际水电协会水电可持续性评估，国内水利水电建设项目环境影响评价和水利相关评估经验的基础上，结合我国小水电的自身特点，2012年水利部农村水电及电气化发展局组织有关专家初步提出了绿色小水电评价指标和标准，选择浙江、河北和贵州3省的15座具有一定代表性的小水电站开展实地评价。在多次组织召开评价研讨会，邀请水文、生态、环境、移民、经济和行业管理等方面的专家学者深入研讨，广泛听取意见和建议基础上，提出了《绿色小水电评价标准（试行）》。制订了《绿色小水电评价管理办法（试行）》，全面征求了农村水电行业的意见和建议，为下一步开展绿色小水电评价试点工作奠定了良好基础。

一、提出了《绿色小水电评价标准（试行）》

《绿色小水电评价标准（试行）》（以下简称《评价标准》）从环境、社会、经济和管理等4个方面确定了水文情势等12个评价类别，最小流量满足度等20个评价指标，制订了推动小水电可持续发展、科学性与可操作性相结合、定量评价与定性评价相结合等评价原则。

《评价标准》将生态环境保护作为最重要内容，赋予最大分值、最多指标，制订了严格的赋分标准，并把水文情势评分不得为零分作为评定绿色小水电的必要条件之一，从局地环境效应和区域减排贡献两处着手，全面评价水电站在水文、水质、生物、景观、节能减排等情况。《评价标准》将当地农民分享小水电开发效益作为重点，确定了移民、利益共享和水资源综合利用等类别，关注水电站改善移民生产生活、保障民生和改进公共服务等情况。评价关注水电站的财务生存能力和现实管理状况，确立了盈利能力、负债水平、社会贡献程度以及安全管理和运行管理等评价类别。

二、提出了《绿色小水电评价管理办法》

《绿色小水电评价管理办法》（以下简称《评价管理办法》）拟采取自愿

申报、科学评价、激励引导、动态管理的原则，由县级以上水行政主管部门负责组织实施与监督管理。绿色小水电评价申请由水电站业主向所在县级水行政主管部门提出，经省级水行政主管部门审核同意后向水利部申报，水利部复审、公示合格后，批准命名绿色小水电站。《评价管理办法》规定，各级水行政主管部门要对已命名的绿色小水电站在技术改造、资金安排和政策制定等方面给予优先考虑，积极争取有关部门和单位出台绿色小水电优先调度、上网电价、信贷扶持、税收优惠等激励政策，充分发挥绿色小水电的示范带动作用。绿色小水电评价实行优胜劣汰动态管理，省级水行政主管部门对命名的绿色小水电站进行监督管理，水利部将不定期对命名的绿色小水电站进行抽检，对于成果不能巩固的，取消命名。

专栏二十二

农村水电安全监管“全覆盖”行动

水利部农村水电及电气化发展局

全国农村水电安全监管全覆盖专项行动进展顺利，截至2012年底，安全监管覆盖率已超过95%。农村水电行业安全生产形势明显好转，2012年农村水电安全事故起数和死亡人数比高峰年份分别下降了73%和85%。

近年来，水利部农村水电及电气化发展局以建立健全水能资源开发制度和工作机制、坚决遏制无序开发、清查整改违规水电站、实现农村水电安监管全覆盖为工作重点，开展了一系列专项治理行动。在2010年全面完成5200座各类违规水电站清查整改任务基础上，2011年，为贯彻落实2011年中央1号文件精神，按照水利部、国家工商行政管理总局、国家安全生产监督管理总局和国家电力监管委员会等四部委《关于加强小水电安全监管工作的通知》（水电〔2009〕585号）要求，水利部下发《关于开展全国农村水电安全监管全覆盖大检查的通知》（水电〔2011〕177号），要求在全国范围内逐站落实安全监管主体责任和安全生产主体责任，做到“全覆盖、无死角、制度化”，实现从专项治理到全面监管的转变。

各地认真贯彻落实水利部要求，强化组织领导，积极出台政策，逐级落实责任，加强部门协作，开展联合行动。针对一些地方存在的行业管理机构不健全、安全监管职责不清、建设管理程序不规范、电站业主安全意识淡漠和安全制度执行不力等问题，分别采取对策，实行分级分类管理，逐站落实“双主体责任”。对未落实监管责任的地区，集中进行整改落实；对已落实监管责任地区，重点抓履职监督。

在各级水利部门积极落实“双主体责任”的同时，水利部农村水电及电气化发展局进一步加强法规制度建设，采取有效措施全面推进全覆盖进程。一是加强法规制度建设，研究起草《农村水电安全生产标准化达标评级实施办法》，并纳入水利安全生产标准化评审管理体系，及时把全覆盖工作中的有效措施和经验转化为法规制度，建立全面监管的长效机制。二是将安全监管“双主体责任”落实情况作为各地申报增效扩容项目的前置条件。三是加强督查，在各地上报情况基础上，深入调研，综合分析，重点核查，针对盲区，集中整改。四是强化媒体监督，督促各地对农村水电安全生产“双主体”责任落实情况进行公示。组织督查组先后对4省10县17个水利水电施工现场进行重点督查，对农村水电安全生产“双主体责任”落实情况进行现场检查和督导。

目前，北京、山西、内蒙古、吉林、黑龙江、江苏、安徽、山东、河南、陕西、宁夏等11个省（自治区、直辖市）和新疆生产建设兵团已实现安全监管100%全覆盖，辽宁、浙江、福建、江西、湖北、湖南、广东、广西、重庆、贵州、云南、新疆等12个省（自治区、直辖市）安全监管覆盖率已超过95%。

体制机制改革篇

2012年加快水利改革试点进展

水利部规划计划司

2012年，湖南、重庆、浙江、甘肃等4个加快水利改革试点地区的试点方案全部通过水利部与有关省级人民政府的联合批复，进入全面实施阶段。在水利部指导下，各试点地区积极行动、狠抓落实，改革试点工作进展顺利，取得了阶段性进展。

一、推动试点工作的主要举措

自试点方案批复实施以来，水利部采取多种举措，加强对试点工作的指导、督促和跟踪落实，确保加快水利改革试点工作有序推进、取得实效。一是明确了加快水利改革试点跟踪落实工作部内任务分工。水利部办公厅下发了《关于加快水利改革试点跟踪落实工作任务分工的通知》（办规计〔2012〕294号），针对建立水利投入稳定增长机制、完善水资源管理体制、加快水利工程建设和管理体制改革、健全基层水利服务体系和推进水价改革等5项改革试点任务，分别明确了责任司局，以加强对试点工作进展情况的跟踪检查和督促落实。二是组织开展了加快水利改革试点工作调研。按照《加快水利改革试点工作调研方案》，水利部有关司局和直属单位分赴4个试点地区进行调研，深入了解了试点地区推进试点工作的主要做法、工作进展、存在问题及需求等，初步总结了试点地区的一些好的做法和经验，并对试点地区做好下一步试点工作进行了指导。三是建立了加快水利改革试点进展定期报送制度。印发了《关于建立加快水利改革试点工作进展情况报送制度的通知》（规计综函〔2012〕86号），要求试点地区按季度报送细化改革任务和主要内容的进展情况，年底前报送试点工作年度总结材料，水利部根据试点进展报送情况，及时予以指导和支持。四是编印了多期加快水利改革发展试点专报。对试点工作进展进行及时通报，重点是总结宣传各试点地区试点工作中的一些好的做法和经验，为全国其他地区推进水利改革提供经验借鉴和示范。

湖南、重庆、浙江、甘肃等4个试点省市也高度重视试点工作，依据批复的试点方案，强化组织领导，细化改革方案，明确责任分工，狠抓试点落实。湖南省成立了以省长为组长的水利改革发展工作领导小组，确定长沙市为综合改革示范区，将10个市、县确定为五项改革单项示范区；湖南省水利厅将2012年确定为水利改革攻坚年，将改革相关内容细化为24项工作任务，并将水利改革工作纳入今年水利厅绩效考核，将改革任务完成情况与地方水利项目和投资进行挂钩。浙江省加快水利改革试点方案由省人民政府办公厅印发实施，水利厅制定了加快水利改革试点实施意见，对试点任务、实施步骤等作了细化。重庆市市、县（区）两级都成立了以政府分管领导为组长的加快水利改革试点工作领导小组，召开了市政府专题会议和全市水利改革启动会议，建立了市级部门联席机制。甘肃省水利厅向全省印发了《加快水利改革试点方案》并对试点任务进行了分解，召开了全省加快水利改革视频会议。

二、改革试点取得的初步成效

根据水利部加快水利改革试点工作总体部署及各试点地区试点方案设计，4个试点地区分别针对加快建立水利投入稳定增长机制、完善水资源管理体制、加快水利工程建设和管理体制改革、健全基层水利服务体系、积极推进水价改革等5项重点改革事项开展试点，其中湖南省全面开展5项改革试点，重庆市重点开展建立水利投入稳定增长机制、推进水价改革等2项试点，浙江省重点开展水利工程建设和管理体制改革、健全基层水利服务体系等2项试点，甘肃省重点开展水利工程建设和管理体制改革、健全基层水利服务体系、推进水价改革等3项试点。目前，5项重点改革事项试点工作均已取得了积极进展和初步成效。

（一）水资源管理体制改革取得突破

湖南省已在作为区域核心的长株潭地区实行水务一体化管理，长沙、株洲、湘潭3市均成立了水务局，宁乡、华容、韶山等12个县（市、区）水务局也先后挂牌成立，实现了水务一体化管理；制定颁布了《湖南省湘江保护条例》，将于2013年4月1日起全面施行，流域综合管理法制建设取得重要突破，将大大强化流域水资源的综合管理与保护。

（二）水利投入稳定增长机制初步建立

一是出台配套政策，构建地方财政投入水利稳定增长体系。湖南出台了水利建设基金筹集和使用管理办法及实施细则；湖南省及常德、长沙两市财政设立了农田水利专项资金；出台和落实了“一事一议”财政补助资金主要用于农田水利建设政策；执行从土地收益中提取10%专项用于水利建设的政策，其中衡阳市明确规定按12%的标准执行。重庆印发了《建立水利投入稳定增长机制指导意见》等政策文件，明确了市级财政平均每年预算安排水利建设资金16亿元，要求各区县财政每年预算安排水利建设投入的增幅要高于同期财政经常性收入的增幅；修订印发了《水利建设基金筹集和使用管理实施办法》，在拓宽基金征收范围方面有较大突破。二是强化政银合作，加大水利建设金融支持。湖南省水利厅分别与国家开发银行等5家金融机构签订了战略合作协议，全省水利系统18家单位与10家金融机构签约，协议贷款金额21亿元，已到位贷款资金14亿元。重庆市与中国农业发展银行重庆市分行签订了合作框架协议，今后5年将获得授信贷款100亿元以上。三是构建投融资平台，吸引社会资金投资水利。湖南省除了组建省级水利投资公司之外，还在水利建设任务重的长沙市、浏阳市、望城县等多个市、县成立水利投融资平台公司。重庆市整合市水利投资（集团）有限公司、市水务集团股份有限公司，组建统筹城乡水务一体化的市水务资产经营公司，打造成为全国最大的千亿级水利投融资主体；积极推动区县水利投融资平台建设，新成立融资平台5个，截至2012年底共成立24个区县水利投融资平台。此外，重庆市在用地政策及土地收益分配等方面向水利工程项目倾斜，在保障水利工程建设用地的前提下，将所获收益用于水利发展，将水利工程建设用地视为农业用地，实行“只征不转”，严格土地储备收益使用管理，招拍挂所获收益用于水利发展，重庆市水利投资（集团）有限公司等单位1～9月已通过土地储备实现收益5.5亿元。

（三）水利工程建设和管理体制改革迈出新步伐

一是推行小型水利工程建设集中管理模式。湖南省有68个县（区）组建了县级水利建设项目管理中心，对县内中小型水利工程建设项目实行集中管理；浙江省除了以各类投资公司为基础组建县级项目法人之外，还在宁波市的有关县（市）组建了小型水库除险加固、中小河流治理等不同类型工程的集中项目法人。二是加快健全小型水利工程管理体制。湖南省大力执行小型水库管护员制度，将管护员工资纳入财政预算、实行定额补助，全省共核定管护人员12811人，落实管护经费7976万元。浙江省积极推行大中型水利工程管养分离，引入市场化维修养护主体、政府购买服务的维修养护模式初步形成，此外在宁波等地成功实施了水利工程“以大带小”和“小小联合”的集中管理模式。三是加强水利建设市场管理及工程质量安全监督。湖南省逐步建立水利工程建设项目信息公开和水利建设市场信用信息管理平台，水利市场准入和退出机制不断完善。浙江省下辖的全部11个市、72个县（区）成立了水利工程质量监督站，多数为事业单位或承担行政职能事业单位，部分为公益一类事业单位，人员编制得到批复落实。四是探索开展小型水利工程产权制度改革。甘肃省制定出台了小型水利工程产权制度改革暂行办法，对小型水利工程产权制度改革进行了规定。

（四）基层水利服务体系的"三驾马车"日益加强

一是强化基层水利服务机构建设。湖南省96%乡镇水利站基本完成体制改革任务，其中长沙、湘潭等8个市（自治州）都按"一乡一站"要求，建立了乡镇水利站。浙江省组织开展"首席水利员"评选活动，在全省范围内选拔了154名首席水利员，带动水利员队伍素质整体提升。甘肃省出台了关于进一步加强基层水利站建设的指导意见，提出力争到2013年底建立起覆盖全省的基层水利服务网络。二是加强农民用水自治组织建设。湖南省鼓励和扶持农民用水合作组织建设，已建立农民用水合作组织2299个。浙江省以金华和杭州两市作为试点，在全省率先开展村级水利（水务）员建设工作。三是加强水利专业服务队的建设。浙江省已开展工作全面完善基层防汛防台组织体系。甘肃省出台了《关于建立健全县级抗旱防汛服务队的指导意见》，提出按照"一县一队"的要求建立健全县级抗旱防汛服务队，并实行应急队伍跨区域调度。

（五）水价改革稳步推进

一是探索对城市居民生活用水实行阶梯式水价。湖南省在长株潭地区城市非居民生活用水推行超定额累进加价制度，城市居民生活用水推行阶梯式计价。二是探索深化农业水价综合改革。湖南省在铁山、黄材、官庄3个大型灌区试点推进农业水价综合改革，分类核定农业供水水价。重庆市选择潼南县、忠县、彭水县等三个区县作为农业水价综合改革示范县，依托农民用水户协会完善灌区末级渠系，实行水价制定、水费收取的自主管理，实现了良好的灌溉效益。甘肃省制定出台了关于进一步推进农业水价综合改革的意见。

三、下一阶段工作重点

下一阶段，加快水利改革试点工作的核心任务是各试点地区加快制定出台重要改革配套政策措施并予以全面贯彻落实。为确保试点工作顺利开展、取得实效，水利部将重点做好以下工作。

一是加大调研指导力度。2013年至少到每个试点地区开展1次调研，深入了解试点工作进展、存在问题及需求，针对各试点地区实际及具体改革事项进行分类指导。

二是加大政策协调力度。加强与中央机构编制委员会办公室、国家发展和改革委员会、财政部等相关部门及金融机构的沟通协调，为试点地区改革试点工作争取更为有利的外部政策环境，协调推动重要改革配套政策措施尽快出台。

三是加大检查监督力度。结合试点调研及试点地区定期报送，开展试点进展定期跟踪检查，适时开展加快水利改革试点成效中期评估；研究建立改革试点激励约束机制，督促试点任务加快落实。

四是加大宣传推广力度。采取编印专报、发表文章、召开经验交流会等多种形式，加大对加快水利改革试点工作进展及成效的宣传力度，及时总结宣传试点工作中好的做法和成功经验，适时在全国更大范围进行推广，使改革试点切实起到树立标杆和示范引领的作用。

杜国志　陈桂芳　高　龙　陈金木　胡　哲　执笔
吴　强　审核

链接

衡水“一龙管水”见成效

河北省水利厅

近年来，河北省衡水市认真贯彻落实水利改革发展重大战略部署，率先在全市实施了水务一体化管理，实现了调水、引水、节水、供水、排水、污水处理、中水利用等涉水事务的统一管理，为优化配置水资源提供了体制和组织保障，大大提高了水行政管理的效率和效能，促进了水资源的可持续利用。

管理体制得到理顺。市滏阳水厂、市污水处理厂、市自来水公司、市污水处理费稽征所、市排水管理处和开发区自来水厂6个单位被划归市水务局，整合资产14.4亿元，成立了衡水市水务集团，从过去的“多龙管水”变为“一龙管水、团结治水”。为拓宽融资渠道，成立了衡水市水利建筑工程处和源达公司投融资平台，融资能力大幅提高，已融资7.8亿元。

城乡水生态环境系统建设得到加强。实行水务一体化后，衡水市加大城乡水生态环境建设力度，谋划实施了一批改善群众生产生活条件的民生工程。一是加大污水处理力度。市污水处理厂日污水处理量由原来不足2万t增加到9万t，处理率达到90%以上，相继向电厂、园林绿地等提供中水水源，供水水费和污水处理费征收大幅增长，实现了社会效益、环境效益和经济效益的统一。为彻底解决南部新区污水处理问题，投资8000万元筹建衡水市第二污水处理厂。二是大力实施城市水系建设。实施了胡堂排干综合整治，使胡堂排干成为市区一条亮丽的景观线。三是实施滏阳河市区段河道综合整治工程。河道行洪能力由不足$100m^3/s$提高到$250m^3/s$，建成绿地面积240万m^2，水面面积130万m^2，是原水面的6倍多，城乡水环境得到明显改善。

城区供水安全得到保障。衡水市地下水氟超标问题严重，危及城区群众饮水安全。为解决市区居民饮水安全，实行水务一体化后，通过整合滏阳水厂和市自来水公司，投资8300万元建设了西湖地下水源地工程，彻底解决了市区40多万居民饮用水水质氟化物超标问题，不但提高了城市供水质量和保障程度，也使闲置多年的滏阳水厂得到充分利用。

水利投融资体制改革进展及成效

水利部规划计划司

2011 年中央 1 号文件《中共中央　国务院关于加快水利改革发展的决定》（中发〔2011〕1 号）提出要建立水利投入稳定增长机制，中央有关部门和地方各级党委、政府认真贯彻落实中央决策部署，将水利作为公共财政投入的重点领域，进一步加大了公共财政对水利的投入力度，加强对水利建设的金融支持，广泛吸引社会资金参与水利建设，不断深化水利投融资体制改革，水利投入稳定增长机制逐步建立。

一、公共财政对水利的投入明显加大

中央各部门和地方各级政府认真落实 2011 年中央 1 号文件提出的各项政策措施，进一步加大对水利的支持力度，大幅度增加水利投入。

（一）水利投入增速明显，投资规模连创新高

水利部印发了《关于贯彻落实 2011 年中央 1 号文件建立水利投入稳定增长机制的指导意见》（水规计〔2011〕61 号），指导和督促地方积极拓宽水利投资渠道，尽快建立水利投入稳定增长机制。31 个省（自治区、直辖市）出台了落实意见，提出了力争今后 10 年水利年均投入比 2010 年高出一倍的目标，其中，江苏、内蒙古、湖北、安徽等省区明确了公共财政用于水利建设的比例或增长额度。

2011 年、2012 年全国水利建设投资分别达到 3452 亿元和 4303 亿元，两年投资总量已超过“十一五”水利投资总规模，特别是 2012 年全国水利建设投资首次突破 4000 亿元，创历史最高水平。中央水利投资，2011 年达到 1141 亿元，较 2010 年增长 15.9%；2012 年达到 1623 亿元，较 2011 年增长 42.2%。地方水利投资，2011 年达到 2311 亿元，较 2010 年增长 14%，其中地方财政性资金 1544 亿元；2012 年达到 2680 亿元，较 2011 年增长 16%，其中地方财政性资金 1829 亿元。

（二）从土地出让收益中提取 10% 用于农田水利建设政策积极落实

2011 年 7 月，财政部、水利部联合印发了《关于从土地出让收益中计提

农田水利建设资金有关事项的通知》（财综〔2011〕48号），明确了从土地出让收益中提取10%用于农田水利建设的具体政策，统一了农田水利建设资金计提口径，规定了具体使用范围，明确农田水利建设资金实行专款专用，按照季度计提年终清算，实行预算管理，专项用于农田水利建设，并重点向粮食主产区倾斜。同时，为化解土地出让收益与农田水利建设投资需求不匹配的区域性矛盾，2012年6月，经国务院同意，财政部、水利部联合印发了《关于中央财政统筹部分从土地出让收益中计提农田水利建设资金有关问题的通知》（财综〔2012〕43号），明确从2012年1月1日起，中央财政按照20%比例，统筹各地从土地出让收益中计提的农田水利建设资金，中央和省（自治区、直辖市）统筹比例合计不超过50%。中央农田水利建设资金专项用于农田水利建设，重点支持粮食主产区、中西部地区和革命老区、民族地区、边疆地区、贫困地区农田水利建设。

各地相继制定了相关配套政策措施，贵州、西藏、黑龙江等省区从土地出让收益中计提农田水利建设资金比例超过10%，云南、安徽等省份提出按土地出让总收入的2%～5%保底计提。2011年，全国计提农田水利建设资金270.05亿元，2012年为297亿元。

（三）水利建设基金政策得以延续

2011年1月，经国务院同意，财政部、国家发展和改革委员会、水利部联合印发了《水利建设基金筹集和使用管理办法》（财综〔2011〕2号）（以下简称《办法》），将水利建设基金征收年限延长到2020年底，并规定了征收范围和使用方向。中央水利建设基金来源为从车辆购置税收入中定额提取，从铁路建设基金、港口建设费收入中提取3%，以及经国务院批准的其他可用于水利建设基金的资金；地方水利建设基金的来源包括地方收取的政府性基金和行政事业性收费收入（车辆通行费、地市基础设施配套费、征地管理费等），地方人民政府按规定获得的中央对地方成品油价格和税费改革转移支付资金，城市维护建设税等。《办法》还规定有重点防洪任务和水资源严重短缺的城市要从城市建设维护税中划出不少于15%的资金，用于城市防洪排涝和水源工程建设。

截至2012年底，已有28个省（自治区、直辖市）结合各地实际，出台了本地水利建设基金筹集和使用管理办法或实施细则，一些省（自治区、直辖市）将堤防维护费、部分新增建设用地土地有偿使用费等纳入基金管理，进一步拓宽了征收渠道，增加了征收规模。

（四）水资源有偿使用制度进一步完善

2011 年 3 月，财政部、水利部联合印发了《中央分成水资源费使用管理暂行办法》（财农〔2011〕24 号），明确中央分成水资源费全额纳入中央财政预算，专项用于水资源节约、保护和管理，也可用于水资源的合理开发。中央分成水资源费主要用于取水许可的监督实施和水资源调度，江河湖库及水源地保护和管理，水资源管理信息系统建设和水资源信息采集与发布等 9 个方面。各地积极完善水资源有偿使用制度，合理调整水资源费征收标准，扩大征收范围，严格征收、使用和管理。内蒙古自治区出台了《内蒙古自治区水资源费征收标准及相关规定》，调整了水资源费征收标准和范围。

二、金融支持政策逐步落实

有关金融机构将水利作为重点支持对象，出台了一系列支持水利建设的具体措施，水利投融资渠道不断拓宽，投融资模式趋于多元化。

（一）水利投融资政策进一步完善

2012 年 2 月，中国人民银行、国家发展和改革委员会、财政部、水利部等 7 部委联合印发《关于进一步做好水利改革发展金融服务的意见》（银发〔2012〕51 号），要求进一步加大对水利建设的金融支持，全面加强和提升对水利改革发展的信贷支持和服务，支持符合条件的水利企业通过上市和发行债券进行直接融资，积极发展多种融资产品，拓宽水利项目融资渠道。同时明确提出，经地方人民政府同意，地方水资源费、地方水利建设基金、土地出让收益中计提的用于农田水利建设的资金也可以作为还款来源，进一步拓宽了水利建设金融贷款的还款渠道，为增强地方水利贷款融资能力奠定了重要基础。中国农业发展银行出台了《水利建设中长期政策性贷款业务管理办法》，对水利建设政策性贷款用途、项目条件、期限结构、还款来源、审批流程、风险控制等进行了明确规定。各地因地制宜制定了一系列针对性强、操作性好、含金量高的政策措施。江西省明确对公益性水利项目参照中央基本建设贷款项目贴息标准给予支持，由工程所在地政府财政负责贴息；广西壮族自治区鼓励符合条件的地方通过水利收益权质押贷款用于水利建设，给予优惠利率和延长贷款期限；陕西省提出用水利建设基金、水资源费、煤油气开采水土流失补偿费等收费权作为质押进行贷款；山东省提出小额贷款优先用于农村小型水利工程建设。

（二）水利投融资渠道进一步拓宽

水利部分别与国家开发银行、中国农业银行签署了合作协议，联合印发了金融支持水利建设的指导意见，提出积极创新开发水利建设信贷产品，扩大对承担防洪、排涝等任务的纯公益性项目金融支持范围，提高对既有公益性又有经营性任务的准公益性项目的支持力度，在贷款利率、期限等方面向水利倾斜。2011年，国家开发银行、中国农业银行、中国农业发展银行全年新增水利建设贷款724亿元。有关省（自治区、直辖市）水利部门加强与金融机构合作，如辽宁与国家开发银行签署了400亿元开发性金融贷款支持水利发展合作协议，内蒙古、山西、湖南、云南等许多省（自治区）水利部门也与有关银行签订了融资协议或合作框架。国家发展和改革委员会核准汉江集团、重庆市水利投资（集团）有限公司、辽宁供水集团有限责任公司等11家水利企业发行债券，多家水利企业成功上市，一批水利类上市公司实现再融资。

（三）水利投融资模式进一步丰富

近年来，为多渠道筹集水利建设资金，许多地方因地制宜、不断创新，探索出不少适合水利发展要求和特点的融资模式，主要有以下五种运作方式。一是BT协议模式。水利投融资平台与政府签订BT协议，政府提供有效担保资源作为抵押，由水利投融资平台通过银行贷款进行项目建设，工程建成后政府回购。二是服务协议质押模式。省级水利投融资平台与政府签订服务协议作为质押担保，向银行贷款进行项目建设，政府作为服务使用方，向省级水利投融资平台支付服务费偿还贷款。三是水费财政补贴模式。水利投融资平台向银行贷款进行供水工程建设，自来水公司向水利投融资平台支付还本付息水费，政府向自来水公司进行水费财政补贴。四是以地养水模式。通过水利项目整理出的土地或带动周边土地升值，政府赋予水利投融资平台相应土地开发权作为抵押担保，由水利投融资平台通过银行贷款进行项目建设。五是水费收费权质押模式。水利投融资平台通过水费收费权质押、土地使用权及地上附着物抵押担保进行银行贷款，项目自身收益为主要还款来源，差额部分由财政资金补足。

三、广泛吸引社会资金参与水利建设

（一）鼓励和引导民间资本参与水利建设相关政策出台

为贯彻落实《国务院关于鼓励和引导民间投资健康发展的若干意见》（国发〔2010〕13号），充分发挥民间资本在推进水利建设中的重要作用，2012年6月，水利部出台了《鼓励和引导民间资本参与农田水利建设实施细则》、《鼓励和引导民间资本参与水土保持工程建设实施细则》。两个实施细则对民间资本参与农田水利和水土保持建设的参与范围和方式作出了明确规定，提出了相关鼓励政策和扶持措施，并明确了民间投资主体相关权益。既可鼓励民间资本健康有序发展，消除其投资农田水利和水土保持建设的顾虑，又可弥补其他投资形式的不足，共同推进我国农田水利和水土保持建设，将在多方面起到良好效果。

（二）水利投融资平台融资能力进一步增强

各地积极搭建水利投融资平台，通过政府注入资本金、土地储备、盘活存量资产、争取国家政策性贷款、吸引社会投资等方式提高融资能力，为地方大规模水利建设提供资金保障。目前全国有24个省（自治区、直辖市）建立了省级水利投融资平台，154个市、县也组建了水利投融资平台，水利融资能力进一步增强。经过中央、地方共同努力，金融贷款已成为各地水利建设的重要资金来源。近两年来水利建设贷款总量年均增长49%，黑龙江、陕西等近一半中西部省区年均贷款规模超过10亿元。

四、继续抓好水利投入稳定增长机制政策的落实

两年来，水利投融资体制改革取得了很大成效，为促进水利又好又快发展提供了重要资金保障。但是，还有一些政策措施尚未落实到位，水利建设投资还不能满足需求，需进一步深化水利投融资体制改革。一是继续抓好有关政策落实工作。已出台政策要抓好落实，充分发挥政策效力。尚未出台的政策要抓紧出台，特别是还没有出台水利建设基金筹集和使用管理实施细则的省份，要加大工作力度，尽快出台。二是积极争取扩大水利投资规模。要落实有效需求，继续稳定和扩大中央和地方水利建设投资规模，同时要优化投资结构，保障重点领域投资需求，进一步向民生水利和中西部地区倾斜，着力解决骨干工程投资缺口较大和地方配套资金未足额到位等问题。三是努力拓宽投资领域。认真研究新形势下水利建设中出现的新问题，不断拓宽水利投资领域，积极商国家有关部门，争取将一般小（2）型病险水库除险加固、小型水库工程等项目纳入中央投资支持范围。

张祥伟　朱传保　李　明　陈　杰　张　辉　执笔

汪安南　审核

链接

天津市多方筹资开展大规模水务建设

天津市水务局

2012年，天津水务在投融资工作上狠下功夫，通过做大做强水务投资公司这一投融资平台，多渠道加大水务投入，为大规模水务建设提供了有力的资金保障。

一是发挥融资平台作用，助推南水北调工程建设。面对银行贷款不断收紧的不利局面，充分利用水务投资公司这一投融资平台，通过市场化方式多渠道筹集水务建设资金，累计提取银团贷款17.8亿元，为南水北调市内配套滨海新区供水等工程提供了资金保障。截至目前，水务投资公司累计提取南水北调银团贷款30.6亿元，占签约贷款总额的49%。

二是多方争取资金支持，保障重点工程顺利推进。积极落实水务投资公司资本金，全年共落实6亿元，累计落实35亿元，占注册资本金总额的70%。积极争取中央资金，国家财政累计拨付资金2.9亿元，确保了独流减河、蓟运河、潮白新河等重点河道治理工程顺利进行。积极开展短期贷款，结合项目投资计划，科学制定资金筹措方案，全年累计签订7.8亿元贷款合同，满足了重点水务工程建设资金需求。

三是拓宽水务融资渠道，丰富建设资金来源。积极开展濒水土地资源整理和项目开发工作，通过项目开发实现经营性收益，不断增强自身融资能力。大力推动水务投资公司发行10亿元企业债，完成募集说明书资料准备、企业信用和债券信用评级调查，企业和债券评级均获AA级，发债申报材料已上报国家发展和改革委员会，预计2013年内上市发行。进一步拓宽融资渠道，拟发行4亿元一年期短期融资券，以保证企业债券发行核准期间项目开发资金需求。

水利预算管理机制创新

水利部财务司

水利预算管理是通过预算编制、执行、监督、控制、考评与激励等确保实现水利事业发展目标的行为。建立健全水利预算管理长效机制，是推进预算科学化精细化管理的客观要求，也是管好用好水利财政资金的迫切需要。预算项目储备、预算执行考核、预算执行动态监控等三项机制的建立和两大保障的构建，形成了水利预算管理制度体系，为强化水利事业发展资金保障提供了有力的制度支撑。

一、水利预算管理机制创新的紧迫性

水利预算管理事关中央水利决策部署落实，影响水利改革发展全局。建立健全水利预算管理长效机制，是新形势下确保水利资金安全高效的关键举措。

（一）国家公共财政体制改革和预算管理的客观要求

财政体制改革是国家全面深化经济体制改革的一项重要任务，预算管理作为公共财政体系的核心，是财政体制改革的重点领域。预算的科学化、精细化管理是当前和今后一个时期改革的主攻方向，重点是完善预算编制制度，加强预算执行管理，强化预算监督，建立预算编制与预算执行、预算监督相互制衡、有机衔接的运行机制。《中华人民共和国预算法》和《中华人民共和国预算法实施条例》对预算编制、预算执行、预算监督等做出全面规定，对预算编制的依据和审批时限、预算执行的考核监督、违法违规行为的惩处等预算管理全过程提出明确要求。水利预算管理是国家部门预算管理的重要组成，客观要求创新水利预算管理机制，全面落实预算法规要求，切实提高预算编制的科学性和准确性、预算执行的均衡性和有效性、资金使用的安全性和高效性，提升水利预算科学化精细化管理水平。

（二）大规模水利建设顺利推进的迫切要求

2011 年中央做出加快水利改革发展重大部署，将水利作为公共财政投入的重点领域，同时要求切实加强水利投资项目和资金监督管理。党的十八大把水利放在生态文明建设的突出位置，提出了更高要求。在中央水利方针政策指引下，全社会掀起新一轮治水兴水热潮，水利建设进入大规模快速推进的新阶段。水利投入连创新高，2012年中央水利建设资金、中央财政专项资金分别达到1623亿元、704亿元，较上年增长42%、53%。落实中央加大水利投入的政策，用好来之不易的中央水利投资，迫切要求强化水利预算管理。同时，大量财政资金重点投向小型水库除险加固、中小河流治理、小型农田水利等点多、面广、量大、直接关系民生的水利项目，资金管理范围拓宽、链条延长、难度加大，迫切要求创新水利预算管理机制，充实项目储备、科学编报预算，确保体现国家决策部署、水利发展方向、利民惠民的项目优先纳入，强化预算执行、严格资金监控，促进预算执行序时、均衡、安全、有效，确保中央财政资金效益发挥和使用安全，保障水利改革发展顺利进行。

（三）加强水利预算管理的内在要求

近年来，通过加强预算管理制度建设、推行项目预算规划管理、实行国库集中支付、深化政府采购制度改革、开展预算绩效试点等举措，水利预算管理水平明显提高。但仍存在预算项目储备不足、预算执行内在激励约束机制缺失、监控覆盖面不全和约束性不强等问题，成为水利资金安全高效使用的突出制约。从根本上解决这些问题，仅靠局部改进已难以实现，迫切需要准确把握水利预算管理的系统性、层次性、时效性等特征，对加强水利预算管理进行顶层设计，既统筹谋划全方位加强预算管理，又针对薄弱环节实施重点突破，加快建立科学的储备机制，超前储备预算项目；建立预算执行考核机制，加强量化考核的激励约束作用；建立预算执行监控机制，加强预算执行的实施动态监管，通过构建完备的水利预算管理制度体系，进一步提高预算管理水平和管理效果。

二、水利预算管理机制创新的主要内容

适应新形势新要求，针对预算管理存在的突出问题，围绕预算管理的编制、执行、监督等核心环节，出台了水利预算项目储备、预算执行考核、预算执行动态监控等三个管理办法，相应建立了“三项机制”，构建了组织和技术两大保障，为健全水利预算管理长效机制奠定了坚实基础。

（一）预算项目储备机制

预算项目储备是预算管理的“源头”工作。为夯实预算管理基础，强化超前储备，提升预算编制质量，按照论证充分、储备充足、结构优化、质量优良的思路，建立了一套程序清晰、方式先进、要求严格、管理规范的预算项目储备机制。在项目申报上，为确保预算项目安排的科学性、有效性和前

瞻性，明确项目储备至少应有一年的前置时间，并通过必要性、可行性、效益分析、经费预算以及前期工作的评估论证。对于项目储备范围，突出了符合相关水利规划、服务水利中心工作的要求。统一项目申报程序和文本要求以提升申报效率和规范性，严控对外委托经费比例以减少随意性。在项目审查上，明确项目审查权限，按项目额度分级分类进行。明确了从合规性审查、项目评审、意见反馈、异议处理到出具审查意见的审查程序，把合规性审查作为项目评审的前置条件。评审方式采取专家评审与机构评审相结合，充分发挥专家的权威性和评审机构的专业性，对专家遴选和审查机构的工作提出了具体要求。在项目管理上，设立水利部项目库，实行开放式滚动管理，符合储备要求的项目经部预算管理领导小组审议，全部纳入项目库管理，项目库每年进行清理，通过审查的基本建设项目也纳入项目库储备。在项目预算申请上，明确了申请年度预算项目范围为上一年度入库项目，对未入库项目申请年度预算的条件和申报程序做出了明确规定，强调追加预算的项目同样履行相应申报、审查和入库等手续。

（二）预算执行考核机制

预算执行是预算管理的关键环节。以强化内在激励和约束，确保预算执行序时、均衡、安全、有效为目标，按照客观公正、突出重点、激约相容、简便易行的思路，构建了主体分明、内容全面、方法科学、奖惩结合的预算执行考核机制。在考核原则上，强调客观公正，突出量化考核，减少主观因素，注重考核结果应用，将考核结果与下年度预算安排和年度评先评优挂钩。在考核组织上，按照权威高效、责任明确的要求，由水利部预算管理领导小组统一领导考核工作，财务司组织预算执行中心具体实施。在考核时段上，按照预算执行序时、均衡的要求，分月度、季度、年度三个时段考核，力争以旬保月、以月保季、以季保年。在考核方式上，实行百分制评分法，分考核时期赋权重，根据考核对象的管理级次、资金量比例设定修正系数，保证考核公平。在考核内容上，统筹兼顾、突出重点，鉴于预算执行管理是基础、资金安全是前提、支付进度是关键，重点考核上述 3 个方面。其中，预算执行管理考核组织领导、计划预算的下达及批复、项目实施、支付管理等 4 个方面；资金安全反映预算执行网上监控、专项检查、审计监督检查等 3 个方面的情况；支付进度考核月度、季度、年度等 3 个时期的支付状况。在考核结果运用上，建立考核通报制度、督导整改制度、预算挂钩制度、评先评优挂钩制度，其中，挂钩措施既包括优先安排项目预算、评先评优等奖励措施，又包括扣减预算规模、取消评先评优资格等惩戒措施，确保考核结果切实发挥效力。

（三）预算执行动态监控机制

动态监控是预算管理的重要手段。为强化水利预算执行的实时监督与纠偏，有效防范资金使用风险，以提高水利财政资金使用的安全性、规范性和有效性为目标，构建了“全覆盖、全过程、全天候监控”的预算执行动态监控机制。在监控组织上，实行统一领导，分级负责。水利部预算管理领导小组办公室（财务司）负责组织，预算执行中心具体实施，各预算单位对本级和所属预算单位进行动态监控。在监控方式上，实行内外结合的“双控”，内部监控由水利部及所属预算单位通过财务管理信息系统在线进行，外部监控由财政部、审计署分别通过财政国库动态监控系统和水利审计免疫系统在线进行，此外开展财务专项检查和现场核查。在监控内容上，结合预算改革重点要求和水利财务管理薄弱环节，涵盖基础管理、预算管理、国库支付、政府采购、会计核算、资产管理、项目管理等水利财务管理的主要方面。在监控程序上，明确了水利部在线监控、财政互动、审计反馈、专项检查和现场核查的基本流程，从疑点发现、组织核查、提出意见、整改通知、问题整改、意见反馈等环节分别明确了工作内容、时间要求。在监控结果运用上，建立了警示制度、控制制度、通报制度、奖惩制度和违规违纪处理制度，为动态监控实行提供有效的激励约束机制。

（四）水利预算管理保障机制

保障机制是预算管理的基础支撑。为促进水利预算管理各项机制顺利实施，构建了组织保障和技术保障支撑。组织保障方面，按照权威高效、齐抓共管、责任明确的思路，成立了分管部领导挂帅、12 个相关部门参加的水利部预算管理领导小组，负责指导水利预算管理工作，研究、协调解决预算管理中的重大问题，领导小组在财务司下设办公室，承担领导小组日常工作。技术保障方面，按照需求牵引、应用至上、统筹规划、分步实施的思路，以预算管理为主线，以资金管控为核心，启动了水利财务管理信息系统建设，在整合现有资源基础上，力争建设包括预算管理、预算执行管理、预算执行动态监控等在内 8 大功能模块构成，统一、规范、完善的信息平台，实现水利财政资金的全覆盖、全过程、全天候监控。目前已在深入调研基础上启动了项目总体设计。

“三项机制”和“两大保障”是预算管理长效机制的重要组成。“三项机制”相辅相成、相互促进，项目储备事关项目预算编制是否科学、合理，直接影响项目实施及预算执行效果；预算执行是对项目质量优劣的检验，直接影响水利财政资金的效益及预算总规模；动态监控是有效防范资金使用风险，促进预算编制质量提高的重要保障。

三、水利预算管理机制创新展望

党的十八大对加强对政府全口径预算决算的审查和监督、推进政府绩效管理等提出新要求。当前和今后一个时期，深入落实党的十八大精神，围绕水利实现新跨越，水利预算管理改革的重点是继续以机制创新为动力，以科学化精细管理为目标，突出加强绩效管理，全面强化制度保障，加快夯实技术支撑，建立健全涵盖项目储备、预算编制、执行监督、绩效评价“四位一体”的预算管理体系，确保水利财政资金安全高效。

（一）健全水利预算绩效管理机制

按照国家建立全过程预算绩效管理机制的总体要求，在系统总结水利预算支出绩效评价试点经验的基础上，加快建立以绩效目标为导向，以绩效评价为手段，以评价结果应用为保障，以改进预算管理、优化资源配置、控制节约成本、提高资金使用效益和公共服务水平为目标，贯穿预算编制、执行、监督等管理全过程、具有水利特色的预算绩效管理体系。在加大部门预算绩效管理力度的基础上，稳步推进中央转移支付地方水利项目的绩效评价，确保资金效益充分发挥，促进水利事业又好又快发展。

（二）完善水利预算管理制度体系

加强水利预算管理相关法规、标准体系建设。加快出台水利行业管理、水行政执法等业务经费管理办法。尽快制定水质监测、水土保持、小型农田水利工程运行维修养护费、水政执法等定额标准。加快完善和印发《关于推进水利预算绩效管理的意见》，配套制定适用高效、便于操作的管理办法、实施细则、内部操作相关规程等。进一步健全预算项目规划体系，完善规划项目征集和规划评审、报批程序。

（三）加快建设水利财务管理信息系统

在统一规划、总体设计的基础上，加快现有财务管理信息系统资源整合、系统运行环境的补充完善、财务管理信息平台搭建，加强与财政国库动态监控系统、水利审计免疫系统、中国建设银行重要客户服务系统等外部系统的衔接，尽快形成覆盖水利财务管理全过程、水利财务工作各领域和各类水利财政性资金的水利财务管理信息系统。

吴文庆　姜　楠　执笔

吴文庆　审核

专栏二十三

金融机构支持水利改革发展

水利部财务司

为贯彻落实2011年中央1号文件和中央水利工作会议提出的“加强对水利建设的金融支持”和“广泛吸引社会资金投资水利”要求，水利部联合中国人民银行、财政部、中国银行业监督管理委员会等中央多个部门，开展了多次专题调研，力求从金融支持水利的制度层面，做好顶层设计。2012年2月29日，中国人民银行、国家发展和改革委员会、财政部、水利部、中国银行业监督管理委员会、中国证券监督管理委员会、中国保险监督管理委员会等中央七部委联合发布了《关于进一步做好水利改革发展金融服务的意见》（银发〔2012〕51号，以下简称“七部委意见”）。该意见对引导金融资源更多投向农田水利和水利基础设施等经济瓶颈领域和薄弱环节，进一步改进和加强水利改革发展的金融服务提出了多项具体的政策措施和要求。

一、七部委意见主要内容

七部委意见涉及发展改革、财政、金融、水利、证券、保险等多个行业，内容十分丰富，从支持规范水利投融资平台、完善还贷机制、创新水利融资模式、拓展多元化投融资渠道、提升服务水平等方面对加强和改进水利改革发展金融服务提出了明确要求。

特别是，七部委意见明确了水利投融资平台和还款政策等事关水利金融服务的关键政策，一是细化了水利融资平台的地位和监管政策，明确金融机构可对符合条件的地方政府水利投融资平台公司予以融资支持；二是拓宽了水利建设项目的抵（质）押物范围和还款来源，七部委意见明确允许以水利、水电、供排水资产等作为合法抵押担保物，还提出了探索以水利项目收益相关的权益作为担保财产的可行性。在还款来源方面，除了允许以水利、水电、供排水资产以及项目自身收益、借款人其他经营性收入作为还款来源之外，还提出了经地方人民政府同意，地方水资源费、地方水利建设基金、土地出让收益中计提的用于农田水利建设的资金也可以作为还款来源。七部委意见明确上述三项资金可以作为还款来源，将为水利融资项目带来合法、稳定的现金流，这是有关水利信贷政策的重大突破。

二、各大金融机构支持水利改革发展举措

七部委意见出台后，各大金融机构纷纷将水利作为支持的重点行业，创新水利融资产品和服务。2012 年，国家开发银行、中国农业发展银行、中国农业银行三家银行新增发放水利贷款 1087 亿元。其中：

国家开发银行。2012 年，国家开发银行继续大力支持水利建设工作，专门研究并向水利部提交了《支持水利建设与发展咨询报告》，提出了规划先行、信用建设、融资推动的开发性金融服务理念，同时，明确了 2012 年水利项目贷款新增发放 500 亿元的工作目标，要求各分行因地制宜的创新融资模式。国家开发银行下属 22 家分行与地方政府及水利主管部门在行业规划、项目融资及平台推动等方面进行合作，并与有关省水利厅签订了开发性金融支持水利建设合作协议。同时，国家开发银行评审三局按期编发《水利融资业务推动专报》，及时通报水利业务工作信息，与水利部沟通协调，共同研究和推进有关融资问题。

中国农业发展银行。2012 年，经国务院批准，中国农业发展银行出台了《中国农业发展银行水利建设中长期政策性贷款管理办法》，确定开展水利中长期政策性贷款业务，支持农田水利建设、防洪工程建设、水资源配置工程建设、水土保持和水生态保护建设等“三农”发展相关的农村地区水利建设项目。该办法的出台满足了公益性、战略性水利建设项目资金的需求，是中国农业发展银行支持水利事业发展的一项创新举措。目前，具体实施细则正在拟定中。

中国农业银行。2012 年，按照与水利部签订的战略合作协议，中国农业银行加大了与水利部门的合作力度，共同推动了贵州黔中水利枢纽等重大水利项目的融资工作，截至 2012 年底，中国农业银行实际发放水利项目贷款 70 余亿元，比上年同期增长 17.86 亿元，增长 33% 。

专栏二十四

财政部、水利部出台关于中央财政统筹部分从土地出让收益中计提农田水利建设资金政策

水利部财务司

为贯彻落实2011年中央1号文件和中央水利工作会议精神，积极化解土地出让收益与农田水利建设投资需求不匹配的区域性矛盾，经国务院同意，2012年6月26日，财政部、水利部联合印发了《关于中央财政统筹部分从土地出让收益中计提农田水利建设资金有关问题的通知》（财综〔2011〕48号）（以下简称"《通知》"），明确从2012年1月1日起，中央财政按照20%比例，统筹各省、自治区、直辖市、计划单列市从土地出让收益中计提的农田水利建设资金。中央统筹政策的出台，为均衡推进农田水利建设提供了有力保障。

一、中央统筹的必要性

目前，我国土地出让收益主要分布在东部地区，而耕地主要分布在中西部地区。总体来看，东部地区耕地相对较少、粮食产量少、水利基础设施相对较好，所需农田水利建设投资较少；中西部地区耕地较多、粮食产量多、水利基础设施薄弱，所需农田水利建设投资较多。统计显示，2011年东部地区（北京、天津、辽宁、上海、江苏、浙江、福建、山东、广东）实现土地出让收益3524亿元，占全国的68%；中西部地区实现土地出让收益1649亿元，占全国的32%。从耕地面积分布看，东部地区仅占19.2%，中西部地区占80.8%。从粮食产量看，东部地区占22.7%，中西部地区占77.3%。

我国中西部地区中低产田面积较大，农田水利设施亟待完善，是高标准农田建设的重点地区，而中西部地区不仅从土地出让收益计提的农田水利建设资金较少，公共财政也相对薄弱，农田水利建设资金需求与资金保障能力矛盾突出。根据预算管理体制，如提取的农田水利建设资金由地方政府管理，势必出现东部地区、发达地区资金多但需求少，中西部地区、欠发达地区资金少但需求多的矛盾，形成资金提取与水利建设资金需求脱节的不平衡局面。

而要避免此问题的产生，单纯依靠省级统筹难以解决，必须采取中央统筹和转移支付，才能有效化解矛盾，均衡推进农田水利建设。

二、中央统筹资金的分配

根据《通知》规定，中央统筹资金分配因素为：耕地面积（权重35%）、粮食产量（权重40%）、绩效因素（权重10%）、地区倾斜（权重15%）。根据2011年下半年土地出让收支情况，中央统筹资金按因素法模拟分配后，全国31个地区中，净上缴地区仅有浙江、上海、北京、天津、广东5个，基本持平的地区有江苏、山东、湖北、福建4个，其余22个地区都可从中央统筹政策受益。体现了对粮食主产区、中西部地区和革命老区、民族地区、边疆地区、贫困地区的倾斜，符合中央水利工作会议精神，也有利于激励粮食主产区进一步提高粮食生产能力，保障国家粮食安全。

三、中央统筹资金支持内容和使用范围

中央统筹资金的使用范围，严格按照《通知》和《中央财政统筹从土地出让收益中计提的农田水利建设资金使用管理办法》规定，专项用于农田水利建设与管护。其中，80%用于农田水利设施建设，具体使用范围包括：农田水利设施、田间工程和灌区末级渠系的新建、修复、续建、配套、改造；山丘区小水窖、小水池、小塘坝、水泵站、小水渠等“五小水利”工程建设；发展节水灌溉，推广渠道防渗、管道输水、喷灌滴灌等技术；牧区农田水利建设。20%用于上述农田水利设施的日常维护支出。中央统筹资金的支出范围包括：项目建设材料费，工程设备费，施工作业费，日常维修养护费和其他费用。

四、政策展望

2010—2012年，全国土地出让收入均在2万亿左右，但收益规模大幅下降。这表明成本上升，收益率降低。成本上升有合理的客观因素，也有人为增加的主观因素。随着国家继续实施房价宏观调控政策，全国土地出让收入将继续走低，收益规模减少，中央财政统筹资金规模也将低于预期。

专栏二十五

中央出台专门政策鼓励和引导民间资本参与农田水利建设和水土保持工程建设

水利部发展研究中心

为贯彻落实《国务院关于鼓励和引导民间投资健康发展的若干意见》(国发〔2010〕13号),充分发挥民间资本在推进水利建设中的重要作用,水利部先后出台了《鼓励和引导民间资本参与农田水利建设实施细则》(简称《农田水利实施细则》)、《鼓励和引导民间资本参与水土保持工程建设实施细则》(简称《水土保持实施细则》)。两部实施细则对民间资本参与农田水利和水土保持建设的参与范围和方式作出了明确规定,提出了相关鼓励政策和扶持措施,并明确了民间投资主体相关权益。

《农田水利实施细则》规定,民间资本按规划建设农田水利工程可以享受政府财政支持政策,承担公益性任务的农田水利工程可以享受当地政府规定的工程维修养护经费或管护经费财政补助;民间资本投资人作为承贷主体,贷款建设农田水利工程的,可以享受财政贴息;民间资本建设或管理的农田水利工程,可以享受当地政府规定的农田水利工程用地、用电优惠政策,以及水行政部门提供的信息公开、技术服务、人员培训等服务支持。该细则进一步明确民间资本投资形成的资产产权归民间资本投资主体所有,民间资本可以通过建设、承包、租赁、股份合作、拍卖等方式依法获得农田水利工程的产权和运行管理权,工程供水可以依法收取水费,供水价格在合理范围内自行确定。

《水土保持实施细则》明确,民间资本可以通过资金投入、实物投入、劳力和机械投入等多种方式参与水土保持工程建设。各类金融机构积极支持民间资本开展水土保持工程建设和水土保持植物开发利用,各级水行政主管部门为民间资本提供技术服务支持,指导其做好治理工程设计和建设管理等工作。在工程建设过程中,民间资本投资人享有治理开发自主权,工程建设成果享有平等进入政府采购目录的权利。

长期以来，国家一直鼓励民间资本参与农田水利和水土保持工程建设，但由于这两类工程收益低或无收益，民间资本参与的积极性不高。《农田水利实施细则》和《水土保持实施细则》的出台，既可鼓励民间资本健康有序发展，消除其投资农田水利和水土保持建设的顾虑，又可弥补其他投资形式的不足，共同推进我国农田水利和水土保持建设，将在多方面产生良好效果。今后一段时期，各级水行政主管部门将继续落实《农田水利实施细则》和《水土保持实施细则》的有关政策，加大扶持力度，及时总结经验并加以推广，努力营造民间资本参与的良好氛围，调动和保护民间资本参与的积极性。

完善基层水利服务体系改革进展

水利部农村水利司

2011年中央1号文件《中共中央 国务院关于加快水利改革发展的决定》（国发〔2011〕1号）明确要求，突出加强农田水利等薄弱环节建设，斥巨资大兴农田水利。未来10年，农田水利建设管理任务将会十分繁重，各类项目将遍布全国的村村寨寨，涉及千家万户，而农村劳动力大量外出务工，能够承担农田水利建设和管理任务的人员越来越少，这种情况下，要保证兴建的大批惠民工程长期发挥效益，迫切需要加快建立健全基层水利服务体系来解决量大面广的农田水利工程的建设与管理问题。

为此，2011年中央1号文件明确要求，“健全基层水利服务体系。建立健全职能明确、布局合理、队伍精干、服务到位的基层水利服务体系，全面提高基层水利服务能力。以乡镇或小流域为单元，健全基层水利服务机构，强化水资源管理、防汛抗旱、农田水利建设、水利科技推广等公益性职能，按规定核定人员编制，经费纳入县级财政预算。大力发展农民用水合作组织。”这一决定切实抓住了农村水利发展的薄弱环节，不但对进一步加快农村水利建设发挥重要作用，而且对真正实现农村水利建管并重、良性运行产生深远影响。2012年，各地按照2011年中央1号文件要求，抓好落实，加快健全机构、明确职责、充实人员、落实经费，基层水利服务体系建设取得明显进展。

一、推进基层水利服务体系建设的政策重点

为深入贯彻落实2011年中央1号文件精神，切实推动各地尽快建立健全基层水利服务体系，水利部会同中央机构编制委员会办公室、财政部等部门于2012年6月2日制定印发了《关于进一步健全完善基层水利服务体系的指导意见》（水农〔2012〕254号）（以下简称《意见》），对基层水利服务体系建设的总体要求、基本原则、具体任务以及地方进行落实等方面作出了明确规定，指导各地进一步规范基层水利服务体系建设。

在推进基层水利服务机构建设方面，一是进一步明确基层水利服务机构的性质与职能。强化基层水利服务机构的公益属性，明确基层水利服务机构

承担的公益职能。二是进一步理顺基层水利服务机构的管理体制。基层水利服务机构可以实行以乡镇管理为主、上级部门进行业务指导的管理体制，也可以作为县级水行政主管部门的派出机构，实行以条为主的管理体制。三是科学设置基层水利服务机构。根据自然条件、水资源特点、经济社会发展水平和水利建设管理要求等因素，合理设置基层水利服务机构。四是合理确定基层水利服务机构人员编制。按照专业、精干、效能的原则以及管辖范围面积、水利设施数量、水利管理任务、农业人口数量等因素，合理确定基层水利服务机构的人员编制。五是建立经费保障机制。多渠道筹措资金，加大基层水利服务体系建设的投入力度。基层水利服务机构的人员经费和公益性业务经费纳入县级财政预算。六是改进基层水利服务机构人员管理方式。建立健全“公开招聘，竞争上岗、定期考评、合理流动”的人事管理制度，合理设岗，以岗定人，竞聘上岗。七是改善基层水利服务机构工作条件。根据履行公益性职能的要求和当地实际情况，制定基层水利服务机构工作条件标准，并采取有效措施，切实解决好基层水利服务机构办公场所、技术装备和必要的交通工具等工作条件，切实提升服务手段和服务能力。

基层经验

山东宁津县：水利110第一时间为群众排忧解难

哪里需要维修，哪里就有水利110。在基层水利服务体系建设过程中，山东宁津县组建6支水利110服务队，对全县13个乡镇、街道办共856个村庄实现无缝式管理。在全县设置了公开服务热线5219110，无论白天黑夜，无论酷暑寒冬，群众在日常生活中碰到的涉水问题，只要一个电话，水利110服务队员便会第一时间赶到现场为群众排忧解难。服务队的服务区域一般方圆10km左右，而且每队配备一辆皮卡车和两辆应急送水车，保证了服务的快速和及时。从小农水泵站、自来水管道，再到老百姓家中的水龙头，只要有涉水问题的地方，就会看到宁津水利110队员忙碌的身影。把村庄看做城市社区对待，把农户当作城市居民家庭管理，变服务缺位为服务到位，最大程度发挥基层水利的服务职能。

在加强民间合作组织建设方面，按照政府引导、农民自愿、依法登记、规范运作的原则，引导各地加快农民用水合作组织建设，建立财政对农民用水合作组织的补贴机制，不断增强农民用水合作组织对农村水利工程的管理能力，逐步完善国有水管单位专业化服务与用水户自主管理相结合的管理模式。在有条件的地区，探索建立村组水管员制度并给予一定的财政补贴，逐步形成稳定的村组水管员队伍。

在发挥专业机构作用方面，一是帮助各地成立各级抗旱服务队等准公益性专业化服务组织；二是引导各地通过定向补贴等方式，鼓励学校、科研单位及专业水利公司为农民提供建设管理技术推广、施工指导等方面的服务，加大科研人员参与服务力度；三是加大人员培养培训力度，不断提高工作人员业务素质与服务能力。

二、各地推进基层水利服务体系建设亮点纷呈

为深入贯彻落实中央有关文件精神，各地采取有力措施积极推进基层水利服务体系建设。全国已有14个省区新出台了加强基层水利服务体系建设的文件，还有10个省区正在酝酿完善当中，近期将陆续出台文件。

各地在推进基层水利服务体系建设过程中，创造了不少好的典型。基层调研方面，辽宁省水利厅抽调厅直系统80名处级干部和80名专业技术干部，组成40个调研组，深入县、乡、村屯进行广泛深入调研。广西壮族自治区政府发展研究中心、机构编制委员会办公室、财政厅、人力资源和社会保障厅等部门共同组成调研组，对14个设区市的基层水利服务体系建设情况进行调研。方案制定方面，湖北、安徽等省水利厅厅长挂帅，专门到机构编制委员会办公室、人力资源和社会保障厅财政厅等部门沟通协调，保证方案切实可行。试点示范方面，山东省水利厅专门印发了试点工作方案，制定了时间节点安排和考核验收办法，及时发现、培育和推广先进典型。规范建设方面，江苏省水利厅从人员经费、基础设施、装备设施、人才队伍、管理措施等五个方面细化分解，制定了《江苏省乡镇水利站现代化建设标准》。经费保障方面，湖北省提出四条筹措渠道：一是县级财政列专项经费用于基层水利管理站的基础设施建设；二是在土地出让收益10%用于农田水利建设的资金中列支一部分；三是积极争取将水利站基础设施建设纳入国家增加粮食产能计划；四是每年从小农水建设资金中增加基层水利服务体系能力建设的投入。体系建设方面，甘肃省确立了“一县一队、一乡一站、一村一会”的基层水利服务体系建设目标，即一个县组建一个抗旱服务队，一个乡镇组建一个乡镇水利站，一个行政村培育一个农民用水合作组织。督查考核方面，江苏省专门将“基层水利管理服务水平”纳入了全省水利基本现代化指标体系。湖北省将基层水利服务体系和水利技术人才队伍建设纳入基层政府考核内容，作为全省农田水利基本建设“大江杯”创先争优活动考评的重要指标。安徽省专门制定了《基层水利服务机构考核验收与奖补办法》。新疆维吾尔自治区将基层水利服务体系和水利技术人才队伍建设纳入基层政府考核内容。奖惩挂钩方面，河南省与项目计划挂钩，将基层水利服务体系建设作为小农水

重点县立项条件。人员管理方面，浙江省实行基层水利员全员聘用制度，要求具备水利类专业大中专以上学历，并对全省基层水利员进行资格认定；采取学历教育和业务培训相结合的方式大规模开展水利员知识更新培训，将培训作为水利员续期申请和审验《水利员资格证书》的重要依据。基础设施建设方面，浙江对流域站办公用房修缮和仪器设备购置进行专项补助。辽宁省、市两级财政列专项支持乡镇水利站进行统一设计、统一标准、统一色彩、统一标识的“四统一”建设。初步统计，自 2011 年中央 1 号文件出台到 2012 年底，全国共新增、恢复基层水利站 6217 个，其中 2012 年 4465 个。

在抓好基层水利服务机构建设的同时，各地结合农村水利项目建设，大力推进农民用水合作组织建设。一年多来，全国新增农民用水户协会近 2 万个，农民用水合作组织进一步壮大，协会管辖范围内的用水秩序明显好转。湖南省采取“一塘一会、一渠一会、一堤一会、一站一会、一机一会”等形式，鼓励扶持农民用水合作组织建设，有效实现了专业化管理和农民自主管理的结合。江西省努力规范协会建设，要求每个县重点抓好 1 个示范协会，树立典型，总结经验，大力推广，辐射带动周边地区开展农民用水户协会规范组建工作。签订灌区管理单位与用水户协会、协会与农户之间的合同，层层落实用水和管护责任。制定合理水价和运行管护制度，完成农民用水户协会运行经费的自我积累，增强服务保障能力。

专业化服务队伍建设起步良好。全国已建成各级抗旱服务队 1.4 万支，30 多万人。初步建成了以县级抗旱服务队为龙头，以乡镇抗旱服务分队为依托，以村级农民抗旱协会和抗旱专业户为基础的社会化抗旱服务网络。全国市（县）一级共有 940 多支防汛专业抢险队，有队员 44 万人。水利部灌溉试验总站、32 个省级灌溉试验中心站和 98 个灌溉试验重点站组成的全国灌溉试验站网体系，根据高效节水灌溉的特点、作物品种、农艺农机措施等不断创新的要求，及时跟进灌溉试验，研究建立科学的灌溉制度。

北京、江苏、浙江、广东等省市近几年来探索推广的村级水务员制度，每个行政村配置 1 名农民水务员，负责农村村级涉水事务的管理，发挥了“宣传员、监管员、巡查员、协调员、疏导员”等的作用，有效解决了农村水利设施“农民管不了，集体管不好，政府管不到”的问题。

三、下一步推进基层水利服务体系建设的工作重点

加快推进基层水利服务体系建设是党中央对农村水利工作的重要部署、是推动农业现代化的迫切需要、是适应农村生产经营方式转变的必然要求、

是应对农村水利建设管理任务急剧增加的有效途径。下一步还要采取切实有效的措施，积极推进基层水利服务体系建设。

一是把握总体要求，着力推进基层水利服务机构建设。一要理顺隶属关系。基层水利服务机构是基层水利服务体系的核心力量，应作为县级水行政主管部门的派出机构，实行“条块结合、以条为主”的管理体制，县级水行政主管部门负责人员调配和业务指导，人员考评、晋升、调动充分听取所在乡镇的意见，以利于县级水行政主管部门统一调配基层水利服务力量，避免乡镇各自为政，力量分散。二要确定设置方式。因地制宜在水利建设和管理任务较重地区，以乡镇为单元建立水利服务机构，其他地区以小流域或区域为单元建立水利服务机构。健全基层水利服务机构职能，注意与已设立的水保站、防汛办的有机整合，避免重复设置。三要合理核定编制。按照专业、精干、效能的原则，把握好乡镇站不少于3人、流域及区域站不少于5人的底线。四要落实经费来源。多渠道筹措资金，加大投入力度，将人员经费和办公经费纳入县级财政预算，从水费和相关水规费中安排资金用于改善工作条件。结合农村水利项目建设，支持基层水利服务机构提升服务能力。五要加强队伍建设。把好人员招录关，落实专业技术人员比例不低于80%的要求。逐步实现人员竞争上岗、进岗考核、持证上岗，健全内部管理制度，确保工作有章可循、运作规范。加强人员教育培训，落实好基层水利人员福利待遇，确保人才队伍稳定。

二是加强扶持引导，促进农民用水合作组织健康发展。联合发改、民政等部门，共同制定完善有关扶持政策，从规范组建形式和程序、明确职责任务、建立长效运行机制上下功夫，解决好工程运行维护经费和能力建设所需资金。加强对农民用水合作组织的指导、帮助、监督和协调服务，帮助完善内部管理制度，解决发展中的困难和问题，开展监督考核，促进其规范运作，不断提高农民群众积极参与、自我管理、自我服务的意识和能力，为农民用水合作组织持续健康发展提供有力保障。

三是完善体制机制，加快专业化服务组织建设步伐。建立专业化和社会化相结合的应急救援队伍，着力推进县乡两级防汛抗旱服务组织建设。研究制定加强灌溉试验站网建设和管理的文件，规范灌溉试验站网建设与运行管理工作，着力建设保障机制，稳定队伍，落实经费，提升社会服务能力。保障节水灌溉产品供应、推进维修服务专业队建设，保证产品的及时供应和设备设施的及时维修。

力争用两年时间基本建立起职能明确、布局合理、队伍精干、服务到位、全面覆盖的基层水利服务体系，加快解决农村水利工程管理上的“最后一公里”问题，全面提升农村水利服务“三农”能力。

刘云波　袁晓奇　执笔
顾斌杰　审核

科技进步篇

2012 年水利科技工作综述

水利部国际合作与科技司

一、2012 年水利科技发展

2012 年是“十二五”规划全面实施关键一年。全国水利科技系统深入贯彻落实党的十八大、2011 年中央 1 号文件和中央水利工作会议、全国科技创新大会精神，紧密围绕水利改革发展需求，着力推动水利科技创新，切实加强科技管理，不断推进水利科技创新体系和基础平台建设，各项工作取得显著成效。

（一）水利科技发展规划正式发布实施

以 2011 年中央 1 号文件和中央水利工作会议精神为指导，依照《国家中长期科学和技术发展规划纲要（2006—2020 年）》和《全国水利发展“十二五”规划》，在广泛调研、充分论证的基础上，制定发布了《水利科技发展“十二五”规划》。规划明确了“十二五”水利科技发展的指导思想、基本原则和总体目标，系统梳理了水文水资源、防灾减灾、水环境与水生态、水利工程、农村水利、河湖治理及海岸防护、水土保持、水利信息化及流域重大水利科技等九个领域面临的挑战、存在的问题、需要重点引进和推广的技术，提出了上述领域需要重点突破和解决的 50 余个重大科学问题和关键技术，是指导“十二五”水利科技发展的重要文件。全国大部分地方水行政主管部门和流域机构，结合实际情况，制定了相应的科技发展规划，指导本地区、本流域水利科技发展。

（二）“十二五”国家重大科技项目全面实施

2012 年，“十二五”国家级科技计划和公益性行业科研专项全面实施。截至目前，共落实水利部牵头承担的“十二五”国家科技支撑计划“农业综合节水关键技术研究与示范”、“三峡水库和下游河道泥沙模拟与调控技术”、“重大水利工程建设信息数字化、标准化专项技术开发研究”等项目 10 项，国家 973 计划“气候变化对黄淮海地区水循环的影响机理和水资源安全评估”项目和“梯级水库群全生命周期风险孕育机制与安全防控理论”项目 2

项，重大仪器设备专项“我国大型河工模型试验智能监控系统开发”和“水力机械磨蚀系统研制”项目2项，以及其他国家科技计划课题，总经费达4.5亿元。“十二五”国家重大水利科技项目在数量和经费上比“十一五”有较大增长。“数字流域关键技术”、“黄河中游砒砂岩区抗蚀促生技术与示范”和“东北四省区节水增粮高效灌溉技术研究与规模化示范”国家科技支撑计划项目即将启动。重点围绕最严格水资源管理、农业高效用水、中小河流治理、山洪灾害防治等共性技术问题以及流域、区域关键技术问题，2012年55项公益性行业科研专项项目开始实施。落实2013年行业专项66项，总经费2.2亿元。

（三）重大问题研究与技术开发取得明显成效

一年来，水利行业紧密围绕可持续发展水利和民生水利的科技需求，组织开展了一系列重大科技问题研究，取得了一批重大科研成果。“国家防汛抗旱指挥系统工程技术研究与应用”等5项成果获得2012年度国家科学技术进步二等奖，“混凝土预冷两次风冷骨料工艺”等2项专利获第十三届中国专利优秀奖。“黄河小浪底工程关键技术研究与实践”等41项成果获2012年度大禹水利科学技术奖。围绕三峡工程运用后长江中下游防洪、黄河健康修复、大型灌区节水改造、农村安全供水、流域洪水预警预报、水库大坝安全保障技术等方面的研究取得明显成效，研究成果在生产实践中得到应用，为水利建设管理提供了有力的技术支撑。

（四）技术引进和推广转化进一步加强

围绕水利中心任务的科技需求，进一步加强了技术引进和推广转化工作的力度。一是加强了技术引进与推广转化的顶层设计，组织编制了预算项目规划和实施方案，做好了项目储备。二是引进了60余项适合我国水利行业特点的先进实用技术，推广转化了近100项先进科技成果，应用于生产实践，取得了明显成效。三是积极争取国家农业科技成果转化资金支持，结合水利部其他科技计划，建立了多种形式的水利科技示范园区、示范基地和示范工程，形成了以点带面的技术辐射优势，促进先进实用技术成果的转化与推广。四是认真落实《科技支撑高效节水灌溉发展的实施方案》，围绕东北四省区节水增粮行动科技需求，在黑龙江、吉林、辽宁和内蒙古四省区安排四个重大水利科技推广项目，集中支持高效节水灌溉技术发展。同时，针对节水增粮行动需求，编制印发了《东北四省区节水增粮项目水利科技推广管理办法》，通过技术（产品）推介、现场交流、产品演示、展览宣传等方式，促进新技术（产品）的交流与应用，指导支持东北四省区节水增粮行动项目顺利实施。

（五）创新体系与科技基础条件平台建设取得新进展

2012年，水利科技创新体系与科技基础条件平台建设取得了明显进展。一是水利科技创新体系建设稳步推进。以中国水利水电科学研究院、南京水利科学研究院为依托的国家级创新基地正在抓紧建设，各流域机构积极探索推进流域创新中心，各地方依托地方水利科研单位积极推进地方创新中心建设。二是依托中国水利水电科学研究院建设的"流域水循环模拟与调控国家重点实验室"和"国家能源水能高效利用与大坝安全技术研发中心"正式开始建设。三是土石坝破坏机理与防控技术、水工程生态效应与生态修复、珠江河口动力学及伴生过程调控、黄土高原水土流失过程与控制等4个新批准的部级重点实验室陆续揭牌成立，开始建设。截至目前，水利部已建成2个国家重点实验室、2个国家工程技术研究中心以及10个部级重点实验室、10个部级工程技术研究中心，基本形成较为完善的水利科技基础条件平台体系。各地方组建了一批省级重点实验室、工程技术研究中心及科研试验基地，有效保障了地方科技工作开展。

（六）科技项目管理进一步强化

随着科研项目的增多，科技投入力度的不断加大，为保障项目绩效与资金安全，进一步加强了科技项目管理。一是全面完成"十一五"国家科技支撑计划11个项目的验收工作，水利部科技计划管理工作得到了科学技术部的充分认可和肯定，获得"十一五"国家科技计划组织管理优秀组织奖。二是针对专项检查暴露出来的问题，进一步加大项目和经费管理的力度：①全面清理延期项目。科技推广计划、"948"计划到期项目年底前全部完成结题验收，公益性行业专项进展加快，部分到期未验收项目，正在研究提出处理意见，近期加快验收进度。②及时发布到期项目预警。对所有在研项目进行梳理，对即将到期项目发出预警，提前做好财务审计验收准备。③严格执行科研诚信制度。对部分单位和项目负责人的失信行为记入信用档案，对项目验收结果（等级）进行统计、分析，并与承担单位科研能力挂钩，停止了相关单位和科研人员2013年项目的申报资格。④督促加快项目支付进度。对项目经费支出进行跟踪检查，科技项目支付进度超出续时进度要求。⑤加强项目管理培训。举办了科技项目管理培训班，专门针对行业专项在研项目负责人，进行项目执行和经费管理的培训，进一步提高科技管理人员、财务管理人员和项目负责人的业务管理水平。⑥加强项目中期检查。首次选择正在执行的推广计划26个重点项目集中开展中期检查，了解项目执行情况、查找存在问题，约谈问题严重单位，确保项目顺利实施、取得成效。

（七）科技委工作取得新成效

水利部科技委紧紧围绕水利中心工作，弘扬科学精神，认真履行职责，凝聚专家智慧，破解难点问题，为加快水利改革发展做出了积极贡献。一是围绕水利中心工作积极建言献策。与民盟中央共同组织开展了最严格水资源管理制度实施情况调研，并通过民盟中央以政策建议信形式将咨询建议向党中央、国务院反映，工作成果对最严格水资源管理制度的实施起到良好的推动作用。组织开展了水利现代化试点调研，总结了水利现代化试点建设的实践经验，进一步推进水利现代化建设有序进行。二是围绕科学民主决策严格论证把关。积极参与中小河流治理等重要规划编制，东北四省区节水增粮行动等有关重大项目前期论证、技术咨询和评审工作，为搞好水利顶层设计、优化规划布局、推动水利科学发展发挥了重要作用。三是围绕热点问题积极解疑释惑。及时组织召开以三峡水库为核心的长江干支流控制性水库群综合调度研究专家咨询会，科学分析，引导舆论，增进全社会对水利工作的理解和支持。四是围绕水利科技创新强化专业指导。组织开展了水利软件开发与应用专题调研，编制了《水利行业软件发展规划纲要》，积极推动我国自主知识产权水利软件开发、应用和推广。

二、2013 年水利科技工作面临的形势、困难和挑战

党的“十八大”和全国科技创新大会明确提出把创新驱动发展作为面向未来的一项重大战略，强调科技创新是提高社会生产力和综合国力的战略支撑，必须摆在国家发展全局的核心位置。强调要坚持走中国特色自主创新道路，以全球视野谋划和推动创新。因此，党的“十八大”和全国科技创新大会为水利科技指明了新的方向，提出了新的要求。

与此同时，必须清醒地看到，我国目前水利科技创新水平尚不能满足引领水利发展的需求，自主创新能力不强，关键技术对外依存度高，科研成果推广和产业化程度低，科技创新与水利建设实际需求结合度不高，在水资源高效利用、水生态保护、水利信息化、应急技术等重点领域还存在亟待解决的关键技术问题，水利科技创新体系尚未形成。科技工作仍面临诸多困难和挑战：一是科技投入快速稳定增长，但由于基数低，水利科技投入总量偏低，仍然无法满足水利发展对科技的全面需求。与此同时，科技投入结构不尽合理，中央投入多、地方投入少，导致地方水利科技工作相对薄弱。二是近年来加大了科技项目的顶层设计，科技计划宏观统筹积极推进，但科技成果的

推广应用还需进一步加强。三是科技创新领军人才和优秀团队相对不足，特别是基层单位水利专业人才匮乏。

三、2013 年水利科技工作思路

2013 年水利科技工作的总体思路是：以科学发展观为统领，全面贯彻落实党的十八大精神，落实“自主创新、重点跨越、支撑发展、引领未来”的科技工作方针，紧紧围绕 2011 年中央 1 号文件和中央水利工作会议重点任务的科技需求，加强顶层设计，深化科技体制改革，优化科技资源配置，健全完善科技创新体系，统筹推进原始创新、集成创新和引进消化吸收再创新，着力解决制约水利发展的重大关键技术问题，大力加强技术引进与科技成果推广应用，为水利可持续发展提供科技支撑和保障。

四、2013 年水利科技工作重点

2013 年是深入贯彻落实党的十八大、2011 年中央 1 号文件和中央水利工作会议精神，全面实施“十二五”规划的关键之年，做好全年水利科技工作对实现“十二五”目标意义重大，重点抓好以下几项工作：

（一）筹备开好全国水利科技工作会议

深入学习贯彻全国科技创新大会和《中共中央国务院关于深化科技体制改革加快国家创新体系建设的意见》（以下简称《意见》）精神，动员广大水利科技工作者积极投身水利科技改革发展，支撑和引领水利事业又好又快发展。密切关注国家和科学技术部相关政策的出台，研究制定水利部贯彻落实的实施方案，把大会和《意见》精神落实到水利科技创新的方方面面。根据全国水利科技工作会议筹备方案，认真做好会议准备工作。

（二）认真组织好重大问题研究

一是组织实施好已立项国家级科技计划和公益性行业科研专项项目，努力提高成果质量和水平。二是围绕水利中心工作，凝炼重大科技问题，做好项目储备。三是进一步加强水旱灾害孕灾机理、灾害风险分析和洪水资源利用等重大基础问题的研究；进一步加强对水资源配置、水环境保护和生态修复、水土流失防治等关键技术的研究；进一步加强对现代农业节水和水利工程建设等方面的技术产品及装备的研发，在重点领域和关键环节实现水利科技的新突破。

（三）加强科技成果的凝练和推广应用

认真梳理总结“十一五”以来水利科技项目取得的成效，重大项目成果将通过多种形式进行宣传和推广。继续做好科技推广工作的顶层设计，选取先进实用的科技成果，加强成果的推广力度。深入调查研究制约水利科技推广的体制机制问题，解决好水利科技推广的政策性问题。抓住2011年中央1号文件健全基层水利服务体系等有利时机，强化基层水利服务体系水利科技推广等公益性职能，促进基层水利科技推广体系建设。

（四）进一步推进科技基础条件平台建设

继续支持中国水利水电科学研究院和南京水利科学研究院国家级创新基地建设，有重点地加强流域科技基础条件平台建设，稳步推进地方水利科研中心和科技试验站建设；加强已建国家和部级重点实验室与工程技术研究中心的能力建设与绩效评估，建立良性运行管理机制；抓紧编制部省、部部共建科技基础条件平台相关办法和实施方案，尽快启动第一批部级重点实验室和工程技术研究中心联建、共建工作；进一步加强大型科学仪器设备、科学数据等科技基础条件平台建设，加快建立健全开放共享的运行服务管理模式。

（五）强化科技项目和成果管理

一是认真做好已立项项目的组织实施和动态监管，加强到期项目的验收结题；二是加强各类科技计划项目的中期检查，及时发现问题，确保项目顺利实施和取得成效；三是发布信用档案记录情况，对执行不力的单位和个人按规定进行处理；四是继续举办科技项目管理培训班，加强对科研人员和管理人员培训，提高项目执行和管理水平；五是进一步完善项目管理信息系统建设和应用，不断提高科技项目管理水平；六是加强科技成果管理、宣传，组织重大科技成果申报国家级科技奖励。

冯　杰　朱寿峰　执笔

高　波　审核

链接

上海市水务部门积极探索与城市景观相融合的新型防汛墙结构型式

上海市水务局

近年来，为了适应上海社会经济发展需要，实现广大市民对母亲河的亲水愿望，在确保防汛安全的前提下，上海堤防管理部门在黄浦区外马路董家渡老码头段、闵行区彭渡生态园区等区域的防汛墙改造中开展了活动式钢闸门及混凝土加玻璃组合式防汛墙等新型防汛墙结构型式的试验。

位于上海市黄浦区外马路董家渡老码头的新型防汛墙试验段，工程长度为109m，主要结构型式分为高桩承台混凝土防汛墙、地翻式钢闸门及混凝土加玻璃组合式防汛墙三类。黄浦江两岸目前共有1700多座防汛通道闸门，地翻式钢闸门由于平时翻倒在地下，占用空间少，尤其适用于腹地狭小、寸土寸金的城市地区。60m组合式防汛墙为防汛二级挡墙，除上部0.95m为双层夹胶钢化玻璃外，下部主体结构仍为钢筋混凝土高桩承台结构，在满足足够的挡水需求之外，由于上部结构透明，岸边的游客可轻松边喝咖啡，边欣赏浦江美景。

新型防汛墙结构型式一经推出，即受到了社会的广泛关注，市民对这种既满足城市防汛功能需要，又能承载景观需求的设施普遍持欢迎态度。在上海市未来的防汛墙建设中，这种新型的防汛墙结构型式有着广阔的前景。上海堤防管理部门与研发单位还重视对知识产权的保护，目前通透式玻璃防汛墙（专利号：ZL201020145391.3）和活动式景观防汛墙（专利号：ZL201120085012.0）均已申请了国家专利。

2012 年重大水利科技进展

水利部国际合作与科技司

2012 年，水利科技工作取得了丰硕的科研成果。“国家防汛抗旱指挥系统工程技术研究与应用”等 6 项成果获得 2012 年度国家科学技术进步二等奖。“黄河小浪底工程关键技术研究与实践”获 2012 年度大禹水利科学技术奖特等奖，“基于云计算的防汛抗旱信息集成平台的研究”等 7 项成果获得 2012 年度大禹水利科学技术奖一等奖。这些项目取得了标志性的研究成果，有力提升了水利科技整体水平，培养了一批在国内外有影响的水利人才，产生了巨大的社会效益和经济效益，水利科技的支撑保障作用明显增强。

一、获得国家科学技术进步奖项目成果情况

（一）项目名称：国家防汛抗旱指挥系统工程技术研究与应用

获奖类别：国家科技进步二等奖

项目简介：该项目应用现代科学技术，围绕国家防汛抗旱工作需求，以雨、水、工、旱、灾情信息采集为基础、通信网络系统为保障、决策支持系统为核心，建设完成了水利信息骨干网络和初步安全体系；建立了基于网络的数据、语音、视频综合服务；建立了三级决策支持应用平台，实现了防汛抗旱信息的交换与共享；开展了工旱情采集试点建设，探索了干旱情采集体系建设模式；开发了集水情应用、防汛调度、抗旱管理等应用系统，形成了功能强大、体系完备的防汛抗旱决策支持系统。可为各级政府和防汛抗旱指挥部的科学决策指挥提供有力的技术支撑。项目建立起功能齐全、覆盖全国的防汛抗旱信息采集、网络应用和决策支持基础设施，涉及 8 亿多人生命财产安全。本项目获得了发明专利 9 项，计算机软件著作权 12 项；形成国家标准 1 部、行业标准 19 部以及工程建设标准 14 部。项目提高了水文行业整体技术水平，实现了我国防汛抗旱指挥的跨越式发展，使我国防汛抗旱减灾科技整体上达到了国际领先水平。

本项目自 2004 年 5 月陆续建成投入使用以来，在防御近年来频发的洪涝、干旱、台风、泥石流、地震等自然灾害中发挥了巨大作用。防汛抗旱决策更加科学精确，避免不必要的人员转移、撤退，大大降低了抗洪抢险救灾

成本；科学决策、及时调度，洪涝灾害人员伤亡大大减少，保护了人民生命财产安全，维护了社会稳定，取得了巨大经济和社会效益。据国家防总统计，本项目每年减灾效益达360多亿元，自运行以来累计减灾效益已超过1500亿元。

（二）项目名称：国家高等级航道网通航枢纽与船闸水力学创新研究及实践

获奖类别：国家科技进步二等奖

项目简介：通过15年10余家单位联合攻关，取得以下主要创新成果：

（1）提出了一系列船闸水力学重要参数的精确计算公式，构建了船闸精细化设计理论和方法，创立了以被动防护为宗旨的阀门防空化新理论，健全和发展了船闸水力学理论体系。

（2）建立了枢纽通航安全评估新方法，提出急弯汇流、微弯分汊、洲滩交错多汊等特殊河段枢纽布置方式，首创集导航和调顺功能、具有高通过能力的新型引航道，发明了改善水沙条件的菱形导流墩和扇形分流墩群，攻克了国家高等级航道网不同形态河流枢纽通航安全技术难题。

（3）发明了以复合廊道双明沟消能新技术为基础的船闸第三类输水系统—局部分散输水系统，首创倒口消能无镇静段船闸集中输水系统，提出适应小水深的新型闸墙长廊道侧支孔分散输水系统，解决了船闸快速输水过程中闸室船舶停泊安全难题。

（4）创建和提升了非恒定流空化模拟研究平台，发明了以综合通气技术为核心、适合我国河流水位变幅大等特点的分级防空化创新技术，解决了高水头单级船闸阀门空化这一世界难题。

（5）建立了以精确计算船舶下沉量为理论基础的船舶过闸吃水控制新标准，解决了大型化船舶过闸的迫切问题；提出多级船闸过闸新技术，并解决其非恒定流波动作用下动水停泊安全难题，显著提高已建船闸通过能力。

本成果经鉴定总体达到国际领先水平，并得到世界水运界权威组织——国际航运协会（PIANC）WG29高度评价。项目获国家授权专利34项。创新技术还为12部行业标准制定提供了技术支撑，培育了两个交通行业重点实验室，引领了行业技术发展，推动了行业科技进步。

成果在我国高等级航道网通航枢纽及船闸建设和运行中得到全面成功应用，不仅在节省工程投资和运行维护费以及增大船闸年货运量等方面取得直接经济效益56.5亿元，而且提高了船闸运行安全可靠性，减少停航检修时间，其间接经济效益巨大。至2011年的15年间我国初步建成高等级航道网，仅三级和四级以上航道里程分别增加 2545km 和 5518km，成果在保障内河水运主通道畅通、促进区域经济发展等方面发挥了重大的社会和经济效益。

（三）项目名称：高坝泄洪消能防护和雾化安全技术与应用

获奖类别：国家科技进步二等奖

项目简介：通过 20 年的长期研究，取得以下主要创新成果：

（1）高水头大流量消力塘防护安全新技术：揭示高速水流和缝隙流动水荷载特性、耦联作用规律及各类消力塘防护结构失稳破坏的动力机制，提出了反拱底板的“随机拱”理论以及各类防护结构的整体、局部失稳模式，首创不均匀柔性锚固反拱底板结构、嵌槽式消力塘结构等，建立了适用于各类消力塘防护结构安全的静动力耦合分析方法和优化设计方法，形成了高水头大流量消力塘防护设计的成套技术，为高坝泄洪安全提供了前提保障。

（2）高坝大单宽流量宽尾墩—台阶坝面—消力塘联合消能技术：揭示了宽尾墩和台阶坝面的联合消能机理和掺气减蚀机理，创立 X 形宽尾墩消能工，提出了适用于百米级以上高坝大单宽流量条件下的宽尾墩—台阶坝面—消力塘联合消能工及其设计原理和方法，形成了消能与掺气减蚀相结合的高效消能工，是联合消能技术的重大创新。

（3）泄洪雾化影响范围模拟预测和安全防护技术：提出泄洪雾化大比尺物理模型模拟理论方法；基于原型观测反馈分析，建立了挑流泄洪雾化预测的水滴随机喷溅数学模型和智能快速预测模型，考虑雾雨自动转换碰并和雾滴凝结蒸发过程的底流泄洪雾化预测数学模型；提出了下游边坡雾化分区防护技术、消能与雾化联合优化技术，攻克了高坝泄洪雾化影响范围预测和安全防护的技术难题。

（4）泄洪消能结构实时动态监测预警技术：提出泄洪消能结构的水动力和结构动力响应耦合动态监测技术，创建了基于力学分析、传感信息技术、人工智能技术等有机融合的泄洪消能结构安全性态的实时动态监测诊断和分级预警系统，为工程长期安全运行提供了新的技术支持。

该成果已成功应用于二滩、拉西瓦、小湾、溪洛渡、锦屏、大朝山、索风营等 40 项重大水利水电工程设计和运行，涵盖目前已建或在建泄洪功率居世界前 6 位高坝消力塘及各种类型世界最大高坝消力塘，在提高工程安全性同时，节约工程投入 2.36 亿元，社会和经济效益显著，相关成果被写入设计规范或设计导则，推广应用前景广阔。

（四）项目名称：高土石坝抗震设计理论研究与工程应用

获奖类别：国家科技进步二等奖

项目简介：该项目针对筑坝粗粒土力学特性及本构模型、高土石坝抗震分析与安全评价方法、土石坝地震破坏机理动力模型试验技术、高土石坝抗震设计方法与加固技术等开展了深入系统研究，取得了以下主要创新成果：

（1）提出了粗粒土多级位移测试和静动耦合三轴试验方法，揭示了粗粒土微小应变条件下的动力变形特性，研究了粗粒土变形过程中的颗粒破碎与能量关系，提出了能合理考虑粗粒土颗粒破碎规律的静、动力统一的弹塑性本构模型。

（2）提出了高效的土石坝随机地震反应和永久变形分析方法，发展了土坡稳定优化算法，建立了土石坝 DDA 与 FEM 耦合分析方法，建议了高土石坝地震安全控制标准和极限抗震能力计算分析方法，自主研发了高效、多功能土石坝三维抗震分析软件。

（3）提出了土石坝常规振动台和离心机振动台试验方法，开发了多项模型试验测试技术，提出了土石坝破坏模式和判据、面板堆石坝的强震破坏特征、面板与垫层的脱空和错台机理、先期地震对面板坝抵抗变形能力的影响规律，为验证理论分析方法、准确评价土石坝的地震安全提供了实验基础。

（4）提出了强震区高土石坝抗震设计的基本要点，建议并验证了抗震加固方法及其有效性，采用集成创新的抗震措施首次成功应用于实际工程。

研究成果应用于我国吉林台、瀑布沟、糯扎渡、双江口、紫坪铺等 50 多个高土石坝，取得了 5 亿多元的直接经济效益。

（五）项目名称：水利水电工程渗流多层次控制理论与应用

获奖类别：国家科技进步二等奖

项目简介：围绕岩土体及水工建筑物的渗透特性及其演化特征、渗流基本规律与渗流分析方法、水利水电工程渗流控制等问题开展室内外试验、监测反演、数值模拟以及相关理论研究，取得以下主要理论研究成果：

（1）揭示了复杂岩土体渗透特性的多层次效应与演化规律；建立了岩体非均质各向异性渗透张量模型，提出了基于结构面控制的岩体渗透张量反演方法；研发了基于水流振荡波理论的复杂岩土体渗透性快速测试技术；发展了无黏性土渗透稳定性判别标准。

（2）建立了岩体结构面饱和—非饱和水力特性模型；提出了裂隙岩体井（孔）渗流理论与解析方法：建立了非稳定渗流分析的 Signorini 型变分不等式方法，发展了复杂渗控结构精细化模拟的 SVA 技术，为渗流多层次控制提供理论与技术支撑。

（3）提出了针对宽级配防渗土料的反滤设计准则，拓宽了高坝防渗土料的选用范围；揭示了堤防减压井的淤堵机理，研发了延长减压井寿命的新型结构；提出了渗流场的过程、状态、参数和边界控制策略，发展了基于水文地质结构的防渗排水系统优化方法，形成了涵盖材料、结构和工程层次的水利水电工程渗流多层次控制理论与技术。

项目取得国家发明及实用新型专利5项，成果被6部国家和行业规范所采用。

项目成果已成功应用于三峡、水布垭、光照、瀑布沟、锦屏、长江堤防等大型水利水电工程，解决了岩土体渗透性的模型化描述以及参数的快速测试与反演、复杂渗控效应多层次精细化模拟、防渗—反滤材料选用、防渗—排水—反滤系统综合优化等关键技术难题，产生了显著经济效益，推动了水利水电行业科技进步。

（六）项目名称：高坝动静力超载破损机理与安全评价方法

获奖类别：国家科技进步二等奖

项目简介：从20世纪90年代末开始，项目组紧密结合我国高坝水电站建设的关键技术问题，开展了高坝非线性破损机理与安全评价方法研究。取得以下主要成果：

（1）提出可模拟横缝非线性、材料损伤开裂、钢筋加强、地基辐射阻尼和库水可压缩性的高坝—地基—库水系统非线性动力分析模型，是迄今国内外最为综合的高坝抗震稳定分析模型，为我国300m级高坝的抗震设计与安全评价提供了技术支撑。

（2）提出刚体弹簧元法和三维模态变形体离散元法，建立了高坝破坏非连续全过程仿真分析模型，实现了高坝结构在动静力荷载作用下连续—断裂—非连续—破坏的全过程仿真，结合溪洛渡、锦屏、拉西瓦等高拱坝的坝体—地基整体稳定性分析，揭示了高拱坝—地基系统的超载破坏溃决模式和机理。

（3）提出工程类比法，利用已建工程成功运行和破损开裂实例的原型监测成果，采用相同的模型本构和单元网格尺寸预测新建高坝的运行性态；提出高拱坝帷幕安全、变形拐点与系统稳定极限的三级承载评价指标；建立了高坝安全评价体系，解决了高坝极限承载能力计算与安全风险评价的难题。

（4）建立了模拟混凝土骨料、砂浆与界面的三相有限元和颗粒离散元细观力学模型，通过数值仿真方法研究不同应变率条件下混凝土材料的动力特性，揭示了混凝土动力强度提高的机理，为规范修订奠定了基础。

项目成果全面应用于我国高坝工程，在200m以上新建高坝中的应用率达90%以上。完成二滩、小湾、溪洛渡、白鹤滩、乌东德、锦屏、拉西瓦、大岗山、龙滩、向家坝等20余座高坝的动静力稳定分析与评价，解决了高坝安全评价的关键技术难题，推动了我国高坝水电站建设的发展，社会经济效益巨大。

二、获得大禹水利科学技术奖项目成果情况

（一）项目名称：黄河小浪底工程关键技术研究与实践

获奖类别：2012年度大禹水利科学技术特等奖

项目简介：针对工程规划设计、建设和运行的诸多技术难题，开展了400余项科学研究和试验，取得了多项创新成果：

（1）创新多沙河流水库规划理念，提出了“合理拦排、综合兴利”的规划思想，水库泥沙研究取得突破性进展。通过对黄河水沙特性、水库及下游河道泥沙输移规律的深入研究，创立了适应高含沙水流且可较为精确地描述水沙运动规律的计算方法；构建了水库水沙调控指标体系。

（2）提出了极具特色的枢纽建筑物总布置方案。在深厚覆盖层上成功设计建造了国内壤土心墙堆石第一高坝；创新性地采用水库天然淤积体作为大坝辅助防渗措施；以深式进口隧洞为主泄洪排沙，进口集中、分层协调，有效满足了水沙调控要求，成功解决了泥沙淤堵进水口、高速高含沙水流对流道的磨蚀、水库有效库容的长期保持等技术难题；洞内多级孔板消能技术取得突破，将三条大直径导流洞改造为永久泄洪洞，破解了枢纽总布置的难关；首创国内外最大直径的无黏结后张预应力混凝土衬砌压力隧洞；在砂页岩不良地质条件下建造了国内外最大跨度的地下厂房；金属结构、工程施工技术实现了多项技术创新。

（3）创新设计了大直径、低参数抗磨水轮机，采用综合措施解决了高含沙条件下的汛期发电问题。针对黄河多泥沙特点和电站汛期发电要求，创新设计了大直径、低参数抗磨水轮机，合理采取排沙减沙措施控制过机沙量，对水轮机结构采用多项创新设计，积极采用新材料、新工艺等综合措施，成功解决了汛期发电的技术难题。

（4）创造了与国际接轨并具有中国特色的建设管理模式，形成了完善、高效的工程建设技术保障体系，圆满完成20万移民搬迁安置任务，创新了水利水电工程施工期环境监理的理论、方法、管理模式和运作机制，有效地控制了工程投资。经专家鉴定，本项目成果总体达到国际领先水平。

小浪底工程的成功建设，为我国200m级和300m级超高堆石坝设计和建

设提供了大量关键技术和实践经验，极大地促进了我国大型水利水电工程建设的科技进步。

（二）项目名称：基于云计算的防汛防旱信息集成平台的研究

获奖类别：2012 年度大禹水利科学技术一等奖

项目简介：通过深入分析防汛防旱信息化现状和水利业务需求，重点针对“计算资源整合难、遗产系统重用难、业务系统协同难”等水利信息领域共性关键问题开展研究，提出运用云计算的先进理念和技术，与 3G 技术有机结合，构建基于云计算的防汛防旱信息集成平台，在基础设施层实现资源整合，在平台层支持遗产系统的“零修改”迁移，在服务层为用户提供多样化、可定制的云服务簇以实现业务系统协同和信息共享，最终成功研发了全国第一个“水利云”平台，填补了水利信息化领域的空白。有效地支撑防汛防旱、水资源配置等多目标、多任务、多层次的应用，为国家防汛抗旱指挥系统二期项目、国家水利数据中心、国家水资源监控系统的建设以及水利信息化资源集成共享提供了全新的思路。成果总体达到了国际先进水平，其中利用云计算平台和虚拟化技术构建防汛防旱业务系统整合方面达到国际领先水平。

项目成果已在淮安市防汛防旱指挥部办公室成功示范应用，并已推广到黄河防汛抗旱总指挥部办公室，江苏、福建等省以及南京、盐城、宿迁等市的水利信息化项目建设中，系统的应用简化了防汛抗旱办公室人员的工作流程，提高了工作效率，缩短了防汛防旱应急响应时间，减少了软硬件投资和维护费用，显著提高了防汛抗旱指挥调度能力，产生了重大的经济和社会效益。

（三）项目名称：海河流域水循环及其伴生过程的综合模拟与预测

获奖类别：2012 年度大禹水利科学技术一等奖

项目简介：针对“自然—社会”二元水循环耦合机制与尺度匹配问题、高强度人类活动干扰下的流域水循环与水资源演变机理、水循环驱动下的流域水环境与生态系统演变与修复机理等水文水资源研究领域的重大科学问题，面向海河流域水资源综合管理的实践需求，项目组经过五年联合攻关，在理论、方法和应用上都取得了重大突破，取得了四项原创性研究成果：

（1）集成分布式水循环模型、水资源配置模型和多目标决策分析模型，并耦合气候模式，构建了高强度人类活动干扰下流域“自然—社会”二元水循环模型（NADUWA），有力推动了流域二元水循环理论与方法的发展。

（2）集成流域二元水循环模型、流域水质模型及流域生态模型，构建了流域水循环及其伴生过程综合模拟与预测平台（NADUWA3E），在研究大尺度水循环、水环境和生态过程的数值模拟技术方面具有重大突破。

（3）系统分析了海河流域水资源及水环境、生态过程的演变规律，并基于指纹分析方法对流域水资源演变进行了系统的归因分析，具有重要的应用价值。

（4）定量预测了海河流域未来水资源及水环境、生态过程的演变趋势，并提出了调控方案，为海河流域综合治理提供了有力的支撑。

该项研究成果已应用于海河流域综合规划、海河流域水污染防治“十二五”规划等多项规划，并应用于水利部、环境保护部、国家林业局等相关部门及海河流域、相关省区的水资源、水环境和生态管理工作中，取得了重大的经济社会效益。

（四）项目名称：三峡工程运用后泥沙与防洪关键技术研究

获奖类别：2012年度大禹水利科学技术一等奖

项目简介：通过本项目五个课题的研究，取得以下成果：

（1）辨析三峡工程运用后长江上游水沙变化因了及变化趋势。

（2）开展上游不同来水来沙条件三峡库区和坝区可能出现的各种泥沙问题研究，并拟订相应的对策措施。

（3）研究三峡工程运用后初期长江中下游干流河道冲淤变化、长江中下游干流河道河势、河型变化趋势及江湖关系变化。

（4）分析江湖关系变化对长江中下游防洪布局的影响。

（5）从三峡水库调度、长江中下游干流河道治理、两湖防洪治理以及长江中下游洪水安排等方面研究提出三峡工程运用后长江中下游防洪对策。

研究成果已应用于《长江流域综合规划》的修订、国务院批复的《三峡水库优化调度方案》、国家防汛抗旱总指挥部批复的《长江洪水调度力案》、三峡工程运用后长江中下游干流河道治理、洞庭湖区和鄱阳湖区的综合治理，为制订适应长江防洪新形势的防洪战略、防洪规划以及有效的防洪减灾对策提供了坚实的科学依据和技术保障，为三峡工程的实时运行调度提供了科学依据。

（五）项目名称：水工混凝土静动态损伤断裂过程及其声发射特性研究与实践

获奖类别：2012年度大禹水利科学技术一等奖

项目简介：项目组首次开发了混凝土损伤断裂精细化测试系统，该系统具有量程大、精度高、多参数同步采集并输出、实时监控兼有声发射量测等功能的损伤断裂精细化测试系统，取得国家专利；首次历时8年开展混凝土损伤断裂系统试验：共计完成了近300根普通混凝土、钢筋混凝土、碾压混凝土等一系列试件的损伤断裂试验，全面分析了强度等级、试件尺寸大小、缝高比、跨高比、配筋率、钢筋位置、钢筋类型等变量对不同类型混凝土损伤断裂特性影响；首次得到了起裂点准确确定方法，利用声发射技术解决了起裂点不易确定的科学问题：通过建立了声发射参量与混凝土裂缝起裂、扩展及失稳之间关系以及与不同混凝土损伤演化过程关系，为水工结构损伤评价提供了新的方法和手段；通过声发射信号参量与动态荷载下裂缝扩展率的关系，得到了动静态断裂韧度的转化关系式，解决了动态断裂试验难以直接进行的不足。首次提出了一套可模拟混凝土结构承载能力全过程的数值分析方法－断裂有限元方法，可给出裂缝的动态发展过程，能准确评价出裂缝扩展对结构承载能力的影响程度。得到当试件达到一定尺寸后，断裂韧度趋于一个常数，是材料本身自有的力学特征表征，与尺寸无关，为工程抗裂设计及其相关规范应用扫清障碍。项目研究成果整体达到了国际领先水平。

该项目研究成果已经应用于多项实际工程建设中，取得了显著社会与经济效益，推广应用前景广阔。

（六）项目名称：高土石坝抗震理论及关键技术与工程应用

获奖类别：2012年度大禹水利科学技术一等奖

项目简介：该项目针对我国高土石坝建设中的抗震减灾重大需求和关键科学技术问题，在国家科技攻关、科技支撑计划和国家自然科学基金等20余项项目的资助下，着眼于高土石坝鲜明的“真三维、非线性、大系统”特征，重点对高土石坝抗震理论方法及关键技术开展了系统深入研究，取得了如下主要创新性成果：

（1）构建了国内外最为完整先进的高土石坝动力测试技术体系。

（2）系统揭示了复杂动力加载条件下高土石坝筑坝材料强度变形规律和坝体结构破损规律。

（3）建立了具有鲜明创新特色的模拟高土石坝三维复杂动力响应的多种非线性本构理论模型体系。

（4）构建了已广泛应用的高土石坝动力分析和抗震安全评价方法及技术支撑平台，研发了SKERD－3和EMU软件，改进了TOSS3D等分析软件，所编制的STAB等计算程序用户遍布全国约180个设计研究院所。项目获准国家发明专利7项。项目成果总体上达到了国际领先水平。

该项目研究成果已应用于紫坪铺、瀑布沟、察汗乌苏、糯扎渡、长河坝、两河口、双江口等我国已建和在建的50余座高土石坝的抗震计算分析，在我国150m以上新建高土石坝中的应用率超过90%，取得可计算的经济效益达3.6亿元，并被汶川地震紫坪铺高面板堆石坝的原型监测成果所证实和检验。部分成果已被纳入我国新修订的《水工建筑物抗震设计规范》、《碾压土石坝设计规范》、《水工建筑物抗震试验规程》、《构筑物抗震设计规范》等8部技术标准以及日本相关抗震设计指南。

（七）项目名称：高性能环氧灌浆材料及配套技术研究与应用

获奖类别：2012年度大禹水利科学技术一等奖

项目简介：针对长江流域主要干支流普遍面临的复杂地质缺陷处理问题以及我国大批病险水库除险加固工程，在设计和施工阶段都对化学灌浆提出了越来越高的要求，项目组通过多年研究，取得以下研究成果：

（1）通过分子结构调控和互穿网络技术，研制出以憎水性为主、兼具亲水性的环氧浆材，实现以浆驱水，可用于潮湿、水下及大涌水等灌浆工况。

（2）通过对高分子胺类固化剂结构调控，研制的高性能环氧浆材可操作时间从2h到100余h可调。

（3）通过巯基接枝技术，研制出聚酮胺类低温固化剂，使浆材在低至-8℃气候环境下仍具有良好可灌性和固化效果。

（4）浆材及配套灌浆技术对断层破碎带、挤压破碎带和挠曲核部破碎带具有很好的补强加固防渗处理效果。

（5）利用浆材的高渗透性、高浸润性，解决大坝混凝土深层微细裂隙防渗处理问题，提高大坝耐久性。

（6）研制出具有工作稳定，压力可调，体积小、质量轻，使用方便等特点的新型化学灌浆泵。

（7）浆材无需利用丙酮等有机溶剂作先导赶水，操作毒性大大降低，固化后无毒，环保性能良好。

（8）浆材工程应用耐久性优良。丹江口大坝裂缝灌后取芯试件至今完好（龄期达42年）。

（9）原材料全部国产，来源广泛，易于推广。

项目取得国家发明专利2项，实用新型专利1项，主编行业标准2部。项目成果达国际领先水平。

该项目研究成果已在三峡、江垭、丹江口、小湾等国内外60余个大中型水利水电工程中得到成功应用，为确保工程按期建设、长期安全运行和综合效益发挥起到了重要作用，产生直接和经济效益约10亿元。

（八）项目名称：珠江压咸补淡关键技术与实践

获奖类别：2012年度大禹水利科学技术一等奖

项目简介：该项目针对珠江河口咸潮严重影响到澳门、珠海等珠江三角洲地区城市供水安全的问题，自2005年以来连续多次开展了珠江压咸补淡关键技术研究与实践。主要内容包括珠江口复杂河网区咸潮运动机理、多因子的枯季水情与咸潮预报技术、长距离大跨度复杂水库群的枯水调度技术等。成果的主要创新点如下：

（1）建立了复杂河网区咸潮与径流、潮汐、风的响应关系，首次系统地揭示了珠江河口咸潮运动规律，确定了压咸时机与压咸流量。

（2）集成了各种枯水期水情和咸潮预报预测方法，构建了枯季人造洪水演进模型，建立了珠江流域长中短期枯季径流预报集成体系。

（3）基于河口区咸潮与径流相互作用，创立了复杂水库群多目标的枯水期压咸补淡精细调度方法，提出了"打头压尾"、"避涨压落"、"动态控制"等精细调度技术，形成了前蓄后补、节点控制和上下联动、总量控制的流域水资源调度与管理模式。

该项成果连续7次成功应用于珠江流域枯季压咸补淡调度实践，保障了澳门、珠海等珠江三角洲地区供水安全，改善了珠江三角洲河道系统生态环境。据统计，通过实施调水工作，近5年珠海、澳门河道直接取水量产生效益在19.7亿~52.1亿元之间，实现了水利、电力、航运等多方共赢，取得了显著的社会、经济和生态效益，具有重要的推广应用价值。

冯　杰　朱寿峰　执笔

高　波　审核

专栏二十六

2012年大禹水利科学技术奖获奖名单

中国水利学会

序号	奖项	项目名称	主要完成单位	主要完成人员
1	特等奖	黄河小浪底工程关键技术研究与实践	水利部小浪底水利枢纽建设管理局、黄河勘测规划设计有限公司、中国水利水电科学研究院、黄河水利委员会黄河水利科学研究院、水利部交通运输部国家能源局南京水利科学研究院、天津大学、华北水利水电学院、中国水利水电第十四工程局有限公司、中国水利水电第三工程局有限公司、中国水利水电第六工程局有限公司、中国水电基础局有限公司、中国水利水电第一工程局有限公司	殷保合、林秀山、贾金生、王庆明、董德中、刘继祥、张俊华、曹应超、张利新、李治明、杜清平、朱兴旺、薛喜文、周益民、刘海军、马福恒、陈怡勇、陈祖煜、厉建平、俞祥荣、朴永南、赵存厚、吴新琪、张会言、温彦锋、王向明、钟登华、赵慧琴、叶明、杨元红、赵洪志、韩伟、李国君、袁全义、李惠安、潘恕、赵宏、王积军、姚文艺、刘树君、刘庆亮、祁志峰、胡玉明、肖强、吴长征、姜仁东、郭朝文、李鸿君、王跃、屈章彬
2	一等奖	基于云计算的防汛防旱信息集成平台的研究	河海大学、淮安市防汛防旱指挥部办公室	许峰、朱跃龙、高中卫、黄克清、俞晓春、汤建均、吴际、周晓峰、叶茂、叶枫、尚洁、葛恒凤、许国艳、娄渊胜、平萍
3	一等奖	海河流域水循环及其伴生过程的综合模拟与预测	中国水利水电科学研究院、国家气候中心、北京大学、武汉大学	王浩、贾仰文、周祖昊、仇亚琴、牛存稳、杨贵羽、雷晓辉、肖伟华、陆垂裕、丁相毅、游进军、高歌、郑春苗、罗翔宇、王康

续表

序号	奖项	项目名称	主要完成单位	主要完成人员
4	一等奖	三峡工程运用后泥沙与防洪关键技术研究	长江勘测规划设计研究有限责任公司、长江水利委员会长江科学院、中国水利水电科学研究院、清华大学、水利部交通运输部国家能源局南京水利科学研究院	仲志余、施勇、方春明、卢金友、李丹勋、胡维忠、姚仕明、宁磊、王兴奎、董耀华、毛继新、陈肃利、邵学军、陈松生、栾震宇
5	一等奖	水工混凝土静动态损伤断裂过程及其声发射特性研究与实践	水利部交通运输部国家能源局南京水利科学研究院、四川省武都水利水电集团有限责任公司	胡少伟、陆俊、胡晓、徐波、顾冲时、黄文、范向前、张艳红、赵新铭、米正祥、沈捷、刘涛、钟小青、刘晓鑫、乔艳敏
6	一等奖	高土石坝抗震理论及关键技术与工程应用	清华大学、中国水利水电科学研究院	张建民、刘小生、赵剑明、张嘎、陈祖煜、常亚屏、陈宁、冯大阔、刘启旺、刘超、邵宇、王刚、杨玉生、于艺林、杨正权
7	一等奖	高性能环氧灌浆材料及配套技术研究与应用	长江水利委员会长江科学院	汪在芹、李珍、魏涛、邵晓妹、陈亮、肖承京、廖灵敏、唐文坚、冯菁、张健、蒋硕忠、黄良锐、彭尚仕、李晓鄂、蔡胜华
8	一等奖	珠江压咸补淡关键技术与实践	水利部珠江水利委员会、珠江流域水资源保护局(珠江委水文局)、中水珠江规划勘测设计有限公司、珠江水利综合技术中心、珠江水利科学研究院	岳中明、赵晓琳、胥加仕、何治波、钱燕、吕忠华、谢淑琴、刘斌、易灵、刘建业、田玉丽、潘维文、闻平、孙波、徐峰俊
9	二等奖	水旱风灾害防御决策支持关键技术研究与业务化应用	广东省防汛防旱防风总指挥部办公室、广东省防汛抢险技术保障中心、广东省水文局、中国水利水电科学研究院、河海大学	邱德华、邹振宇、莫荣强、丁留谦、张行南、刘舒、赖仁审、贺国庆、陈芷菁、夏达忠

续表

序号	奖项	项目名称	主要完成单位	主要完成人员
10	二等奖	灯泡贯流式水轮机瞬态过程水力特性与疲劳寿命关键技术研究	清华大学、中国农业大学	王正伟、周凌九、罗永要、肖业祥、阎宗国、彭光杰、张静、张瑾、杨静、刘鑫
11	二等奖	水利财务业务精细化管理系统	水利部交通运输部国家能源局南京水利科学研究院、中华人民共和国水利部财务司、南京金水尚阳信息技术有限公司	薛亚云、赵守高、黄勇、周明勤、孙荣久、郑红星、张永杰、张惠、李芳、赵梅
12	二等奖	全球江河水沙变化与河流演变响应	中国水利水电科学研究院、国际泥沙研究培训中心、清华大学	胡春宏、王延贵、刘成、缪纶、张燕菁、史红玲、吴保生、张小峰、耿庆斋、卢金友
13	二等奖	拓宽水利建设基金筹资渠道研究	水利部发展研究中心	周学文、王晓东、王爱国、汪安南、黄河、张旺、王海锋、张祥伟、金旸、高敏凤
14	二等奖	移动式坡面水土流失高精度快速测评系统关键技术研究	长江水利委员会长江科学院	张平仓、丁文峰、王一峰、刘纪根、师哲、任洪玉、李飞、唐文坚、李昊洁、张静
15	二等奖	盐潮风浪流同步测控系统	珠江水利委员会珠江水利科学研究院	王现方、林俊、王磊、罗朝林、李晓亮、罗丹、何启莲、陈荣力、黄立、苏波
16	二等奖	联合室内和现场试验确定土体本构模型参数方法研究	中国水利水电科学研究院	汪小刚、刘小生、刘启旺、陈宁、赵剑明、杨玉生、侯淑媛、宋远齐、王宏、晁华怡
17	二等奖	淮河流域水资源情势与供水保障关键技术研究	淮河水利委员会水文局（信息中心）、安徽省水利部淮河水利委员会水利科学研究院（安徽省水利水资源重点实验室）、河海大学	王振龙、王式成、郝振纯、钱名开、刘猛、潘强、朱士彬、董秀颖、李瑞、赵瑾

续表

序号	奖项	项目名称	主要完成单位	主要完成人员
18	二等奖	模糊水文水资源学的研究与实践	大连理工大学、华北水利水电学院	陈守煜、邱林、周惠成、聂相田、李敏、王文川、彭勇、徐冬梅、王子茹、马建琴
19	二等奖	摆动振孔高喷工艺研发与推广应用	中水东北勘测设计研究有限责任公司、四平东北岩土工程有限责任公司	李绍基、金正浩、孙灵慧、刘权富、田伟、张宝军、刘靖、姜笑阳、王立武、才运涛
20	二等奖	黄河下游移动式不抢险潜坝应用研究	黄河水利委员会河南黄河河务局、华北水利水电学院、河南黄河勘测设计研究院、黄河水利委员会黄河机械厂、郑州黄河水电工程有限公司、水利部科技推广中心	耿明全、吴林峰、孙东坡、刘培勋、李永强、谢有成、崔武、刘云生、刘筠、胡俊玲
21	二等奖	缺水型大城市水资源可持续利用管理研究	北京市水利规划设计研究院、清华大学、中国水利水电科学研究院	张彤、贺国平、王忠静、蒋云钟、王萍、潘安君、万超、杨芬、邵惠芳、甘治国
22	二等奖	河床式水电站金属结构关键技术研究与应用	黄河勘测规划设计有限公司	李纪新、马跃生、陈霞、张利新、陈丽晔、唐松智、孙鲁安、姚乐燕、杨光、侯庆宏
23	三等奖	水文信息资源统一组织平台技术研究与应用	长江水利委员会水文局、河海大学	王俊、程海云、艾萍、史芳斌、陈雅莉、周晓峰、陈春华
24	三等奖	长江水利突发事件应急管理智能响应系统研究	长江水利委员会长江科学院、中国长江三峡集团公司、长江流域水资源保护局	胡甲均、谭德宝、孙录勤、陈蓓青、叶松、张治中、林水生
25	三等奖	长江南京河段防汛抢险信息技术应用软件研究	水利部交通运输部国家能源局南京水利科学研究院、南京市长江河道管理处	崔信民、刘永志、臧英平、李涛章、仲琳、周玲霞、张云娇

续表

序号	奖项	项目名称	主要完成单位	主要完成人员
26	三等奖	应急抢险现场视频直播及会商系统	黄河水利委员会信息中心	李颖、秦文海、刘旭东、蔡捷、陈晓明、袁卫宁、徐建军
27	三等奖	南水北调西线工程综合数据管理与服务平台	黄河勘测规划设计有限公司	景来红、陶富岭、王学潮、霍建伟、刘尧、高庆方、侯清波
28	三等奖	高压自动调谐无源滤波及无功补偿装置研究与应用	湖南省洞庭湖可持续发展研究会、湖南科太电气有限公司	谢有神、刘卡波、李贤海、侯利平、胡丹、李连全、刘书奇
29	三等奖	水轮发电机节能减材关键技术研究	水利部杭州机械设计研究所、杭州江河水电科技有限公司、水利部产品质量标准研究所、杭州江河机电装备工程有限公司	周争鸣、吴燕明、朱春英、李桃、陈立卫、程文韬、程永珍
30	三等奖	基于3S的民勤绿洲水资源管理技术应用与推广	甘肃省水利科学研究院、中国水利学会、民勤县水务局	李元红、李赞堂、张新民、高菁、程玉菲、卢书超、胡想全
31	三等奖	加入GPA对水利和工程行业的影响及对策研究	水利部发展研究中心、水利部预算执行中心	张红兵、李晶、王晓娟、王建平、陈金木、杨彦明、牛志奇
32	三等奖	水旱轮作区农田灌排—生态沟渠湿地联合系统研究与应用	水利部综合事业局、河海大学、江苏省水利厅、高淳县水务局	郭潇、邵孝侯、曹淑敏、许峰、徐征、江培福、金旭浩
33	三等奖	准噶尔盆地南缘水资源合理配置及高效利用技术研究	石河子大学、中国科学院新疆生态与地理研究所、武汉大学	何新林、郑旭荣、王振华、周宏飞、杨广、李俊峰、李江云

续表

序号	奖项	项目名称	主要完成单位	主要完成人员
34	三等奖	黄河流域典型水文分区产流研究	黄河水利委员会水文局	赵卫民、王庆斋、刘晓伟、刘龙庆、陶新、许珂艳、戴东
35	三等奖	黄河防洪工程维护管理系统研发与应用	黄河水利委员会信息中心、黄河水利委员会建设与管理局、黄河水利委员会规划计划局、黄河水利委员会黄河水利科学研究院	刘学工、朱太顺、高新平、崔建中、马晓兵、张喜全、谈皓
36	三等奖	气候变化背景下全球及中国海海平面变化机制及其应用研究	河海大学、中国海洋大学、国家海洋信息中心	左军成、陈满春、杜凌、陈美香、徐青、颜梅、张建立
37	三等奖	三峡库区深厚破碎岩体成因机制及滑坡防治研究	水利部长江勘测技术研究所、中国科学院力学研究所、长江勘测规划设计研究有限责任公司	苏爱军、柯于义、刘红星、王建锋、叶伟峰、郭麒麟、周习军
38	三等奖	纤维素纤维混凝土在渡槽、渠道衬砌中的关键应用技术	北京工业大学、河北省水利水电第二勘测设计研究院、上海罗洋新材料科技有限公司	邓宗才、刘国平、刘爱军、和秀芬、施慧聪
39	三等奖	滨海城市雨洪调控排放关键技术研究	中国水利水电科学研究院	杨开林、郭新蕾、王涛、郭永鑫、付辉、贾顺钟、缪丽
40	三等奖	堤坝工程水泥土截渗墙理论与关键技术研究	安徽省·水利部淮河水利委员会水利科学研究院、淮河水利委员会治淮工程建设管理局	宋新江、余智囊、崔德密、王永雷、吕列民、王诗祥、徐海波
41	三等奖	双沟导流洞生态放水钢管大流量泄漏封堵设计与研究	中水东北勘测设计研究有限责任公司	苏加林、路振刚、李正国、顾一新、李桂芳、李大伟、张正平

2012年水利信息化推进工作进展

水利部水利信息中心

2012年，水利信息化在“十一五”发展成就的基础上，进一步提高认识，强化措施；持续完善基础设施，加强资源整合；全力推进重点工程，提升应用效益；积极推动技术应用，加强安全保障。为可持续发展水利提供了坚强支撑。

一、提高认识，强化措施

（一）重视程度前所未有

2011年中央1号文件和中央水利工作会议明确提出“推进水利信息化建设，全面实施‘金水工程’”、“提高水资源调控和工程运行的信息化水平，以水利信息化带动水利现代化”。这些论述强调了“以水利信息化促进和带动水利现代化”的重要性，极大地调动了各方推进水利信息化的积极性和创造性，形成了全行业共同推进水利信息化的强大合力。

各地在落实2011年中央1号文件的工作中将水利信息化作为一项重要内容，进一步明确了水利信息化发展的思路、目标和任务；多地明确了以水利信息化带动水利现代化的发展战略，提出了整体推进“金水工程”。山东将水利信息化工作列入省水利六大体系建设之一；广东、江苏、浙江等地提出要通过推进水利信息化在全国率先实现水利现代化；北京、浙江、江苏、大连、宁波等地提出“智慧水利”或“智慧水务”建设目标，上海市提出要建成“智能水网”。全国水利信息化正站在一个新的起点向着实现水利现代化的目标迈进。

（二）投入大幅增加

2012年5月，水利部正式印发《全国水利信息化发展“十二五”规划》，各地开展了水利信息化规划的编制工作，海河水利委员会、珠江水利委员会和江西、湖南、江苏、福建、上海等地的水利信息化“十二五”规划正式印发，山东编制完成《山东省“金水工程”建设规划》，这些规划为加快水利信息化发展提供了有力支撑。据初步估计，“十二五”期间国家拟投入近100

亿元用于“金水工程”建设，是“十一五”投入的3倍多，其中国家防汛抗旱指挥系统二期工程和国家水资源监控能力建设项目两大工程投资就超过30亿元；广东计划从“十二五”开始用10年时间投入45.6亿元，开展水利信息化“十百千万”工程建设；重庆、江苏“十二五”水利信息化建设将分别投入15亿元和6.5亿元。

（三）管理进一步加强

各地纷纷采取有力措施，强化管理，为水利信息化发展提供有力保障。一是进一步理顺管理体制，强化管理职能。太湖流域管理局和河南、宁夏、山西、深圳、厦门等地新成立或明确水利信息化领导、管理和实施部门；山东积极推进市县级水利部门成立相应领导和工作机构；湖北省明确信息中心具体组织水利信息化建设并负责运行管理；新疆调整了水利信息化领导组织机构、实行信息化归口管理；福建省水利厅成立行政审批服务中心挂靠省水利信息中心。二是为统筹水利信息化建设，根据水利部颁布的《水利信息化顶层设计》的要求，海河水利委员会、珠江水利委员会和江苏、浙江、安徽、甘肃等地积极开展顶层设计工作，全国水库移民信息化建设顶层设计已编制完成。三是多地出台水利信息化建设、管理、投入和考核等方面的制度，规范了水利信息化工作。广东省印发《关于在建部分水利工程同步实施信息化建设的通知》，并开发了水利信息化评价管理系统；重庆市将信息化工作纳入“禹王杯”水利综合目标考核；山东省把水利信息化资金集中纳入水利基金进行统一管理与分配；河南、山东等地将运行管理经费列入部门预算；海河水利委员会对流域信息化管理体系进行了梳理。

二、完善基础设施，加强资源整合

（一）基础设施更趋完善

多地水利电子政务外网、水利异地会商视频会议系统联通至县区和基层。福建省率先在全国建成500兆省市两级水利数据传输高速网；宁夏建成了20兆宽带水利专网和移动无线数据传输专网；甘肃、广西、江西、辽宁、宁夏、湖南等地建成水利高清视频会议会商系统；内蒙古在重点区域建成了3G视频监测点和卫星应急移动指挥系统；河南、云南建成全省VPN通信网络系统。全国水利卫星通信网已建卫星小站450多个。各地新建的雨情、水情、工情等信息采集系统采用了先进的自动采集和传输模式。

（二）空间数据广泛应用

水利部初步建成了多分辨率、多比例尺、多时相的空间数据共享应用平台。1:250000、1:50000电子地图得到广泛应用，北京、天津、上海、江苏、浙江、广东、安徽、福建等地建成和应用了1:10000电子地图。2.5m高分辨率遥感影像得到普遍应用，北京市成功应用了0.2m分辨率的航空遥感影像。福建、安徽、浙江等地初步建成了地理空间信息三维平台。

（三）水利数据中心建设稳步推进

国家自然资源和地理空间基础信息库项目水利资源数据分中心通过验收，建成了8大基础信息库，提供了大量数据服务；黄河水利委员会、珠江水利委员会和上海、广东、山西等地水利数据中心初步建成；浙江、山东、宁夏等地水利数据中心正式立项建设；江西计划投资6330万元建设统一的数据中心。

（四）资源整合取得积极进展

各地纷纷加大水利信息化资源整合与共享力度，取得新进展。宁夏回族自治区将山洪灾害防治非工程措施项目、中小河流水文监测系统、防汛抗旱指挥系统、水资源监控能力建设等多个重点项目进行全面整合，统筹实施；太湖流域管理局初步建成流域水环境综合治理信息共享平台，在全流域初步实现多部门信息共享；北京建成水务综合信息平台，实现政务资源、业务资源的全局共享；安徽提出一个水利数据中心、一张水利信息专网、一张电子地图、一个应用平台的“四个一”整合目标；广东省采取资源“统一规划、统一标准、统一开发、统一使用”的“四统一”工作措施；湖南省编制了《水利信息化资源整合方案》。

三、推进重点工程，提升应用效益

（一）国家防汛抗旱指挥系统工程持续推进

一期工程应用成效显著，各地结合实际建成并逐步完善了防汛抗旱指挥系统，这些系统不仅提高了全国防汛抗旱防灾减灾决策支持水平，也对水利信息化发展发挥了重要的龙头带动作用；二期工程进展顺利，目前，二期工程初步设计已通过水利部审查，国家发展和改革委员会组织的概算审核工作即将完成。

（二）国家水资源监控能力建设项目正式启动

国家、流域和省级水资源监控能力建设项目办公室全部成立，项目建设工作有序推进。水利部、财政部联合印发《国家水资源监控能力建设项目实施方案（2012—2014年）》和《国家水资源监控能力建设项目管理办法》；项目主要软硬件产品统一选型议价工作完成，省界断面水量监测建设任务得到确认，项目技术标准编制工作积极开展，三级信息平台统一设计、统一集成和通用软件开发等工作全面铺开。

（三）全国水土保持监测网络和信息系统二期工程全面建成

二期工程建成了水利部水土保持监测中心、7 个流域机构中心站、31 个省级总站、175 个分站和 738 个监测点，在全国水土保持工作中发挥了不可替代的重要作用，大大增强了水土保持综合防治和生态建设的决策支持能力。目前，二期工程即将开展竣工验收工作。

（四）农村水利信息化工作深入推进

中国农村水利管理信息系统通过了竣工验收，建成了农村水利工作的 10 类项目管理系统，为农村水利管理提供了有力的技术支撑。“东北四省区节水增粮行动”提出要以信息化推动实现灌溉现代化，并启动了信息化试点建设工作。

（五）全国水库移民后期扶持管理信息系统投入运行

该项目已通过竣工验收，建成了覆盖全国 31 个省（自治区、直辖市）及新疆生产建设兵团的 3866 座大中型水库以及水库库区和移民安置区的 2600 多个移民管理机构的业务管理平台，实现了后期扶持移民人口、资金信息的动态监管，提高了移民管理工作的信息化水平。

（六）全国山洪灾害防治县级非工程措施项目和中小河流水文监测系统建设进展顺利

这两个项目具有投入大、点多面广、管理复杂、运行维护难等特点，信息系统是项目建设的重中之重。目前，两个项目按计划积极推进，取得阶段性成果，完善了水利信息采集点、丰富了信息源，在 2012 年汛期全国防汛和山洪灾害防治工作中发挥了重要作用。

（七）第一次全国水利普查工作即将完成

全方位全过程应用信息技术成为全国水利普查工作的一大特色。普查工作中，通过数字高程、电子地图、遥感影像自动提取河流水系边界、水利工程对象、土壤侵蚀量等信息，利用平台以“一张图”模式集中发布底图和成果，同时积累的海量数据为国家水利数据中心建设奠定了基础。

四、推动技术应用，加强安全保障

（一）卫星遥感、云计算和物联网技术得到应用

由水利部水利信息中心统一处理的环境减灾、资源三号等卫星遥感影像

数据，在黄河防凌和水资源管理、黑河塔河调水、西南干旱和云南彝良抗震救灾等工作中发挥了重要作用。2012 年 3 月，“水利部物联网技术应用示范基地”在无锡市挂牌成立，物联网在水利中的应用取得初步成果；浙江将防台风业务应用搬上“云平台”，8 月 8 日，在防御正面袭击的“海葵”强台风时，网站单日页面浏览突破 350 万次；浙江台州市启动了“智慧水务”建设试点示范工作；青岛组建了水利信息服务器集群，实现了小规模的云计算和云存储；福建省建成全省基于 3G 网络通信单兵移动视频监控系统，提高了防汛应急响应能力。

（二）水利网络信息安全体系进一步完善

完成了七个流域机构电子政务内网安全改造建设，并顺利通过国家有关部门的测评；水利电子政务外网建设稳步推进，完成对水利信息骨干网络系统等 6 个三级系统和 4 个二级系统的测评与整改，2012 年 2 月通过等级测评，黄河水利委员会、海河水利委员会重要信息系统等级保护建设可行性研究报告通过水利部审查。7 月，水利部信息办在水利部机关和直属单位开展了信息安全专项检查。各地也积极开展信息安全体系建设工作：海河水利委员会编制了《海委信息系统等级保护差距分析报告》，完成了机关和直属局的信息系统等级保护备案；安徽编制完成了《重要水利信息系统等级保护安全建设实施方案》；辽宁等地出台水利网络信息安全应急预案。

水利信息化建设事关水利改革发展全局，今后，将进一步贯彻落实中央关于水利改革发展的决策部署，紧密围绕水利中心工作和民生水利要求，凝心聚力，真抓实干，全面提升水利信息化整体水平，扎实推动水利信息化建设再上新台阶。

成建国　黄藏青　常志华　执笔

蔡　阳　审核

2012 年水利标准化工作进展

水利部国际合作与科技司

一、加强组织机构建设，成立水利部标准化工作领导小组及其专家委员会

2012 年 3 月水利部成立了水利部标准化工作领导小组，由胡四一副部长任组长，汪洪总工程师、周学文总规划师和高波司长任副组长，各有关单位领导任小组成员。领导小组全体会议原则上一年召开两次，需要时可增开，以加大标准化工作协调力度，增强对标准编制过程的约束力，研究解决涉及标准化工作的重大问题，实现了标准化工作重大事项的解决从应急管理到常态管理的转变。

2012 年 12 月，召开了第一次领导小组专家委员会会议，聘请 30 位水利行业权威专家作为委员。专家委员会将对标准化工作全过程中的技术环节进行咨询、论证、审查和把关，是水利标准化工作的技术支撑。

二、加强标准制修订管理工作

进一步强化专家审查制度，组织工程实践经验丰富、熟悉水利技术标准的专家组成专家委员会，对重要环节进行审查、把关，提高标准的编制质量。先后召开了 1 次标准立项论证会议，10 次报批稿审定会，对 95 项申请立项的标准和 112 项报批标准进行审查。

加强标准编制全过程管理。从立项、大纲审查、征求意见、送审、报批、强制性条文摘编、发布等各个过程，建立了一整套制度措施，编制完成了 16 份《水利技术标准编制管理体系文件》，以保证工作的有序开展。

积极采取多种措施加快标准制修订进度，一是定期发布《水利技术标准编制工作月报》，及时通报项目进展情况。二是开展在编标准项目自查工作，从主管机构、主持机构、主编单位三个层面提出了较为详细的管理信息填报要求、标准编制过程技术内容要求，并要求各单位明确提出滞后项目整改措施和保障手段。

标准国际化迈出可喜步伐。《混凝土重力坝设计规范》等 4 项标准英文

译本即将发布，还有9项重要标准近期即将审查；制定起草了《水利技术标准英文翻译出版工作管理办法》；启动了标准翻译的规划工作。

《水利工程建设标准强制性条文管理办法（试行）》已经出台。这是水利部首次从制修订、贯彻实施、监督全方位对涉及水利工程安全的技术标准要求进行规范，明确了各个环节的工作程序，规定了相应各方的职责。

在水利部有关司局的支持下，《水利标准化项目经费测算定额（试行）》即将发布，为保障标准编制经费提供科学依据。

开展标准化项目清理工作，要求每项滞后在编标准均需填写《在编标准进展情况处理意见表》，逐项确认处理建议，特别是对建议结题的项目，承诺备齐合格结题材料的时限，经专家委员会审查后，报水利部标准化领导小组批准，业务主管机构和经费主管机构办理结题手续，对确属需要继续编制的项目，应加大力度，明确最终完成阶段期限。

2012年共发布国家标准8项，报批国家标准18项，发布行业标准64项，现行有效标准达到713项（其中国家标准138项，行业标准575项），标准覆盖率达到74%，比2011年提高4%。

三、贯彻落实2011年中央1号文件

2011年中央1号文件指出，水是生命之源、生产之要、生态之基，兴水利、除水害，事关人类生存、经济发展、社会进步，历来是治国安邦的大事，文件明确提出："建立健全水利行业技术标准"，"抓紧制定节水强制性标准，尽快淘汰不符合节水标准的用水工艺、设备和产品"。

按照2011年中央1号文件有关要求和工作分工，水利部国际合作与科技司、水资源司和农村水利司牵头，组织水利部综合事业局、水利部水利水电规划设计总院、中国水利学会、中国水利水电科学研究院等单位，提出了节水标准体系的构建框架、工作目标、工作任务以及工作措施，并及时同国家标准化管理委员会汇报沟通，确定了工作思路。一是结合新版体系表修订，会同水资源司、农村水利司等将节水标准体系作为重点列入。二是加快在编节水标准的制修订进度，完成《节水灌溉工程技术规范》、《节水型社会评价指标体系》等节水标准草案；《节水型产品技术条件与管理通则》等标准即将发布。三是完成《节水灌溉工程技术规范》等节水标准的立项。四是配合水资源司制定《关于加强节水产品质量提升与推广普及工作的指导意见》。加快重点强制性节水标准的编制工作，重点推动节水标准的宣贯培训和试点示范工作，加大节水产品强制性标准实施情况的监督检查，逐步提高节水产

品技术门槛，淘汰技术落后、耗水量高的用水设备及产品。

四、加强标准体系建设

因2008版《水利技术标准体系表》（以下简称《体系表》）使用时间较长，部分内容已不适应目前水利发展的新形势，水利部于2012年启动了《体系表》修订工作。目前主要开展了《体系表》框架结构的研究、标准项目建议书和需求分析的编报以及相关标准的交叉重复研究、行政文件和指南手册等的区别、主要技术要素的探讨等相关专题研究。

2013年将在确定新一轮《体系表》框架结构的基础上，继续深入各专题研究，全面启动各项目申报的审查工作，预计2013年底正式颁布实施新的《体系表》。

五、稳步推进计量认证评审工作

完成了46家水利质检机构的国家计量认证评审。组织了3期质检机构内审员培训班，培训水利质检机构管理和检测人员500余人。召开了2次现场评审观摩会，对新任评审专家进行现场培训。加强认证机构管理，对119家企业颁发了539张产品认证证书，获证产品的市场占有率进一步提高。

王永军　吴　剑　李聂贵　李建国　执笔

高　波　审核

交流与合作篇

2012年水利交流与合作工作综述

水利部国际合作与科技司

2012年，水利交流与合作以服务水利重点工作、服务国家外交大局为导向，充分利用国际国内两个平台、多边双边两种机制、政府非政府两种渠道，细密谋划、精心组织，全方位开展水利外交，广泛宣传中国水利改革发展成就，深入阐述新时期中国治水方略、发展举措和相关建议，推动了水利救灾外交新进展，项目管理扎实推进，水利“走出去”和境外安全管理、人才培养与引智、港澳台工作、外事管理等得到进一步加强。水利交流与合作蓬勃开展，为水利发展提供巨大正能量，助推中国水利以更加自信的面貌走上国际舞台。

一、政府间交流深入开展，有效推动中外水利全面合作

经过长期努力，水利双边固定交流机制合作领域不断扩大，内容不断充实，层次不断提高，合作国家不断增多。2012年，水利部新签署合作协议、备忘录、联合声明等文件10项。截至目前，水利部已与60多个国家开展了双边交流与合作，签署双边合作协议、协定或谅解备忘录60项。已建立了中韩、中荷、中瑞和中泰等20多个双边固定合作交流机制，形成了多层次、宽领域、全方位的政府间合作格局。

2012年圆满举办高层交流会谈活动32次，包括美国、澳大利亚、瑞士、丹麦、匈牙利、法国、老挝、津巴布韦、埃及、南非等；完成部级领导出访11次；举办6次双边交流研讨会：第二届中澳高层水政策研讨会、第五届中瑞防洪减灾研讨会暨中瑞工作组第六次会议、第18届中韩水资源交流会、第三届中匈水管理研讨会、中荷水管理研讨会等。

二、参加重要国际会议和水事活动，不断提高中国水利的国际地位和影响力

2012年6月，陈雷部长出席在巴拿马举行的联合国秘书长水与卫生顾问委员会第18次会议，就防洪抗旱减灾、饮水安全保障、水利投融资等议题介绍了中国的做法和经验。

2012 年 3 月，陈雷部长率中国政府代表团赴法国马赛出席了第六届世界水论坛，在 3 天时间里出席了高层圆桌会议、部长级会议、高层研讨会、多双边对话会、技术议题分会等 9 个内容丰富、形式多样、主题鲜明的重要会议，均做主旨发言或重要致辞；先后会见了 11 个国家的水利部长或国际组织领导人，与重要国际合作伙伴国和国际组织达成了重要共识，分别与欧盟、法国等国家正式签署了 3 项合作备忘录或协议。中国代表团在马赛期间广泛宣传了中国水利改革发展成就，深入阐述了新时期中国治水方略、发展举措和相关建议，增进了中国与相关国家、地区和国际组织在水利领域的深入交流与互利合作，推动了中国水利全面走上国际舞台。

三、在华举办重要国际会议，打造中国水利国际品牌

2012 年 9 月，第五届黄河国际论坛在中国郑州隆重举行。来自五大洲 30 多个国家的部长及高级官员，20 多个国际组织的领导人，10 多个国家驻华使团的大使、公使，众多国内外流域机构的管理者、决策者，高校和科研机构的知名专家，上百家水利企业的高管等参加了本届论坛。陈雷部长及胡四一副部长、李国英副部长出席论坛，发表致辞、主持会议或作主旨发言，并分别会见了多位出席论坛的国外代表。论坛精心设置了水领导人高层论坛、世界河流论坛、主题分论坛和专题会议及多双边会议、高端会晤、合作协议签署等 100 多场活动，内容紧凑，成果丰硕。与会代表分享了水资源管理与可持续发展的先进理念与最新成果，开展了水利科技交流与项目合作。论坛发表了《促进人水和谐，维护河流健康》的宣言，进一步呼应、深化了第六届世界水论坛部长级宣言的有关倡议和联合国可持续发展大会有关文件精神，进一步体现了水资源管理在可持续发展中的核心地位。

四、巩固发展与国际水组织合作，提高我国在国际组织中的话语权

总部设在中国的国际组织和国际中心不断发展壮大。国际泥沙研究培训中心、国际小水电中心等单位，通过举办一系列国际会议、组织培训班、承担国际咨询项目等合作方式，不断强化与联合国教科文组织、工发组织以及世界自然基金会、世界水理事会等其他国际组织的合作。水利部再次当选世界水理事会董事会成员，并首次入选六人执行局。

迄今为止，我国水利专家已先后担任国际大坝委员会、国际灌排委员会、国际水资源协会、国际沙棘协会、国际小水电组织联合会、世界水土保持协

会等国际水组织领导人，中国水利以更加自信的步伐全面登上国际舞台。

五、跨界河流涉外工作取得积极进展，树立良好国际形象

按照睦邻友好外交方针，坚持和平、发展、合作的原则，进一步巩固和强化业已建立的中哈、中蒙、中俄、中印、中朝等跨界河流合作机制。积极开展国际河流报汛等相关工作。组织水文部门圆满完成了对印度、孟加拉、越南、哈萨克斯坦和湄公河委员会等国家和组织的汛期水文报汛工作，提供的汛期水文资料为下游国家做好防洪减灾、保护人民生命财产安全起到了积极作用，得到了相关国家和机构的高度评价，树立了良好的国际形象。

2011年泰国湄南河流域发生超50年一遇特大洪水后，由水利部领导率领的中国政府防洪专家组紧急赴泰，提交的《当前泰国洪涝灾害应急处置咨询报告》受到泰国政府高度肯定。2012年4月，泰国总理英拉在访华期间，专程到访水利部，就水资源管理、水利防灾减灾等学习了解中国的经验。2012年6月，水利部再次派出防洪咨询专家组赴泰国开展工作，提出咨询意见，并向泰方提交了《泰国湄南河流域防洪咨询报告》。英拉总理专门接见专家组，代表泰国政府和人民对中方的技术援助表示感谢。此次防洪技术咨询进一步加强了中泰政府间合作，标志着我国水利救灾外交取得新进展。

六、国际合作项目扎实推进

2012年，水利部正式成为对外援助部际协调机制成员单位。世界银行贷款云贵鄂渝水土保持项目、亚洲开发银行贷款松花江洪水管理项目、中欧流域管理项目、中澳环境发展项目等一批项目圆满完成了各项目标任务。中欧流域管理项目召开了项目总结会，刘宁副部长出席会议。组织翻译了《欧盟参与式管理方法》和《欧盟洪水指令》等一批政策文件，为水利部加强水资源管理和防洪工作提供了有益的参考。中瑞新疆叶尔羌冰川湖遥感监测预警项目引进了瑞士最先进的全天候无间断遥感监测设备，中瑞双方专家克服重重困难，靠骑骆驼跋涉20多天把设备安装到了海拔5400多m的监测点。这套设备的安装，大大提高了该地区冰川水文预报的速度和精度，这是1986年以来首次成功实施的科考工作。联合国儿童基金会项目和世界银行贷款淮河重点平原洼地治理项目进展顺利，世界银行贷款节水灌溉二期项目、亚洲开发银行技援干旱管理战略研究项目、中瑞大坝安全加固项目、长江洪水风险管理项目和中法海河流域水资源综合管理项目二期合作按计划进行。申请国际科技合作计划项目6个，争取科学技术部专项资金2100多万元。

七、水利“走出去”和境外安全管理进一步加强

在水利“走出去”方面，截至目前，水利部下属共有 22 家单位具备对外经营合作资质，总计对外承包工程 219 项，合同额近 38 亿美元，累计营业额 10 亿多美元，其中正在实施项目 77 项，合同额达 15 亿美元，营业额 6.4 亿美元。

2012 年水利部成立了水利部境外安全管理工作领导小组，指导监督各项境外安全管理工作的贯彻落实。指导相关单位做好在马里政变和缅甸动乱时的人员撤离工作。出台了《水利部关于加强部属单位境外机构和人员安全管理的若干意见》，就建立健全境外安全管理体制、境外安全突发事件防范和管理制度、境外安全突发事件应急处置机制等提出了明确要求。及时向各单位转发国家有关部门提供的海外安全预警信息。提出了近期缅甸安全形势分析报告，为各单位开展境外业务提供信息参考。

八、人才培养与引智工作力度加大

2012 年，水利部与国家外国专家局签订关于引进国外智力推进水利跨越式发展合作备忘录，这是水利部在外事领域首次用备忘录的形式与兄弟部门携手合作。推荐对华长期友好、为中瑞水利合作领域作出重要贡献的瑞士联邦环境署副署长高滋先生获得 2012 年中国政府友谊奖。全年利用各种渠道组织赴境外培训近 300 人，其中引智渠道实施了 4 个引进国外专家项目和 7 个境外培训项目，培训 151 人次；组织 2 名处级公务员赴澳大利亚工作交流；20 名公务员赴澳大利亚国际水资源中心培训；25 人赴香港培训；通过中日、中瑞、中澳、中法等国际合作项目派出培训人员 100 多人。以项目为平台，在国内举办了 3 期培训班，培训人员 200 多人。

九、港澳台和外事工作不断深入

一是海峡两岸合作丰富多彩，交流机制进一步得到巩固。与民革中央、农业部合作举办海峡两岸农业水利合作发展论坛。在台湾举办第十五届海峡两岸多砂河川整治与治理研讨会。蔡其华副部长出席第十六届海峡两岸水利科技交流研讨会。全年组织赴台交流 15 个团组，80 人次。5 个对台交流项目被国务院台湾事务办公室列为重点交流项目，3 个获得国务院台湾事务办公室资助。

二是涉港澳工作力度进一步加大。矫勇副部长会见了来访的香港特区政

府发展局局长。李国英副部长考察了东深供水工程。组织了多批赴港培训交流。

水利部高度重视水利外事管理工作，继续推进外事管理制度建设。一是不断完善水利部制止党政干部公款出国（境）旅游专项工作联席会议机制，强化外事与财务部门之间的联动机制。加强年度因公出国（境）团组计划审核审批，注意堵疏结合、有保有压，杜绝一般性考察团组，保证有实质性内容的合作项目、对外经贸、公务员培训等团组。二是召开全国水利外事工作座谈会，总结并深入分析了水利外事工作中存在的问题、面临的挑战和机遇，并对做好下阶段水利外事工作提出明确要求。三是完善外事服务平台。不断更新水利部外事服务网站信息，提供各种报表、文件下载服务以及不同使馆的签证要求，为水利部及直属单位提供便捷的外事服务。

郝 钊 吴浓娣 执笔

高 波 审核

第五届黄河国际论坛综述

水利部黄河水利委员会

自2003年创立至今，黄河国际论坛成功举办了五届，已经成为中国水利对外交流与合作的重要平台之一，得到了众多国家政府部门、国际组织机构的广泛关注。历届黄河国际论坛的中心议题以及各相关专题会议均就水利及相关领域，尤其是河流管理方面所面临的共性问题探讨解决方案，分享成功经验。

为了积极应对气候变化及水资源匮乏所造成的严重水资源危机，进一步聚焦水资源管理及流域综合管理的热点问题，2012年9月24—28日，第五届黄河国际论坛在中国郑州举办，主题是“流域可持续发展及河流用水权保障”。

一、第五届黄河国际论坛基本情况

（一）论坛主题及构成

第五届黄河国际论坛围绕“流域可持续发展及河流用水权保障”主题，精心设置了大会开（闭）幕式、主旨报告、水领导人高层论坛、世界河流论坛、主题分论坛、多双边会议及国际组织专题会议、合作协议商讨及签署、高端会晤等100多场活动。

本届论坛设立了流域综合管理、健康河流与环境流量、应对气候变化、流域管理工作和新技术、水管理与公众参与等五大主题分论坛，并同时召开了中欧水资源交流平台，可持续水资源利用与粮食安全，中荷水管理研讨会，堤防探测技术研讨会，洪水管理预警模拟，江河综合调度专题会，多砂河川交流会，泥沙管理与水库调度研讨会等政府间合作及国际组织相关专题会议。

本届论坛得到了世界各国水利行业专家、学者以及工程技术人员的积极响应和支持。大会共收到学术论文700余篇，经第五届黄河国际论坛技术委员会专家严格审查，选出453篇收录进详细摘要集，经进一步筛选后，将正式出版《第五届黄河国际论坛论文集》，供各国水利管理者和科研工作者学习借鉴。论坛期间，国内外数十家新闻媒体对大会及时进行了报道，黄河网专门开辟了专题网页，进行网上直播，以现代化传播手段在第一时间迅速报道论坛的进展盛况，赢得了社会公众对“流域可持续发展及河流用水保障”广泛关注。

此外，在论坛期间举办的水利新技术、新成果、新设备展览上，有关科研机构和企业展示了他们的最新科技成果，为流域管理和水资源管理提供了最新科技产品和管理工具，推动了信息交流，促进了推广应用。

（二）会议基本情况

出席本届论坛的近千名代表来自五大洲60多个国家和地区，其中包括30多个国家的部长及高级官员，20多个国际组织的领导人，10多个国家驻华使团的大使、公使，众多国内外流域机构的管理者、决策者，高校和科研机构的知名专家，上百家水利企业的高管等。与会代表以主旨报告、专题发言、多双边会见、技术交流、产品展示、现场问答、论文讨论等方式，从不同角度介绍世界各国水利发展的管理理念和实践经验，就流域综合管理和河流用水权保障等问题进行了广泛交流和深入探讨。

二、世界水利的高层对话，彰显水利发展的未来

第五届黄河国际论坛除开幕式外，还安排了大会主旨报告、水领导人高层论坛和世界河流论坛等全体大会议程，让参会代表与世界水领导人和高层专家一起分享典型案例和成功经验，近距离聆听了水利高层领导的真知灼见。

（一）开幕式演讲，对世界水问题的关注

9月25日上午，第五届黄河国际论坛在黄河之都郑州隆重开幕，来自世界60多个国家和地区及国际组织的千余名代表出席这一国际水利盛会。水利部部长陈雷出席开幕式并致辞，热忱欢迎国内外水利界人士借助黄河国际论坛，进一步分享水资源管理与可持续发展的先进理念与最新成果，进一步加强水利科学技术交流与项目合作，进一步凝聚共识与增进友谊，共同携手应对全球水危机，共同开创人类文明发展的美好未来。

水利部副部长胡四一主持开幕式，副部长李国英出席开幕式。河南省常务副省长李克，水利部黄河水利委员会主任、黄河国际论坛组委会主席陈小江，丹麦环境大臣奥肯，美国陆军工程师兵团副司令沃什，澳大利亚可持续发展、环境、水与人口社区部部长伯克，津巴布韦水资源开发与管理部部长恩科莫，世界水理事会主席福勋，世界自然基金会副总干事施维德等出席开幕式并致辞。河南省副省长刘满仓，郑州市市长马懿，水利部总工程师汪洪、总规划师周学文，瑞士联邦环境署副署长高兹，匈牙利地方发展部水利国务秘书科瓦奇，葡萄牙农业、海洋、环境与土地管理部国务秘书阿方索，联合

国教科文组织前副总干事、联合国教科文组织水教育学院院长纳吉，联合国秘书长水与卫生顾问委员会委员、保加利亚环境保护部前副部长乌朱诺夫，巴西国家水利署署长安德鲁等出席开幕式。

（二）大会主旨报告，引领世界水利发展的方向

中国水利部副部长李国英的主旨报告题为《中国水利发展中的防洪与灌溉问题》。报告指出无论是过去、现在还是将来，防洪和灌溉在中国水利发展中都占有极其重要的地位；报告分析了中国水情，分享了以往成功经验，分析了今后防洪和灌溉面临形势，提出了未来防洪和灌溉发展的目标任务与实现途径。联合国教科文组织水教育学院院长纳吉博士作了《世界水发展报告》，他分析了目前世界水利发展面临的挑战，并重点介绍了水资源管理方面有哪些技术，可以帮助我们应对未来的变化。黄河水利委员会主任陈小江的报告题目是《可持续的黄河水资源管理》，他同代表一起分享了黄河水资源统一管理的成功经验，并介绍了今后在黄河上实施最严格的水资源管理目标及措施。荷兰基础设施与环境部司长德布尔作了《给河流空间》主旨报告，介绍了荷兰水管理的历史，进行洪水管理的原则，以及怎样与自然共建的一些成功做法。

（三）水领导人高层论坛，凝聚世界水管理的成就和经验

水领导人高层论坛是本届论坛的一项重要活动，邀请了世界水事领域的高层领导人，包括各国政府的高层官员、国际水事组织的高层负责人，就全球水危机、水资源综合管理、应对气候变化和灾害管理等普遍关注的水事领域，发表个人观点和看法、进行讨论和交流、共享新知识和新技术。高层论坛不仅是水事领导人之间的对话和交流平台，会议还设定了互动环节，为台下的与会人员提供了与世界水事的高层领导人提问和交流的机会，使与会者有机会倾听到高层领导对自己关心的水利问题的见解。

水领导人高层论坛由中国水利部副部长胡四一和联合国水教育学院院长纳吉共同主持。水利部部长陈雷，丹麦环境部大臣奥肯女士，津巴布韦水资源开发与管理部部长恩科莫，世界水理事会主席福勋，瑞士联邦环境署副署长高滋，匈牙利地方发展部水利国务秘书科瓦奇，美国陆军工程师兵团副司令沃什，澳大利亚可持续发展、环境、水与人口社区部副部长格莱姆斯，联合国秘书长水与卫生顾问委员会委员乌朱诺夫，巴西国家水利署署长安德鲁等高层水领导人进行了互动和交流。

（四）世界河流论坛，交流河流管理的成功案例及经验

世界河流论坛是专门为参加本届黄河国际论坛的世界各大流域机构和国

际组织负责人组织的一个交流对话平台。交流和对话围绕着“流域管理与可持续发展”主题展开，分享了世界各国水资源管理经验，以及各大洲成功案例或经验教训。同时，相关国际组织和国内外水利专家进行了精彩点评，为黄河及其他河流的治理与开发献计献策，增进了世界各大流域之间的交流与合作，促进了世界流域水资源管理的共同进步。

世界河流论坛由澳大利亚国家水利委员会主席巴恩和中国国际小水电中心主任刘恒共同主持。来自莱茵河、尼罗河、密西西比河、泰晤士河、尼日尔河、墨累达令河、亚马孙河、幼发拉底河，中国黄河水利委员会、长江水利委员会、松辽水利委员会、海河水利委员会、淮河水利委员会、太湖流域管理局、珠江水利委员会七大流域机构的领导人参与了对话和交流。德国联邦环境与自然保护部副司长霍尔法沃思，流域组织国际网络秘书长唐泽尔，世界自然基金会全球淡水项目主任李利锋，美国自然遗产研究所主席托马斯，国际水资源协会主席夏军，国际灌排委员会主席高占义，荷兰 Royal Haskoning DHV 高级专家范敏泊，清华大学院士王光谦，中国水利水电科学研究院院士王浩，南京水利科学研究院院士张建云，中国农业大学院士康绍忠，中国工程院院士王超等组成专家组，对各流域机构的发言进行了精彩点评。

三、黄河主题分论坛与专题研讨会，技术交流议题丰富，内容翔实，收获良多

第五届黄河国际论坛的各主题分论坛，相关专题会议学术氛围浓厚，研讨切磋深入，分享了资深专家富于启发的见解和可资借鉴的经验。

（一）流域综合管理

直接关系到社会、经济和环境的可持续发展，其核心是通过流域尺度跨部门和跨地区的协调管理，合理开发、利用和保护，实现流域的经济、社会和环境的和谐发展，从而实现流域的可持续发展。实施有效的流域综合管理将是一个较长的过程。与会代表建议，要结合各流域自身的特点，在法律与法规、体制与机制、科学与技术、手段与措施等方面开展系统的探索与变革，不断完善。

（二）健康河流与环境流量

分论坛上举行了河流健康报告卡发布仪式和中欧流域管理项目成果报告发布仪式。参与健康河流与环境流量主题分论坛的代表，围绕河流健康与河流伦理、河流用水权、环境流量、水库生态调度、河流湿地功能恢复及维持、水功能区划、维持黄河健康生命实践等课题进行学术交流，通过探讨“健康

河流”与“环境流量”的措施行动及理论实践，共享各国经验方法与理论研究成果，为实行最严格水资源管理制度提供理论与技术等方面的支撑和借鉴。据统计，目前全球有44个国家开展环境流量的研究，已知的方法达200多种，“环境流量”的定量及理论仍是当今世界相关行业研究的热点和难点问题。

（三）应对气候变化

应对气候变化是当今国际社会普遍关注的全球性问题，应对全球气候变化及其对水资源的影响，实现各国经济社会的可持续发展，是人类的共同任务。近年来，受全球气候变化影响，中国极端天气事件明显增多，水旱灾害的突发性、异常性、不可预见性日益突出，水资源南丰北缺的趋势更为凸显，出现了冰川与冻土面积减少，北方一些河流断流，湖泊萎缩退化，水库蓄水减少，湿地功能下降，海平面上升等一系列生态环境问题。水利部重视应对气候变化科学研究领域的国际合作与交流，长期与国际相关组织及国家进行合作。今后将继续推进政府和民间的国际合作与交流，借鉴国际先进经验和做法，努力缓解和适应气候变化对中国水资源的影响。“应对气候变化”分论坛，听取了国内外专家在气候变化和流域管理方面的研究成果，国外流域的先进科学理论和实践经验借鉴，讨论了黄河流域在应对气候变化中的成绩和不足，为黄河未来的发展献计献策。

（四）管理工具与新科技

分论坛围绕流域治理开发与管理相关的遥感应用技术、数字流域模拟技术、洪水预警与监测技术、仪器设备开发等展开交流与探讨，并全面展示了澳大利亚在水科技领域中的新科技和新技术。分论坛分享了对地观测系统、卫星与遥感技术、智能堤防技术，以及河流监测、大坝运行监测、实验室水利量测技术等，涵盖了空中、地面、流域、河道、实验室等内容。在数学模拟技术方面，黄河水利委员会、中国科学院、清华大学、武汉大学、中国水利水电科学研究院等单位和丹麦水力学所、澳大利亚EWater公司等共享了新突破，展望了新方向。同时，分论坛提出了水联网、智能流域、“水、土、气、生、人”耦合，河流自然过程—生态环境—经济社会集成等新理念，对于引领和支撑流域综合管理具有重要意义。分论坛澳大利亚水科技专场，全面介绍了澳大利亚在水资源管理、干旱预测预报及反馈处理方面的新技术。

（五）水管理与公众参与

分论坛鼓励公众参与水管理，集中公众的智慧和力量，充分发挥公众参与水管理的积极性、主动性和创造性；进一步促进水管理决策的科学化、民主化；更好地协调涉水利益相关者之间的关系，减少各种水事纠纷的发生。全社会要齐心协力全面推进公众参与水管理工作。与会代表围绕水管理与公众参与的主题，先后就水资源管理的理论工具与企业的实践探索、流域管理中的公众参与、水管理与能力建设、流域治理研究与网络等展开深入研讨，提出了大量建设性意见和有价值的建议。同时，分论坛还通过自由开放的对话活动，鼓励企业在水资源管理中发挥引导作用，并积极与各相关方通力合作，加速公众参与水资源管理的进程，实现良好的流域管理，保障流域中不同群体的不同利益诉求在流域综合管理的实施过程中得到充分考虑和体现，实现流域社会、经济、环境利益的最大化。

四、黄河论坛搭建了中外水利交流的平台

水利部领导在黄河国际论坛期间开展了全方位水利外交，会见了丹麦、澳大利亚、美国、津巴布韦、荷兰、瑞士、葡萄牙、巴西、匈牙利、新加坡等10个国家的水利部长或主要负责官员，世界水理事会、联合国秘书长水与卫生顾问委员会、世界自然基金会、国际水资源协会、国际灌排委员会、全球水伙伴、联合国教科文组织国际水教育学院、韩国水论坛等8个国际组织领导人，与重要国际合作伙伴国和国际组织达成了重要共识和合作意向，还分别与澳大利亚、津巴布韦、世界自然基金会、欧盟签署了3项合作备忘录和1项工作计划，为未来的长远合作打下了更加坚实的基础。

黄河水利委员会和其合作伙伴多年来一直保持密切联系，并通过一系列的国际合作及研究项目增进联系。论坛期间，黄河水利委员会与法国尼斯大学、澳大利亚国际水资源中心、荷兰AGT国际集团签署了合作备忘录。如：黄河水利委员会和AGT国际集团将依托项目试点进一步拓展正式合作项目，在黄河流域推广应用洪水管理系统，进行洪水预警联合研究；黄河水利委员会和国际水资源中心将增进流域综合管理领域合作；黄河水利委员会和法国尼斯大学达成协议，将鼓励学术交流及合作研究，并根据具体情况拟定详细计划；黄河水利委员会黄河勘测规划设计有限公司与尼日尔河流域管理局正式签订了战略合作备忘录，建立战略合作伙伴关系，推进尼日尔河下游防洪工程规划的进行。津巴布韦水资源开发与管理部部长在论坛期间访问了黄河水利委员会黄河勘测规划设计有限公司，为下一步双方开展水电等业务合作打下了良好的基础。黄河水利委员会和合作伙伴间合作备忘录的签署及相关活动将有力推动国际合作项目的开展，引进国外先进技术与设备，加强黄河

水利委员会高层次人才培养储备。

众多国家水行政主管部门的高级官员，国际组织的代表以及资深水利专家、学者，就水问题展开了深入交流与探讨，对流域水资源综合管理和河流用水权保障有了更加深刻的认识，就促进人水和谐、维护河流健康达成了广泛的共识，一致认为合理开发、高效利用、综合治理、全面节约和有效保护水资源是人类必然的选择，河流的基本用水权应得到尊重与保障。本届论坛发表了《第五届黄河国际论坛宣言——促进人水和谐、维护河流健康》，提出了凝聚社会各界力量，制定相关政策，采取有效措施，控制水资源开发程度，提高水资源利用效率，节约保护水资源，转变用水方式，保障河流用水权，促进流域经济社会可持续发展的共同愿景。

五、黄河国际论坛展示了中国水利及流域管理的成就，扩大了中国水利的影响

陈雷部长在第五届黄河国际论坛开幕式上的致辞中指出，黄河国际论坛是由中国主办的国际水利盛会，也是中国水利对外交流与合作的主要平台。

（一）显示了强大的吸引力和广泛的影响力

2003年迄今，五届黄河国际论坛共吸引了世界五大洲80多个国家和地区的6000多位专家学者参会（其中境外代表1500多位，涉及国际组织和境外机构200多个），国内外上百家新闻媒体对大会进行了报道，使黄河成为世界关注的焦点。论坛吸引了众多的国内外专家对中国水利、黄河治理建言献策。

来自世界五大洲各个国家和地区的专家学者，交流成果涉及流域管理理念和技术、水文水资源、生态环境、水土保持、水污染防治、水权交易、河道整治及泥沙研究、水文测报、信息技术等许多学科，具有广泛的代表性。大家从多视角分析了水资源管理，河流治理及其流域管理，把各个国家的经验模式带入黄河国际论坛这一平台。

（二）展示了中国水利事业的巨大成就，扩大了中国水利的行业影响力

黄河国际论坛上安排的有关中国水利发展相关的主旨报告，以及黄河治理理念与实践经验相关主旨报告，展示了中国从传统水利向现代水利、可持续发展水利、民生水利的转变；宣传了中国水利成就和流域管理理念，扩大了中国水利的国际影响力。

（三）促进了水利国际合作，尤其是推动了国际间的流域合作

黄河国际论坛不仅为各个国家和地区水利与河流管理决策者提供了一个

交流对话的平台，也为深入开展中外国际交流与合作架设了一座桥梁。每届黄河国际论坛上均有大量的合作备忘录签署，把世界各国同行专家共同关心和研究的问题有机地结合在一起，不仅有利于先进经验的互相吸收和借鉴，更有利于相互间的了解与合作。

黄河国际论坛的成功组织实施，对于加强世界各地水利专家及学者的联系，引进国外先进的治水管理理念和现代化治水手段，促进流域水资源可持续发展具有重要的意义；也有助于把中国水利的辉煌成就展现给世界，增加中国水利在世界上的关注度。同时，以黄河国际论坛为平台，中外相互学习、相互推动，必将为推进全球水资源的可持续利用，实现人与自然的和谐相处，做出重要贡献，产生巨大的社会、经济、文化和人文效益。

孙扬波　仝逸峰　庞　慧　执笔

尚宏琦　审核

第六届世界水论坛综述

水利部国际合作与科技司

在法国马赛举行的第六届世界水论坛已于2012年3月17日圆满闭幕。按照水利部领导的统一部署，中国代表团认真落实各项参会计划，参会规模之大、层级之高、活动之多、成果之丰、交流之广前所未有，是中国水利在国际舞台的又一次成功亮相，受到了世界水理事会、法国政府、各国际组织以及中国有关部委代表的高度评价。此次活动广泛宣传了中国水利改革发展成就，全面介绍了2011年中央1号文件和中央水利工作会议精神，深入阐述了新时期中国治水方略、发展举措、有关看法和相关建议，加深了对全球水领域发展的认识，了解了国外的先进治水理念、管理经验和技术措施，增进了中国与相关国家、地区和国际组织在水资源方面的相互交流与互利合作，推动了中国水利全面走向世界。

一、论坛召开情况

世界水论坛是目前全球规模最大的国际水事活动，由世界水理事会发起，每3年举办一次。世界水论坛的宗旨是落实国际社会达成的有关水与可持续发展问题的决议，促进各国在水资源可持续利用方面进行交流与合作，明确在水资源领域的政治承诺和重要举措。本届世界水论坛的中心主题是“治水兴水，时不我待”（Time for Solutions）旨在围绕水资源管理的关键问题，提出具体解决方案，充分体现了国际社会对水资源问题的高度重视，对立即采取行动措施的热切期盼。论坛围绕中心主题，制定了用于设定目标和提出具体解决方案的主题框架。主题框架下设3个战略方向，即“确保每个人的福利”、“促进经济发展”和“保护蓝色星球”，以及12个优先行动计划。

15位国家元首或政府首脑、100余名部长、250余名市长、3500多名非政府组织及民间团体代表和173个国家代表团共3.5万名代表出席了本届水论坛。与世界水论坛同期举办的世界水展是当今世界上最大的水事行业展览，140多家机构在展区设立展位或展馆，展馆面积达到10000m^2。

论坛期间，举办了103个议题分会、近100个边会，有800多个重要发言，400多小时的讨论和辩论。在全球气候变化影响日趋明显、人口资源环境矛盾日益突出、世界经济复苏依然乏力的严峻形势下召开的本届世界水论坛，把解决全球水危机问题提升到了一个新高度，会议形成了1400多项关于水与卫生的解决方案，确立了100多项具体承诺。在论坛通过的《部长宣言》中，全面介绍了国际社会一致达成的行动方案，并把良治、水融资和有利的外部环境作为实施优先行动计划的必要条件。

二、中国代表团参加第六届世界水论坛有关情况

2009年水利部正式加入世界水理事会，今年是首次以世界水理事会成员的身份参加世界水论坛的活动。经国务院批准，水利部牵头组织了政府代表团、专家代表团和企业代表团参加本届世界水论坛，各代表团制定了详细的参会、参展和宣传报道方案。总的看，这次活动准备充分，组织周密，安排紧凑，成效显著。

（一）部长级会议及相关议题分会

世界水论坛期间，陈雷部长率中国政府代表团先后参加了中法边会、涉水灾害高层圆桌会议、中日韩三国水利部长合作备忘录签字仪式、部长级会议、中欧水资源管理对话会、优化利用水资源保障粮食安全分会、评估和监测灾害风险并建立预警系统议题分会、水利与大国发展高层研讨会、水与绿色增长行动框架亚太地区分会等9场重要活动，并分别做主旨发言或致辞。

在中法边会上，陈雷部长与法国外交部合作事务部部长亨利·德兰古尔共同见证中法合作海河流域水资源综合管理项目第二阶段合作协议的签字仪式，并就深化第二阶段合作方案提出了希望。在中国水利部、日本国土交通省共同举办的涉水灾害高层圆桌会议上，陈雷部长介绍了中国兴修水利、防治水旱灾害的做法、经验及下一步举措，表达了与世界各国共同应对极端涉水灾害挑战的真诚愿望。在中日韩三国水利部长合作备忘录签字仪式上，陈雷部长就充分发挥三国水资源部长定期会晤机制的作用、在更高层次和更广领域推进互利合作，提出了相关建议。在部长级会议上，陈雷部长着重介绍了中国的治水理念和建设成就，就《部长宣言》提出的“确保每个人的福利”、“促进经济发展”和“保护蓝色星球”三个战略方向，阐述了中国的治水良策，以及在完善规划体系、推进依法治水、加大投入力度、完善体制机制、加快科技创新等方面的具体措施，表示中国水利部将积极响应第六届世界水论坛部长级会议宣言，与世界各国和地区一道，共谋治水良策，加强交流合作，分享成功经验，携手应对挑战。在中国水利部与欧盟共同主办的中欧水资源管理对话会上，陈雷部长发表了热情洋溢的致辞，全面回顾了中

欧流域综合管理项目实施近5年来的丰硕成果，阐述了中国实行最严格水资源管理制度的主要内容，就不断拓展中欧水资源合作的深度和广度提出了建议。在联合国粮农组织、国际灌排委员会主办的优化利用水资源保障粮食安全分会上，陈雷部长介绍了中国坚持不懈开展农田水利建设、实现粮食产量“八连增”的成功经验，未来10年中国农田水利发展目标任务及其主要措施，强调保障粮食安全是世界各国和国际社会的共同责任。在中国水利水电科学研究院主办的评估和监测灾害风险并建立预警系统议题分会上，陈雷部长介绍了中国在编制洪水和干旱风险图、制订各类防汛抗旱预案、健全水旱灾情监测系统、建立洪水干旱预报模型、完善灾害预警系统、强化群测群防体系等方面的做法、成效及未来合作意向。在美国陆军工程师兵团主办的水利与大国发展高层研讨会上，陈雷部长着重介绍了中国在水利投融资和减少水利工程建设对环境社会影响方面的做法经验，表示中国将采取一系列措施，确保今后10年水利投资总量达到或超过6360亿美元，同时，坚持在保护中开发、在开发中保护，努力减少水利工程建设对环境社会的影响，实现经济效益、社会效益和生态效益的多赢。在联合国粮农组织主办的水与绿色增长行动框架亚太地区分会上，陈雷部长介绍了中国水利成就及面临挑战，指出中国政府高度重视水资源问题，把严格水资源管理作为加快转变经济发展方式的战略举措，注重科学治水、依法治水，加快建设节水型社会，他同时就中国在落实最严格水资源管理制度、促进绿色发展方面的主要举措作了重点介绍。

（二）双边多边活动

论坛期间，除了中法边会、中日韩三国水利部长合作备忘录签字仪式、中欧水资源管理对话会，陈雷部长还利用这次参加世界水论坛的机会举行了10多场高层会见活动，先后会见了新加坡环境和水资源部部长维文，荷兰基础设施与环境部国务秘书阿斯玛，联合国教科文组织总干事博科娃，法国外交部欧洲事务部部长莱奥尼提，世界水理事会主席福勋，匈牙利地方发展部国务秘书法卡斯，丹麦环境大臣奥肯女士，美国陆军部副部长达西、美国内务部副部长塔布斯，瑞士环境署副署长高滋，玻利维亚环境部长吉斯佩；出席了联合国秘书长水与卫生顾问委员会、世界水理事会、国际大坝委员会和法国电力集团有关活动。通过双边、多边会谈，深化了中国与相关国家和国际组织在水资源领域的战略互信，促进了交流合作，加强了国际涉水事务中的沟通协调，达到了着眼未来、扩大共识、拓展合作、共谋发展的目的。

（三）专家代表团活动

中国水利专家代表团由18家单位近50人组成，重点参加了绿色核算及数据质量提升、全球共享安全饮用水、水污染物诱发疾病及水环境研究项目、三角洲及脆弱地带全球联盟等4场议题分会，中欧水资源管理交流会和中法流域管理项目研讨会等多场边会。部分专家还出席了世界水理事会第44届董事会会议，储水设施与粮食安全特别分会，由联合国教科文组织世界水评价计划（WWAP）编写的《2012世界水发展报告》（WWDR4）发布仪式。专家团成员分别在涉水灾害风险、水资源综合管理、粮食安全、储水设施、水生态保护、可持续水电、城市发展等议题分会上与发言人积极互动，展开讨论，取得了良好效果。

（四）水展情况

本届论坛期间，中国企业代表团成员单位30余家、参展单位20余家，规模为历届之最。中国馆展区面积达387m^2，为我国参加历届世界水论坛展区面积之最，也是本届论坛仅次于东道主法国的第二大展区。展览期间，中国馆举办了一系列水利展示宣传、科研推广、商业洽谈、技术合作等活动，日接待观众超过2000人次，取得了预期效果。

三、主要成果及收获

中国代表团通过参加本届论坛，一方面，向国际社会广泛宣传了中国水利；另一方面，也分享了国际社会的相关经验，获得了丰富成果。

（一）充分展示了中国水利改革发展成就

中国是世界上水情最为复杂、治水任务最重的国家，本届论坛期间，中国向世界各国和国际社会充分展示了水利改革发展成就，受到与会代表的充分肯定和一致好评。中国政府对水利工作的重视程度之高、治水思路和方略之新、水利基础设施投入之高、政策支持力度之大，受到国际社会的热评。中国在涉水灾害防御特别是灾害风险评估与监测预警方面的成功做法和宝贵经验，受到国际社会的称赞。中国在大力推进农村饮水安全建设、提前6年实现联合国千年发展目标上的突出表现，得到世界各国特别是发展中国家的钦佩。中国大兴农田水利特别是加强灌排设施建设、保障国家粮食产量“八连增”方面的举措，为国际社会提供了成功范例。中国政府提出实行最严格水资源管理制度、确立并落实水资源管理“三条红线”，开世界各国之先河，提供了水资源管理的全球性代表成果和可资借鉴经验。中国在防洪薄弱环节建设、节水型社会建设、水电清洁能源发展、水污染控制、水环境治理、生态保护与修复等方面所做出的巨大努力，是对全球可持续发展的重要贡献。同时，近年来中国加大对发展中国家的水利援助、开展“小水电点亮非洲”等方面的行动，受到了国际社会特别是联合国有关组织的高度赞扬。

（二）学习借鉴了世界先进治水经验

论坛期间，中国代表团成员积极参与交流活动，学习国外先进治水理念、管理方式和最新技术。《部长宣言》提出的3个战略方向和12个优先行动计划，对我国治水兴水具有重要启发；《2012世界水发展报告》以“不确定性和风险之中的水资源管理”为主题，阐述了全球水资源的现状及挑战、近期发展态势、管理水及其风险的现实需求等，呼吁各国政府创新水资源管理方式，推动全球合作，共同应对水资源所面临的风险与不确定性，值得我国高度重视；日本涉水灾害预警、新加坡城市水务、美国流域治理、丹麦地下水保护等方面的经验和做法，值得我国学习借鉴。此外，在水资源综合管理理念、民主管理制度建设、水利基础信息的实时监测和信息共享、决策中利益相关者的参与，以及水教育等方面，我国也需要学习借鉴。

（三）签署了一批双边多边合作协议

一是中日韩三国签署了建立水资源部长会议机制合作备忘录。根据备忘录，三国将加强在重要国际会议等水事活动中的协调与合作，围绕共同感兴趣的议题开展多层次的政策和战略对话，鼓励三国水利科研机构在水旱灾害风险评估和风险管理、山洪灾害预报和预警、中小河流治理、水资源管理与调度、水土保持与生态环境建设、高效农业节水技术等重点领域开展联合研究。二是中欧签署了关于建立水资源交流平台的联合声明。在中欧水资源平台下，双方拟在中国和欧洲分别设立秘书处，中方秘书处设在水利部，欧方秘书处在欧盟成员国间轮替，具体合作领域包括政策对话、科技研究、项目建设和能力建设。三是中法签署了流域管理项目第二阶段项目协议。根据本次协议，双方将在海河流域的州河试点子流域开展子流域水资源综合管理规划，针对点源和面源污染以及富营养化、水生态系统的保护和修复、水质监测和预警系统等方面的问题，提出解决方案和技术措施，组织在华培训班和赴法学习团。

中国代表团参加第六届世界水论坛是中国水利在国际舞台的又一次成功亮相，获得了东道国法国、世界水理事会和各国代表的广泛赞誉。在总结参会经验的基础上进一步扩大中国水利的国际影响力，积极参与国际水事活动；加强与世界水理事会的交流与合作，巩固多边交流合作渠道；进一步发挥国际水事活动多边平台作用，积极宣传中国的治水思路和实践成果，在国际多边舞台发出中国的声音；充分吸收借鉴国外先进的治水理念，加快转变水利发展方式，为国际水利事业发展做出应有的贡献，不断提升中国水利的国际地位和影响力。

徐 静 郝 钊 吴浓娣 执笔

高 波 审核

专栏二十七

世界水发展报告（第四期）要点

水利部发展研究中心

联合国教科文组织2012年3月在法国马赛举行的第六届世界水论坛上发布了第四期《世界水发展报告》（以下简称《报告》）。《报告》阐述了联合国系统对全球水资源现状、利用和管理的看法，在水资源领域具有旗舰性质。

《报告》分为三卷四部分。第一卷包括两部分：第一部分以“现状、趋势和挑战”为主题，综述了最新发展、趋势和主要挑战，以及导致这些发展、趋势和挑战的外部驱动因素及其带来的不确定性和风险；第二部分“不确定性和风险下的水管理”是《报告》的主体部分，以不确定性和风险的视角研究了影响水资源管理、制度体系、分配、融资等各方面的各种决策，对气候变化和其他造成变化的驱动因素予以重点关注。第二卷（第三部分）“知识库”包括由联合国水机制成员单位组织编写的各个挑战报告和由联合国区域经济委员会组织编写的五个区域报告，以及其他辅助性文件。第三卷（第四部分）“直面挑战”介绍了十五个国家或流域应对挑战的成功经验或教训。

《报告》有五点新意：①重点关注主要挑战、最新发展、新的趋势、外部驱动因素及其对水资源系统的影响；②对前三期报告未详细介绍的问题进行了探讨，包括水质、地下水、性别问题、土地退化和荒漠化及干旱；③意识到水资源面临的挑战在不同国家和区域有所不同，新增了五个区域报告，第一次重点关注区域问题；④更加深入地剖析了前三期《报告》中阐述的各种驱动因素，分析了其未来演变的趋势；⑤首次设立一个主题，即“不确定性和风险之中的水资源管理”，作为《报告》贯穿始终的议题。

《报告》结论清晰：水资源是跨领域问题，也是人类发展的焦点问题。世界范围内水资源面临的挑战在不断增加，从城市化到过度消费，从投资不足到能力不足，从管理不到位到浪费，以及农业、能源和食品生产对水的需求等。从需求角度出发，水资源未得到可持续利用，信息不准，管理割据。在此背景下，未来不确定性还将持续增加，风险也进一步加剧。如果现在不能将水变成和平的工具，未来可能成为冲突的根源。比以往任何时候都更需要开展水资源综合管理以凝聚领导力；需要更好地搜集和共享水资源状况、需求和利用等信息；需要在地区、国家和全球层面建立更好的水资源监测和控制系统；需要尽快将水问题纳入教育体系；需要推动政府、私营部门和民间组织更紧密合作，使水资源成为政策制定中不可或缺的一环。

水利数据解析篇

2011年水利发展指标完成情况分析

水利统计分析组

2011年是实施“十二五”规划取得良好开局的一年，也是水利发展史上具有里程碑意义的一年。各级水利部门深入贯彻落实2011年中央1号文件和中央水利工作会议精神，稳定和巩固治水兴水的大好形势，围绕中心，服务大局，开拓创新，奋发进取，水利改革发展成效显著、成就巨大，为实现经济社会又好又快发展提供了有力的支撑和保障，开创了中国特色水利现代化新局面。

一、全国水利建设当年完成投资突破3000亿元，再创新高

2011年，全年水利建设完成投资3086.0亿元，较上年增加766.1亿元，增幅达33.0%。按工程用途划分，防洪工程建设完成投资1018.3亿元，水资源工程建设完成投资1284.1亿元，水土保持及生态工程完成投资95.4亿元，水电、机构能力建设等专项工程完成投资688.2亿元（见图1）。

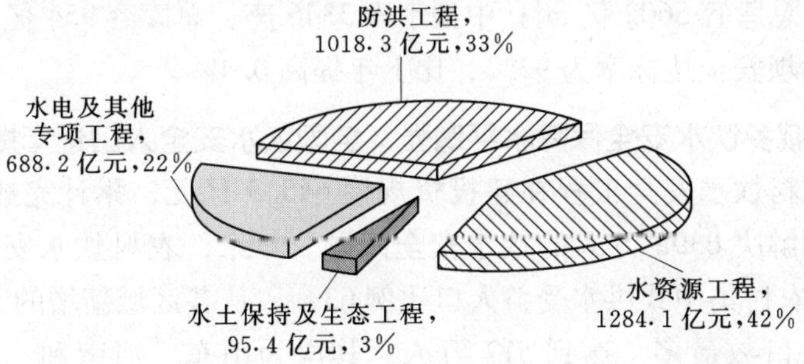

图1　2011年分用途完成投资

七大江河流域完成投资2691.3亿元，东南诸河、西北诸河以及西南诸河等其他流域完成投资394.7亿元；东部、东北、中部、西部地区完成投资分别为881.1亿元、180.1亿元、1035.6亿元、989.2亿元，占全部完成投资的比例分别为28.6%、5.8%、33.6%和32.0%。

截至2011年底，在建项目累计完成投资6887.7亿元，投资完成率为58.5%，比上年提高1.6个百分点；在建项目累计新增固定资产4243.4亿

元，固定资产形成率为61.6%，比上年降低6.7个百分点。

重点水利工程加紧建设并逐步发挥效益。根据国务院2010年治淮工作会议要求和《关于进一步治理淮河近期工作的指导意见》，全面推进治淮38项工程的前期工作，加快实施淮河流域重点平原洼地治理工程、淮河入江水道整治工程、淮河行蓄洪区和淮河干流滩区居民迁建工程。黄河宁蒙河段、松花江干流、嫩江干流、辽河干流、太湖综合治理、鄱阳湖二期治理第六个单项、广西西江干流、广东重点堤围、天津独流减河等项目建设进展顺利。南水北调东线、中线一期工程主体工程147个设计单元工程开工建设，在建规模2188.7亿元，累计完成投资1376.4亿元，当年完成投资578.0亿元。

二、水利主要设施能力和效益进一步增强，可持续发展能力不断显现

（一）全国累计建成堤防30.0万km，已建成各类水库88605座

2011年新增达标堤防长度7413km，堤防总长度达30.00万km，累计达标堤防12.86万km，堤防达标率为42.9%；其中一级、二级达标堤防长度为2.84万km，达标率为77.0%。

全国已建成各类水库88605座，水库总库容7201亿m^3。其中：大型水库567座，总库容5602亿m^3；中型水库3346座，总库容954亿m^3。全国大中型水库大坝安全达标率为92%，比上年提高0.4%。

（二）城乡饮水安全保障水平增强，全国饮水安全人口逐年提高

全年农村饮水安全工程在建投资规模645.3亿元，累计完成投资494.7亿元。当年解决6398万人的饮水安全问题。年末，农村饮水安全人口已达7.0亿人，农村集中式供水受益人口比例63%。从各区域新增的人口数来看：四川新增人口数最多，达到517万人；其次为山东、河南和广西，分别为458万人、446万人和408万人。从各流域新增人口数来看：长江流域新增人数最多，西南诸河流域和西北诸河流域新增人数最少（见图2）。

（三）全国农田有效灌溉面积达到9.25亿亩，共建成农村水电站45151座

全国新增有效灌溉面积3195万亩，累计达到92522万亩。当年新增有效灌溉面积较多的地区有黑龙江、河南、新疆（含建设兵团）、江苏和河北等省区，分别增加了831.7万亩、339.2万亩、287.7万亩、174.5万亩和166.4万亩。若考虑有效灌溉面积减少因素，有效灌溉面积净增最大的

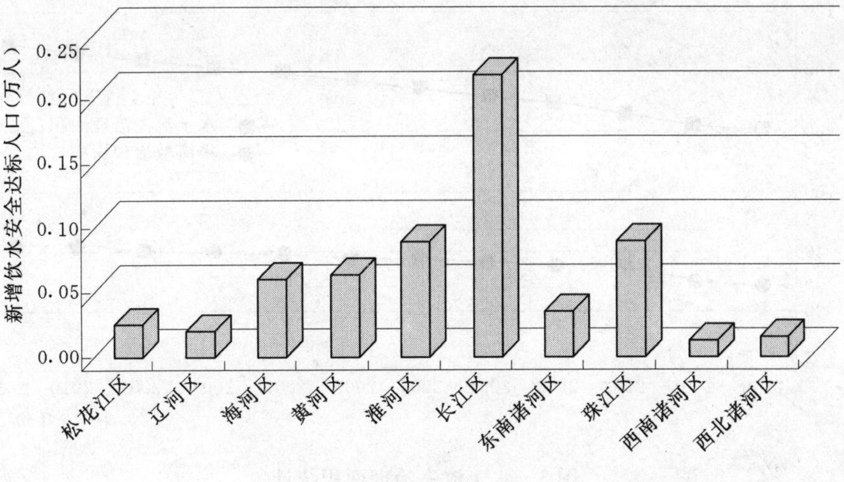

图 2 2011 年分流域新增饮水安全达标人口数

前五名分别是黑龙江、新疆（含建设兵团）、吉林、湖北、河南等省（自治区）。2011 年全国净增节水灌溉面积为 2798 万亩，累计达到 43769 万亩，占全国农田有效灌溉面积的 47.3%。在全部节水灌溉面积中，按节水方式来分，喷灌面积达到 4773 万亩，微灌面积 3921 万亩，低压管灌面积 10696 万亩，渠道防渗节灌面积 18263 万亩，集雨节灌等其他工程节灌面积为 6118 万亩。

2011 年末，全国共建成农村水电站 45151 座，装机容量 6212 万 kW，占全国水电装机容量的 27%。农村水电新增装机容量 328 万 kW，当年解决 211 万无电人口用电问题。从全国各省（自治区、直辖市）来看，农村水电新增装机容量最大的 5 个省区为云南 72 万 kW、四川 54 万 kW、湖南 34 万 kW、广西 25 万 kW、贵州 22 万 kW。

（四）全国水土保持治理面积达 109.7 万 km^2，其中小流域治理面积达 41.4 万 km^2

全年新增水土流失综合治理面积 4.0 万 km^2，其中小流域治理面积新增 1.3 万 km^2。全国累计水土流失治理面积达到 109.7 万 km^2（见图 3），其中小流域治理面积达 41.4 万 km^2。当年新增封育保护面积 1.9 万 km^2。累计实施生态修复面积达 72 万 km^2。从全国各地区来看，北方地区陕西、内蒙古等水土流失较严重的省区治理成果显著，新增面积分别达到 0.66 万 km^2 和 0.45 万 km^2；南方地区主要是云南和四川当年新增水土流失治理面积较大，分别达到 0.33 万 km^2 和 0.21 万 km^2。

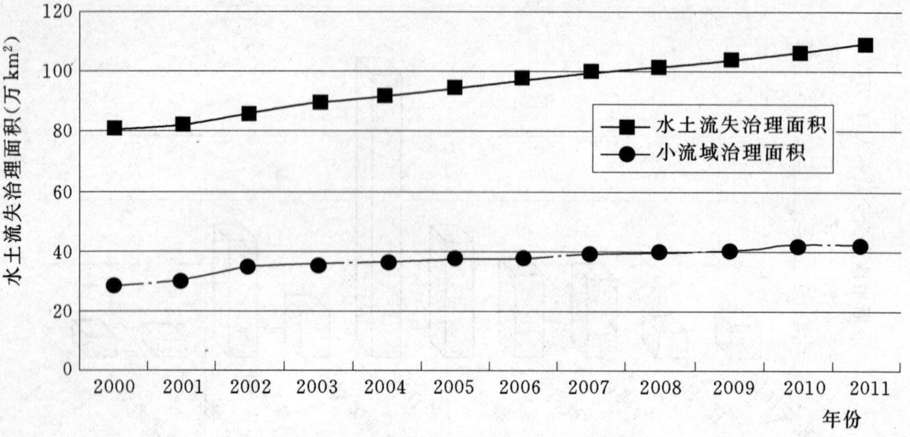

图 3　水土流失治理面积统计

吴　强　审核

2001—2011 年水利发展主要指标

水利统计分析组

指标名称	单位	2001 年	2002 年	2003 年	2004 年	2005 年	2006 年	2007 年	2008 年	2009 年	2010 年	2011 年
1. 有效灌溉面积	万亩	83275	83787	83851	84378	84844	85617	86674	87708	88892	90522	92522
其中：本年新增	万亩	1754	1877	1839	1740	1519	2015	2016	1977	2300	2582	3195
2. 机电井灌溉面积	万亩	24464	24617	24769	25405	25569	25198	25340	25745	26220	26711	27375
3. 机电排灌面积	万亩	55661	55985	56031	55648	56801	56345	58073	58916	60024	61127	62197
其中：机电提灌	万亩	49506	49814	49941	49310	50275	49637	51397	51989	53372	54602	55619
4. 节水灌溉面积	万亩	26170	27941	29164	30519	32007	33639	35234	36653	38633	40971	43769
5. 除涝面积	万亩	31532	31646	31708	31797	32010	32064	32129	32137	32376	32538	32582
6. 盐碱耕地改良面积	万亩	8626	7924	8797	8942	9048	—	—	—	—	—	—
7. 水土流失治理面积	万 km^2	82	85	90	92	95	97	100	102	104	107	110
其中：本年新增	万 km^2	5	5	6	4	4	4	4	4	4	4	4
8. 万亩以上灌区	处	5686	5691	5729	5800	5860	5894	5869	5851	5844	5795	6575
其中：30 万亩以上	处	277	278	281	280	287	285	294	325	335	349	348

续表

指标名称	单位	2001年	2002年	2003年	2004年	2005年	2006年	2007年	2008年	2009年	2010年	2011年
万亩以上灌区农田（有效）灌溉面积	万亩	37149	37545	37866	38259	39629	42032	42512	44160	44343	44123	44623
其中：30万亩以上	万亩	19007	19845	20198	20657	21465	21918	22001	23102	23363	23487	23679
9. 水库总计	座	85136		85153	85160	85108	85849	85412	86353	87151	87873	88605
其中：大型	座	433	445	453	460	470	482	493	529	544	552	567
中型	座	2736	2781	2827	2869	2934	3000	3110	3181	3259	3269	3346
总库容	亿m^3	5281	5595	5658	5542	5624	5842	6345	6924	7064	7162	7201
其中：大型	亿m^3	3927	4230	4279	4147	4197	4379	4836	5386	5506	5594	5602
中型	亿m^3	758	768	783	796	826	852	883	910	921	930	954
10. 堤防长度	km	273401	273786	278671	277305	277450	280850	283770	286896	291420	294104	299911
保护耕地	万亩	61007	64293	65813	65901	66182	68229	68277	68568	69821	70247	70247
保护人口	万人	47939	50049	51304	53065	54174	55403	56487	57289	58978	59853	63938
11. 水闸总计	座	36875	39144	39834	39313	39839	41209	41110	43829	42523	43300	44306
其中：大型	座	410	431	416	413	405	426	438	504	565	567	599
12. 已配套灌溉机电井眼数	万眼	409	418	422	426	428	437	439	444	451	458	495
13. 已解决饮水安全及困难人口	万人			28189	29662	31459						
14. 当年解决农村饮水安全人口	万人					1104	2945	4468	5378	7295	6717	6398

续表

指标名称	单位	2001年	2002年	2003年	2004年	2005年	2006年	2007年	2008年	2009年	2010年	2011年
15. 水灾												
受灾面积	万亩	10707	18576	30549	11673	22451	15783	18823	13469	13122	26801	10787
成灾面积	万亩	6380	11159	19500	6026	12325	8388	8954	6810	5694	13092	5090
16. 旱灾												
受灾面积	万亩	57720	33311	37278	25883	24042	31107	44079	18206	43889	19889	24456
成灾面积	万亩	35553	19871	21705	11926	12719	20117	24255	10196	19796	13481	9898
17. 完成水利基建投资	万元	5607065	8192153	7434176	7835450	7468483	7938444	9448538	10882012	18940321	23199265	30860284
按投资来源分：												
（1）预算内拨款	万元	891427	1129388	1058321	1258899	1330632	1931541	2700258	3903636	9299491	9180534	8988189
（2）预算内专项	万元	1933136	3191917	2346093	1992409	1793636	1847169	1956989	1604711	1287604	947861	291662
（3）国内贷款	万元	325480	552078	914163	1026356	941809	806606	833576	969469	1528610	3374355	2703080
（4）利用外资	万元	275515	202498	103420	122315	192643	143434	94756	105085	75675	13058	44176
（5）自筹资金	万元	1741860	2487458	2471857	2962934	2421951	2123367	2199399	2353630	3338654	3161926	4068349
（6）水利建设基金	万元	209879	275895	294907	287902	302698	361223	677814	604949	1054664	2151824	796110
（7）财政专项	万元											5648074
（8）重大水利工程建设基金	万元											4378294
（9）其他投资	万元	217024	341184	245415	254634	485115	725104	985746	1340373	2355623	4369707	3942350

续表

指标名称	单位	2001 年	2002 年	2003 年	2004 年	2005 年	2006 年	2007 年	2008 年	2009 年	2010 年	2011 年
按投资用途分：												
（1）防洪	万元	3083006	4407481	3596529	3579295	2781555	2787116	2985677	3465187	6287388	6635903	9962265
（2）灌溉	万元	703721	1000174	740357	875545	1065966	1094704	1039159	1165918	2482320	3342666	4691165
（3）除涝	万元	112183	103554	67632	90180	146744	94098	199132	235203	460735	210569	220764
（4）供水	万元	806205	1515592	1620225	1307918	1165206	2082293	3011747	3512571	6178105	7362713	8150170
（5）水电	万元	301137	466745	512853	715307	654724	573234	664919	773709	720419	1053896	1090134
（6）水土保持及生态	万元	176624	319977	462050	587101	391856	422184	603164	768749	867355	858998	953860
（7）水利基础设施	万元	192108	169155	158303	71699	224008	65560	88527	106007	106040	195615	402459
（8）前期	万元	88888	68250	59421	103206	102562	136359	116046	160441	158802	248711	420380
（9）其他	万元	143538	141236	216806	505200	935862	682897	740166	694229	1679157	3290194	4969087
18. 年末全国水电装机	万 kW	8276	8455	9490	10813	11652	12847	14523	17090	19686	21157	23007
全年发电量	亿 kW · h	2576	2710	2813	3277	3952	4163	4870	5614	5055	6813	6507
19. 农村水电装机	万 kW	3360	3586	3887	4336	4309	4720	5386	5127	5512	5924	6212
水电发电量	亿 kW · h	1038	1134	1208	1229	1357	1484	1635	1628	1567	2044	1757
20. 水利工程供水量	亿 m^3	5567	5497	5320	5548	5633	5795	5819	5910	5965	6022	6107

注 1. 万亩以上灌区处数及灌溉面积采用有效灌溉面积的统计口径。

2. 2008 年起，农村水电统计口径由以往水利系统水电变更为装机 5 万及 5 万 kW 以下水电。以往统计包括水利系统综合利用枢纽电站数据等，1000kW 以下水电站均为打捆上报。

水利普查篇

2012 年水利普查工作总结及 2013 年工作要点

国务院第一次全国水利普查领导小组办公室

按照《国务院关于开展第一次全国水利普查的通知》要求，2012 年水利普查主要开展填表上报、数据处理、审核验收和汇总分析等工作。一年来，在国务院第一次全国水利普查领导小组和水利部党组的正确领导下，在各有关部门的大力支持和配合下，国务院第一次全国水利普查领导小组办公室（以下简称“国务院水利普查办”）组织各级水利普查机构，全面贯彻落实 2011 年中央 1 号文件和中央水利工作会议精神，按照陈雷部长在第一次全国水利普查填表上报工作动员大会上工作部署，精心组织，全力推动，圆满完成了全年各项工作。通过三年的努力，第一次全国水利普查工作已经取得初步成果，主要工作任务已基本完成。

一、2012 年水利普查工作总结

2012 年，国务院水利普查办围绕年初确定的“一条主线，两个阶段，三项任务，四个节点”工作思路，顺利完成了三项目标任务。

（一）全面完成普查表填报与审核

组织全国 170 多万普查表填报对象完成了 900 多万张正式普查表的填报工作；组织上万名水利普查数据录入人员，完成近 4 亿条水利普查数据的录入和校核工作；组织县级普查机构，完成普查表审核。

（二）普查数据逐级审核汇总与上报

组织各级水利普查工作人员，逐级完成水利普查数据的汇总、审核、验收和上报工作。7 月，全面完成对各地上报普查数据和成果的接收审核；10 月，全面完成各地整改重报数据的复核确认。

（三）全国普查数据汇总分析

组织完成了国家级普查数据与各流域普查数据和部分重点省区普查数据的衔接和协调工作。组织技术支撑单位对各专项普查数据进行汇总分析和专家咨询。组织审查各专项普查汇总分析初步成果。目前，国家级普查数据汇总分析已经完成，形成第一次全国水利普查成果总报告和专业分报告送审稿。

二、主要开展的重点工作

（一）加强组织推动

一是细化工作安排。印发了第一次全国水利普查2012年工作安排、水利普查正式普查表填报和普查数据审核汇总上报等工作安排，明确了责任分工，细化了工作步骤。二是加强组织动员。先后在填表上报、审核汇总、质量抽查和汇总分析等阶段组织召开了包括动员会、工作会和专业技术讨论会近40余次，印发公文近百份，确保了今年水利普查工作的及时部署和贯彻落实。三是加强沟通协调。与财政部、国家档案局就加强经费管理和档案验收等工作联合下发了指导性文件；与国家统计局就普查所需经济社会指标等基础资料进行了协调落实。

（二）加强质量控制

一是进一步完善质量控制体系。制定了5项质量控制办法，全面落实质量控制责任制，层层把关，确保数据质量。二是加强数据填报、审核过程质量控制。加强基层水利普查表填报的监控和抽查审核，要求各级水利普查机构落实质量控制责任，确保数据填报真实、录入准确、审核严格。三是加强空间数据质量把关。及时派人指导地方空间数据处理软件操作使用，解决基层空间数据标绘存在的问题和困难，有效提高了空间数据标绘质量。四是组织事后质量抽查。组织全国各省区31个工作组共计330人开展事后质量抽查，进行了普查数据质量评估。

（三）加强数据审核

一是进一步强化数据审核手段。组织研发并推广了符合数据特点的审核辅助软件和层层审核的程序，有效提高了基层工作效率和数据质量。二是开展接收审核。按照《普查数据成果上报验收办法》的规定，对32个省级普查机构普查成果进行了接受审核，检查了上报成果的规范性、完整性和一致性。三是分专业详细审核。组织各专业技术支撑单位和流域机构，对各地上报的普查基础数据进行了审核，整理下发了768份整改工作报告，督促开展数据复核重报。四是开展汇总分析。组织各专业技术支撑单位和流域机构，重点对整改重报数据进行了汇总、复核、对比，对复核后数据进行归并、剔重、分类汇总，形成普查最终成果库。

（四）加强督导检查

一是统筹安排督导检查工作。制定印发了《第一次全国水利普查填表上报阶段督导检查工作方案》，明确填表上报和数据审核汇总工作督导检查的任务、分工与重点，规范督导检查工作。二是全面开展督导检查工作。针对普查表的填报与审核、普查数据逐级审核汇总和普查数据整改重报等工作，组织各流域机构、各技术支撑单位共计派出90多个工作组、累积600余人次，对所有省（自治区、直辖市）和新疆生产建设兵团进行了全面监督检查。三是加强工作进度管理。连续印发了9期《水利普查数据录入情况动态通报》，有力地推动了各地数据录入与预处理工作进度。在技术指导方面，组织各流域机构、各技术支撑单位约100人次，重点对云南、安徽、新疆及兵团等12个省区普查工作进行了专题调研和现场技术指导，派出驻省工程师解决一线突出问题；总结编印了3期问题汇编，研究解决了跨界对象审核和经济社会用水审核汇总分析出现的难点问题，有力指导了基层普查工作。

（五）注重宣传引导

一是大力开展填表上报阶段宣传动员。印发了《关于加强2012年水利普查宣传工作的通知》，全面指导各地区宣传工作；召开了水利普查新闻宣传通气会，与中央各大主流媒体积极沟通协调，新华社、人民日报等持续关注并专题报道普查工作，中央电视台多个频道连续播放水利普查公益广告，营造了良好的社会氛围。二是全面启动成果发布阶段宣传准备工作。草拟普查成果发布阶段宣传工作方案，组织召开了普查展览及画册编制工作研讨会和成果出版工作座谈会，编制普查展览大纲和成果出版方案。三是积极推进普查总结表彰工作。广泛调研，积极协调水利部人事司编制第一次全国水利普查表彰工作方案；正式行文上报国务院，申请开展第一次全国水利普查先进集体和先进个人表彰活动，做好表彰相关准备工作。

（六）加强经费管理

一是落实普查经费。协调完成了2012年水利普查经费预算与任务的协调、衔接、执行工作；组织完成了2013年新增普查任务的审查、协调和落实。二是筹划水利普查项目验收。会同水利部财务司筹备水利普查项目验收委员会，拟定了《水利部水利普查项目验收实施细则》，印发了对军队、兵团和地方各级水利普查机构项目执行情况总结的工作要求，提前对普查培训项目进行了初步验收。三是加强资金监管。会同驻水利部监察局对中央和地方水利普查经费使用管理进行了监督检查，落实了整改意见，强化了普查经费监管。四是完成预算执行进度。采取“业务和财务联动机制”，督促水利部直属相关单位完成预算执行，年底前各单位均完成资金支付进度，国务院水利普查办支付进度达99.64%。

（七）谋划成果应用

一是开展水利普查成果查询及服务系统建设。在前期工作的基础上，抓紧推进了成果查询及服务系统建设，同时指导各地区依据最终形成的全国统一水利普查成果数据库，积极开展本地区水利普查数据库及查询服务系统建设，充分发挥水利普查成果效益。二是筹划水利普查成果开发利用。围绕全国、流域和区域关注的重大问题及当前热点、难点问题，以满足水利管理需要和解决突出水利问题为目标，科学选题，积极筹划普查成果开发应用工作。三是着手水利普查数据更新维护机制建设。积极开展调查研究，及早谋划国家和地区水利普查数据更新机制，使水利普查数据成果效益得以持续发挥。

（八）加强内部管理

深入贯彻党的十八大精神，建立健全了普查办各项工作制度和相关管理办法，针对普查办特点，严格落实岗位责任制和保密安全措施；有针对性地做好党建教育和政治业务学习，强化各项工作机制；面对普查经费使用量大，各类支出多，支付进度要求高，管理规定多的特点，能够进一步学习各项管理要求，强化廉政各项措施，自觉抵制不良社会风气，全面提升团体战斗力。

一年来，按照陈雷部长的部署要求，以扎实做好质量控制为主线，如期实现了填表上报和成果发布两个阶段目标，按时完成了普查表填报与审核、普查数据逐级汇总审核上报、全国普查数据汇总协调三大任务，严格按照年初确定的四个关键节点控制进度，全力做好全年各项工作，形成了普查汇总成果。从普查汇总情况来看，第一次全国水利普查基本查清了我国江湖水系的基本情况，全面掌握了水资源开发、利用和保护现状，摸清了经济社会的用水特征及经济社会发展对水资源的需求，了解了水利行业能力建设及管理状况，形成了迄今为止最系统、最权威的基础水信息体系及全面细致、准确可靠的基础水信息资源，为全面建立国家基础水信息平台奠定了坚实基础，为新时期加强水利管理，加快水利改革与发展提供了全新的，更加可靠的基础数据支撑平台，必将对我国经济社会发展产生积极而深远的影响。

二、2013 年水利普查工作安排

（一）认真做好普查成果审定

精心准备，积极协调，认真组织做好第一次全国水利普查成果国家级专家审查和部委协调，在 1 月 4—5 日组织召开第一次全国水利普查成果国家级专家审查会，进行专家审查，1 月上旬召开领导小组联络员会议，征求国务院第一次全国水利普查领导小组各成员单位意见；在此基础上报请国务院第一次全国水利普查领导小组对成果进行审定。

（二）做好普查成果发布宣传工作

商水利部有关司局和单位着手起草第一次全国水利普查公报，报水利部批准后，力争一季度发布第一次全国水利普查公报；指导各地依据国家认定的数据，有序发布各省（自治区、直辖市）第一次水利普查公报；结合水利普查公报发布，召开新闻发布会，制发宣传片，开展第一次全国水利普查成果宣传；组织做好第一次全国水利普查成果的编辑出版工作，力争2013年底前出版水利普查资料汇编。

（三）做好普查成果展览和初步展示工作

组织做好水利普查成果资料的整理，形成成果报告和图集；进行水利普查数据管理系统集成，初步形成成果演示系统；设计、制作展览展板，全面展示水利普查过程与成效。

（四）做好普查表彰工作

1月，制定第一次全国水利普查先进集体和先进个人名额分配方案；2月底前，部署地方各级水利部门、水利普查机构开展先进集体和先进个人的审核、推荐工作；3月底前，完成第一次全国水利普查先进集体和先进个人表彰工作。

（五）做好普查成果开发应用工作

组织做好水利普查成果查询及服务系统建设，力争2013年上半年基本完成软件开发和数据处理工作，年底前完成数据库建设及系统部署；组织提出成果开发应用课题框架，指导各地积极开展普查成果开发应用工作。

（六）做好水利普查项目经费管理及验收工作

继续加强水利部直属单位财务管理，加大中介机构监督检查范围和力度，为水利普查项目验收做好前期准备；做好全国水利普查经费收支管理等统计、总结；协调、配合财政部等相关部委以及水利部相关司局完成中央和地方各级水利普查项目审计、检查、总结、验收等各项工作。

黄　河　审核